La place de la victime dans le procès pénal

Logiques Juridiques

Fondée par Gérard Marcou

Dirigée par Jean-Claude Némery et Thomas Perroud

Le droit n'est pas seulement un savoir, il est d'abord un ensemble de rapports et pratiques que l'on rencontre dans presque toutes les formes de sociétés. C'est pourquoi il a toujours donné lieu à la fois à une littérature de juristes professionnels, produisant le savoir juridique, et à une littérature sur le droit, produite par des philosophes, des sociologues ou des économistes notamment.

Parce que le domaine du droit s'étend sans cesse et rend de plus en plus souvent nécessaire le recours au savoir juridique spécialisé, même dans des matières où il n'avait jadis qu'une importance secondaire, les ouvrages juridiques à caractère professionnel ou pédagogique dominent l'édition, et ils tendent à réduire la recherche en droit à sa seule dimension positive. À l'inverse de cette tendance, la collection « Logiques juridiques » des éditions L'Harmattan est ouverte à toutes les approches du droit. Tout en publiant aussi des ouvrages à vocation professionnelle ou pédagogique, elle se fixe avant tout pour but de contribuer à la publication et à la diffusion des recherches en droit, ainsi qu'au dialogue scientifique sur le droit. Comme son nom l'indique, elle se veut plurielle.

Dernières parutions

Soror BAHBOUHI, *Le conflit d'intérêts du banquier*, 2018.

Tenile MASCOLO GIL, *Les droits de l'homme dans le Mercosur,* 2018.

Mohammed BERRAOU, *La responsabilité des acteurs de la gestion publique devant la Cour des comptes. Le modèle marocain*, 2017.

Eric GILARDEAU, *Cicéron, père de la codification du droit civil*, 2017.

Daphne AKOUMIANAKI, *Les rapports entre l'ordre juridique constitutionnel et les ordres juridiques européens. Analyse à partir du droit constitutionnel grec*, 2016.

Boris BARRAUD, *La Recherche juridique. Sciences et pensées du droit*, 2016.

Bolleri PYM, *Le statut juridique des établissements de microfinance (EMF) en zone CEMAC, L'encadrement de la*

Léa CASTELLON

LA PLACE DE LA VICTIME DANS LE PROCES PENAL

L'Harmattan

5-7, rue de l'École-Polytechnique ; 75005 Paris

http://www.editions-harmattan.fr

ISBN : 978-2-343-14392-7

EAN : 9782343143927

REMERCIEMENTS

Je souhaite remercier mes parents Monique CORDESSE et le Dr Xavier CASTELLON pour m'avoir donné l'opportunité d'effectuer, dans les conditions les plus favorables, cette thèse et de m'avoir moralement soutenue tout au long de ce projet de recherche.

Je remercie également mon directeur de thèse, Maître Antoine BOLZE, d'avoir cru en la pertinence de ce projet de recherche et de m'avoir aidée à le réaliser.

RÉSUMÉ DE LA THÈSE

Résumé de la thèse : La place de la victime dans le procès pénal

La place de la victime au sein du procès pénal est complexe et ambiguë. En droit positif, la victime bénéficie désormais de droits et de moyens d'action dans le procès pénal qui lui garantissent un véritable rôle. Par exemple, comme le ministère public, la victime peut déclencher l'action publique et demander la réparation du préjudice subi. La victime n'est plus la grande oubliée du procès pénal, elle est devenue une partie à part entière. Toutefois, en dépit d'un renforcement manifeste du rôle de la victime dans le procès pénal, un déséquilibre des droits et des moyens d'action persiste entre les parties dans chaque étape de la procédure pénale. Une amélioration de la procédure pénale est donc toujours nécessaire pour sauvegarder les droits de la victime et empêcher celle-ci d'être injustement mise à l'écart.

Mots clés : Victime, procès pénal, équilibre procédural, action publique, justice restaurative, réparation.

Abstract of the thesis: The place of the victim in the criminal trial

The place of the victim in the criminal trial is complicated and ambiguous. In current law, the victim enjoys rights and means of action in the criminal trial which guarantee her a real part. For example, as the prosecution, the victim can activate the public action and she can ask for the repair of her damage. The victim is not anymore the forgotten of the criminal trial, she became a full part. However, in spite of an obvious strengthening of the part of the victim in the criminal trial, an imbalance of the rights and the means of action persists between the parts in every stage of the criminal procedure. The improvement of the procedural balance between the parts in the criminal trial has to continue not to put aside the victim.

Key words : Victim, criminal trial, procedural balance, public action, restorative justice, compensation.

Intitulé et adresse du laboratoire : Laboratoire Organisations, marchés, institutions (OMI) ; 80 avenue du Général de Gaulle, 94010, Créteil.

LISTE DES PRINCIPALES ABRÉVIATIONS

Act.	Actualités (JCP - La semaine juridique – Edition générale ou Entreprise)
AFD	Archives de philosophie du droit
AJ	Actualités jurisprudentielle (Recueil Dalloz)
AJDA	Actualité juridique de droit administratif
AJ fam.	Actualité juridique de droit de la famille
AJ pén	Actualité juridique de droit pénal
Al.	Alinéa
AN	Assemblée nationale
APC	Archives de politique criminelle
Art.	Article
Ass.plén.	Assemblée plénière
BOMJ	Bulletin officiel du ministère de la Justice
Bull.ass.plén	Bulletin des arrêts de la Cour de cassation de l'assemblée plénière
Bull.civ.	Bulletin des arrêts de la Cour de cassation des chambres civiles
Bull.crim.	Bulletin des arrêts de la Cour de cassation de la chambre criminelle
C./	Contre
CA	Cour d'appel
Cah.Conseil Const	Les cahiers du Conseil constitutionnel
Cah.Dr.europ.	Les cahiers de droit européen
C.ass.	Code des assurances
Cass.	Cour de cassation
Cass.ch.mixte	Chambre mixte de la Cour de cassation
Cass.ch.réunies	Chambres réunies de la Cour de cassation
Cass.civ.1	Première Chambre civile de la Cour de cassation
Cass.civ.2	Deuxième Chambre civile de la Cour de cassation
Cass.civ.3	Troisième Chambre civile de la Cour de cassation
Cass.crim.	Chambre criminelle de la Cour de cassation
Cass.req.	Chambre des requêtes de la Cour de cassation
C.C.	Conseil constitutionnelle
C.civ.	Code civil
C.com.	Code de commerce
C.cons.	Code de la consommation
C.douanes	Code des douanes
CE	Conseil d'Etat
CEDH	Cour européenne des droits de l'homme
CESDH	Convention européenne de sauvegarde des droits de l'homme des libertés fondamentales
CGCT	Code général des collectivités territoriales
CGI	Code général des impôts
Ch.	Chambre

Chron.	Chronique
Circ.	Circulaire
CJCE	Cour de justice des Communautés européennes
Coll.	Collection
Com.EDH	Commission européenne des droits de l'homme
Comm.	Commentaire
Comp.	Comparé
Concl.	Conclusion
Confirm.	Confirmé par
Cons.	Considérant
Cons.const.	Conseil constitutionnel
Const.	Constitution
Contra	Contre, en sens contraire
Conv.EDH	Convention européenne de sauvegarde des droits de l'homme et des libertés fondamentales
COPJ	Convocation par officier de police judiciaire
C.pén.	Code pénal
C.pr.civ.	Code procédure civile
C.pr.pén.	Code de procédure pénale
CPV	Convocation par procès-verbal
Criminologie	Criminologie (Presses de l'Université de Montréal)
C.route	Code de la route
CRPC	Comparution sur reconnaissance préalable de culpabilité
CSP	Code de la santé publique
CSS	Code de la sécurité sociale
C.trav.	Code du travail
D.	Recueil Dalloz
DACG	Direction des affaires criminelles et des grâces
DDHC	Déclaration des droits de l'homme et du citoyen
Dir.	Sous la direction de
Doctr.	Doctrine
Dr. Fam.	Revue Droit de la famille (Juris-Classeur)
Droit.env.	Revue Droit de l'environnement (Juris-Classeur)
Dr.pén.	Revue Droit pénal (Juris-Classeur)
Dr.pr.pen.	Revue Procédure pénale (Juris-Classeur)
Dr.Sociétés	Revue Droit des sociétés (Juris-Classeur)
D.P.	Recueil Dalloz périodique et critique mensuel
Ed.	Editions
Et.	Etudes
Ex.	Exemple
Fasc.	Fascicule
Gaz.Pal.	Gazette du palais
Ibid	Référence déjà citée
In	Dans
Infra	Au-dessous
Jap	Juge de l'application des peines
JCP	La semaine juridique Edition générale
JCP G.	La semaine juridique Edition générale
JCP E.	La semaine juridique Edition entreprise
JDI	Journal de droit international
JORF	Journal Officiel de la République française
JUDEVI	Juge délégué aux victimes
Jur.	Jurisprudence
Justice	Revue Justice

Justices	Revue justices
L.	Loi
LGDJ	Librairie générale de droit et de jurisprudence
LPA	Les petites affiches
N°	Numéro
Obs.	Observation
Op.cit.	Opus citatum, Ouvrage précité
Ord.	Ordonnance
P.	Page
PP.	Pages
PUAM	Presse universitaire de l'universitaire d'Aix-Marseilles
PUF	Presse universitaire de France
PUPPA	Presse universitaire de Pau et des Pays de l'Adour
PUR	Presse universitaire de Rennes
Procédures	Procédures (revue du Jurisclasseur)
QPC	Question prioritaire de constitutionnalité
Rapp.	Rapport
RDH	Revue des droits de l'homme
RDIDC	Revue de droit international et de droit comparé
RDPC	Revue de droit pénal et de criminologie
Rec.	Recueil
Rép.civ.	Répertoire (Encyclopédie) de droit civil Dalloz
Rép.pén.	Répertoire (Encyclopédie) de droit pénal et de procédure pénale Dalloz
Req.	Requête
Rev.Soc.	Revue des sociétés
RFDA	Revue française de droit administratif
RICPT	Revue internationale de criminologie et de police technique et scientifique
RIDP	Revue internationale de droit pénal
RIPC	Revue internationale de politique criminelle
RGP	Revue générale des procédures
RPDP	Revue pénitentiaire et de droit pénal
RRJ	Revue de recherche juridique
RSC	Revue de sciences criminelles et de droit pénal comparé
RTDH	Revue trimestrielle des droits de l'homme
S.	Recueil Sirey
Somm.	Sommaire
Spéc.	Spécialement
Supra	Voir ci-dessus
T.	Tome
T.confl.	Tribunal des conflits
TGI	Tribunal de grande instance
T.corr.	Tribunal correctionnel
T.pol.	Tribunal de police
V.	Voir
Vol.	Volume

SOMMAIRE

INTRODUCTION

> « *La justice criminelle s'inscrit de manière imagée et géométrique, à l'intérieur d'un triangle équilatéral dont chaque côté doit être à l'autre, les satisfactions des trois parties au procès contribuant à la perfection égalitariste de la sanction. La justice criminelle n'est considérée comme juste que si elle satisfait à la fois les trois parties à une infraction : la victime, l'État et l'auteur même du crime ou du délit* ». Yves LACLOS[1]

Chaque partie au procès pénal détient une place, un rôle spécifique. L'État a pour rôle de défendre les intérêts de la société tandis que l'infracteur et la victime ont pour rôle de défendre leurs intérêts respectifs. Le rôle de la victime dans le procès pénal n'est plus perçu comme vindicatif. D'après Paul RICOEUR, « derrière la clameur de la victime se trouve une souffrance qui crie moins vengeance que récit »[2]. Il serait réducteur de considérer uniquement la victime comme une accusatrice. Plusieurs raisons justifient le rôle de la victime dans le procès pénal comme son aide à la recherche de la vérité, sa sécurité et la réparation du préjudice subi. Le sujet « la place de la victime dans le procès pénal » est un sujet large et juridiquement riche. Afin de comprendre ce sujet, il convient avant tout de définir la victime (Paragraphe1) et ensuite d'analyser le rôle de la victime dans le procès pénal au fil des siècles (Paragraphe 2).

PARAGRAPHE 1. L'identification de la victime dans le procès pénal

Qu'est-ce qu'une victime ? Est-ce un état naturel, un état social ? Autrefois, avant le XVIIIe siècle, l'identification de la victime était uniquement faite par le juge public ou par une autorité d'ordre comme l'Église. Il n'existait pas une définition univoque de la victime, la victime était identifiée de manière diverse[3]. Peu d'œuvres faisaient référence aux

---

[1] LACLOS (Y), *Injuste justice ?* LexisNexis, coll.Essais, 2013, p.37.
[2] RICOEUR (P), *Le juste, la justice et son échec*, Herne, 2006.
[3] LEMASSON (A.-T), *La victime devant la justice pénale internationale*, Thèse de l'université de Limoges, 2010.

victimes. Le terme « victime » émane du latin « victima » qui fait référence au vocabulaire religieux. Ce terme signifiait à l'origine « bête offerte en sacrifice aux dieux »[4]. D'après le christianisme, le Christ incarne à la fois l'infracteur et la victime. Le Christ s'est sacrifié en tant que victime pour racheter l'acte criminel[5]. Le terme « victime » n'était pas souvent employé en raison de sa connotation fortement sacrificielle ou mutilatoire[6]. À la fin du XVe siècle, le terme « victime » apparaît dans la langue écrite pour désigner l'hostie. Au XVIIe siècle, le terme « victime » a commencé à avoir une connotation morale[7]. Puis, ce n'est qu'à partir du début des années 1860 que le terme victime a commencé à appartenir au vocabulaire juridique et à être employé dans les pièces du dossier d'instruction et dans les réquisitoires des procureurs. Le terme « victime » apparaît explicitement dans le code de procédure pénale en 1970 et dans le Code pénal de 1992 par des dispositions générales et spéciales[8]. Toutefois, de nos jours, le Code pénal et le code de procédure pénale ne retiennent pas encore une définition claire de la victime[9]. Une seule distinction claire est consacrée entre la victime personne physique et la victime personne morale. Cette distinction s'applique aussi bien à l'égard des auteurs d'infractions. Seules une personne physique ou une personne morale peuvent bénéficier de la qualité de victime ou d'auteur de l'infraction.

La personne physique est celle qui est apte à être reconnue de plein droit, sans distinction à tous les êtres humains vivants et la personne morale, plus abstraite, se réfère à un groupement de personnes ou de biens organisé en vue d'accomplir une tâche dans un intérêt commun[10]. Il existe deux types de personnes morales, les personnes morales de droit public et les personnes morales de droit privé. Les personnes morales de droit public se réfèrent à l'État, les collectivités territoriales et aux établissements publics qui remplissent une mission d'intérêt public[11], tandis que les personnes morales de droit privé peuvent suivre ou non un but lucratif et se réfèrent à une

---

[4] GIRARD (R), *La Violence et le sacré*, Fayard/Pluriel, coll.Pluriel, 2011; ROSOLATO (G), *Le Sacrifice : repères psychanalytiques*, PUF, coll.Bibliothèque de psychanalyse, 2002 ; MARZANO (M), *Qu'est-ce qu'une victime ?* Archives de politique criminelle, n°28, 2006, p.11.

[5] GARNOT (B), *Histoire de la justice. France, XVIème-XXIème siècle*, Gallimard, coll.Folio-histoire, 2009, p.172.

[6] Ibid[1].

[7] MARZANO (M), *Qu'est-ce qu'une victime ?* Archives de politique criminelle, n°28, 2006, p.11.

[8] Ibid[5].

[9] DE ROCHEGONDE (Th), ELIACHEFF (E), SOULEZ-LARIVIERE (D), *Le temps des victimes*, Albin Michel, coll.Che vuoi ? 2007, p.251-252.

[10] Sur la nature juridique de la personnalité morale : GARE (Th), *Le droit des personnes*, Dalloz, coll. « connaissance du droit », 2e éd, 2003, p.10 et s; Sur les conditions d'attribution de la personnalité morale : civ.28 janvier 1954, D.1954, D.1954.217, note LEVASSEUR, JCP 1954. II. 7978, note LEMOINE.

[11] MARAIS (A), *Droit des personnes*, Dalloz, coll.Cours, 2e éd, 2014, p.64.

société, une association ou encore à des syndicats. Une personne physique ou morale bénéficie ainsi d'une personnalité juridique qui lui permet d'être considérée comme un sujet de droit, distincte d'une chose[12], assujettie à des obligations et titulaire de droits dont celui d'ester en justice[13]. Les conditions auxquelles sont assujetties les victimes personnes morales pour ester en justice dans le cadre d'un procès pénal sont cependant plus restrictives[14].

S'agissant plus précisément de la définition de la victime en tant que telle, qu'elle soit une personne physique ou une personne morale, le Code de procédure pénale et le Code pénal identifient la victime de deux manières. La victime est identifiée par le préjudice subi à la suite de la transgression d'une norme juridique (A) ou par la souffrance subie sans qu'elle ait été causée à la suite de la transgression d'une norme juridique (B).

A. L'identification de la victime par la transgression de la norme juridique

Le Code pénal et le Code de procédure pénale ne définissent pas la notion de victime, mais le code de procédure pénale définit la partie lésée qui a le droit d'agir dans le procès pénal en se constituant partie civile.

En effet, d'après l'article 2 du Code de procédure pénale : « l'action civile en réparation du dommage causé par un crime, un délit ou une contravention appartient à tous ceux qui ont personnellement souffert du dommage directement causé par l'infraction ». Le législateur exige donc plusieurs conditions cumulatives pour qualifier la partie lésée, telles que l'existence d'une infraction, d'un préjudice et d'un lien de causalité. Le droit pénal français s'est inspiré du droit international et du droit européen qui qualifient une personne de « victime » si deux conditions cumulatives sont remplies telles que l'existence d'une infraction et l'existence d'un préjudice. En 1985, l'assemblée générale de l'Organisation des Nations Unies a donné une première définition officielle de la victime : « on entend par victimes de la criminalité des personnes qui individuellement ou collectivement, ont subi un préjudice, notamment une atteinte à leur intégrité physique ou mentale, une souffrance morale, une perte matérielle, ou une atteinte grave à leurs droits fondamentaux, en raison d'actes d'omissions qui enfreignent les lois pénales en vigueur dans un État membre, y compris ceux qui proscrivent les abus criminels de pouvoir. Les victimes sont des personnes qui, individuellement ou collectivement, ont subi des préjudices en raison d'actes ou d'omissions qui ne constituent pas encore une violation de la législation pénale nationale, mais qui représentent des violations des normes

---

[12] MARAIS (A), opcit, p.1.

[13] CORNU (G), Association Henri Capitant, *Vocabulaire juridique*, PUF, coll.Quadrige dicos poche, 11e éd, 2016.

[14] Voir Partie seconde, chapitre second, section première, paragraphe second « la recevabilité de l'action civile dans le procès pénal soumise à une qualité de partie civile reconnue ».

internationalement reconnues en matière de droits de l'homme »[15]. L'ONU identifie la victime comme telle, sans qu'il soit nécessaire que l'auteur soit ou non identifié, arrêté, poursuivi ou déclaré coupable[16]. L'existence de la commission d'un acte répréhensible et l'existence d'un préjudice sont donc exigées.

En 2006, le comité des ministres du Conseil de l'Europe a également donné une définition de la victime dans une recommandation portant sur l'assistance aux victimes d'infraction[17]. Le comité des ministres du Conseil de l'Europe a défini la victime en se fondant également sur l'existence de la commission d'un acte répréhensible et sur l'existence d'un préjudice subi[18].

En effet, d'après cette institution la victime se définit comme « toute personne physique qui a subi un préjudice y compris une atteinte à son intégrité physique ou mentale, une souffrance morale ou un préjudice économique, causé par des actes ou omissions violant le droit pénal d'un État membre. Le terme victime inclut également, le cas échéant, la famille immédiate ou les personnes à charge de la victime directe ».

En outre, le Conseil de l'Union européenne donne une définition de la victime dans une décision-cadre du 15 mars 2001 modifiée le 25 octobre 2012. Dans sa définition de la victime, il se fonde sur la transgression d'une norme juridique en affirmant que : « la victime représente toute personne physique ayant subi un préjudice y compris une atteinte à son intégrité physique, mentale ou émotionnelle ou une perte matérielle, directement causée par des actes ou omissions qui enfreignent la législation pénale d'un État membre »[19]. Puis, la Cour européenne des droits de l'homme (CEDH) a opté pour une identification de la victime non par le préjudice qu'elle a subi, mais uniquement par l'atteinte de la violation d'une norme juridique. D'après la CEDH : « la victime est un individu, sujet de droit international qui souhaiterait faire sanctionner un manquement de l'Etat à ses obligations »[20]. La CEDH estime que toute personne privée, physique, morale ou un ensemble de personnes privées peut être considérée comme

---

[15] Résolution n°40/34, Déclaration des principes fondamentaux de justice relatifs aux victimes de la criminalité et aux victimes d'abus de pouvoir, adoptée par l'Assemblée Générale des Nations Unies, le 29 novembre 1985; BERISTAIN (A), *La justice et l'assistance aux victimes. À propos de l'élaboration d'une Déclaration par les Nations Unies*, RICPT, 1987, p.331-341.

[16] CARIO (R), *Victimologie. Les textes essentiels*, L'Harmattan, coll.Sciences criminelles, Vol.2, 2003, p.11-15; CARIO (R), *Victimologie. De l'effraction du lien intersubjectif à la restauration sociale*, L'Harmattan, coll.Sciences criminelles, Vol.1, 4e éd, 2012, p.34.

[17] Recommandation R(2006)8 adoptée par le comité des ministres du Conseil de l'Europe le 14 juin 2006.

[18] STRICKLER (Y) (Dir.), *La place de la victime dans le procès pénal*, Bruxelles, Bruylant, 2009, p.68.

[19] Décision-cadre 2001/220/JAI relative au statut des victimes dans le cadre de procédures pénales, adoptée par le conseil de l'UE le 15 mars 2001.

[20] PETTITI (L.-E), DECAUX (E), IMBERT (P.-H), *La Convention européenne des droits de l'homme. Commentaire article par article*, Economica, 2e éd, 1999, p.579.

victime[21]. La qualité de victime doit s'apprécier à tous les stades de la procédure, ce qui signifie qu'un requérant qui aurait cette qualité au moment de l'introduction de la requête peut la perdre en cours d'instance[22].

Devant la CEDH, les victimes, personnes physiques, doivent établir qu'elles sont ou ont été personnellement victimes d'une action ou d'une omission constitutive d'une violation de la convention. D'après la CEDH, l'article 25 de la Convention européenne des droits de l'homme ne semble pas exiger l'existence d'un préjudice, mais la jurisprudence n'a pas toujours été très claire sur ce sujet[23].

Elle a plusieurs fois déclaré que le terme « victime » n'implique pas l'existence d'un préjudice, « la victime est la personne directement concernée par l'acte ou l'omission litigieux »[24].

Ainsi les définitions de la victime données par l'assemblée générale de l'Organisation des Nations Unies, le comité des ministres du Conseil de l'Europe, le Conseil de l'Union européenne et de la Cour européenne des droits de l'homme reposent sur un critère normatif qui renvoie à la transgression d'une norme juridique. Ces définitions de la victime peuvent sembler restreintes puisqu'elles sont fondées sur une norme juridique et excluent les victimes qui ont subi un fait non juridiquement réprimé, par exemple les catastrophes naturelles[25]. Toutefois, le droit pénal a pour vocation de sanctionner les comportements qui violent la loi et n'a pas pour vocation de protéger et d'accorder une réparation aux victimes qui n'ont pas subi une atteinte de la violation de la loi. Il appartient au droit civil d'identifier ce dernier type de victimes. En outre, le Code pénal et le code de procédure pénale ne qualifient pas uniquement la victime en fonction de l'existence d'une infraction, la victime est également qualifiée comme telle à travers sa souffrance.

B. L'identification de la victime à travers la souffrance et la reconnaissance de l'état de victime

Dans le Code pénal et le Code de procédure pénale, le législateur français qualifie la victime par la transgression d'une norme juridique, mais également par sa souffrance, autrement dit, par le préjudice qu'elle a subi. Le

---

[21] L'art 25 de la CESDH évoque les « groupes de particuliers » ou « les organisations non gouvernementales » qui sont des entités dotées de la personnalité morale.

[22] CEDH, Affaire Nsona.c/Pays-Bas, 28 novembre 1996. Req.n°23366/94.

[23] CEDH, Affaire De Becker.c/Belgique, 27 mars 1962, Req.n°n°214/56; CEDH, Affaire Artico.c/Italie, 13 mai 1980, Req.n°6694/74; CEDH, Affaire Johnston et autres.c/Irlande, 18 décembre 1986, Req.n°9697/82.

[24] SUDRE (F), *Chronique Droit de la CEDH*, JCP, 1996; *ABRAHAM (R)*, *Article 25*, in PETTITI (L.-E), DECAUX (E) et IMBERT (P.-H), La Convention européenne des droits de l'homme. *Commentaire article par article*, Economica, 2ème ed, 1999, p.257.

[25] PIGNOUX (N), *La réparation des victimes d'infractions pénales*, Thèse de l'université de Pau et des Pays de l'Adour, 2007, p.11.

professeur Robert CARIO définit la victime comme un état subjectif, « de telles souffrances doivent être personnelles, réelles, socialement reconnues comme inacceptables et de nature à justifier une prise en charge des personnes concernées (...). »[26].

L'auteur Monsieur Denis SALAS partage également cette identification de la victime fondée sur la souffrance et affirme que la victime incarne une figure du malheur[27]. Autrement dit, la victime apparaît comme un sujet passif qui a subi une atteinte, en opposition à l'infracteur qui cause celle-ci. L'atteinte en cause crée un droit à réparation et « il incombe à la justice de compenser ses souffrances et de réparer l'injustice »[28]. Pour être reconnue comme acteur à part entière du procès pénal, la victime doit être « souffrante » c'est-à-dire qu'elle doit avoir subi un préjudice objectivement vérifiable[29].

L'identification de la victime par la souffrance est historique puisqu'au Moyen-âge jusqu'à la fin du XVIIIe siècle, la victime était définie selon sa souffrance ou autrement dit selon le préjudice qu'elle avait subi[30]. Le préjudice devait être interprété de manière objective et l'innocence de la victime était vérifiée, sauf en cas d'homicide. Par exemple, en cas de rixe d'honneur, il était difficile de déterminer la véritable victime et le juge vérifiait la légitimité des coups assénés en défense. La victime était considérée comme innocente si elle avait manifesté une passivité souffrante. L'innocence de la victime était incontestable si la victime ne se défendait pas sauf en cas d'agression sexuelle sinon elle risquait d'être accusée d'être consentante. Si la victime démontrait qu'elle s'était défendue, le juge pouvait conclure à un partage de responsabilité entre la victime et l'infracteur ou retenir un cas d'excuse pour l'infracteur et le déclarer irresponsable[31]. À partir du XVIIIe siècle, le terme « victime » était toujours lié à la souffrance et était plus précisément employé pour désigner « toute personne tuée ou blessée à la suite d'un cataclysme, d'un accident ou d'une violence quelconque »[32]. Au XIXe siècle, le code d'instruction criminelle de

---

[26] CARIO (R), *Victimologie. De l'effraction du lien intersubjectif à la restauration sociale*, L'Harmattan, coll.Sciences criminelles, Vol.1, 4e éd, 2012, p.26 et s.

[27] SALAS (D), *Du procès pénal*, Paris, PUF, coll.Quadrige, 2010, p.211; DUMOUCHEL (P) (Dir.), *Comprendre pour agir : violences, victimes et vengeances*, Paris : L'Harmattan, coll.Dike, 2000, p.38.

[28] ALT-MAES (F), *Le concept de victime en droit civil et en droit pénal*, RSC, 1994, p.35.

[29] SEGAUD (J), *Essai sur l'action publique*, Thèse de l'université de Reims, 2010.

[30] GARNOT (B), *Les victimes des oubliées de l'histoire ?* Presse universitaire de Rennes, Coll.Histoire, 2000.

[31] Ibid[4].

[32] GIRARD (R), *La Violence et le sacré*, Fayard/Pluriel, coll.Pluriel, 2011; ROSOLATO (G), *Le Sacrifice : repères psychanalytiques*, PUF, coll.Bibliothèque de psychanalyse, 2002. MARZANO (M), *Qu'est-ce qu'une victime ?* Archives de politique criminelle, n°28, 2006, p.11.

1808 n'utilisait pas le terme « victime », mais faisait référence aux « personnes lésées » qui souffraient des agissements d'autrui[33].

Puis, depuis la Seconde Guerre mondiale, le terme « victime » est explicitement utilisé dans le vocabulaire juridique, psychiatrique et psychanalytique pour désigner une personne qui a subi des traumatismes[34]. La définition de la victime a pris une nouvelle ampleur avec la naissance de la victimologie. La victimologie est apparue au XXe siècle, dans un contexte d'après-guerre où l'individualisme et le droit au bonheur étaient des priorités. La victimologie vise à reconnaître la souffrance de la victime et à lui accorder une place plus importante dans le procès pénal[35]. Les criminologues du XXe siècle créèrent la victimologie en analysant le passage à l'acte du criminel par l'interaction entre le criminel et la victime et considérèrent que les deux étaient liés par l'acte criminel[36]. La victimologie est une branche de la criminologie[37]. Il existe deux mouvements de la victimologie à savoir la victimologie traditionnelle et la victimologie contemporaine. La victimologie traditionnelle, également appelée victimologie première, s'intéresse à l'explication du processus criminel ainsi qu'à la place de la victime et du délinquant dans le processus criminel[38].

---

33 Code d'instruction criminelle, art.63 qui évoque uniquement une « personne qui se prétendra lésée par un crime ou délit », tandis que l'article 1er prévoit que l'action civile « peut être exercée par tous ceux qui ont souffert du dommage ».

34 ELIACHEFF (C), SOULEZ-LARIVIERE (D), *Le temps des victimes*, Albin Michel, coll.Essais Doc, 2007. p.7.

35 PINATEL (J), BOUZAT (P), *Traité de droit pénal et de criminologie*, Dalloz, Vol.3, 1963, p.486 et s ; CARIO (R), MBANZOULOU (P) (Dir.), *La victime est-elle coupable ? Autour de l'œuvre d'EZZAT Abdel FATTAH*, L'Harmattan, coll.Sciences criminelles, 2004.

36 FATTAH (E.-A), *La victimologie : qui est-elle, et quel est son avenir ?* RICPT, 1967, p.116.

37 CARIO (R), *Victimologie. De l'effraction du lien intersubjectif à la restauration sociale*, L'Harmattan, coll.Sciences criminelles, Vol.1, 4e éd, 2012, p.37 ; FATTAH (E.-A), *Vers une typologie criminologique des victimes*, RIDC 1967-1968, p.162; NEGRIER-DORMONT (L), TZITZIS (S), *Criminologie de l'acte et philosophie pénale : De l'ontologie criminelle des anciens à la victimologie des modernes*, LexisNexis, coll.Manuels, 1994, p.113; PINATEL (J), *Les aspects interpersonnels de la conduite criminelle*, RSC, 1961, p.392. Certains auteurs considèrent que Hans VON HENTIG est le fondateur de la victimologie, car il a établi les bases théoriques de la victimologie pénale (Voir : VON HENTIG (H), *The criminal and his victim*, New-York Yale University Press 1948). Tandis que d'autres auteurs considèrent que la victimologie est née, en tant que science indépendante de la criminologie avec la publication des travaux du professeur Benjamin MENDELSOHN. Ce dernier, avocat pénaliste, annonça pour la première fois l'avènement de la victimologie lors d'un congrès organisé par la société roumaine de psychiatrie en 1974. Il est le précurseur de la victimologie moderne, séparée de la criminologie. Hans VON HENTIG et Benjamin MENDELSOHN ont tous deux participé à l'évolution de la victimologie d'une façon marquante.

38 Certains victimologues comme Hans VON HENTIG, Ezzat Abdel FATTAH et Benjamin MENDELSOHN expliquent le passage à l'acte par le passé de l'auteur, mais aussi par le lien entre le fait criminel et la victime. Le choix de la victime serait dû, aux relations préexistantes à l'acte criminel, entre la future victime et le futur délinquant qui lui causera des préjudices physiques, moraux ou matériels. Le criminel et la victime seraient donc liés au point où leurs

Comme la plupart des victimologues du mouvement de la victimologie traditionnelle, Benjamin MENDELSOHN, l'un des fondateurs, définit la victime par la souffrance et considère que « la victime est une personne se situant individuellement ou faisant partie d'une collectivité qui subirait les conséquences douloureuses déterminées par des facteurs de diverses origines : physiques, psychologiques, économiques, politiques et sociales, mais aussi naturelles (catastrophes) »[39]. À partir de 1980, la victimologie traditionnelle a été concurrencée par la victimologie contemporaine, également appelée la victimologie secondaire. La victimologie secondaire vise à reconnaître la souffrance de la victime en se focalisant sur l'aide aux victimes et sur la satisfaction de leurs revendications[40]. Les intérêts de la victime sont davantage pris en compte dans la qualification des infractions, la prescription des infractions ou encore dans le dédommagement[41]. La victimologie secondaire fait intervenir le rôle de l'État dans la réparation de la souffrance de la victime[42]. Par ailleurs, le mouvement de victimologie secondaire a conduit à l'avènement de la justice restaurative, une nouvelle forme de justice qui appréhende différemment la victime dans le procès pénal[43].

De nos jours, la conception communément admise de la victime est la reconnaissance de sa souffrance illégitime et la nécessité de réparer son préjudice. Dès lors que la victime a été identifiée comme telle, le titre de victime lui permet de bénéficier d'une reconnaissance à l'égard des autres. Certains auteurs distinguent plusieurs types de reconnaissance à l'égard de la

---

rôles seraient interchangeables lorsque le criminel et la victime sont proches sociologiquement et affectivement. Voir : FATTAH (E.-A), *The interchangeable roles of victim and victimizer*, The European Institute for crime and prevention, Helsinki, 1994. À la différence d'Ezzat Abdel FATTAH, Albert KIRCIDEN COHEN et Harold GARFINKEL estiment que le passage à l'acte résulte de l'interaction entre les personnes et l'environnement dans lequel les deux protagonistes évoluent. Cette théorie assimile la victime à une cible. Voir : GARFINKEL (H), *Recherches en ethnométhodologie*, PUF, coll.Quadrige, 2007.

[39] LOPEZ (G), *La victimologie*, Dalloz, Coll.Connaissance du droit, 2e éd, 2014, p.45; LOPEZ (G), PORTELLI (S), CLEMENT (S), *Les droits des victimes. Droits, auditions, expertise, clinique*, Dalloz, Coll.Etats de droits, 2e éd, 2007, p.5.

[40] BONFILS (Ph), CIMAMONTI (S), GASSIN (R), *Criminologie*, Dalloz, coll.Précis, 7e éd, 2011; CARIO (R), MBANZOULOU (P) (Dir.), *La victime est-elle coupable ? Autour de l'œuvre d'Ezzat Abdel FATTAH*, L'Harmattan, coll.Sciences criminelles, 2004.

[41] CARIO (R), *La prescription de l'action publique. Au-delà du victimaire et du sécuritaire : le souci de la restauration des personnes*, D.2007, p.178.

[42] Marc ANCEL, un des auteurs adeptes de la victimologie secondaire, estime que l'État doit assistance, aide et réparation envers la victime, car il a failli dans son rôle protection de l'ordre public et de l'intérêt général. Voir : ANCEL (M), *La défense sociale devant le problème de la victime*, RSC, 1978, p.179; BESSOLES (P), MORMONT (C) (Dir.), *Victimologie et criminologie. Approches cliniques*, Champ social, coll.Victimologie et criminologie, 2004.

[43] WALGRAVE (L), *La justice restaurative : à la recherche d'une théorie, d'un programme*, Criminologie, Vol.32, n° 1, 1999, p. 6 s. La justice restaurative sera traitée en deuxième partie de cette thèse.

victime. D'après les auteurs Monsieur Jean AUDET et Monsieur Jean François KATZ, il existe plusieurs types de reconnaissance comme la reconnaissance de distinction, la reconnaissance de conformité et la reconnaissance de fausse modestie.

La reconnaissance de distinction[44] se réfère à la victime qui marque sa différence avec les autres qui n'ont pas vécu le même traumatisme. Elle est reconnue par les autres en tant que victime, ce qui lui procure plus de satisfaction qu'une réparation financière. Dans ce type de reconnaissance, le procès n'est pas indispensable. La reconnaissance de conformité se réfère à la victime qui cherche à revenir à une normalité pour réintégrer son statut de citoyen. La victime cherche la considération qui préexistait avant l'infraction pénale et la reconnaissance de sa dignité en tant qu'être humain, citoyen. Ce type de reconnaissance implique une action judiciaire. L'action judiciaire permet de trouver une satisfaction dans le processus pénal sans nécessairement être partie civile. Un rapporteur public au Conseil d'Etat, Monsieur Mathias GUYOMAR confirme également l'existence de ce type de reconnaissance en affirmant que « la reconnaissance de la victime est une revendication de dignité ou plus modestement de considération ou d'honneur »[45]. La reconnaissance de fausse modestie concerne quant à elle les victimes qui minimisent l'infraction qu'elles ont subie afin d'entraîner l'admiration et la compassion des autres.

Dans un procès pénal, le moment de la reconnaissance de la véritable qualité de victime suscite diverses opinions. Une partie de la doctrine estime que la personne ayant subi une infraction acquiert la qualité de victime dès l'instant où elle dépose plainte, ou lors du renvoi de l'affaire à l'audience soit du fait du procureur de la République, soit du fait du juge d'instruction. La partie inverse de la doctrine estime, quant à elle, que la qualité de victime s'acquiert lorsqu'une décision pénale a été rendue, et que la personne poursuivie est déclarée coupable. Autrement dit, le terme « victime » ne pourrait caractériser une personne qu'après qu'une décision sur le fond de l'affaire soit prise.

La position de cette partie de la doctrine est plus juste au regard du principe de la présomption d'innocence qui justifierait que la personne qui revendique avoir subi un préjudice soit nommée « plaignante » ou « présumée victime » avant qu'une décision de condamnation soit devenue définitive. Dès lors que la victime est reconnue en tant que telle, elle bénéficie d'une place, d'un rôle dans le procès pénal.

---

[44] KATZ (J.-F), *Les principes de l'accueil SVP* in AUDET (J), KATZ (J.-F), Précis de victimologie générale, Dunod, coll.Psychothérapies, 2[ème]éd, 2006, p.512-513.

[45] GUYOMAR (M), *Conclusions,* Conseil d'État, Assemblée du contentieux, Séance du 1er juillet 2011 et lecture du 19 juillet 2011.

PARAGRAPHE 2. Le rôle de la victime dans le procès pénal au fil des siècles

Autrefois, le rôle de la victime dans le règlement des conflits pénaux était démesuré (A). Ce n'est qu'à partir de la Révolution française que la victime disposa d'un rôle plus modéré dans le procès pénal (B).

A. Le rôle démesuré de la victime dans le règlement des conflits pénaux d'autrefois

La victime n'a pas toujours été la grande oubliée du procès pénal, l'histoire montre que le rôle de la victime dans le règlement des conflits en matière pénale varie selon les époques. Dans l'ancien droit, la victime exerçait ses droits par la vengeance privée et par la transaction. Au Moyen-âge, époque qui s'étend du Vème siècle jusqu'au début du XVe siècle, la victime était placée au cœur du règlement du conflit et le « procès pénal » était envisagé comme un combat entre l'offensé et l'offenseur[46]. Les conflits se résolvaient entre groupes sociaux, entre clans ou entre familles par la vengeance. Les poursuites ne pouvaient être déclenchées que par l'accusation de la victime ou celle de son lignage. La victime avait le pouvoir de poursuivre à la fois la réparation et la répression de l'infraction commise contre elle. La justice utilisée était inspirée du droit romain qui reconnaissait tout d'abord un droit de vengeance illimité à la victime puis l'exercice de la vengeance fut réglementé par la loi des XII tables. Cette loi édicta des règles pour limiter cette vengeance au regard de la qualité sociale de la victime, en fonction par exemple de sa qualité d'esclave ou d'homme libre et fortuné.

Dans la justice romaine, la vengeance ne devait pas excéder le mal subi et devait être évaluée en argent[47]. Du Vème siècle au XIIIe siècle, la vengeance était devenue une forme de justice. La procédure était accusatoire et privatisée, la victime exerçait un rôle incontournable dans le procès pénal.

Afin de régler le conflit, la victime appelée « l'accusateur » imposait à l'accusé soit une transaction qui consistait à verser une somme d'argent soit un châtiment corporel déterminé en fonction de la gravité de l'infraction[48]. À cette époque, il n'y avait pas de différence entre l'action publique, l'application des peines, la répression et l'action civile qui vise à réparer le

---

[46] SALAS (D), *Du procès pénal*, Paris, PUF, coll.Quadrige, 2010.

[47] ALT-MAES (F), *Le concept de victime en droit civil et en droit pénal*, RSC, 1994, p.35. La justice romaine était bien différente de la justice athénienne qui était proche de la démocratie. Dans la justice athénienne, la vengeance ne devait pas être exercée et le procès par une tierce personne impartiale, était généralisé. TURLAN (J), *Amis et amis charnels d'après des actes du parlement au XIVe siècle*, RHD, Vol.47, 1969, p.645-698.

[48] CARBASSE (J.M), *Histoire du droit pénal et de la justice criminelle*, Paris, PUF, coll.Droit fondamental, 3e éd, 2014; AISSAOUI (K), *La victime d'infraction pénale, de la réparation à la restauration*, Thèse de l'université Jean-Moulin Lyon III, 2013.

dommage causé. La transaction était un règlement de conflit privilégié au châtiment corporel. Lorsque la victime choisissait de régler le conflit par une transaction, cette dernière prenait la forme d'une composition pécuniaire, autrement dit d'un versement d'argent sans qu'il s'agisse d'une réparation civile. Cette composition pécuniaire servait à racheter la vengeance et à compenser le dommage subi. La victime pouvait également choisir un arrangement avec l'intervention ou non d'un tiers. Dans ce cas, la transaction était une preuve de pardon de la victime à son bourreau. La transaction est inspirée du christianisme, c'est l'idéal du procès chrétien. La transaction était un manifeste de la rétribution, c'est-à-dire, qu'elle impose à l'accusé ce qui lui est dû de manière proportionnelle à la faute commise. Ces mécanismes de transaction avaient pour objectif de limiter l'engrenage de la violence des pratiques vindicatoires[49]. Toutefois, la victime pouvait choisir d'exercer des pratiques vindicatoires pour résoudre le conflit. Si la victime choisissait d'exercer des pratiques vindicatoires, ces dernières pouvaient être validées a posteriori par une instance publique ou restées secrètes[50]. Par l'exercice de ces pratiques vindicatoires, l'offensé devenait l'offenseur. L'action vindicatoire constituait « un rapport d'échange bilatéral résultant de la réversion de l'offense et de la permutation des rôles de l'offenseur et de l'offensé »[51]. Il existait trois types de vengeances à savoir la vengeance-devoir, la vengeance-pouvoir et la vengeance-excuse. La vengeance-devoir consistait en un mode non judiciaire de résolution du conflit. L'offense créait l'offensé en lui attribuant un statut, c'est-à-dire un ensemble de prérogatives et de devoirs qui concouraient à son identification au sein du groupe. Le statut victimaire engendrait le devoir de vengeance.

Le second type de vengeance nommé la vengeance-pouvoir consistait à exercer un pouvoir détenu par l'offensé envers l'offenseur ainsi que sur ses descendants. Si la victime ne se vengeait pas, elle risquait de perdre son honneur. La décision de ne pas exercer son droit de vengeance devait venir d'un tiers, c'est à dire d'une personne qui n'était pas directement soumise au devoir de vengeance. Puis, le troisième type de vengeance pratiqué au Moyen-âge nommé la vengeance-excuse consistait à analyser objectivement les faits pour excuser partiellement ou totalement le crime. Cette vengeance reposait sur l'idée que la réparation de l'honneur réparait le préjudice causé.

---

[49] GERNET (J), *Anthropologie de la Grèce antique*, Flammarion, coll.Champs, 1999.

[50] CARBASSE (J.M), *Histoire du droit pénal et de la justice criminelle*, Paris, PUF, coll.Droit fondamental, 3e éd, 2014; LE JAN (R), Les transactions et compromis judiciaires autour de l'an MIL in ASSOCIATION FRANÇAISE POUR L'HISTOIRE DE LA JUSTICE, *La justice en l'an mil*, la documentation française, 2015, p.67-79.

[51] VERDIER (R), *Vengeance. Le face-à-face victime/agresseur, une relation à inventer*, Autrement, coll.Revue Autrement Mutations, janvier 2004 ; ALLINE (J.-P), Les victimes, des oubliées de l'histoire du droit ? in CARIO (R), SALAS (D) (Dir.), *Œuvre de justice et victimes*, L'Harmattan, coll.Sciences criminelles, Vol.1, 2001; ESMEIN (A), *Histoire de la procédure criminelle en France*, Panthéon-Assas Paris II, coll.Introuvables, 2010; LAINGUI (A), LEBIGRE (A), *Histoire du droit pénal*, Paris, Cujas, coll.Synthèse, 2000.

À la fin du Moyen-âge, du XIVe siècle jusqu'au début de la Renaissance au XVIe siècle, le rôle de la victime dans le conflit changea considérablement, la victime était plus effacée au profit de l'Etat qui instaura un système de justice publique. Le ministère public apparut et son rôle relégua la victime au second plan. La victime fut mise à l'écart. L'État retrouva le monopole de la contrainte légitime. La victime fut dépossédée de son droit exclusif d'accusation et, dans certains cas, le juge pouvait se saisir d'office sans sa participation[52]. Dans un premier temps, les procureurs qui incarnaient l'intérêt général intervenaient modestement souvent comme partie jointe à l'accusation privée[53]. Puis au XVe siècle, les procureurs pouvaient déclencher l'action si la victime avait négligé ou refusé d'agir personnellement. Le système pénal qui était accusatoire est devenu un système inquisitoire où la victime n'était plus aussi prééminente.

Au XVIe siècle, la victime ne détenait plus la maîtrise de la mise en mouvement de l'action publique, elle en était complètement exclue, elle n'avait plus le statut de dénonciateur. L'auteur Pierre-Louis LACRETELLE exprimait cette exclusion en soulignant que : « le particulier ne peut plus poursuivre que la réparation du mal qu'il a souffert, il le dénonce au ministère public, tout se fait sans lui, il n'a plus qu'à attendre le jugement pour recevoir le dédommagement qui lui est dû ». Autrement dit, lors du procès pénal, la victime était exclue de la défense de ses propres intérêts[54]. Au XVIIe siècle et au XVIIIe siècle, le développement de la poursuite publique continua à affaiblir le rôle de la victime dans le procès pénal. La victime ne représentait plus le vengeur.

Le ministère public détenait désormais ce rôle et à l'époque, il était surnommé « le vengeur des lois et du bourreau » ou encore « le vengeur du peuple ». Toutefois, dans la deuxième moitié du XVIIIe siècle, une méfiance s'installa à l'encontre du procureur du Roi en raison des services de complaisance qu'il rendait au pouvoir monarchique. Puis, à partir de la Révolution de 1789, le pouvoir démesuré du ministère public fut considérablement affaibli et le rôle de la victime prit une toute nouvelle ampleur puisque la protection des libertés et des intérêts individuels étaient privilégiés.

---

[52] LEBRUN DE LA ROCHETTE (C), *Le procès civil et criminel*, Rouen, 1661, Candy, 1963. Claude LEBRUN DE LA ROCHETTE rappelle que la saisine d'office au juge fut d'abord limitée à certains crimes graves : « car bien qu'anciennement, l'on n'eut accoutumé d'informer d'office, sans plainte et dénonciation précédente. Fors aux crimes de lèse-majesté, hérésie, homicide volontaire, assemblée illicite, sédition, etc ».

[53] VERDIER (R), *La vengeance dans les sociétés extra-occidentales*, RIDC, 1982, Vol.34, n°4, p.1327-1329.

[54] LACRETELLE (P.-L), *Dissertation sur le ministère public*, Paris, 1784, p.252 cité in GARNOT (B) (Dir.), Les victimes des oubliées de l'histoire ? Presse universitaire de Rennes, 2000.

B. L'avènement d'un rôle modéré de la victime dans le procès pénal à partir de la Révolution française

Lors de la Révolution de 1789, une partie des révolutionnaires, admirateurs de Rousseau et partisans de l'installation du modèle anglais en France, estimaient que le meilleur système de justice consistait à confier la poursuite dans son ensemble à la seule partie lésée. Le crime n'était plus perçu comme une offense faite au seigneur ou à la loi commune, mais avant tout comme une atteinte à la victime[55]. Depuis la Révolution française de 1789, une méfiance s'est installée envers les juges professionnels et le rôle du parquet a été affaibli. Une procédure accusatoire a été mise en place et la victime est revenue au cœur du procès pénal en pouvant directement saisir l'accusateur ou le juge de paix. En revanche, la victime ne retrouvait pas le droit d'intervenir dans la phase de l'exécution des peines comme elle pouvait en disposer dans le système vindicatoire[56]. Un des seuls mécanismes de l'ancien système vindicatoire, à savoir la conciliation, fut préservé lors de la Révolution et devint une obligation en matière civile.

La loi des 16-29 septembre 1791 permettait aux particuliers offensés de disposer de plusieurs droits tels qu'un droit de poursuite pour obliger les autorités judiciaires à procéder à l'enquête préliminaire, un droit de soutenir sa plainte devant le jury d'accusation ou encore un droit de participer à la rédaction de l'acte d'accusation[57].

Au XIXe siècle durant le Consulat et l'Empire, le ministère public a de nouveau été hiérarchisé, il est redevenu autoritaire et subordonné à la chancellerie. Toutefois, il ne bénéficiait pas du monopole de déclenchement de l'action publique sauf dans le cas d'affaires criminelles. Le code d'instruction criminelle de 1808 consacra une place importante au ministère public, mais n'excluait pas entièrement la victime. Comme le ministère public, la victime possédait le droit de déclencher les poursuites par la citation directe du mis en cause devant le tribunal de police et le tribunal correctionnel[58]. Certaines affaires comme l'adultère ou la diffamation ne pouvaient être déclenchées qu'à la suite de la plainte d'une victime. À cette époque, les délinquants étaient parfois transformés par la littérature en héros comme dans l'œuvre de Victor HUGO, *les Misérables* avec Jean-Valjean ou encore Claude Gueux, ce qui laissait peu de place à la victime pour

---

[55] GARAPON (A), *La raison du moindre État. Le néolibéralisme et la justice*, Odile Jacob, coll.Science Hum, 2010, p.93.

[56] HALPERIN (H.-L), *La défense de la victime en France aux XIXe et XXe siècles* in GARNOT (B) (Dir.), Les victimes des oubliées de l'histoire ? Presse universitaire de Rennes, 2000, p.59-66.

[57] GARAPON (A), *La raison du moindre État. Le néolibéralisme et la justice*, Odile Jacob, coll.Science Hum, 2010.

[58] Article 182 du code de l'instruction criminelle.

s'identifier ou pour que la société ressente un sentiment empathique[59]. À la fin du XIXe siècle, la société et le système judiciaire prêtèrent davantage attention aux victimes. Elles étaient plus écoutées et leur droit à réparation commença à être pris en compte. Le XXe siècle apparaît comme une phase de transition vers une meilleure prise en compte des victimes.

Depuis le XXe siècle, le procès pénal sert dans la résolution « pacifiée » des conflits par un tiers et est le lieu d'expression privilégié de la loi[60]. Le dictionnaire le Littré définit le procès comme « une instance devant un juge sur un différend entre deux ou plusieurs parties »[61].

Le procès pénal substitue la parole à la violence et la raison à l'aveuglement de la vengeance. De nos jours, le procès constitue un évènement qui affirme la suprématie de la justice[62]. Le sens du procès désormais adopté est celui qui a été consacré par la démocratie athénienne du Vème et IVe av. J.-C[63].

Le procès pénal actuel doit parvenir à une solution qui intègre trois objectifs tels que le rétablissement du lien social[64], l'éventuelle sanction et l'idéal de justice[65]. S'agissant plus précisément de l'objectif du procès relatif à l'idéal de justice, celui-ci renvoie à la recherche de la vérité[66]. Cet objectif est, par ailleurs, manifeste dans l'étymologie du terme « procès » qui est analogue au terme processus. Le terme processus renvoie à l'image d'une marche, d'un progrès qui doit aboutir à un résultat[67]. Dans le procès pénal, le résultat recherché est la vérité. Le procès pénal a pour objectif d'atteindre

---

[59] HUMBERT (S), LUDWICZAK (F), *Juste victime dans le procès pénal*, L'Harmattan.coll.Droit, société et risque, 2015, p.30.

[60] DESPREZ (F), *Rituel judiciaire et procès pénal*, Thèse de l'université Montpellier 1, 2008, p.18.

[61] TERRE (F), « Archives de philosophie du droit, le procès ». Dalloz, 2012.

[62] DESPREZ (F), Rituel judiciaire et procès pénal, LGDJ.coll.Bibliothèque des sciences criminelles, Tome 46, 2009, p12.

[63] TERRE (F), *Le procès*, Sirey, coll.Archives de philosophie du droit, Tome 39, 2012.

[64] RUDE-ANTOINE (E) (Dir.), *Le procès, enjeu de droit, enjeu de vérité*, Paris, PUF, coll.Centre Universitaire de Recherches Administratives et Politiques de Picardie - CURAPP, 2007. CADIET (L) (Dir.), *Dictionnaire de la justice*, PUF, coll.Grands dictionnaires, Paris, PUF, 2004.

[65] DESPREZ (F), *Rituel judiciaire et procès pénal*, Thèse de l'université Montpelier 1, 2008, p23; SALAS (D), *Du procès pénal*, Paris, PUF, coll.Quadrige, 2010, p.215.

[66] DEL VECCHTIO (D), *La justice - la vérité. Essai de philosophie juridique et de morale*, Paris, Dalloz, coll.Philosophie du droit, 1955, p.198; HUSS (A) et GERARD (D), *Vérité et justice (la vérité et le procès)* in ASSOCIATION HENRI CAPITANT, *La Vérité et le Droit : journées canadiennes*, Paris, Economica, coll.Travaux de l'association Henri Capitant des amis de la culture juridique française, 1989.

[67] VERGES (E), *Procédure civile*, Presses universitaires de Grenoble, coll.Droit, 2007, p.10; LE PETIT ROBERT 2016, *Dictionnaire de la langue française*, Le Robert, coll.Les dictionnaires généralistes, 2015.

une justice qui réside dans un idéal, dans un absolu hors du temps[68], un ordre supérieur[69], une conformité aux valeurs sociales[70].

Désormais, le procès se réfère à une diversité de types de litiges ou de contestations, des acteurs, des procédures et des formes de décision[71]. Le procès pénal se déroule par étapes qui comprend en amont les enquêtes, l'instruction[72] et en aval le jugement. La phase de l'application des peines peut également être considérée comme une étape du procès pénal puisqu'elle s'inscrit dans la continuité du procès pénal, cette phase appartient au procès pénal au sens large du terme[73]. Comme le souligne l'auteur, Madame Christine LAZERGUES, le procès pénal ne s'achève que « lors de l'exécution de la peine prononcée »[74]. Depuis le début du XXe siècle, la victime retrouva une place active dans le procès, notamment par la constitution de partie civile.

En effet, la jurisprudence nommée « Laurent-Atthalin » du 8 décembre 1906 permit à la victime de se constituer partie civile par voie d'action, c'est-à-dire d'exercer à la fois l'action civile dans le procès pénal et de déclencher l'action publique. D'après certains auteurs, l'action civile est devenue une action à « double visage »[75] puisqu'il s'agit « d'une action mi-réparatrice, mi- répressive »[76]. Ce moyen d'action octroyé à la victime fut par la suite consacré par la loi du 22 mars 1921. Puis, la loi du 15 juin 2000, renforçant la présomption d'innocence et les droits des victimes, a octroyé à la victime un véritable statut. Cette loi consacra de nouvelles dispositions relatives au droit de la victime à être informée pendant la procédure pénale, au droit à participer au procès pénal et au droit au respect de sa dignité. Depuis la loi du 15 juin 2000, la victime bénéficie d'une place dans le procès pénal. Le terme « place » se définit pas le champ d'action qu'une personne

---

68 CHOLET (D), *La célérité de la procédure en droit processuel*, Thèse de l'Université de Poitiers, 2003.

69 ROUBIER (P), *Théorie générale du droit*, Histoire des doctrines juridiques et philosophie des valeurs sociales Dalloz, coll.Bibliothèque Dalloz, 2005.

70 Ibid[4].

71 RUDE-ANTOINE (E) (Dir.), *Le procès, enjeu de droit, enjeu de vérité*, Paris, PUF, coll.Centre Universitaire de Recherches Administratives et Politiques de Picardie - CURAPP, 2007, p.5.

72 THOMAS (D), *Le concept de procès pénal* in Mélanges offerts à Pierre COUVRAT, La sanction du droit, Paris : PUF, 2001, p.559.

73 THOMAS (D), *L'évolution de la procédure pénale française contemporaine : la tentation sécuritaire*, in Mélanges en l'honneur du Professeur Reynald OTTENHOF, Le champ du droit, Dalloz, coll.Etudes mélanges travaux, 2006, p.53-55.

74 LAZERGUES (C), *De la judiciarisation à la juridictionnalisation de l'exécution des peines*, in Mélanges offerts à Pierre COUVRAT, La sanction du droit, Paris : PUF, 2001, p.489 et s.

75 VIDAL (J), *Observations sur la nature juridique de l'action civile*, RSC, 1963, p.481; BOULOC (B), *Procédure pénale*, Dalloz, coll.Précis Dalloz, 25e éd, novembre 2015.

76 GARE (T), GINESTET (C), *Droit pénal, procédure pénale*, Dalloz, coll.Hypercours, 9e éd, 2016.

occupe[77]. Le terme « rôle » est un synonyme du terme « place » qui se définit comme une « action, une influence que l'on exerce, une fonction que l'on remplit »[78].

L'opinion de la doctrine sur la place de la victime dans le procès pénal est partagée. Certains refusent catégoriquement l'accès de la victime au procès pénal en lui réservant une simple présence en qualité de témoin et estiment que la victime n'a pas sa place dans le procès pénal au regard de la crainte de son désir de vengeance. Comme le rappelle le « rapport MILLIEZ » de 1982, cette crainte émane des pratiques vindicatives exercées autrefois par la victime de manière disproportionnée et partiale. Toutefois, ce rapport souligne que : « tant que les victimes auront le sentiment de ne rien pouvoir obtenir du système qui soit de l'ordre du respect, de la reconnaissance de leur souffrance et de la réparation effective, elles seront acculées à n'avoir que la vengeance comme seule consolation, comme seul objectif »[79]. Une autre partie de la doctrine estime qu'il est légitime d'accorder une place à la victime dans le procès pénal. D'après l'auteur Monsieur Gérard LOPEZ, « une procédure judiciaire reste le meilleur moyen de réinscription symbolique des victimes comme sujet dans le groupe social dont elles ont été exclues par l'acte criminel »[80]. La victime est la première concernée par l'infraction qu'elle a subie et l'issue du procès pénal peut avoir une influence déterminante sur la sécurité de la victime.

La société est elle aussi concernée sur le même pied d'égalité que la victime, car l'issue du procès pénal peut également avoir une influence déterminante sur la sécurité des citoyens. Dans une société démocratique, protectrice des droits fondamentaux de chacun, la victime doit pouvoir bénéficier d'une place appropriée dans le procès pénal pour faire valoir ses droits sans porter atteinte aux intérêts des autres parties. Dans le procès pénal, la victime ne doit pas être restreinte à une place d'observatrice. Par ailleurs, le professeur Robert CARIO souligne que « si le procès pénal est vraiment équilibré, si la victime comme l'infracteur reçoivent, de la part d'intervenants professionnels spécialement formés, l'accompagnement juridique, psychologique et social que leur situation requiert, si le jugement définitif distribue les rôles du responsable et de victime avec équité et confirme symboliquement les contraintes pénales de la resocialisation de

[77] LE PETIT ROBERT 2016, *Dictionnaire de la langue française*, Le Robert, coll.Les dictionnaires généralistes, 2015.
[78] Ibid[3].
[79] CADIET (L) (Dir.), *Dictionnaire de la justice*, PUF, coll.Grands dictionnaires, Paris, PUF, 2004, p.581.
[80] LOPEZ (G), *La victimologie*, Dalloz, Coll.Connaissance du droit, 2e éd, 2014, p.39.

l'un, les modalités de la réparation globale de l'autre, l'œuvre de justice deviendra enfin intelligible »[81].

Au XXe siècle, la procédure pénale prit un nouvel élan vers la reconnaissance du statut de victime et de ses droits dans le procès pénal, mais de nos jours, quelle est la place effective de la victime dans le procès pénal ? La victime dispose-t-elle de moyens procéduraux nécessaires pour faire valoir ses droits ?

Cette étude vise à déterminer la place actuelle de la victime dans le procès pénal et à analyser les moyens qui sont mis à sa disposition pour qu'elle puisse faire valoir ses droits dans toutes les étapes du procès pénal. Dans une première partie, il sera constaté que la victime est devenue une partie à part entière dans le procès pénal. Les droits et les moyens d'action actuels de la victime dans le procès pénal sont enclins à se conformer au principe de l'égalité des armes (**PARTIE PREMIÈRE**). Puis, dans une deuxième partie, il sera démontré qu'une nouvelle appréhension de la victime émerge dans le procès pénal. Cette nouvelle appréhension de la victime se manifeste de deux manières, par l'existence d'une nouvelle appréhension de la victime à travers l'intégration de la justice restaurative dans le procès pénal et, par une nouvelle appréhension de la victime souhaitée à travers une réformation de la procédure pénale en vue de lui conférer une place plus appropriée au regard de l'équilibre procédural entre les parties (**PARTIE SECONDE**).

[81] CARIO (R), *Qui a peur des victimes ?* AJ.pénal, n°12, décembre 2004, p.434-437; CARIO (R), *L'impact des théories victimologiques sur le(s) droit(s) des personnes victimes d'infraction en France*, Revue.francophone de victimologie, Mars.2015.

PARTIE PREMIÈRE

LA VICTIME : UNE PARTIE À PART ENTIERE DU PROCÈS PÉNAL

Dans une société démocratique, tout citoyen doit bénéficier des mêmes droits que son égal dans la société. Chaque individu doit être reconnu en tant que sujet de droit. Cette reconnaissance ne doit pas seulement être matérielle et sociale, mais également juridique. Au niveau juridique, le procès pénal présente désormais un certain équilibre procédural entre les parties et accorde une place effective à la victime dans le procès pénal. La place de la victime dans le procès pénal s'affirme par la concession d'un droit d'accès au procès pénal (**Titre premier**) puis par la concession de droits et de moyens d'action dans le procès pénal (**Titre second**).

TITRE PREMIER

L'AFFIRMATION DE LA PLACE DE LA VICTIME PAR LA CONCESSION D'UN DROIT D'ACCÈS AU PROCÈS PÉNAL

Avant de bénéficier d'une place, autrement dit d'un rôle dans le procès pénal, la victime doit tout d'abord pouvoir accéder au procès pénal, ce qui est, aujourd'hui, le cas par l'octroi d'un droit à l'accès au procès pénal. Ce droit à l'accès au procès pénal dont bénéficie la victime est la base de l'équilibre procédural entre les parties dans le procès pénal (**Chapitre premier**). En outre, différents moyens procéduraux sont octroyés à la victime pour exercer son droit à l'accès au procès pénal et apparaissent comme un pas vers l'égalité des armes (**Chapitre second**).

CHAPITRE PREMIER

L'accès de la victime au procès pénal : la base de l'équilibre entre les parties dans le procès pénal

Afin de comprendre le sens de l'accès de la victime au procès pénal, il est nécessaire d'étudier le principe fondateur de l'accès de la victime au procès pénal et les droits qui rendent possible l'accès de la victime au procès pénal (**Section première**). Puis, il convient d'aborder les instruments qui facilitent l'accès de la victime au procès pénal (**Section seconde**).

SECTION PREMIÈRE. Le principe fondateur et les droits rendant possible l'accès de la victime au procès pénal

La notion d'accès de la victime au procès pénal est fondée sur le principe de l'égalité des armes, un principe directeur du procès pénal qu'il convient d'étudier avant d'aborder les droits de la victime dans les différentes étapes du procès pénal (Paragraphe 1). En outre, l'accès de la victime au procès pénal est rendu possible par deux droits qui lui ont été concédés tels que le droit à l'accès à la justice et le droit à l'accès au droit (Paragraphe 2).

PARAGRAPHE 1. Le principe de l'égalité des armes : un principe fondateur de la notion d'accès de la victime au procès pénal et directeur du procès pénal

Le principe de l'égalité des armes est un principe ancien qui a été repris et plus précisément défini par la Cour européenne des droits de l'homme (A). Le principe de l'égalité des armes est désormais appliqué en droit positif interne (B).

A. L'avènement du principe de l'égalité des armes

Le principe de l'égalité des armes est un principe qui vise à rechercher un équilibre procédural entre les parties au procès pénal. Au même titre que les autres parties au procès pénal, la victime a le droit de bénéficier de la garantie du principe de l'égalité des armes pour pouvoir défendre ses intérêts. La victime ne doit pas se trouver dans une situation processuelle inférieure aux autres parties[82] ou dans une situation supérieure à la personne poursuivie. En droit interne, le principe de l'égalité des armes a été pour la première fois consacré dans l'antiquité,[83] mais a été peu appliqué par la suite.

L'égalité des armes apparaît comme un concept général et un principe fondateur des règles du procès de forme accusatoire. Le principe de l'égalité des armes est issu d'une tradition de droit non écrit. Les plus vieilles civilisations du Proche-Orient ont adopté une forme de procès s'apparentant au système accusatoire qui « proposait une pleine égalité entre l'accusé et la défense » entre « l'auteur du préjudice et la personne lésée »[84]. Le concept de l'égalité des armes n'est véritablement apparu qu'au siècle des Lumières et lors du mouvement du libéralisme du XIXe siècle. À cette époque, il ne s'agissait que d'un concept philosophique qui n'était pas appliqué au sein de la procédure pénale. Le principe de l'égalité des armes diffère du principe de l'égalité consacré par la Déclaration des droits de l'homme et du citoyen (DDHC) qui se réfère à l'être humain en tant que tel. La DDHC se réfère à l'égalité entre tous les individus, à la qualité d'homme tandis que l'égalité des armes est un instrument de régulation de l'équilibre procédural dans le procès pénal. Le principe de l'égalité des armes commença à être véritablement pris en compte dans la procédure pénale au XXe siècle avec l'avènement de la constitution de partie civile et l'influence grandissante du droit international et européen. Par ailleurs, la justice actuelle a repris le symbole de la justice guidée par le principe de l'égalité des armes, utilisé dans la Grèce antique, qui est représenté par la déesse Arthémis tenant une balance et une épée visant à trancher la matière du litige en deux parts égales. La déesse Arthémis porte également un bandeau lui cachant les yeux pour trancher le litige en toute impartialité[85].

À l'échelle internationale, le principe de l'égalité des armes apparaît comme un fondement du procès équitable[86]. Le pacte international relatif aux

[82] Cass.crim.29 octobre 1990, pourvoi n°87-81568, Bull.crim.n°360.

[83] DEL VECCHTO (G), *La justice, la vérité : Essais de philosophie juridique et morale*, RIDC, n°4, 1955, p.900-901.

[84] MERLE (R), VITU (A), *Traité de droit criminel. Problèmes généraux de la science criminelle. Droit pénal généra*l, Cujas, 7e éd, 2000 ; LARGUIER (J), P.CONTE (Ph), *Procédure pénale*, Dalloz, coll.Mémentos, 24e éd, 2016.

[85] Ibid[1].

[86] COHEN-JONATHAN (V.-G), *L'égalité des armes selon la Cour européenne des droits de l'homme*, LPA, n°238, 28 novembre 2002, p.21; DIDIER (J.-P), MELIN-SOUCRAMANIEN (F), *Le principe de l'égalité des armes*, RRJ, 1993.

droits civils et politiques adopté le 6 décembre 1966 par l'Assemblée générale des Nations Unies est le premier texte conventionnel qui fait expressément mention de l'exigence de « l'égalité devant les tribunaux » et d'une « pleine égalité » entre les parties dans le cadre des poursuites pénales[87]. À l'échelle européenne, influencée par le concept ancien de l'égalité des armes dans le procès pénal né dans l'antiquité, la Cour européenne des droits de l'homme (CEDH) reconnut formellement ce principe dans sa jurisprudence et a donné à ce principe philosophique une certaine rationalité en lui conférant une définition, une méthode d'appréciation et un vaste champ d'application. Le principe de l'égalité des armes s'applique aussi bien au civil, au pénal, dans le cadre des procédures administratives ou encore dans le cadre des procédures accélérées. À travers sa jurisprudence, la CEDH démontre qu'elle a dégagé le principe de l'égalité des armes en se fondant sur l'article 6-1 de la Convention européenne de sauvegarde des droits de l'homme (CESDH) qui consacre le procès équitable. La notion de l'égalité des armes est une composante de la notion large du procès équitable[88]. Ainsi, d'après la CEDH, le principe du procès équitable doit être interprété au sens large. L'étymologie du terme « équitable » démontre par ailleurs, le lien entre ces deux notions. En effet, l'étymologie du terme « équitable » renvoie au terme latin « aequitas » qui signifie égalité[89]. L'article 6-1 de la CESDH prévoit que « toute personne a droit à ce que sa cause soit entendue équitablement par un tribunal indépendant et impartial »[90]. Le droit de toute personne à un « procès équitable » revêt une importance considérable qui désigne l'ensemble des garanties de bonne organisation et de bon fonctionnement de la justice, des garanties du respect du principe fondamental de la prééminence du droit dans une société démocratique.

Le principe de l'égalité des armes a été pour la première fois consacré par la Commission européenne des droits de l'homme, l'ancêtre de la Cour européenne des droits de l'homme, dans la décision Szwabowicz contre Suède du 30 juin 1959. Dans cette décision, la Commission européenne des droits de l'homme n'a pas usé du terme « égalité des armes », mais a précisé que « toute partie doit avoir une possibilité raisonnable d'exposer sa cause au tribunal dans des conditions qui ne la désavantagent pas d'une manière

---

[87] Art.14.1 et 14.3 du Pacte international relatifs aux droits civils et politiques in QUILLERE-MAJZOUB (F), *La défense du droit à un procès équitable*, Bruxelles, Bruylant, coll.H.c, 2000.

[88] CEDH, Affaire Delcourt.c/Belgique, 17 janvier 1970, Req.n°2689/65; CEDH, Affaire Golder.c/Royaume-Uni, 21 février 1975, Req.n°4451/70.

[89] Le dictionnaire LE PETIT ROBERT 2016, Dictionnaire de la langue française, Le Robert, coll.Les dictionnaires généralistes, 2015; GAFFIOT (F), FLOBERT (P), *Le dictionnaire Le GAFFIOT de poche, Dictionnaire Latin-Français 2001*, Hachette éducation, coll.Dictionnaire langues anciennes, 2001.

[90] CEDH, Affaire Neumeister.c/Autriche, 27 juin 1968, Req.n°1936/63; CEDH, Affaire Delcourt.c/Belgique, 17 janvier 1970, Req.n°2689/65.

appréciable par rapport à la partie adverse »[91]. En 1962, dans l'affaire Ofner et Hopfinger contre Autriche, elle visa directement le concept de l'égalité des armes[92]. Puis, dans l'affaire l'affaire Plischke contre Autriche du 28 septembre 1964, la Commission européenne des droits de l'homme utilisa pour la première fois l'expression de l'égalité des armes[93]. Le respect du principe de l'égalité des armes s'applique à toutes les étapes du procès pénal, devant tous les types de juridictions de premier degré, de second degré et devant la Cour de cassation. Dans la continuité de la position de son ancêtre, la Cour européenne des droits de l'homme (CEDH) a, elle aussi, reconnu le concept de l'égalité des armes dans l'affaire Neumeister contre Autriche du 27 juin 1968[94]. Puis, dans la décision Delcourt contre Belgique du 17 janvier 1970, la CEDH a pour la première fois, formulé une première définition du principe de l'égalité des armes en affirmant que : « l'exigence d'un procès équitable, visée à l'article 6-1 de la CESDH implique l'obligation d'offrir à chaque partie une possibilité de présenter sa cause dans des conditions qui ne la placent pas dans une situation de net désavantage par rapport à son adversaire »[95]. La CEDH adopte une conception souple du principe de l'égalité des armes et ne s'oppose pas au traitement différencié des divers acteurs de la procédure[96].

Désormais, afin d'apprécier si une disposition procédurale viole le principe de l'égalité des armes, la CEDH se réfère à la pratique du seuil du « net désavantage » qui consiste à apprécier l'intensité du désavantage procédural. Si les droits des parties sont identiques ou exercés de manière équivalente, l'égalité des armes est respectée[97]. L'utilisation du terme « net » montre clairement que le désavantage constaté doit être bien marqué. La

---

[91] Com.EDH, Affaire Swabowicz.c/Suède, 30 juin 1959, Req.n°434/59.

[92] Com.EDH, Affaire Ofner et Hopfinger.c/Autriche, 23 novembre 1962, Req.n°524/59 et Req.n°617/59.

[93] Com.EDH, Affaire Plischke.c/Autriche, 28 septembre 1964, Req.n°1936/63.

[94] CEDH, Affaire Neumeister.c/Autriche, 27 juin 1968, Req.n°1936/63 ; SUDRE (F), *Droit européen et international des droits de l'homme*, PUF, coll.Droit fondamental, 12e éd, 2015 ; GUINCHARD (S), CHANAIS (C), DELICOSTOPOULOS (C), DELICOSTOPOULOS (I), DOUCHY-OUDOT (M), FERRAND (F), LAGARDE (X), MAGNIER (V), RUIZ-FABRI (H), SINOPOLI (L), *Droit processuel et droits fondamentaux du procès*, Dalloz, coll.Précis, 8e éd, 2015 ; JEULAND (E), *Droit processuel. Une science de la reconstruction des liens de droit*, LGDJ, coll.Manuels, 2007 ; RENUCCI (J.-F), *Droit européen des droits de l'homme*, L.G.D.J, coll.Manuels, 6e éd, 2015; GUINCHARD (S), BUISSON (J), *Procédure pénale*, LexisNexis, coll.Manuels, 10e éd, 2014; PRADEL (J), CORSTENS (G), *Droit pénal européen*, Dalloz, coll.Précis, 3e éd, 2009.

[95] CEDH, Affaire Delcourt.c/Belgique, 17 janvier 1970, Req.n°2689/65.

[96] KUTY (F), *Justice pénale et procès équitable. Notions générales, garanties d'une bonne administration de la justice*, Larcier, Vol.1, 2006, p.428.

[97] CEDH, Affaire Dombo Beheer.B.V.c/Pays-Bas, 27 octobre 1993, Req.n°14448/88; CEDH, CEDH, Affaire Bulut.c/Autriche, 22 février 1996, Req.n°17358/90; CEDH, Affaire Foucher.c/France, 18 mars 1997, Req.n°22209/93; CEDH, Affaire G.B.c/France, 2 octobre 2001, Req.n°44069/898; GOUTTENOIRE (A), *Les grands arrêts de la Cour européenne des droits de l'homme*, PUF, coll.Thémis, 2015, p.298 à 313.

pratique de l'appréciation du « net désavantage » consiste à distinguer entre les désavantages équitables et inéquitables. L'expression « désavantage équitable » se réfère à un droit non identique entre les parties qui se situe en dessous du seuil du « net désavantage », car le droit en déséquilibre demeure adéquat et suffisant. Tandis que l'expression « désavantage inéquitable » se réfère à un droit non identique entre les parties gênant ou qui rend impossible l'exercice des droits de l'accusé ou de la victime et ne respecte pas les critères de suffisance. Le « désavantage inéquitable » ne respecte pas le principe de l'égalité des armes. L'éventuelle rupture de l'égalité des armes n'est pas à rechercher dans l'exercice, par une partie, d'une prérogative au détriment d'une autre partie, mais dans l'effet que cela a pu avoir dans le procès pris dans son entier. Afin d'apprécier le seuil du « net désavantage », la CEDH se réfère à la technique in concreto qui renvoie aux circonstances particulières de chaque cas et à la technique in globo qui renvoie à l'ensemble de la procédure. Pour la Cour européenne des droits de l'homme, les droits des parties ne doivent pas être égaux de manière absolument symétrique[98]. Ce n'est qu'en 1985, au travers de la décision Borgers contre Belgique que la CEDH a admis pour la première fois la violation de ce principe[99].

Le principe de l'égalité des armes s'applique à toutes les parties au procès pénal, à l'égard du procureur de la République, de la personne poursuivie et de la victime. La CEDH effectua un revirement de jurisprudence et a admis explicitement dans la décision Perez contre France du 12 février 2004, que le principe de l'égalité des armes s'appliquait à l'égard de la victime, qu'elle soit partie civile ou non. D'après la CEDH : « une plainte avec constitution de partie civile rentre dans le champ d'application de l'article 6-1 de la Convention » et « en tout état de cause, l'applicabilité de l'article 6-1 se conçoit même sans demande de réparation pécuniaire, dès lors que la procédure en cause est déterminante pour un droit de caractère civil »[100]. La CEDH reconnaît que le principe de l'égalité des armes s'applique à l'égard de chaque partie au procès pénal. Toutefois, la CEDH souligne que le principe de l'égalité des armes ne peut pas s'appliquer de manière symétrique à l'égard de la victime et de la personne poursuivie, car ces parties se trouvent dans des situations de faits dissemblables. Le principe de l'égalité des armes ne doit pas s'appliquer de manière rigide, mais vise à rechercher l'équilibre procédural. Par exemple, dans la décision Menet contre France du 14 juin 2005, la CEDH précise que « si le principe de

---

[98] Ordre des avocats à la Cour d'appel de Bordeaux, *Le procès équitable et la protection juridictionnelle du citoyen* (Actes du colloque organisé à l'école nationale de la magistrature à Bordeaux le 29 septembre 2000), Bruxelles, Bruylant, 2001.

[99] CEDH, Affaire Borgers.c/Belgique, 30 octobre 1991, Req.n°12005/86.

[100] CEDH, Affaire Perez contre France, 12 février 2004, Req.n°47287/99 in GOUTTENOIRE (A), *Les grands arrêts de la Cour européenne des droits de l'homme*, PUF, coll.Thémis, 2015.

l'égalité des armes, au sens d'un juste équilibre des droits entre les parties, vaut en principe aussi bien au civil qu'au pénal (...) les droits de l'accusé et ceux de la partie civile peuvent être différenciés »[101].

Le principe de l'égalité des armes doit être compris comme un des outils procéduraux qui permettent de parvenir à l'objectif du procès équitable[102]. Contrairement à la jurisprudence de la Commission qui recherchait une quasi-égalité symétrique entre les parties, la jurisprudence de la Cour utilise le principe de l'égalité des armes comme un outil permettant la recherche du juste. La CEDH a déduit de l'article 6 la notion d'équité par une recherche d'équilibre entre toutes les parties au procès, le ministère public, le mis en cause et la victime[103]. Le principe de l'égalité des armes appliqué à l'égard de la victime doit se manifester par la mise à disposition de moyens permettant l'expression et l'exercice de ses droits dans le cadre d'un débat contradictoire[104]. Le principe du contradictoire est une des facettes du principe de l'égalité des armes. Autrefois, le principe de l'égalité des armes était reconnu comme un des fondements de la procédure de type accusatoire. Toutefois, la CEDH a érigé le principe de l'égalité des armes comme un principe destiné à être appliqué dans tous les types de procédures, que cela soit une procédure inquisitoire, une procédure accusatoire ou mixte. Le principe de l'égalité des armes se présente ainsi comme un principe d'essence procédural dont l'application est destinée à être générale et dont l'appréciation s'effectue de manière relative[105]. La recherche d'une procédure équilibrée, respectueuse du principe de l'égalité des armes doit donc être l'objectif de tous les pays signataires de la Convention européenne des droits de l'homme. La France, signataire de la CESDH a progressivement consacré le principe de l'égalité des armes en droit interne qui semble, désormais, être bien intégré en droit positif.

---

[101] CEDH, Affaire Menet.c/France, 14 juin 2005, Req.n°3955/02.

[102] FAVREAU (B), *Aux sources du procès équitable ; une certaine idée de la qualité de la justice*, in Ordre des avocats à la Cour d'appel de Bordeaux, Le procès équitable et la protection juridictionnelle du citoyen (Actes du colloque organisé à l'école nationale de la magistrature à Bordeaux le 29 septembre 2000, Bruxelles), Bruylant, 2001; CEDH, Affaire Delcourt.c/Belgique, 17 janvier 1970, Req.n°2689/65; CEDH, Affaire De Haes et Gijsels.c/Belgique, 24 février 1997, Req.n°19983/92; CEDH, Affaire Dombo Beheer.B.V.c/Pays-Bas, 27 octobre 1993, Req.n°14448/88.

[103] CEDH, Affaire Barbera, Messegue, Jabardo.c./Espagne, 6 décembre 1988, Req.n°10590/83.

[104] LOPEZ (G), PORTELLI (S), CLEMENT (S), *Les droits des victimes. Droits, auditions, expertise, clinique*, Dalloz, Coll.Etats de droits, 2e éd, 2007, p.17.

[105] DE GOUTTE (R), *Le juge français et la CEDH : avancée et réticences*, RIDC, Vol.51 n°1, Janvier-mars 1999, p.7-20.

B. L'application du principe de l'égalité des armes en droit positif interne

Sous l'influence grandissante du droit international et de la jurisprudence de la Cour européenne des droits de l'homme (CEDH), le droit français a appliqué le principe de l'égalité des armes dans les différentes phases du procès pénal. L'interprétation du principe de l'égalité des armes par la CEDH étant large, la jurisprudence française constitutionnelle et judiciaire ont développé leur propre interprétation d'application. Le principe de l'égalité des armes étant avant tout un principe philosophique, son application concrète n'est pas aisée et a nécessité certains éclaircissements en droit interne. En droit interne, le principe de l'égalité des armes apparaît comme « un avatar du principe d'égalité devant la justice »[106].

Dans sa jurisprudence, le Conseil constitutionnel ne consacre pas explicitement le principe de l'égalité des armes, mais indirectement dans une décision du 28 juillet 1989 qui affirme qu'il faut une « procédure juste et équitable qui garantit l'équilibre entre des parties »[107] et dans une décision du 22 janvier 1999 qui consacre, en tant qu'exigence constitutionnelle autonome, le caractère équitable de la procédure pénale[108]. S'agissant plus précisément du principe d'égalité devant la justice consacré par le Conseil constitutionnel sur le fondement du principe de l'égalité des armes, le Conseil constitutionnel a posé une limite et affirme dans une décision du 20 janvier 2005 que « le législateur peut prévoir des règles de procédure différentes selon les faits, les situations et les personnes auxquelles elles s'appliquent, c'est à la condition que ces différences ne procèdent pas de distinctions injustifiées et que soient assurées aux justiciables des garanties égales, notamment quant au respect des droits de conseil de la défense, qui implique en particulier l'existence d'une procédure juste et équitable »[109].

Contrairement au Conseil constitutionnel, les tribunaux judiciaires ont mis du temps à reconnaître le principe de légalité des armes. En 1982, deux décisions de la chambre d'accusation ont retenu que « le droit à un procès équitable proclamé par l'article 6§1 de la CEDH comporte en application du principe de l'égalité des armes qui en découle, la possibilité raisonnable pour chacun des antagonistes au procès d'exposer sa cause dans des conditions qui ne la désavantagent pas d'une manière appréciable par rapport à la partie adverse »[110]. La chambre criminelle de la Cour de cassation suivit

---

[106] CADIET (L), JEULAND (E), *Droit judiciaire privé*, LexisNexis, coll.Manuels, 9e éd, 2016.

[107] Cons.const.décision.n°89-260, DC du 29 juillet 1969; Cons.const.décision.n°95-360, DC du 2 février 1995, JORF du 7 février 1995; Cons.const.décision.n°97-389, DC du 22 avril 1997, JORF du 25 avril 1997.

[108] Cons.const.décision.n°98-408, DC du 22 janvier 1999, JORF du 24 janvier 1999.

[109] Cons.const.décision.n°2004-510, DC du 20 janvier 2005, JORF du 27 janvier 2005.

[110] Chambre d'accusation de Toulouse, 5 janvier 1982, JCP 1982, note MAISTRE DU CHAMBON (Ph) Chambre d'accusation de Saint-Denis de la Réunion, 23 décembre 1982,

progressivement cette position tout en restant réticente à utiliser l'expression « principe de l'égalité des armes » et à retenir la définition donnée par la CEDH[111]. Sans utiliser expressément cette expression, la chambre criminelle s'y référait pour analyser la compatibilité de la procédure pénale française avec la Convention européenne des droits de l'homme et la jurisprudence de la Cour européenne des droits de l'homme. La chambre criminelle de la Cour de cassation utilisa pour la première fois l'expression « principe de l'égalité des armes » dans un arrêt du 19 novembre 1987[112]. Puis, dans une décision du 6 mai 1997, la chambre criminelle de la Cour de cassation appliqua le principe de l'égalité des armes en sanctionnant une disposition du code de procédure pénale et admit que ce principe devait être respecté à l'égard de toutes les parties au procès pénal[113]. Dans cette décision, elle énonce que : « le principe de l'égalité des armes tel qu'il résulte de l'exigence d'un procès équitable, au sens de l'article 6 de la Convention européenne des droits de l'homme, impose que les parties au procès pénal disposent des mêmes droits, qu'il doit en être ainsi spécialement, du droit à l'exercice des voies de recours ». Depuis quelques années, la chambre criminelle de la Cour de cassation reconnaît, dans ses décisions, l'effectivité du principe de l'égalité des armes et l'applique majoritairement dans les relations entre le ministère public et l'accusé.

S'agissant du législateur français, ce n'est que par la loi du 15 juin 2000, qu'il reconnut indirectement le principe de l'égalité des armes en exigeant le respect d'un équilibre procédural entre les parties. Cette loi prévoit dans l'article préliminaire du code de procédure pénale, à l'alinéa 1 du paragraphe I que « la procédure pénale doit être équitable et contradictoire et préserver l'équilibre des droits des parties »[114].

Ce principe s'impose désormais entre le suspect et le ministère public soutenant l'accusation, mais aussi entre le suspect et la victime[115]. L'article préliminaire devint progressivement un nouveau fondement pour soulever

---

Gaz.Pal, 1982, note DOUCET (J.-P) in DIDIER (J.-P), MELIN-SOUCRAMANIEN (F), *Le principe de l'égalité des armes*, RRJ, 1993.

[111] Cass.crim.30.juin 1999, pourvoi n°97-86318, Bull.crim.n°172, Dr.Pen.1999, n°156, obs.MARON (A).

[112] Cass.crim.19 novembre 1987, pourvoi n°86-91592, Bull.crim.n°420.

[113] Cass.crim.6 mai 1997, pourvoi n°96-83.512, Bull.crim.n°170, D.1998, p.223, note CERF (A); cass.crim.23 janvier 1997, pourvoi n°96-84822, Bull.crim.n°32.

[114] Loi n°2000-516 du 15 juin 2000 renforçant la protection de la présomption d'innocence et les droits des victimes, JORF n° 138 du 16 juin 2000, p.9038; LAZERGUES (C), Le renforcement des droits des victimes par la loi n°2000-*516 du 15 juin 2000*, Archives de politique criminelle n°24, 2002, A.Pédone; AGOSTINI (F), *Les droits de la partie civile dans le procès pénal* in Rapport annuel de l'année 2000, Cour de Cassation; D'HAUTEVILLE (A), *Les droits des victimes dans la loi du 15 juin 2000*, RSC, 2001, p.107.

[115] KOHL (A), *Les implications de l'article 6 de la CEDH en procédure pénale*, J.T.E, 1987, p.641.

une violation de l'égalité des armes devant la Cour de cassation[116]. Dans l'idée d'un équilibre optimal entre les parties du procès pénal conformément à leurs propres intérêts, le législateur tend progressivement à prendre en compte le principe de l'égalité des armes dès le début du procès pénal, en permettant à la victime d'y accéder au même titre que les autres parties. Le législateur prend également en compte le principe de l'égalité des armes en tant que principe directeur appliqué à chaque étape du procès pénal. D'après l'auteur Monsieur Bruno OPPETIT, le respect du principe de l'égalité des armes doit s'imposer à chaque étape du procès pénal, car il s'agit « d'un véritable principe de droit naturel en droit processuel en raison du lien indissociable entre égalité, justice et État de droit »[117]. Le principe de l'égalité des armes « est sous-tendu par le principe d'égalité qui constitue l'un des piliers et l'idéal démocratique des droits de l'homme »[118].

Ainsi, l'idée de l'accès de la victime au procès pénal est fondée sur le principe de l'égalité des armes, ce qui impose un équilibre entre les parties en amont du procès pénal. Après avoir analysé le fondement de l'accès de la victime au procès pénal, il convient de s'intéresser aux droits qui rendent possible cet accès, à savoir le droit à l'accès au droit et le droit à l'accès à la justice.

PARAGRAPHE 2. L'accès de la victime au procès pénal rendu possible par le droit à l'accès à la justice et le droit à l'accès au droit

Pour faire valoir ses droits dans le procès pénal, la victime doit tout d'abord accéder au procès pénal. L'accès de la victime au procès pénal est rendu possible par deux droits tels que le droit à l'accès au droit (A) et le droit à l'accès à la justice (B). Dans un pays démocratique, tout justiciable, qu'il soit victime ou mis en cause doit pouvoir accéder au procès pénal.

A. Le droit de la victime à l'accès au droit

D'après la loi du 10 juillet 1991, l'accès au droit consiste principalement à permettre à tout justiciable de bénéficier d'une information générale et

---

[116] Cass.crim.6 janvier 2004, pourvoi n°02-88.468; cass.crim.10 octobre 2006, pourvoi n°06-81.883, Bull.crim.n°246.

[117] OPPETIT (B), *Philosophie du droit*, Dalloz, coll.Précis Dalloz, 1999.

[118] DIDIER (J.-P), MELIN-SOUCRAMANIEN (F), *Le principe de l'égalité des armes*, RRJ, 1993, p.489; Le concept de « démocratie procédurale » avancé par le professeur GUINCHARD (S), *Vers une démocratie procédurale*, Justices 1999. Jean-Marie COULON, l'ancien défenseur des droits et des libertés, souligne l'importance de la mise en œuvre du principe de l'égalité des armes dans notre société en affirmant que « la recherche d'équilibre est l'outil de la liberté et de l'égalité des citoyens devant la loi, c'est l'organe des valeurs essentielles de notre démocratie ». COULON (J.-M), GRUMBACH (T), *L'égalité devant la justice*, Justices, n°1, 2000.

d'une assistance. L'accès au droit vise à ce que chaque justiciable puisse exercer ses droits juridiques au sein de la procédure pénale et à participer à la recherche de la vérité. Plus précisément, la loi du 10 juillet 1991 définit l'accès au droit comme une aide qui comporte l'information générale des personnes sur leurs droits et obligations ainsi que leur orientation vers les organismes chargés de la mise en œuvre de ces droits, afin d'exercer les droits dont dispose la victime au cours d'une procédure pénale. L'accès au droit implique également d'aider tout justiciable dans l'accomplissement de toute démarche en vue de l'exercice d'un droit ou de l'exécution d'une obligation de nature juridique et de mettre à disposition une assistance au cours des procédures non juridictionnelles, une assistance à la rédaction et à la conclusion des actes juridiques et des consultations en matière juridique[119]. Le droit à l'accès au droit implique donc un devoir d'information générale à l'égard des citoyens qui consiste à donner les renseignements juridiques utiles pour que la victime puisse comprendre les enjeux de la procédure pénale, ceux d'un éventuel procès pénal et de sa qualité de citoyen.

À l'échelle européenne, l'information générale été consacrée dès 1985 dans une recommandation du Conseil de l'Europe. Cette recommandation préconisait plus précisément, le droit de la victime à l'information à tous les stades de la procédure pénale, dès l'ouverture de l'enquête jusqu'à la décision définitive[120]. En droit interne, le droit à l'accès au droit a pris une autre portée par une décision du Conseil constitutionnel en date du 16 décembre 1999, qui a érigé l'accès au droit comme un « objectif de valeur constitutionnelle »[121]. Dans cette décision, le Conseil constitutionnel estime que l'accès au droit « répond au demeurant à l'objectif de valeur constitutionnelle d'accessibilité et d'intelligibilité de la loi ; qu'en effet, l'égalité devant la loi énoncée par l'article 6 de la Déclaration des droits de l'homme et du citoyen et la garantie des droits requise par son article 16 pourraient ne pas être effectives si les citoyens ne disposaient pas d'une connaissance suffisante des normes qui leur sont applicables ». Ainsi, le principe de l'égalité devant la loi au sens large ne peut être mis en œuvre sans que soit organisé l'accès le plus aisé possible à la règle de droit[122]. Puis,

---

[119] Art.53.Loi n°91-647 du 10 juillet 1991 relative à l'aide juridique, JORF *n°*0162 du 13 *juillet 1991*, p.9170. Voir site Internet : www.legifrance.gouv.fr.

[120] Recommandation R(85)11 sur la position de la victime dans le cadre du droit pénal et de la procédure pénale, adoptée par le comité des ministres du Conseil de l'Europe le 28 juin 1985. En France, le rapport de LIENEMANN (M-N) MAGLIANO (H), CALMETTES (J), *Pour une nouvelle politique publique d'aide aux victimes*, remis au Premier ministre en mars 1999, souligne également l'extrême importance d'une telle mesure.

[121] Cons.const.décision.n°99-421, DC du 16 décembre 1999, JORF du 22 décembre 1999.

[122] BECET (J.-M), *La communication des documents au public*, Encyclopédie, répertoire de contentieux, Dalloz, 2013.

le législateur a continué sur cette lancée par la loi du 15 juin 2000[123], en consacrant le droit à l'information générale dans l'article préliminaire du code de procédure pénale en tant que principe directeur de la procédure pénale. L'information générale sur les droits de la victime doit intervenir dès la commission de l'infraction jusqu'à la phase de l'exécution de la peine. Plusieurs acteurs peuvent contribuer à l'information générale et à l'assistance de la victime comme des structures spécialisées du droit ou plus principalement l'avocat.

S'agissant de la mise en œuvre du droit à l'accès au droit, le législateur a souligné par la loi du 12 avril 2000[124], que l'accès au droit doit être mis en œuvre par la loi qui est la mieux à même de répondre à l'objectif d'accessibilité de la règle de droit et par décret en Conseil d'État. En outre, dans l'arrêt Ordre des avocats à la Cour de Paris du 17 décembre 1997, le Conseil d'État affirme que les citoyens doivent avoir une égalité d'accès dans l'accès au droit, cela relève d'une mission de service public[125]. D'après cette décision, « la mise à disposition et la diffusion de textes, de décisions et documents juridiques, dans des conditions adaptées à l'état des techniques, s'appliquant, sans exclusivité ni distinction, à l'ensemble de ces textes, décisions et documents et notamment de ceux dont la diffusion ne serait pas économiquement viable et répondant aux exigences d'égalité d'accès, de neutralité et d'objectivité découlant du caractère de ces textes, constituent par nature, une mission de service public au bon accomplissement de laquelle il appartient à l'État de veiller ». En vue d'une mise en œuvre concrète de la politique d'accès au droit, le Conseil d'État a également créé, par un décret du 7 août 2002[126], un service public de diffusion du droit par Internet. Ce service public de diffusion du droit sur Internet est mis gratuitement à la disposition des justiciables par le site Légifrance ouvert depuis 1998. Ce site vise à faciliter l'accès du public aux textes en vigueur ainsi qu'à la jurisprudence. En outre, un comité a été créé en vue de conseiller le gouvernement sur toutes les questions relatives à la mission de diffusion du droit. Puis, une circulaire du 26 mai 2011 du Premier ministre a créé le portail unique des informations publiques de l'État nommé « data.gouv.fr » et l'application des dispositions régissant le droit de réutilisation des informations publiques[127].

---

[123] Loi n°2000-516 du 15 juin 2000 renforçant la protection de la présomption d'innocence et les droits des victimes, *JORF* n° 138 du 16 juin 2000, p.9038.

[124] Loi n°2000-321 du 12 avril 2000 relative aux droits des citoyens dans leurs relations avec les administrations, JORF n°88 du 13 avril 2000, p.5646.

[125] CE 10 mai 1974, n°8803288148, publié au recueil Lebon, Arrêt Denoyez et Chorques.

[126] Décret n° 2002-1064 du 7 août 2002 relatif au service public de la diffusion du droit par l'Internet, JORF du 9 août 2002 page 13655, texte n° 5.

[127] Circulaire du 26 mai 2011 relative à la création du portail unique des informations publiques de l'État « data.gouv.fr » par la mission « Etalab » et l'application des dispositions régissant le droit de réutilisation des informations publiques, JORF n°0123 du 27 mai 2011.

À l'échelle locale, les collectivités ont également pour fonction de mettre en œuvre des moyens pour faciliter l'accès au droit des justiciables. Par conséquent, une structure de proximité nommée le service de l'accès au droit, à la justice et de la politique de la ville (SADJPV) a été créée par le décret du 20 février 2002[128], dans le but d'assurer un égal accès des citoyens au droit. Le SADJPV est un service autonome chargé de l'aide juridictionnelle et de l'accès au droit incluant la politique de la ville. Cette structure de proximité coordonne la politique du ministère de la Justice à l'égard des associations locales, c*onçoit les actions en faveur des victimes et veille à leur mise en œuvre.*

À l'échelle départementale, les conseils départementaux de l'accès au droit (CDAD) ont été créés pour coordonner l'accès au droit de toutes les collectivités locales du département et pour définir une politique d'accès au droit sur le plan départemental. Les CDAD se réfèrent à un groupement d'intérêt public, constitué de représentants de l'État tels que le préfet du département, des professionnels du droit (les avocats, les notaires, les huissiers de justice...), des représentants des collectivités locales en charge des politiques sociales (Conseil général, Conseil régional) et des représentants d'associations spécialisées (aide aux victimes et médiation, consommateurs, caritatives, droit au logement, droit des étrangers). Les CDAD sont présidés par le Président des tribunaux de grande instance[129]. Les CDAD ont mis en place une politique d'accès au droit à l'échelle départementale par la création de points d'accès au droit (PAD), de maisons de la justice et du droit (MJD) et d'antennes de justice. Toutes ces structures locales accompagnent les victimes dans leurs démarches, les orientent et les informent sur leurs droits[130]. Les associations contribuent également à la mise en place d'une politique d'accès au droit dans les départements. Le financement de l'aide à l'accès au droit dans le département est assuré par l'État, le département, les caisses des règlements pécuniaires des barreaux du ressort du conseil départemental, les organismes professionnels des professions judiciaires et juridiques, les collectivités territoriales, les établissements publics, les organismes de sécurité sociale et par toute autre participation[131]. De nos jours, la politique d'accès au droit se trouve menacée par la disparition des aides publiques qui finançaient le recrutement des agents d'accès au droit et les juristes de première proximité.

---

[128] Décret n°2002-222 du 20 février 2002 modifiant le décret n°64-754 du 25 juillet 1964 relatif à l'organisation du ministère de la Justice et portant création du service de l'accès au droit et à la justice et de la politique de la ville, JORF n°44 du 21 février 2002, p.3361.

[129] Loi n°98-1163 du 18 décembre 1998 relative à l'accès au droit et à la résolution amiable des conflits, JORF n°296 du 22 décembre 1998, p.19343. Voir site Internet : www.ministère de la justice.oct.2001.

[130] Ibis[1].

[131]Art 68.Loi n°91-647 du 10 juillet 1991 relative à l'aide juridique, JORF *n*°0162 du 13 *juillet 1991*, p.9170.

En outre, il existe d'autres acteurs de la politique publique d'accès au droit tels que le défenseur des droits et les professionnels du droit. Le défenseur des droits est une autorité constitutionnelle indépendante, créée par la loi organique du 29 mars 2011[132]. Il a pour fonction de mener des actions en vue de favoriser l'égalité des justiciables dans l'accès au droit et de défendre les personnes dont les droits ne sont pas respectés. Il dispose de compétences principales comme la lutte contre les discriminations, la défense des droits des enfants, il défend les personnes qui ont un litige avec les services publics et avec les forces de sécurité publique ou privée. S'agissant des professionnels du droit, ceux-ci sont des acteurs incontournables de la mise en œuvre de la politique d'accès au droit. Il s'agit principalement des avocats, des notaires et des huissiers de justice. L'avocat est le professionnel de droit le plus compétent pour informer la victime et l'assister au cours de la procédure pénale[133]. Il a pour rôle d'informer la victime de ses droits et de l'assister dans ses démarches aussi bien avant contentieux, qu'au cours de toutes les phases du procès pénal, la phase d'enquête jusqu'au jugement, et à moindre mesure dans la phase d'exécution des peines.

Le droit à l'assistance d'un avocat a été consacré envers la personne poursuivie sous la IIIe République, par la loi du 8 décembre 1897 et envers la partie civile par la loi du 22 mars 1921. Puis, la loi du 19 juillet 1991 a consacré le droit à l'information générale par l'avocat à tout citoyen. L'avocat assiste la victime dans ses démarches notamment dans la rédaction d'actes juridiques et veille au respect des principes fondamentaux de la procédure pénale. Afin de faciliter l'accès au droit des citoyens, les avocats donnent des consultations gratuites ou moyennant une participation minime, dans leur cabinet ou à l'occasion de permanences tenues dans d'autres structures comme les palais de justice, les maisons de l'avocat, les maisons de justice et du droit, les mairies, les centres sociaux, les points d'information jeunesse ou encore dans des locaux d'associations. Ces avocats bénéficient d'une rémunération forfaitaire assurée par le barreau ou les communes d'accueil. Depuis peu, les barreaux organisent parfois des permanences en plein air comme les journées de l'opération nommée « l'avocat dans la cité » où les avocats de Paris donnent des consultations gratuites sur le parvis de l'hôtel de ville de Paris[134]. Le droit à l'assistance d'un avocat est une garantie essentielle pour la défense des parties privées. Les notaires contribuent eux aussi à faciliter l'accès au droit aux justiciables en effectuant des consultations gratuites dans leur office ou dans d'autres lieux comme les chambres des notaires, les chambres des métiers, les

---

132 Loi organique n°2011-333 du 29 mars 2011 relative au Défenseur des droits, JORF n°0075 du 30 mars 2011, p.5497.

133 LOPEZ (G), PORTELLI (S), CLEMENT (S), *Les droits des victimes. Droits, auditions, expertise, clinique*, Dalloz, Coll.Etats de droits, 2e éd, 2007.

134 Voir site Internet : www.avocatcite.org.

chambres de commerce et de l'industrie ou encore les maisons de la justice et du droit. En ce qui concerne les huissiers de justice, des permanences de consultations juridiques sont organisées dans certains départements[135] .

Par ailleurs, en vue d'une meilleure mise en œuvre de la politique d'accès au droit par les professionnels du droit, le législateur impose par la loi du 18 novembre 2016, aux professionnels du droit de proposer aux justiciables une relation par la voie numérique afin de faciliter leurs échanges[136]. Cette dernière réforme vise à permettre aux justiciables de bénéficier pleinement d'un accès au droit par les professionnels du droit.

Ainsi, la victime ne peut pas accéder au procès pénal sans accéder au préalable au droit. En effet, si la victime ne connaît pas ses droits, elle ne peut pas avoir l'idée de faire valoir ses droits en justice et plus précisément dans le cadre d'un procès pénal. L'accès au droit doit être le même pour tout justiciable, qu'il soit victime ou mis en cause.

L'accès au procès pénal de la victime est également rendu possible par le droit à l'accès à la justice qui est nécessaire pour que la victime fasse valoir ses droits dans le cadre d'un procès pénal.

B. Le droit de la victime à l'accès à la justice

Afin de faire valoir ses droits dans le cadre d'un procès pénal, la victime doit tout d'abord bénéficier du droit à l'accès à la justice. Le droit à l'accès à la justice doit être exercé de manière égale par chaque partie au procès pénal, en conformité avec le principe fondamental de l'égalité des citoyens devant la justice, un principe reconnu par le Conseil constitutionnel dans une décision du 23 juillet 1975 [137], par la Déclaration des droits de l'homme et du citoyen et par la Convention européenne de sauvegarde des droits de l'homme. Le droit à l'accès à la justice se réfère au droit à l'accès à un tribunal autrement dit le droit à l'accès au juge. Le droit à l'accès à un tribunal se définit comme « le droit pour toute personne physique ou morale, française ou étrangère, d'accéder à la justice pour y faire valoir ses droits »[138]. Le droit à l'accès au juge est garanti au niveau international et européen par différents textes. Au niveau international, l'article 8 de la Déclaration universelle des droits de l'homme dispose que « toute personne a droit à un recours effectif devant les juridictions nationales compétentes contre les actes violant les droits fondamentaux qui lui sont reconnus par la Constitution ou par la loi ». De même, l'article 14, paragraphe 1, du Pacte international relatif aux droits civils et politiques du 19 décembre 1966

[135] Voir site Internet : www : huissier-justice.fr.

[136] Art.3 de la loi n° 2016-1547 du 18 novembre 2016 de modernisation de la justice du XXIe siècle (1), JORF n°0269 du 19 novembre 2016, texte n°1.

[137] Cons.const.décision.n°75-56, DC du 23 juillet 1975, JORF du 24 juillet 1975.

[138] FAVOREU (L), RENOUX (T), *Le contentieux constitutionnel des actes administratifs*, Rep.Contentieux administratif, 1992.

souligne que « toute personne a droit à ce que sa cause soit entendue équitablement et publiquement par un tribunal compétent, indépendant et impartial, établi par la loi ».[139] Au niveau européen, la Cour européenne des droits de l'homme (CEDH) a consacré pour la première fois le droit à l'accès au juge dans l'arrêt Golder contre Royaume-Uni du 21 février 1975 en se fondant sur l'article 6-1 de la Convention européenne de sauvegarde des droits de l'homme[140].

S'agissant plus précisément de la victime, la CEDH consacre le droit de la victime à l'accès à la justice en affirmant que « tout individu qui de manière plausible se prétend victime d'une violation des droits reconnus dans la convention doit disposer d'un recours devant une instance nationale afin de statuer sur son grief, et s'il y a lieu, d'obtenir réparation »[141]. La cour rattache directement le droit à l'accès à un tribunal au principe du procès équitable en soulignant qu' « on ne comprendrait pas que l'article 6-1 décrive en détail les garanties de la procédure accordées aux parties à une action civile en cours et qu'il ne protège pas d'abord ce qui seul permet d'en bénéficier en réalité : l'accès au juge »[142]. Le droit à l'accès au juge apparaît donc comme une condition nécessaire pour la mise en œuvre du droit au procès équitable et des garanties qui s'y rattachent[143]. La CEDH a tout d'abord consacré le droit à l'accès au juge en matière civile puis en matière pénale par la décision Deweer contre Belgique du 27 février 1980[144]. Par ailleurs, la CEDH précise que « le droit à un tribunal, n'est pas plus absolu en matière pénale qu'en matière civile et qu'il engage seulement le droit à l'examen effectif de sa cause conformément aux garanties de l'article 6-1 [145]». La CEDH souligne notamment que les États sont tenus de prendre des mesures positives pour assurer l'accès au juge à tout individu[146].

En droit interne, le droit au juge n'a pas été directement consacré par la Constitution du 4 octobre 1958, mais par le Conseil constitutionnel qui a érigé ce droit en tant que droit à valeur constitutionnelle dans une décision

[139] Voir site Internet : www.textes.justice.gouv.fr.

[140] CEDH, Affaire Golder.c/Royaume-Uni, 21 février 1975, Req.n°4451/70; CEDH, Affaire Prince Hans-Adam II de Liechtenstein.c/Allemagne, 12 juillet 2001, Req.n°42527/98.

[141] CEDH, Affaire Silver et autres c/Royaume-Uni, 25 mars 1983, Req.n°5947/72, 6205/73, 7052/75, 7061/75, 7107/75.

[142] CEDH, Affaire Golder.c/Royaume-Uni, 21 février 1975, Req.n°4451/70.

[143] CEDH, Affaire Fogarty.c/Royaume-Uni, 21 novembre 2001, Req.n°37112/97 : « Les garanties procédurales concernant l'équité, la publicité et la célérité de la procédure n'auraient aucun sens si l'accès à un tribunal, condition préalable à la jouissance de ces garanties, n'était pas protégé ».

[144] CEDH, Affaire Deweer.c/Belgique, 27 février 1980, Req.n°6903/75.

[145] CEDH, Affaire H.c/Royaume-Uni, 4 juillet 1983, Req.n°10000/82.

[146] CEDH, Affaire Bellet.c/France, 4 décembre 1995, Req.n°23805/94 : « L'effectivité du droit d'accès demande qu'un individu jouisse d'une possibilité claire et concrète de contester un acte constituant une ingérence dans ses droits »; CEDH, Affaire Lagrange.c/France, 24 août 1999, Req.n°39485/98.

du 13 août 1993[147] et dans une décision du 21 janvier 1994. Dans ces décisions, le Conseil constitutionnel s'est fondé sur l'article 16 de la Déclaration des droits de l'homme de 1789 qui prévoit la « garantie des droits »[148]. Puis, dans une décision du 23 juillet 1999, le Conseil constitutionnel a érigé le droit au juge en tant que droit constitutionnel[149].

Le législateur consacre, lui aussi, explicitement le droit à l'accès à la justice dans le code de l'organisation judiciaire et dans la loi du 10 juillet 1991[150]. En outre, depuis peu, le législateur appréhende le droit à l'accès à la justice par les nouvelles technologies en vue de rapprocher les justiciables de la justice. En effet, plusieurs lois telles que la loi du 7 février 2016[151] et la loi du 18 novembre 2016[152] appréhendent l'accès à la justice par la voie du numérique et mettent en place des procédures dématérialisées. Une mutation des modes d'accès à la justice est notamment manifeste par l'avènement d'une nouvelle forme de justice nommée la justice prédictive qui vise à faciliter l'accès à la justice des justiciables telles qu'une victime d'infraction. Ce type de justice consiste à prédire avec le moins d'incertitude possible la réponse d'une juridiction à l'aide d'un logiciel informatique qui analyse par des algorithmes les décisions jurisprudentielles déjà rendues. Le logiciel informatique peut même affiner la recherche par juridiction et par le nom du juge. La justice prédictive permet aux justiciables d'appréhender au mieux le résultat de l'action qu'ils souhaitent engager en justice et de bénéficier d'un gain de temps considérable, car en fonction des indications données par l'outil prédictif, les justiciables peuvent rapidement décider d'engager une action en justice ou non et éventuellement d'adopter un mode de règlement amiable du différend.

La justice prédictive est une justice robotisée relevant d'une intelligence artificielle et d'une capacité à analyser des masses de données gigantesques qui ne peut se substituer à l'humain, mais qui a plutôt pour objectif de permettre à l'humain de mieux anticiper le résultat d'une action en justice[153]. Toute situation reste unique et est soumise à l'appréciation des juges dans le cas où une procédure est engagée. Cette forme de justice vise à réduire l'aléa

[147] Cons.const.décision.n°93-325, DC du 13 août 1993, JORF du 18 août 1993. Dans cette décision, le Conseil constitutionnel reconnaît le droit à un recours administratif afin de permettre à l'intéressé « d'exercer effectivement les droits de la défense qui constituent pour toute personne (...) un droit fondamental à caractère constitutionnel ».

[148] Cons.const.décision.n°93-335, DC du 21 janvier 1994, JORF du 26 janvier 1994.

[149] Cons.constit.décision.n°99-416, DC du 23 juillet 1999, JORF du 28 juillet 1999, AJDA 1999, note.SCHOETTI (J.-E).

[150] Loi du 10 juillet 1991, n°91-647 relative à l'aide juridique; CADIET (L), *L'accès à la justice*, D, 2017, p.522.

[151] Loi n° 2016-1321 du 7 octobre 2016 pour une République numérique (1), JORF n°0235 du 8 octobre 2016, texte n°1.

[152] Loi du 18 novembre 2016 n°2016-1547 de modernisation de la justice du XXIe siècle, JORF n°0269 du 19 novembre 2016, texte n°1.

[153] GARAPON (A), *Les enjeux de la justice prédictive*, JCP, 2017, n°31.

judiciaire, mais ne peut pas l'éviter[154]. La justice prédictive nécessite donc toujours une analyse de l'humain et apporte une source de sécurité juridique supplémentaire aux justiciables. La justice prédictive est déjà utilisée en Chine et commence à être consacrée en France, notamment par la loi du 7 octobre 2016[155] sur la République numérique. En France, les avocats du barreau de Lille utilisent actuellement, à titre expérimental, un nouveau logiciel mettant en place la justice prédictive[156].

En outre, des personnes privées comme des start-up et des éditeurs de documentation juridique proposent aux professionnels du droit différents types de services mettant en place une justice prédictive[157]. La justice prédictive apparaît donc comme une avancée utile puisqu'elle vise à favoriser l'accès à la justice des justiciables telle qu'une victime d'infraction en étant une source d'information supplémentaire quant à l'aboutissement possible de l'action qu'ils souhaitent engager en justice.

Par ailleurs, afin d'être effectif, le droit à l'accès à la justice, indifféremment du mode d'accès, implique le respect de deux autres droits tels que le droit à être jugé dans un délai raisonnable[158] et le droit à un tribunal impartial et indépendant[159]. S'agissant du droit à un tribunal indépendant et impartial, ce droit est violé dès lors qu'une impartialité subjective ou une impartialité objective est manifeste[160]. L'impartialité subjective se réfère à la conduite personnelle d'un membre de la juridiction

---

[154] DONDERO (B), *La justice prédictive : la fin de l'aléa judiciaire ?* D.2017, p.532.

[155] Art.L.111-13 de la Loi n°2016-1321 du 7 octobre 2016 sur la République numérique.

[156] LAMON (B), *La profession d'avocat et la justice prédictive : un bel outil pour le développement du droit,* D, 2017, p.808.

[157] Des éditeurs comme Dalloz, les Éditions Francis Lefevre avec « jurisprudence chiffrée » et LexisNexis avec « contentieux de l'indemnisation » proposent d'estimer le montant de dommages-intérêts dans tous types de domaines. Puis, des start-up comme la start-up nommée Case law Analytics quantifie le risque juridique d'une action engagée devant une juridiction par une entreprise ou encore la start-up nommée prédictive propose de faire des statistiques sur les chances de gagner une procédure contentieuse et effectue une prévision sur le montant des indemnités qu'il est possible d'obtenir. D'autres start-up proposent une justice prédictive par domaine comme la start-up Supra Legem qui est spécialisée en droit administratif ou encore la start-up Tyr Legal qui est spécialisée en droit social.

[158] CEDH, Affaire Dobbertin.c/France, 25 février 1993, Req.n°13089/87; CEDH, Affaire Neumeister.c/Autriche, 27 juin 1968, Req.n°1936/63; CEDH, Affaire Sandra Jankovic.c/Croatie, 2 mars 2009, Req.n°38478/05. Ces décisions concernent le délai raisonnable des poursuites à l'égard de la personne poursuivie et à l'égard de la victime constituée partie civile.

[159] CEDH, Affaire Findlay.c/Royaume-Uni, 25 février 1997, Req.n°22107/93; CEDH, Affaire Brudnicka et autres.c/Pologne, 3 mars 2005, Req.n°54723/00 : « Pour établir si un tribunal peut passer pour « indépendant » aux fins de l'article 6§1CESDH, il faut prendre en compte, notamment, le mode de désignation et la durée du mandat de ses membres, l'existence d'une protection contre les pressions extérieures et le point de savoir s'il y a ou non apparence d'indépendance ».

[160] GUILLAUME (M), *Question prioritaire de constitutionnalité et convention européenne des droits de l'homme*, Nouveaux cahiers du Conseil constitutionnel, n°32, 2011/07, p.67 et s. Voir site Internet : www.conseil-constitutionnel.

et suppose que le membre de la juridiction manifeste un parti pris ou un préjugé personnel. L'impartialité subjective est présumée jusqu'à preuve du contraire[161]. L'impartialité objective nécessite, quant à elle, une vérification de certains faits « indépendamment de la conduite personnelle du juge » qui permettrait de « suspecter l'impartialité de ce dernier »[162]. Par exemple, l'impartialité objective n'est pas respectée lorsqu'un juge représentant le ministère public a statué au cours d'une audience sur la recevabilité d'une plainte avec constitution de partie civile et qu'il est amené par la suite à statuer sur une décision de non-lieu dans l'information ouverte sur cette même plainte[163]. L'accès à une justice impartiale induit également que le tribunal rende une justice de manière transparente en respectant l'exigence de publicité des débats, exigence nécessaire à tout État démocratique[164].

S'agissant du droit au jugement de l'affaire dans un délai raisonnable, toute partie au procès pénal, que cela soit la personne poursuivie, la victime ou le procureur de la République doit pouvoir bénéficier de ce droit. Ce droit est aussi bien consacré en droit interne par l'article L.111-3 du code de l'organisation judiciaire qu'en droit européen par la Convention européenne des droits de l'homme et par la Charte des droits fondamentaux qui font de ce principe un élément du droit au procès équitable. Désormais, le législateur français vise à réduire les délais de traitement des affaires sans nuire à la qualité des décisions rendues et à rendre ces délais homogènes afin de garantir au justiciable une égalité de traitement sur l'ensemble du territoire[165]. S'agissant plus précisément du droit à être jugé dans un délai raisonnable appliqué à l'égard de la victime, dès lors que celle-ci s'est constituée partie civile pour accéder au procès pénal, l'appréciation du caractère raisonnable du délai de la procédure s'effectue par rapport à la durée de la procédure à compter du dépôt de plainte avec constitution de partie civile jusqu'à la décision statuant sur les intérêts civils[166]. Les lois du 7 février 2016 et du 18 novembre 2016 visent notamment à réduire les délais de procédure conformément au droit à être jugé dans un délai raisonnable en

---

161 CEDH, Affaire Remli.c/France, 23 avril 1996, Req.n°16839/90; CEDH. Affaire Morel.c//France, 6 juin 2000, Req.n°34130/96.

162 CEDH, Affaire Didier.c/France, 27 août 2002, Req.n°58188/00; CEDH, Affaire Sacilor-Lormines.c/France, 9 novembre 2006, Req.n°65411/01; CEDH, Affaire Kleyn et autres.c/Pays-Bas, 6 mai 2003, Req.n°39343/98, 396551/98, 43147/98 et 46664/99.

163 Cass.crim.24 mai 2005, pourvoi n°04-86432, Bull.crim.n°432.

164 CEDH, Affaire Diennet.c/France, 26 septembre 1995, Req.n°18160/91.

165 Projet de loi de finances pour 2017, Mission Justice, Programme n° 166, Justice judiciaire.

166 CEDH, Affaire Acquaviva.c/France, 21 novembre 1995, Req.n°19248/91. Dans cette décision, la Cour conclut à la violation du droit au délai raisonnable, car la procédure en l'espèce a duré cinq ans et dix mois, l'affaire était simple et le requérant n'a pas lui-même contribué à retarder l'issue de la procédure. CEDH, Affaire Tomasi.c/France, 27 août 1992, Req.n°12850/87. Dans cette décision, la Cour décide que compte tenu des circonstances propres à l'affaire et à la situation que connaissait la Corse à l'époque, la procédure d'instruction, prise dans son ensemble, n'a pas excédé le délai raisonnable pour une durée de quatre ans et quatre mois.

privilégiant les procédures dématérialisées par voie numérique. En effet, la loi du 7 février 2016 a complété le code de l'organisation judiciaire dont l'article L.111-3 prévoit de faciliter l'accès des justiciables à la justice en mettant à leur disposition, à titre gratuit, les décisions judiciaires rendues sous forme numérique, sous réserve de leur anonymisation dans le respect de la vie privée des personnes concernées afin de réduire les délais de procédure conformément au droit à être jugé dans un délai raisonnable.

Ainsi, le droit à l'accès au droit et le droit à l'accès à la justice sont des droits consacrés en droit français qui rendent possible l'accès de la victime au procès pénal. Le droit à l'accès au droit et le droit à l'accès à la justice permettent à la victime de faire valoir ses intérêts dans le cadre d'un procès pénal. Ces droits sont conformes au principe de l'égalité des armes et permettent à la victime d'occuper une place en amont du procès pénal. En outre, l'accès de la victime au procès pénal est facilité par divers instruments.

SECTION 2. Les instruments facilitant l'accès de la victime au procès pénal

Plusieurs types d'instruments facilitent l'accès à la justice de la victime et plus précisément l'accès au procès pénal, tels que des aides financières (Paragraphe 1) ou encore la prescription de l'action publique qui est fixée en prenant compte des victimes (Paragraphe 2).

PARAGRAPHE 1. Les aides financières : des instruments facilitant l'accès de la victime au procès pénal

Les aides financières par l'aide juridictionnelle (A) et par l'assurance de protection juridique (B) permettent à la victime d'accéder, plus aisément, au procès pénal.

A. L'accès de la victime au procès pénal par l'aide juridictionnelle

En France, l'accès à la justice est gratuit. Toutefois les frais d'une instance peuvent s'avérer élevés et devenir un obstacle pour les justiciables les plus démunis. L'État a donc mis en place une aide financière au profit des justiciables les plus démunis. La loi du 22 janvier 1851 a créé pour la première fois une assistance judiciaire organisée par les pouvoirs publics. L'initiative de cette loi s'inscrivait dans l'esprit révolutionnaire qui s'était déjà manifesté lors des débats à l'Assemblée constituante et qui avait conduit à la reconnaissance de la gratuité de la justice[167].

---

[167] SENETE, *De l'assistance judiciaire en matière civile et des réformes qu'elle pourrait comporter*, Thèse Paris, 1898, p.7-53, citée in GARNOT (B) (Dir.), Les victimes des oubliées de l'histoire ? Presse universitaire de Rennes, 2000.

La loi de 1972 a, par la suite, réformé cette loi en transformant l'assistance judiciaire en une aide judiciaire, puis la loi du 10 juillet 1991 a transformé l'aide judiciaire en une aide juridictionnelle. En France, le droit à l'aide juridictionnelle n'a pas été reconnu comme un droit à valeur constitutionnelle, mais ce droit s'est fondé sur le droit au juge reconnu par le Conseil constitutionnel comme un droit constitutionnel[168]. Le Conseil d'État souligne notamment le lien entre l'aide juridictionnelle et le droit au juge dans la décision Mme Coren du 10 janvier 2001 : « Considérant qu'en raison des dispositions particulières régissant l'octroi de l'aide juridictionnelle, lesquelles ont pour objet de rendre effectif le principe à valeur constitutionnelle du droit d'exercer un recours devant un tribunal »[169].

À l'échelle européenne, contrairement au droit interne, le droit de l'Union européenne a expressément consacré le droit à l'aide juridictionnelle en tant que droit fondamental dans la chartre des droits fondamentaux de l'Union européenne des 7 et 8 décembre 2000. D'après l'article 47, alinéa 3 de cette chartre : « une aide juridictionnelle est accordée à ceux qui ne disposent pas de ressources suffisantes, dans la mesure où cette aide serait nécessaire pour assurer l'effectivité de l'accès à la justice ». En droit européen, l'aide juridictionnelle n'est pas énoncée comme un droit fondamental dans la Convention européenne de sauvegarde des droits de l'homme, mais la jurisprudence de la Cour européenne des droits de l'homme (CEDH) estime que ce droit a une valeur conventionnelle. La CEDH consacra pour la première fois le droit à l'aide juridictionnelle dans la décision Airey contre Irlande du 9 octobre 1979 et condamna l'Irlande pour défaut d'aide judiciaire[170]. La CEDH estima qu'il était certes possible pour la requérante d'accéder au juge sans avocat, sans frais, mais les chances de succès étaient très réduites. La CEDH imposa donc à l'Irlande de mettre en place un système d'aide à l'accès à un tribunal, mais elle n'érigea pas une obligation générale à l'égard des États de mettre en place un système d'aide à l'accès à un tribunal et préfère laisser aux États le libre choix des moyens pour garantir le droit à l'accès à un tribunal.

La CEDH n'impose l'établissement de l'aide juridictionnelle que dans deux hypothèses : « soit, car la loi prescrit la représentation par un avocat, soit en raison de la complexité de la procédure ou de la cause ». L'aide juridictionnelle ne permet pas seulement aux plus défavorisés d'accéder au prétoire, elle tend également à les mettre à armes égales avec la partie adverse.

En effet, dans la décision Hentrich contre France du 22 septembre 1994, la CEDH affirme que l'aide juridictionnelle respecte le principe de l'égalité

---

[168] Cons.constit.décision.n°99-416, DC du 23 juillet 1999, JORF du 28 juillet 1999, AJDA 1999, note SCHOETTI (J.E).

[169] CE.10 janvier 2001, n°211878213462, publié au recueil Lebon, arrêt Madame Coren.

[170] CEDH, Affaire Airey.c/Irlande, 9 octobre 1979, Req.n°6289/73.

des armes en ce qu'elle « implique l'obligation d'offrir à chaque partie à un procès une possibilité raisonnable de présenter sa cause dans des conditions qui ne la placent pas dans une situation de net désavantage par rapport à son adversaire » [171]. Dans la décision Lobo Machadoc contre Portugal du 20 février 1996, la CEDH estime que la partie qui n'est pas représentée par un avocat, se trouve dans une position défavorable, car elle ne bénéficie pas pour sa défense des conseils d'un spécialiste[172]. D'après la CEDH, « en vertu du principe de l'égalité des armes, les parties dans un procès doivent pouvoir défendre leur cause dans des conditions similaires ou tout au moins de manière équilibrée ». Ainsi, la CEDH considère par une jurisprudence constante que l'aide juridictionnelle en tant qu'aide financière participe à la mise en œuvre du principe de l'égalité des armes en permettant à la partie qui n'a pas les moyens financiers, d'être représentée par un avocat. L'aide juridictionnelle est indispensable et nécessaire, y compris pour les contentieux où le ministère d'avocat n'est pas obligatoire.

En droit interne, l'aide juridictionnelle est consacrée par le législateur et vise de nos jours à l'accès effectif à un tribunal aux personnes dont les ressources sont insuffisantes pour faire valoir leurs droits en justice en les dispensant totalement ou partiellement des frais occasionnés par l'instance et du paiement de l'assistance d'un avocat. En outre, lorsque la victime constituée partie civile engage une action devant le tribunal et qu'elle bénéficie de l'aide juridictionnelle totale ou partielle, la consignation en principe fixée pour se constituer partie civile n'est pas requise, ce qui facilite l'accès au juge pénal[173]. Il en est de même lorsque la victime saisit le tribunal par citation directe et qu'elle engage une action civile[174]. L'aide juridictionnelle peut être octroyée au demandeur sous certaines conditions. Seul le justiciable faisant l'objet d'une procédure peut faire une demande d'aide juridictionnelle. Les modalités d'accès à l'aide juridictionnelle sont les mêmes, que le demandeur soit mis en cause, victime, français ou étranger. Le demandeur de l'aide juridictionnelle doit néanmoins résider en France et l'aide juridictionnelle est accordée lorsque l'action n'est pas manifestement irrecevable ou dénuée de fondement[175].

Le justiciable qui demande l'aide juridictionnelle peut le faire devant le bureau d'aide juridictionnelle de son domicile, à charge pour ce dernier de transmettre le dossier au bureau de l'aide juridictionnelle compétent. La demande d'aide juridictionnelle peut être formulée avant ou pendant l'instance[176]. Autrefois, la loi du 10 juillet 1991 ne permettait qu'à la victime

---

[171] CEDH, Affaire Hentrich.c/France, 22 septembre 1994, Req.n°13616/88.
[172] CEDH, Affaire Lobo Machado.c/Portugal, 20 février 1996, Req.n°15764/89.
[173] Cass.crim.7 juin 2000, pourvoi n°99-82788, Bull.crim.n°219.
[174] C.pr.pen.art.88.
[175] Article 3 et 7.Loi n°91-647 du 10 juillet 1991 relative à l'aide juridique, JORF *n*°0162 du 13 *juillet 1991*, p.9170.
[176] CEDH, Affaire Hentrich.c/France, 22 septembre 1994, Req.n°13616/88.

constituée partie civile de solliciter une aide juridictionnelle, excepté en matière de mesures alternatives aux poursuites comme la médiation pénale[177]. Or, depuis la loi du 9 juillet 2010, certaines victimes peuvent également obtenir l'aide juridictionnelle sans se constituer partie civile[178]. Cette loi représente une véritable évolution dans la prise en charge financière de la victime. En outre, en cas d'urgence, si la victime saisit le juge aux affaires familiales pour des faits de violences conjugales, ou si elle est majeure et qu'elle est menacée d'un mariage forcé, elle peut bénéficier de l'aide juridictionnelle à titre provisoire. L'aide juridictionnelle peut également être allouée à la victime à titre provisoire lorsque la procédure met en péril les conditions de vie de l'intéressée, notamment en cas d'exécution forcée comportant la saisie de biens ou expulsion[179].

Outre les conditions requises par rapport à la qualité du demandeur, l'aide juridictionnelle est octroyée en fonction des ressources du demandeur. Cette dernière condition législative est conforme à la position de la CEDH qui admet dans sa jurisprudence que les États puissent conditionner l'octroi de l'aide juridictionnelle à un plafond de revenus[180]. En droit interne, les ressources du demandeur prises en compte sont de toute nature à partir du moment où le demandeur en a la jouissance directe ou indirecte. Chaque année, le barème d'admission à l'aide juridictionnelle est fixé en prenant en considération la tranche la plus basse du barème de l'impôt sur le revenu[181]. Pour bénéficier de l'aide juridictionnelle totale en 2016, la moyenne mensuelle des revenus perçus par le foyer en 2015 devait être inférieure ou égale à 1.000 euros. Puis, pour bénéficier d'une aide de l'État comprise entre 85% et 15% du montant des frais engagés, le demandeur devait disposer d'une moyenne mensuelle des revenus perçus par le foyer en 2015 comprise entre 1.000 euros et 1.500 euros.

Exceptionnellement, même si le demandeur ne remplit pas ces conditions de ressources, l'aide juridictionnelle peut être accordée dans le cas où la situation apparaît particulièrement digne d'intérêt au regard de l'objet de l'affaire. En effet, depuis la loi du 9 septembre 2002, la condition de ressources n'est pas exigée pour les délits et les crimes les plus graves comme c'est le cas pour les atteintes volontaires à la vie[182], les atteintes

---

[177] Art 64-2.Loi n°91-647 du 10 juillet 1991 relative à l'aide juridique, JORF *n*°0162 du 13 *juillet 1991*, p.9170.

[178] Art.1.Loi n° 2010-769 du 9 juillet 2010 relative aux violences faites spécifiquement aux femmes, aux violences au sein des couples et aux incidences de ces dernières sur les enfants, JORF n°0158 du 10 juillet 2010, p.12762, texte n°2.

[179] Art.20.Loi du 10 juillet 1991 relative à l'aide juridique, JORF *n*°0162 du 13 *juillet 1991*, p.9170.

[180] CEDH, Affaire X.c/Royaume-Uni, 10 juillet 1980, Req.n°8158/78; CEDH, Affaire Ange Garcia.c/France, 10 janvier 1991, Req.n°14119/88.

[181] Voir site Internet : www.net-iris.fr.

[182] C.pen.arts.221-1 à 221-5.

volontaires à l'intégrité de la personne[183], les violences ayant entraîné la mort[184] ou ayant entraîné une mutilation ou une infirmité[185] permanente avec les circonstances aggravantes suivantes : sur un mineur de quinze ans, une personne vulnérable, un ascendant légitime ou naturel, une personne dépositaire de l'autorité publique, le conjoint, les ascendants et descendants en ligne directe, les personnes chargées d'une mission de service public, sur un témoin, une victime ou une partie civile lorsqu'il s'agit de l'empêcher de dénoncer les faits ou de déposer plainte. C'est également le cas pour les violences habituelles sur un mineur de quinze ans ou sur une personne particulièrement vulnérable[186], le viol[187] ou encore les actes de terrorisme[188]. Dans ces cas déterminés par la loi, les ayants droit des victimes voulant exercer l'action civile peuvent également obtenir l'aide juridictionnelle sans condition de ressources[189]. La critique principale faite à l'encontre du calcul de l'aide juridictionnelle est relative au plafond d'indemnisation qui est bas et qui rend le champ des bénéficiaires restreint. Les bureaux d'aide juridictionnelle, établis dans chaque tribunal de grande instance, ont pour fonction de se prononcer sur les demandes d'admission à l'aide juridictionnelle relatives aux instances portées devant les juridictions du premier et du second degré, à l'exécution de leurs décisions et aux transactions avant l'introduction en instance[190]. Ces bureaux d'aide juridictionnelle sont présidés par un magistrat du tribunal de grande instance ou de la cour d'appel[191]. Afin d'indemniser l'avocat qui a travaillé pour un client bénéficiaire de l'aide juridictionnelle, l'État octroie une dotation annuelle aux barreaux qui est versée sur un compte nommé la caisse des règlements pécuniaires des avocats (CARPA).

Ainsi, bien que le plafond de l'aide juridictionnelle soit bas, l'aide juridictionnelle reste un instrument nécessaire pour permettre à tout justiciable qu'il soit victime ou mis en cause, d'accéder au procès pénal. L'accès de la victime au procès pénal peut également être facilité par une aide financière octroyée dans le cadre d'une assurance de protection juridique.

---

[183] C.pen.arts.222-1 à 222-6.

[184] C.pen.arts.222-8.

[185] C.pen.art.222-10.

[186] C.pén.art.222-14.

[187] C.pén.arts.222-23 à 222-26.

[188] C.pén.arts.421-1 et 421-3.

[189] Art.9-2.Loi du 10 juillet 1991 relative à l'aide juridique, JORF *n*°0162 du 13 *juillet 1991*, p.9170.

[190] Art 13. Loi du 10 juillet 1991 relative à l'aide juridique, JORF *n*°0162 du 13 *juillet 1991*, p.9170.

[191] Loi n°2007-1631 du 20 novembre 2007, relative à la maîtrise de l'immigration, à l'intégration et à l'asile, JORF n°270 du 21 novembre 2007 p.18993, texte n° 1.

B. L'accès de la victime au procès pénal par l'assurance de protection juridique

Le contrat d'assurance de protection juridique est défini par l'article L.127-1 du code des assurances comme « une opération d'assurance de protection juridique toute opération consistant, moyennant le paiement d'une prime ou d'une cotisation préalablement convenue, à prendre en charge des frais de procédure ou à fournir des services découlant de la couverture d'assurance, en cas de différend ou de litige opposant l'assuré à un tiers, en vue notamment de défendre ou représenter en demande l'assuré dans une procédure civile, pénale, administrative ou autre, ou contre une réclamation dont il est l'objet, ou d'obtenir réparation à l'amiable du dommage subi ». La garantie consiste à assister l'assuré dans la gestion du litige et à prendre en charge, dans les limites des capitaux couverts par les contrats, les frais et honoraires déboursés dans ce cadre[192]. La plupart des contrats d'assurance de protection juridique garantissent également les frais d'expertises amiables et judiciaires. Certains prennent même en charge les frais de consultation entraînés par une transaction, comme les frais de constitution de dossier et le coût des constats d'huissier de justice. L'État détient la mission d'aider les plus démunis à accéder au droit et à la justice, mais ne peut pas prendre en charge le financement pour l'ensemble des Français, l'assurance de protection juridique apparaît par conséquent, comme un moyen qui peut être utilisé par tout justiciable en vue d'accéder à la justice. L'assurance de protection juridique se démarque en apparaissant comme un service abordable en reposant sur la technique assurantielle de la mutualisation. Lorsque le justiciable bénéficie d'une assurance de protection juridique, conformément à l'article 5 de la loi du 19 février 2007, il ne peut pas demander l'aide juridictionnelle. L'aide juridictionnelle est un substitut de l'assurance de protection juridique[193].

La loi du 19 février 2007 a modifié l'article 2 de la loi du 10 juillet 1991 qui est désormais rédigé comme ceci : « l'aide juridictionnelle n'est pas accordée lorsque les frais couverts par cette aide sont pris en charge au titre d'un contrat d'assurance de protection juridique ou d'un autre système de protection ». Cela signifie que l'assuré doit d'abord solliciter sa compagnie d'assurance avant de solliciter la solidarité nationale et demander l'aide juridictionnelle. Le décret du 15 décembre 2008[194] met en œuvre ce principe de subsidiarité et oblige le requérant, s'il effectue une demande d'aide juridictionnelle, à préciser « s'il dispose d'un ou plusieurs contrats d'assurance de protection juridique ou d'un autre système de protection

---

192 MAYAUX (L), *Les grandes questions du droit des assurances*, LGDJ, 2011.

193 Loi n° 2007-210 du 19 février 2007 portant réforme de l'assurance de protection juridique (1), JORF n°44 du 21 février 2007, p.3051, texte n°2.

194 Décret n° 2008-1324 du 15 décembre 2008 relatif à la prise en charge au titre de l'aide juridictionnelle des frais non couverts par un dispositif de protection juridique, JORF n°0293 du 17 décembre 2008, p.19229, texte n°14.

couvrant la rémunération des auxiliaires de justice et les frais afférents au différend pour lequel le bénéfice de l'aide est demandé ». En outre, le requérant doit préciser s'il a ou non bénéficié de l'aide juridictionnelle pour le même différend et si la demande d'aide a été formée en vue de parvenir à une transaction avant d'introduire l'instance ou pour introduire une instance[195]. Afin d'améliorer l'utilité des contrats d'assurance juridique, la commission de réforme de l'accès au droit et à la justice présidée par Monsieur Paul BOUCHER en 2001 dite « la commission BOUCHER » a émis certaines propositions qui n'ont toujours pas été consacrées par le législateur[196]. Par exemple, la « commission BOUCHER » prévoyait d'élargir le champ de compétence des contrats d'assurance de protection juridique au domaine pénal et familial. En pratique, les affaires de droit de la famille et de droit pénal sont peu prises en charge par les contrats d'assurance de protection juridique, car ces domaines relèvent principalement du champ de compétence de l'aide juridictionnelle. Les litiges pris en charge par l'assurance de protection juridique se rapportent davantage au droit de la consommation, au droit immobilier et au droit du travail[197]. En outre, la « commission BOUCHER » préconisait que la souscription d'un contrat de protection juridique soit obligatoire dès lors qu'une personne physique souscrit un contrat d'assurance. La « commission BOUCHER » a également proposé que la garantie de protection juridique soit intégrée dans les contrats multirisques habitation.

Cette solution permettrait à la plupart des Français d'être juridiquement protégés puisque 90% des ménages français en disposent. Les contrats multirisques habitation apparaissent déjà comme un « embryon » de protection juridique avec la défense pénale en cas d'accident qu'il faudrait enrichir en y ajoutant la couverture des litiges relevant du divorce, du droit du travail et des infractions pénales (contraventions, délits). En ce qui concerne la couverture des frais de défense relatifs aux délits intentionnels et aux crimes, la question qui se pose est celle de savoir si une défense pénale est assurable au regard de l'interdiction faite à l'assureur de garantir les dommages provenant d'une faute intentionnelle[198]. En droit des assurances, la faute intentionnelle de l'assuré consiste à provoquer le dommage à l'origine du sinistre, en vue de toucher les capitaux garantis au contrat. Toutefois, l'assuré qui commet un délit intentionnel ou un crime ne commet

---

[195] Art.4 Décret n° 2008-1324 du 15 décembre 2008 relatif à la prise en charge au titre de l'aide juridictionnelle des frais non couverts par un dispositif de protection juridique, JORF n°0293 du 17 décembre 2008, p.19229, texte n°14.

[196] BOUCHER (P), CHARVET (D), FRAGONARD (B), GRUMBACH (T), OVAERE (F), FOMBEUR (P), La réforme de l'accès au droit et à la justice, Rapport remis au Ministère de la Justice en mai 2001.

[197] CERVEAU (B), *Aide juridictionnelle et assurance de protection juridique : la mise en œuvre du principe de subsidiarité*, Gaz.Pal, n°94, 4 avril 2009.

[198] Art.L.113-1.Code des assurances.

pas ces infractions en vue de faire prendre en charge ses frais de défense. Au regard du droit à la défense, érigé au rang de principe constitutionnel dans une décision du 31 juillet 2015, la prise en charge des frais de défense en cas de délit intentionnel, devrait être également couverte par une assurance de protection juridique[199]. En outre, d'après l'auteur Monsieur Bernard CERVEAU, la prime correspondant à l'assurance de protection juridique ne devrait pas dépasser 30 euros et devrait être une garantie annexe à la souscription du contrat d'assurance habitation. La souscription de la garantie de protection juridique serait fondée sur le volontarisme[200]. Une telle extension du champ de compétence de l'assurance de protection juridique permettrait de diminuer l'intervention de l'État et affirmerait le véritable caractère subsidiaire de l'aide juridictionnelle. En droit positif, dès lors que le justiciable souscrit une assurance de protection juridique, il dispose de la liberté de choisir son avocat. En effet, d'après l'article L.127-3 du code des assurances, « tout contrat d'assurance de protection juridique stipule explicitement que lorsqu'il est fait appel à un avocat ou à toute autre personne qualifiée par la législation ou la réglementation en vigueur pour défendre, représenter ou servir les intérêts de l'assuré dans les circonstances prévues à l'article L.127-1, l'assuré a la liberté de le choisir ». Or, en pratique, les compagnies d'assurance de protection juridique ne permettent pas toujours à l'assuré de choisir librement son avocat.

Certaines compagnies d'assurance contraignent l'assuré à choisir l'avocat de la compagnie d'assurance en lui garantissant une bonne prise en charge des frais de dossier et des honoraires s'il choisit un avocat proposé par la compagnie et une prise en charge minime des frais et des honoraires s'il choisit un avocat non proposé par la compagnie. Les compagnies découragent les assurés à choisir un avocat qui n'est pas proposé par la compagnie d'assurance puisque dans ce cas l'assuré devra prendre à sa charge la plus grande partie des honoraires de l'avocat. Afin d'éviter d'influencer l'assuré dans le choix de son avocat, la « commission BOUCHER » estimait déjà à l'époque que la compagnie d'assurance ne devait être autorisée qu'à fournir une liste d'avocats établie par les Ordres, souhaitant participer à la protection juridique. Cette liste ne devrait être fournie aux justiciables que sur une demande expresse et écrite. Par ailleurs, à l'échelle européenne, la Cour de Justice de l'Union européenne (CJUE) a affirmé à plusieurs reprises la portée autonome du droit de choisir librement son avocat dans le cadre du contrat d'assurance de protection juridique et a

---

[199] Cons.const.décision.n°2015-479, QPC du 31 juillet 2015, JORF du 2 août 2015.

[200] CERVEAU (B), *Aide juridictionnelle et assurance de protection juridique : la mise en œuvre du principe de subsidiarité*, Gaz.Pal, n°94, 4 avril 2009.

imposé aux États membres de respecter ce droit à l'égard de l'assuré par la directive du 22 juin 1987[201].

Ainsi, les aides financières apportées par l'aide juridictionnelle ou encore l'assurance de protection juridique sont nécessaires pour favoriser l'accès de la victime au procès pénal. En dépit de certaines améliorations souhaitées, ces aides financières permettent à toutes les victimes, même les plus démunies, d'accéder au procès pénal de manière égale avec les autres parties, conformément au principe de l'égalité des armes. Outre les aides financières, la prescription de l'action publique apparaît également comme un instrument qui facilite, dans certains cas, l'accès de la victime au procès pénal.

PARAGRAPHE 2. La prescription de l'action publique : un instrument procédural en faveur de l'accès de la victime au procès pénal

La prescription est par essence un obstacle procédural à l'action publique. Or, dans certains cas, le délai de la prescription de l'action publique peut être allongé et son point de départ peut être reporté pour permettre à la victime d'accéder plus aisément au procès pénal (A). Par ailleurs, la vulnérabilité de la victime mineure est prise en compte dans la fixation de la prescription de l'action publique (B).

A. L'allongement de la prescription de l'action publique et le report de son point de départ en faveur de l'accès de la victime au procès pénal

Le droit à l'accès à la justice, autrement dit le droit au juge, a été érigé comme droit constitutionnel par le Conseil constitutionnel dans une décision du 23 juillet 1999[202]. Toutefois, le droit à l'accès à la justice ne peut pas être exercé de manière perpétuelle. En effet, l'exercice du droit à l'accès à la justice par la victime peut être confronté à la prescription de l'action publique. La prescription de l'action publique est définie comme « un mode d'extinction de l'action publique résultant du non-exercice de celle-ci avant l'expiration du délai fixé par la loi, dont la survenance résulte du seul écoulement du temps »[203]. La prescription de l'action publique est une cause d'extinction de l'action publique par l'écoulement du temps, il s'agit d'un

---

[201] Directive européenne n°87/344/CEE portant coordination des dispositions législatives, réglementaires et administratives concernant l'assurance protection-juridique, adoptée par le conseil le 22 juin 1987.

[202] Cons.constit.décision.n°99-416, DC du 23 juillet 1999, JORF du 28 juillet 1999, AJDA 1999, note.SCHOETTI (J.-E).

[203] CORNU (G), Association Henri Capitant, *Vocabulaire juridique*, PUF, coll.Quadrige dicos poche, 11e éd, 2016.

obstacle procédural classique à l'exercice de poursuites. Le code de procédure pénale détermine des délais de prescription différents en fonction de la nature de l'infraction. En droit commun, depuis la loi récente du 27 février 2017 favorable à l'accès des victimes à la justice[204], la prescription de l'action publique pour un crime est de vingt ans[205], de six ans pour les délits[206] et d'une année pour les contraventions[207]. La prescription de l'action publique trouve sa source dans plusieurs justifications comme le droit à l'oubli, le droit à la tranquillité et à la paix sociale. Autrement dit, au bout d'un certain temps, mieux vaut oublier l'infraction qu'en raviver le souvenir. La prescription de l'action publique peut également se justifier par le dépérissement des preuves qui se réfère à l'idée qu'au bout d'un certain temps les preuves disparaissent ou perdent beaucoup de leur valeur. Une action publique exercée trop longtemps après la commission de l'infraction risquerait de provoquer une erreur judiciaire. Toutefois, afin que la prescription de l'action publique ne soit pas un obstacle qui empêche démesurément la victime d'accéder à la justice et de faire valoir ses droits, il existe plusieurs moyens qui rendent celle-ci plus souple. Il s'agit du report du point de départ du délai de prescription de l'action publique et de l'allongement du délai de prescription de l'action publique.

1. Le report du point de départ du délai de prescription de l'action publique pour les « infractions clandestines »

En principe, le délai de la prescription de l'action publique commence à courir à compter du jour de la commission de l'infraction. Ce principe était mis à mal par la jurisprudence qui considérait que le jour précis où l'infraction avait été commise n'était pas pris en considération dans le calcul final du délai et que le délai ne commençait à courir que le lendemain de la commission de l'infraction à minuit[208]. Toutefois, la loi du 27 février 2017 a réaffirmé le principe selon lequel le point de départ de la prescription est le jour de la commission de l'infraction. Par exception, afin de faciliter l'accès de la victime à la justice, le législateur et la jurisprudence sont enclins, dans certains cas, à retarder le point de départ du délai de prescription de l'action publique. En effet, le point de départ de la prescription de l'action publique ne peut être reporté uniquement pour certaines infractions et à l'égard de certaines victimes. La pratique jurisprudentielle du report du point de départ

---

[204] Loi n°2017-242 du 27 février 2017 portant réforme de la prescription de l'action publique en matière pénale, JORF n°0050 du 28 février 2017, texte n°2. Voir la circulaire du ministère de la Justice du 28 février 2017, JUSD1706599C présentant les dispositions de la loi n° 2017-242 du 27 février 2017 portant réforme de la prescription en matière pénale, BO n°2017-03.

[205] C.pr.pen.art.7.

[206] C.pr.pen.art.8.

[207] C.pr.pen.art.9.

[208] Cass.crim.8 septembre 1998, pourvoi n°98-80.742, Bull.crim.n°227; cass.crim.28 juin 2000, n°99-85.381, Bull.crim.n°255.

de l'action publique profite à la victime qui n'était pas en mesure d'agir antérieurement à cause des circonstances de faits, de minorité, de la pression qu'elle subissait ou encore à cause de son état psychologique. La jurisprudence applique l'adage « la prescription ne court pas contre celui qui ne peut agir »[209]. Le report du délai de prescription par la jurisprudence vise à ce que les auteurs d'infractions graves n'échappent pas à la justice et ne laissent pas les victimes dans le désarroi. Dans un premier temps, la jurisprudence a consacré le retard du point de départ du délai de prescription de l'action publique en matière de délinquance d'affaires, lorsqu'il s'agit d'infractions clandestines par nature ou qui s'accompagnent de manœuvres de dissimulation. Cette pratique jurisprudentielle a vivement été critiquée, car elle se confronte au droit à l'oubli[210]. Or, en cas d'infractions clandestines, la victime peut ignorer l'infraction en raison des circonstances de la réalisation de l'infraction. Une jurisprudence constante estimait qu'en cas de dissimulation des faits reprochés, le point de départ de la prescription de l'action publique devait être reculé au jour où la partie poursuivante a été en mesure de percevoir une infraction donc d'exercer l'action publique[211]. Le législateur finit par suivre cette jurisprudence par la loi du 27 février 2017, en consacrant expressément un régime dérogatoire de la prescription de l'action publique pour les infractions occultes ou dissimulées. Désormais l'article 9-1 du code de procédure pénale prévoit que « le délai de prescription de l'action publique de l'infraction occulte ou dissimulée court à compter du jour où l'infraction est apparue et a pu être constatée dans des conditions permettant la mise en mouvement ou l'exercice de l'action publique, sans toutefois que le délai de prescription puisse excéder douze années révolues pour les délits et trente années révolues pour les crimes à compter du jour où l'infraction a été commise ». Ce régime dérogatoire consacré par le législateur diffère de celui consacré par la jurisprudence antérieure qui repoussait le point de départ de la prescription de l'action publique en appliquant les délais de prescription ordinaires.

Depuis cette nouvelle réforme, le législateur consacre pour les infractions occultes ou dissimulées un report du point de départ de la prescription au jour où l'infraction a pu être constatée dans des conditions permettant la mise en mouvement ou l'exercice de l'action publique et prévoit un délai butoir allongé de douze ans au lieu de six en matière délictuelle et de trente ans au lieu de vingt en matière criminelle à compter du jour où l'infraction a été commise. Le législateur consacre donc un nouveau régime dérogatoire en matière de prescription de l'action publique pour les infractions occultes ou dissimulées.

---

[209] RENUCCI (J.-F), *Infractions d'affaire et prescription de l'action publique*, D.1997, p.23.
[210] COSTAZ (C), *Le droit à l'oubli*, Gaz.Pal, 1996.
[211] Cass.crim.17 décembre 2008, pourvoi n°08-82085, Bull.crim.n°259.

En outre, par la loi du 27 février 2017, le législateur a éclairci les notions de dissimulation et d'occultation qui étaient des notions consacrées par la jurisprudence de manière floue, librement interprétées par les juges du fond. En effet, les notions de dissimulation et d'occultation sont désormais expressément définies à l'article 9-1 du code de procédure pénale qui prévoit qu'« est dissimulée l'infraction dont l'auteur accomplit délibérément toute manœuvre caractérisée tendant à en empêcher la découverte » et qu' « est occulte l'infraction qui, en raison de ses éléments constitutifs, ne peut être connue ni de la victime ni de l'autorité judiciaire ».

S'agissant plus particulièrement des infractions dissimulées, également appelées les infractions clandestines, celles-ci ne concernent pas seulement des personnes morales victimes, mais également des personnes physiques victimes, ce qui est par exemple le cas pour l'escroquerie[212], le faux témoignage[213], l'usurpation d'identité[214] ou encore la dissimulation d'enfant[215]. Les infractions clandestines concernent plusieurs types d'infractions comme les infractions complexes ou encore les infractions d'habitude. En matière d'infractions complexes, la jurisprudence fixe généralement le point de départ du délai de prescription au dernier acte d'exécution. Une telle solution a été retenue à propos du délit d'escroquerie lorsque des remises successives interviennent[216] ou encore pour l'abus de biens sociaux dont le dernier acte est souvent constitué par la publication des comptes[217]. En matière d'infractions d'habitude, la jurisprudence fixe généralement le point de départ de la prescription au jour de la cessation de l'activité délictueuse[218]. La jurisprudence transforme une infraction continue en une infraction instantanée afin que le point de départ de la prescription puisse être fixé le plus tardivement possible et permette à la victime d'agir en justice plus aisément. Le report du point de départ n'est pas l'unique moyen pour aménager la prescription de l'action publique en faveur de l'accès de la victime au procès pénal, l'allongement du délai de prescription est également consacré par le législateur et la jurisprudence.

---

212 Cass.crim.30 juin 2004, pourvoi n°03-85019, Bull.crim.n°178.

213 Cass.crim.17 décembre 2002, pourvoi n°02-81.424, Bull.crim.n°234.

214 Cass.crim.16 février 1999, pourvoi n°98-80.535, Bull.crim.n°25.

215 Cass.crim.23 juin 2004, pourvoi n°03-82371, Bull.crim.n°173.

216 Cass.crim.27 mai 1991, pourvoi n°90-80267, Bull.crim.n°222, RTD com.1992, note BOUZAT (P); Cass.crim.26 septembre 1995, pourvoi n°94-84008, Bull.crim n°288, RSC, 1996, note OTTENHOFF (R); Cass.crim.30 juin 1999, Bull.crim.n°115, RSC, 1999, note OTTENHOFF (R); Cass.crim.6 octobre 2004, pourvoi n°03-86.381, Bull.crim.n°234, Dr.pén.2005, note VERON (M).

217 Cass.crim.26 février 2007, Bull.crim n°49, Rev.sociétés 2007, note BOULOC (B).

218 DONNIER (M), *Les infractions continues*, RSC, 1957, p.749; ROTH (S), *Clandestinité et prescription de l'action publique*, Thèse de l'Université de Strasbourg, 2013.

2. L'allongement du délai de prescription en faveur de la victime

Depuis la loi du 27 février 2017, les délais de prescription de l'action publique initialement prévus en droit commun ont été allongés en matière criminelle et délictuelle. Les délais de prescription de l'action publique ont doublé. En matière délictuelle, le délai de prescription de l'action publique initialement prévu de trois ans est désormais de six ans et en matière criminelle, il n'est plus de dix ans, mais de vingt ans. L'allongement considérable des délais de prescription de l'action publique favorise l'accès de la victime au procès pénal en tenant compte des nouvelles techniques d'investigation, de recueil et de conservation de preuves. En outre, la loi du 27 février 2017 a allongé le délai de la prescription de l'action publique pour des infractions spécifiques, criminelles et délictuelles considérées comme graves. En matière criminelle, le délai de prescription de l'action publique est de trente ans[219] pour des actes terroristes, des trafics de stupéfiants, la prolifération d'armes de destruction massive, l'eugénisme, le clonage reproductif, les disparitions forcées, les crimes de guerre. Puis, en matière délictuelle, le délai de prescription de l'action publique est de vingt-ans lorsqu'il s'agit d'un délit concernant des trafics de stupéfiants, la prolifération d'armes de destruction massive punie de dix ans d'emprisonnement, le clonage reproductif, les disparitions forcées, les crimes de guerre, les actes de terrorisme sauf lorsqu'il s'agit de délits de provocation de terrorisme, d'apologie ou de consultation habituelle de sites terroristes[220]. Afin de faciliter l'accès de la victime à la justice, la jurisprudence, suivie du législateur, ont également repoussé l'acquisition de la prescription de l'action publique en augmentant le délai par la création de nombreuses causes d'interruption et de suspension[221].

S'agissant des causes d'interruption, celles-ci permettent à la victime de disposer d'un champ d'action considérable dans le procès pénal puisqu'elles font disparaître toute la période écoulée avant leur survenance et font courir un nouveau délai de prescription d'une durée identique au délai initial, soit vingt ans pour un crime, six ans pour un délit ou un an pour une contravention.

L'interruption de la prescription de l'action publique était une notion peu développée dans le code de procédure pénale, sujette à la libre interprétation des juges du fond sur la cause d'interruption. Or, la loi du 27 février 2017

---

[219] C.pr.pen.art.7.

[220] C.pr.pen.art.8.

[221] VERON (M), *Clandestinité et prescription*, Dr.pén, 1998, chron.16; VERON (M), *L'abus de confiance, son extension dans l'espace et dans le temps*, in Les droits et le Droit, Mélanges offerts à Bernard BOULOC, Dalloz 2007; LECUYER (G), *La clandestinité de l'infraction comme justification du retard de la prescription de l'action publique*, Dr.pén, 2005, chron.14; DONNIER (A), *Prescription et clandestinité : la troublante constance de la Cour de cassation*, D.2005; RENUCCI (J.-F), *Infractions d'affaire et prescription de l'action publique*, D.1997, p.23.

éclaircit l'interprétation de cette notion en énumérant expressément les causes d'interruption dans l'article 9-2 du code de procédure pénale. Influencé par une jurisprudence constante de la Cour de cassation, le législateur a, par la loi du 27 février 2017, effectué un grand pas dans la reconnaissance des causes d'interruption de la prescription de l'action publique en faveur de la victime. Désormais, au stade de l'enquête dite simple, le législateur a suivi la jurisprudence[222] en consacrant comme cause d'interruption, tout acte d'enquête émanant du ministère public, tout procès-verbal dressé par un officier de police judiciaire ou un agent habilité exerçant des pouvoirs de police judiciaire tendant effectivement à la recherche et à la poursuite des auteurs d'une infraction. Au stade de l'instruction, le législateur a également admis comme cause d'interruption tout acte d'instruction prévu aux articles 79 à 230 du code de procédure pénale, accompli par un juge d'instruction, une chambre de l'instruction ou des magistrats et officiers de police judiciaire par eux délégués, tendant effectivement à la recherche et à la poursuite des auteurs d'une infraction. En outre, tout acte émanant du ministère public ou de la partie civile tendant à la mise en mouvement de l'action publique est une cause d'interruption de la prescription de l'action publique. En effet, une plainte de constitution de partie civile peut interrompre le délai de prescription[223] contrairement à une dénonciation et à une simple plainte adressée au parquet[224]. Puis, le législateur énumère très précisément les actes de procédure qui caractérisent des causes d'interruption de la prescription de l'action publique comme le réquisitoire du procureur de la République en vue de l'ouverture d'une information judiciaire, tous les actes d'information pris par le juge

---

[222] La Cour de cassation admettait comme causes d'interruption de la prescription de l'action publique : Cass.crim.24 février 1966, Bull.crim.n°73 : Les procès-verbaux de gendarmerie ou de police constatant une infraction; Cass.crim.23 juin 1998, pourvoi n°98-81849, Bull.crim n°203 : Les procès-verbaux établis par les officiers et agents de police judiciaire recueillant la plainte d'une victime dans le cadre d'une enquête préliminaire; Cass.crim.28 juillet 1975, Bull.crim.n°193 : Les procès-verbaux dressés dans l'exercice de leurs attributions de police judiciaire par les inspecteurs des lois sociales en agriculture ; Cass.crim.16 décembre 1976, Bull.crim.n°371, JCP, 1977, note SOYR (J.-C) et DECOCQ (A) : Les procès-verbaux régulièrement dressés par les agents de la Direction générale du commerce intérieur et des prix légalement habilités par l'article 6 de l'ordonnance n°45-1484 du 30 juin 1945 et par l'article 59 quater de l'ordonnance n°45-1483 du 30 juin 1945 à constater les infractions aux dispositions concernant les ententes et les positions dominantes assimilées à la pratique de prix illicites; Cass.crim.26 novembre 1985, Bull.crim.n°378 : Les procès-verbaux de constat d'infraction des inspecteurs du travail dans l'exercice de leurs attributions de police judiciaire, conformément aux dispositions des articles L611-1 et 611-10 du Code du travail.; Cass.crim.12 décembre 1977, Bull.crim.n°394 : Les procès-verbaux de constat d'infraction des agents des douanes françaises.

[223] C.pr.pen.art.15-3.

[224] Cass.crim.5 décembre 1995, pourvoi n°95-84887 : Plainte simple adressée au procureur de la République; Cass.crim.5 mai 1999, pourvoi 97-83117, Bull.crim.n°87 : Une plainte avec constitution de partie civile met en mouvement l'action publique.

d'instruction, la plainte avec constitution de partie civile par voie d'intervention, l'ordonnance du juge d'instruction constatant le dépôt de plainte avec constitution de partie civile, les actes de saisine du tribunal correctionnel énumérés à l'article 388 du code de procédure pénale, les actes de saisine du tribunal de police et du tribunal de proximité énumérés à l'article 531 et 532 du code de procédure pénale, les actes énumérés à l'article 65 de la loi du 29 juillet 1881 sur la liberté de la presse, tout jugement ou arrêt même non définitif.

L'interruption de la prescription de l'action publique n'est pas la seule notion qui a été consacrée dans le code de procédure pénale. En effet, depuis la loi du 27 février 2017, la suspension est reconnue à l'article 9-3, mais les causes de suspension sont moins précisées que les causes d'interruption. Les causes de suspension de la prescription de l'action publique ont été développées par la jurisprudence dès le XIXe siècle en faveur de la partie qui est dans l'impossibilité d'agir. La suspension a pour effet d'arrêter temporairement le délai de prescription, qui reprend dès lors que disparaît l'obstacle qui s'opposait au cours de la prescription. Désormais, l'article 9-3 du code de procédure pénale prévoit la suspension de la prescription de l'action publique lorsque tout obstacle de droit, prévu par la loi, ou tout obstacle de fait insurmontable et assimilable à la force majeure, rend impossible la mise en mouvement ou l'exercice de l'action publique. Contrairement aux causes d'interruption, les causes de suspension ne sont pas énumérées, le législateur a consacré un principe général de suspension du délai de prescription de l'action publique[225] qui laisse place à une large interprétation des juges du fond et favorise l'action en justice de la victime. La circulaire du ministère de la Justice en date du 28 février 2017[226] précise notamment que le principe général de suspension du délai de prescription se réfère aux jurisprudences existantes. Les obstacles de droit résultant de la loi sont par exemple constitués par l'impossibilité pour la victime de saisir elle-même la juridiction compétente[227], l'obstacle de l'immunité statutaire[228], le recueil préalable d'un avis conditionnant la mise en œuvre de l'action publique[229], la consultation d'une autorité administrative[230], la mise en œuvre

---

[225] BUFFET (F.-N), *Rapport n°636 (2015-2016), fait au nom de la commission des lois sur la proposition de loi adoptée par l'Assemblée nationale portant réforme de la prescription en matière pénale*, Sénat, 25 mai 2016.

[226] Circulaire du ministère de la Justice du 28 février 2017, JUSD1706599C présentant les dispositions de la loi n° 2017-242 du 27 février 2017 portant réforme de la prescription en matière pénale, BO n°2017-03

[227] Cass. Assemblée plénière 23 décembre 1999, Bull. n°9.

[228] Il s'agit du cas de l'immunité statutaire d'un parlementaire ou du Président de la République selon les articles 26 et 67 de la Constitution.

[229] Notamment en matière fiscale sur le fondement de l'article L. 230 du livre des procédures fiscales.

[230] Telle que l'Autorité de la concurrence saisie par une juridiction pénale sur des pratiques anticoncurrentielles conformément à l'article L. 462-3 du code de commerce.

d'une mesure alternative aux poursuites[231], le pourvoi en cassation en matière d'infractions de presse[232], l'exception préjudicielle[233]. Les obstacles de fait sont, par exemple, constitués par l'invasion du territoire par l'ennemi[234], les cas de catastrophes naturelles ou encore les circonstances d'une grossesse[235].

Outre l'allongement de la prescription de l'action publique par des causes de suspension et d'interruption, le législateur prévoit également en faveur de la victime, l'imprescriptibilité de l'action publique pour certaines infractions. L'imprescriptibilité de l'action publique permet à la victime d'accéder à la justice sans contrainte, sans avoir à respecter un délai, dès lors qu'elle est victime des infractions les plus graves. Influencé par certains criminologues comme Cesare BECCARIA[236] et Jeremy BENTHAM[237], le législateur prévoit désormais l'imprescriptibilité pour les infractions d'une extrême gravité. Seuls les crimes contre l'humanité sont imprescriptibles[238]. L'imprescriptibilité vise à sauvegarder l'ordre public, à préserver la paix, la sécurité nationale et à sauvegarder les intérêts de la victime. L'imprescriptibilité de l'action publique empêche l'impunité et tend à dissuader la commission de tels crimes[239].

La prescription n'est donc pas toujours un obstacle pour la victime puisque le report du point de départ et l'allongement du délai de prescription

---

231 Article 41-1 du code de procédure pénale.

232 Cass.crim.19 avril 1983, pourvoi n° 82-92.366.

233 Cass.Crim. 28 mars 2000, Bull.crim.n°139.

234 Cass.crim.1er août 1919, Dames G.

235 Cass.ass.7 novembre 2014, pourvoi n°14-83.739.

236 BECCARIA (C), *Traité des délits et des peines*, Flammarion, coll.GF, 2006; DANET (J), GRUNVALD (S), HERZOG-EVANS (M) et LE GALL (Y), *Prescription, amnistie et grâce en France*, Dalloz, coll.Thème et commentaires, 2008.

237 BENTHAM (J), *Traités de législation civile et pénale*, Dalloz, coll.Bibliothèque Dalloz, 2010, p.149 : « S'il s'agissait d'un délit majeur, par exemple une acquisition funeste de souffrir qu'après un certain temps la scélératesse put triompher de l'innocence. Point du traité avec des méchants de ce genre (auteurs de crimes majeurs). Que le glaive reste toujours suspendu sur leurs têtes ».

238 Loi n°64-1326 du 26 décembre 1964 tendant à constater l'imprescriptibilité des crimes contre l'humanité, JORF du 29 déc.1964, p.11788.

239 RUIZ FABRI (H), MARTIN-CHENUT (K), DELLA MORTE (G), LAMBERT ABDELGAWAD (E), *La clémence saisie par le droit, Amnistie, prescription et grâce en droit international comparé*, Société de législation comparée, coll.Unité mixte de recherche de droit comparé de Paris (Université de Paris I, CNRS/UMR, 8103), 2007, p.68; Voir le préambule de la Convention des Nations unies sur l'imprescriptibilité des crimes de guerre et des crimes contre l'humanité du 26 novembre 1968 : « Convaincus que la répression effective des crimes de guerre et des crimes contre l'humanité est un élément important de la prévention de ces crimes, de la protection des Droits de l'Homme et des libertés fondamentales, propre à encourager la confiance, à stimuler la coopération entre les peuples et à favoriser la paix et la sécurité internationale. Constatant que l'application aux crimes de guerre et aux crimes contre l'humanité des règles de droit interne relatives à la prescription des crimes ordinaires inquiète profondément l'opinion publique mondiale, car elle empêche que les personnes responsables de ces crimes soient poursuivies et châtiées ».

de l'action publique permettent à celle-ci d'agir plus aisément en justice et d'accéder au procès pénal. En outre, l'accès de la victime mineure au procès pénal est facilité puisque la fixation de la prescription de l'action publique est adaptée à sa vulnérabilité.

B. La prise en compte de la vulnérabilité de la victime mineure dans la fixation du délai de prescription de l'action publique

De nos jours, la vulnérabilité de la victime est prise en compte par le législateur dans la fixation du délai de prescription de l'action publique, pour certaines infractions et à l'égard de certaines victimes. La victime peut être vulnérable selon la situation infractionnelle, en raison de ses capacités physiques et psychiques ou en raison de son âge. Les victimes mineures sont particulièrement protégées par le législateur, car ces victimes présentent une vulnérabilité par leur fragilité naturelle et leur manque de discernement[240]. Le législateur a été influencé par la Cour européenne des droits de l'homme qui a consacré la notion de vulnérabilité particulière de la victime mineure dans l'arrêt Stübing contre Allemagne du 12 mars 2012[241] en vue d'obliger les États à aménager des règles particulières de prescription au profit des enfants victimes de sévices sexuels. En pratique, les enfants victimes d'abus sexuels ne parviennent à dénoncer les faits qu'à l'âge adulte au moment où ils envisagent d'avoir un enfant[242].

Il est difficile pour des mineurs de mettre des mots sur les actes dont ils sont victimes et ils peuvent éprouver de la peur ou de la honte. Pour certaines infractions commises à l'encontre de mineurs, le législateur prévoit une prescription de l'action publique dérogatoire qui leur permet d'exprimer leur souffrance lors d'une instance judiciaire même des années après l'infraction.

La victime mineure doit disposer du temps nécessaire pour agir en justice et déclencher les poursuites. Depuis quelques années, le législateur français prend en compte la vulnérabilité des victimes mineures en adaptant les délais de prescription de l'action publique. La loi récente du 27 février 2017 manifeste une continuité dans la prise en compte de la vulnérabilité des victimes mineures en favorisant leur accès au procès pénal. En matière criminelle, le point de départ de la prescription de l'action publique est désormais reporté à la majorité lorsque le mineur est né d'un crime de

---

240 BONFILS (Ph), *Les dispositions relatives aux mineurs de la loi n°2004-204 dite Perben II*, JCP G, 2004.

241 CEDH, Affaire Stübing.c/Allemagne, 12 mars 2012, Req.n°43547/08; PRADEL (J), VARINARD (A), *Les grands arrêts de procédure pénale*, Dalloz, coll.Grands arrêts, 9e éd, 2016.

242 WARSMANN (J.-L), *Le projet de loi n°784 portant adaptation de la justice aux évolutions de la criminalité*, Rapport n°856, Assemblée nationale, 14 mai 2003, p.93.

clonage reproductif[243], lorsque le mineur a été victime du crime de violences aggravées ayant entraîné une mutilation ou une infirmité permanente[244] ou des crimes mentionnés à l'article 706-47 tels que le crime de meurtre ou d'assassinat aggravés, de torture ou d'acte de barbarie, de viol, de traite des êtres humains et de proxénétisme.

En matière délictuelle, la vulnérabilité de la victime mineure est également prise en considération puisque l'article 8 du code de procédure pénale prévoit le report du point de départ de la prescription à la majorité et allonge le délai de prescription à dix années révolues pour les délits mentionnés à l'article 706-47 du Code de procédure pénale à l'exception de ceux mentionnés aux articles 222-29-1 et 227-26 du Code pénal. Les délits mentionnés à l'article 706-47 du code de procédure pénale concernent par exemple le délit de corruption, le délit de proxénétisme, le délit de recours à la prostitution et les délits d'agressions sexuelles. En outre, le point de départ de la prescription est reporté à la majorité et le délai de la prescription est allongé à vingt années révolues lorsque le mineur a été victime d'un délit de violences ayant entraîné une incapacité totale de travail pendant plus de huit jours et lorsque le mineur de moins de quinze ans a été victime de délits d'agressions sexuelles[245] et d'atteintes sexuelles aggravées[246]. Cependant, la jurisprudence précise que le recul du point de départ de la prescription autorisé dans ces cas par le législateur n'empêche pas l'exercice de poursuites avant la majorité de la victime[247].

En matière délictuelle, la vulnérabilité du mineur victime d'un délit de violence ou d'un délit de nature sexuelle est particulièrement prise en considération dans la fixation du délai de prescription de l'action publique.

Toutefois, depuis la loi du 17 février 2017, la vulnérabilité du mineur victime d'une infraction de nature sexuelle est moins prise en compte en matière criminelle puisque la victime mineure ne bénéficie plus d'un allongement du délai de prescription, mais uniquement d'un report du point de départ de la prescription à la majorité. En matière criminelle, la victime mineure ne bénéficie donc plus d'un véritable régime dérogatoire distinct du régime prévu pour les victimes majeures. Il existe une incohérence entre le régime dérogatoire applicable en matière délictuelle à l'égard des mineurs victimes d'infractions de nature sexuelle et le régime de droit commun applicable en matière criminelle à l'égard des mineurs victimes d'infractions de nature sexuelle.

Ainsi, la prescription de l'action publique n'est pas un obstacle démesuré pour la victime qui souhaite accéder au procès pénal. Au fil des réformes, le législateur favorise de plus en plus l'accès de la victime à la justice. La

---

[243] C.pr.pen.art.9-1.
[244] C.pr.art.222-10.
[245] C.pr.pen.art.222-29-1.
[246] C.pr.pen.art.227-26.
[247] Cass.crim.30 novembre 1994, Bull. crim.n°389.

dernière réforme sur la prescription de l'action publique entreprise par la loi du 27 février 2017 a permis à la victime d'agir en justice plus aisément en doublant les délais de prescription de l'action publique initiaux en matière criminelle et délictuelle, en prévoyant un plus grand nombre de cas pour allonger les délais de prescription et pour reporter les points de départ des délais de prescription. En outre, l'accès de la victime mineure au procès pénal lui est particulièrement facilité puisque la prescription de l'action publique est fixée en s'adaptant à sa vulnérabilité.

Conclusion du chapitre premier

Sans accéder au droit, autrement dit sans connaître ses droits, la victime ne peut pas accéder à la justice et les faire valoir dans un procès pénal. Le droit à l'accès au droit et le droit à l'accès à la justice sont des droits essentiels qu'un État de droit et démocratique doit assurer aux citoyens. Le droit d'agir en justice apparaît aujourd'hui comme « l'expression d'une liberté fondamentale »[248]. De nos jours, le droit à l'accès au droit et le droit à l'accès à la justice sont des droits consacrés par le législateur et permettent à la victime d'accéder au procès pénal, conformément au principe de l'égalité des armes. Désormais, le principe de l'égalité des armes s'applique en amont du procès pénal, dès son accès, et est devenu un principe directeur de la procédure pénale. Ce principe ne vise pas à mettre en place une égalité parfaite des droits de chaque partie au procès pénal, mais tend à instaurer un équilibre procédural qui respecte les intérêts du mis en cause, de la société et de la victime. Le droit de la victime à accéder au procès pénal apparaît comme la base de la place qu'elle peut occuper au cours du procès pénal. L'importance de l'accès de la victime au procès pénal est notamment manifeste par divers instruments qui facilitent cet accès. Ces instruments se réfèrent à des aides financières et à la prescription de l'action publique qui est par nature un obstacle à l'accès au procès pénal, mais qui devient dans certains cas, modulable en faveur de la victime.

Afin d'exercer son droit à l'accès au procès pénal, la victime dispose de divers moyens procéduraux tels que la plainte simple, la citation directe et la constitution de partie civile (**Chapitre 2**).

---

[248] GUINCHARD (S), FERRAND (F) et CHAINAIS (C), *Procédure civile*, Dalloz, coll.Hypercours, 4e éd, 2015.

CHAPITRE SECOND

Les moyens procéduraux mis à la disposition de la victime pour accéder au procès pénal

La victime peut accéder au procès pénal par divers moyens procéduraux tels que la plainte simple et la citation directe (**Section première**). La constitution de partie civile est également un moyen procédural qui permet à la victime d'accéder de manière effective au procès pénal et apparaît comme le moyen d'action accordé à la victime représentatif de l'intégration dans le procès pénal du principe de l'égalité des armes entre les parties (**Section seconde**).

SECTION PREMIÈRE. L'accès de la victime au procès pénal par la plainte simple et par la citation directe

La victime dispose de moyens procéduraux directs et indirects pour accéder au procès pénal. Afin d'accéder au procès pénal, la victime peut utiliser un moyen indirect tel que la plainte simple qui est soumise à l'appréciation du procureur de la République (Paragraphe 1) ou un moyen direct tel que la citation directe qui permet à la victime de faire citer l'auteur de l'infraction devant la juridiction compétente (Paragraphe 2).

PARAGRAPHE 1. L'accès indirect de la victime au procès pénal par la plainte simple

La plainte simple permet à la victime d'accéder au procès pénal, mais ce moyen procédural est indirect et incertain puisque le procureur de la République est tenu d'apprécier la plainte (A) et peut la classer sans suite (B). Le classement sans suite de la plainte apparaît comme un obstacle à l'accès de la victime au procès pénal.

A. Le pouvoir d'appréciation de la plainte par le procureur de la République

Lorsqu'une personne est victime d'une infraction, elle a la faculté de porter plainte ou de ne pas porter plainte auprès des services de police ou de gendarmerie. La plainte se définit comme l'acte par lequel la personne lésée par le crime, le délit ou la contravention, porte ce fait à la connaissance de l'autorité compétente[249]. La plainte est un moyen d'information des autorités policières et judiciaires de la commission de faits répréhensibles. La plainte est une variété de la dénonciation qui permet à la victime de déclencher l'action publique indirectement puisqu'il revient au procureur de la République d'apprécier la plainte et de décider si l'action publique doit être déclenchée. Certaines infractions nécessitent impérativement que la victime porte plainte pour que le procureur de la République déclenche l'action publique.

Pour ces infractions, le procureur de la République ne peut pas poursuivre sans la plainte de la victime même en cas de flagrant délit. Il s'agit par exemple des infractions de diffamation[250], d'atteinte à la vie privée[251], de chasse sur le terrain d'autrui[252] ou encore des délits commis par un français à l'étranger[253]. Si la victime souhaite avoir accès au procès pénal pour que les faits qu'elle a subis soient jugés, elle peut porter plainte par écrit ou par oral auprès de n'importe quel service de police judiciaire ou de gendarmerie. En effet, le législateur a mis en place un « guichet unique ». Désormais, l'article 15-3 du code de procédure pénale prévoit que « la police judiciaire est tenue de recevoir les plaintes déposées par les victimes d'infractions à la loi pénale et de les transmettre, le cas échéant, au service ou à l'unité de police judiciaire territorialement compétent ». Le législateur exprime l'idée selon laquelle aucun motif de refus ne peut être avancé, que cela soit l'incompétence territoriale du service ou de l'unité de police judiciaire ou le peu de gravité de la plainte. Une circulaire d'application du 31 mai 2001[254] précise que, « dès lors qu'une victime fera connaître sa volonté de déposer plainte, les officiers de police et agents de police judiciaire devront toujours enregistrer sa plainte par procès-verbal ». Cette circulaire ne vise pas à remettre en cause les règles de compétence déjà établies et donc de diligenter une enquête alors même que le service serait territorialement incompétent. Cette circulaire affirme l'obligation de recevoir les plaintes déposées contre

---

[249] GUINCHARD (S), BUISSON (J), *Procédure pénale*, LexisNexis, coll.Manuels, 10e éd, 2014.

[250] Art.46.Loi du 29 juillet 1881 sur la liberté de la presse, JORF du 30 juillet 1881, p.4201.

[251] C.pen.art.226-6, art.226-22.

[252] C.rural.art.L.228-41, al.2.

[253] C.pen.art.113-8.

[254] Circulaires du 31 mai 2000, CRIM 2000-02 F1/31-05-2000, JUS.D00-30115 C relative à la première présentation de la loi sur la présomption d'innocence et les droits des victimes, BO n°78.

une personne non identifiée, celles portant sur des contraventions ou des délits de faible gravité ou encore celles ne contenant aucun élément susceptible d'être exploité pour permettre l'identification de l'auteur de faits tels que les vols à la roulette. Le dépôt de plainte devant n'importe quel service de police ou de gendarmerie est un droit pour les victimes et une garantie pour la victime qui souhaiterait se constituer partie civile car sans une plainte simple de la victime, celle-ci ne peut pas se constituer partie civile pour déclencher directement les poursuites. Or, parfois les services refusent tout de même d'enregistrer certaines plaintes et n'enregistrent que les plaintes qui sont complétées par des preuves. Les conséquences de ces agissements sont souvent très ennuyeuses aussi bien pour les intérêts des victimes que ceux de la société. Le refus de l'enregistrement de la plainte est souvent vécu comme une négation des faits commis à l'encontre de la victime.

Lorsque le service de police ou de gendarmerie enregistre la plainte, il est délivré à la victime un récépissé et si elle en fait la demande, la copie du procès-verbal[255]. Si la personne ne porte pas plainte devant le service territorial compétent, le service dépositaire de la plainte se borne à enregistrer la plainte et n'est pas tenu de recueillir par procès-verbal l'ensemble des déclarations de la victime. Les détails des conditions de commissions de l'infraction peuvent être recueillis par le service qui sera en charge de l'enquête[256]. Toutefois, dès le dépôt de plainte, le service de police ou de gendarmerie doit informer par tous moyens la victime de son droit d'obtenir réparation du préjudice dans le cadre d'une constitution de partie civile ou d'une citation directe et d'être assistée d'un avocat librement choisi ou désigné par le bâtonnier de l'Ordre des avocats[257]. Il doit également être indiqué à la victime que les frais du procès restent à sa charge sauf si elle peut bénéficier de l'aide juridictionnelle ou d'une assurance de protection juridique. Puis, le service compétent qui a enregistré la plainte doit la transmettre sans délai au procureur de la République pour que celui-ci décide du sort de l'affaire[258]. Le procureur de la République peut également recevoir directement la plainte simple par courrier. La plainte doit contenir l'identité de la victime, c'est ce qui la diffère d'une dénonciation, mais la victime peut demander, sous certaines conditions, à conserver l'anonymat une fois l'action publique déclenchée[259].

Après avoir reçu la plainte, le procureur de la République bénéficie du pouvoir de l'opportunité des poursuites et apprécie s'il y a lieu de poursuivre

---

[255] C.pr.pen.art.15-3.al.2.

[256] C.pr.pen.art.62, art.78 et art.R.123 ; Circulaire du 20 mai 2005, CAB 20-05-2005, JUSA0500157C, Présentation des dispositifs relatifs à l'accueil des victimes dans le cadre du procès pénal, BO n°38.

[257] C.pr.pen.art.53.

[258] C.pr.pen.art.40.

[259] C.pr.pen.art.706-57 ; Voir le chapitre 2, titre 2, partie 1 sur la protection de la victime.

en déclenchant l'action publique, de proposer une mesure alternative aux poursuites ou de classer sans suite[260]. Le législateur a octroyé au procureur de la République un véritable pouvoir d'appréciation de l'opportunité de la poursuite et des modalités de la poursuite[261]. Si le procureur de la République décide de déclencher l'action publique en saisissant une juridiction de jugement ou d'instruction, son choix est irrévocable, il ne pourra plus opérer un classement sans suite ni choisir une autre voie de poursuite que celle fixant la saisine de la juridiction. Par exemple, il ne pourra pas requérir l'ouverture d'une instruction après qu'il ait saisi la juridiction de jugement d'une comparution immédiate[262].

Le procureur de la République est lié par ses réquisitions écrites formalisant le choix de la poursuite, mais il est libre de revenir sur son choix à l'audience et de requérir au nom de la société, une relaxe. Le procureur de la République peut également choisir de déclencher l'action publique sans saisir une juridiction de jugement par la proposition d'une comparution sur reconnaissance préalable de culpabilité[263] ou d'une composition pénale[264]. L'exécution de ces deux mesures éteint l'action publique. Toutefois, le suspect peut refuser ces mesures et demander à faire traiter le dossier par une juridiction de jugement[265].

Lorsque le procureur de la République décide de ne pas déclencher l'action publique et de proposer à l'auteur de l'infraction une mesure alternative aux poursuites, il doit choisir, en tant que représentant de la société, celle qui sert le mieux l'intérêt général. Les mesures alternatives aux poursuites apparaissent comme une solution intermédiaire entre le classement sans suite et le déclenchement des poursuites puisqu'en cas d'inexécution totale ou même partielle de la mesure alternative acceptée par l'auteur des faits, le procureur de la République pourra décider de déclencher l'action publique. Depuis quelques années, le parquet répond de plus en plus à la plainte de la victime par des mesures alternatives aux poursuites et poursuit moins. Les mesures alternatives aux poursuites qui peuvent être proposées sont le classement sans suite sous condition[266], le rappel à la loi[267] et la médiation pénale[268]. Le classement sans suite sous condition peut consister en la régularisation de situation au regard de la loi ou des règlements, à la réparation des dommages résultant de l'infraction, à la

---

[260] C.pr.pen.art.40-1.

[261] Cass.crim.28 février 2007, pourvoi n°06-84.266; MOLINS (F), *Ministère public*, Répertoire de droit pénal et de procédure pénale, 2014.

[262] Cass.crim.20 février 2007, pourvoi n°06-89.229, Procédures, n°8-9 août 2007, note BUISSON (J).

[263] C.pr.pen.art.495-7.

[264] C.pr.pen.art.41-2 et art.41-3.

[265] MOLINS (F), *Ministère public*, Répertoire de droit pénal et de procédure pénale, 2014.

[266] C.pr.pen.art.41-1.al.2, 3, 4.

[267] C.pr.pen.art.41-1.al.1.

[268] C.pr.pen.art.41-1.al.5.

cessation du trouble résultant de l'infraction, à l'orientation de l'auteur vers une structure sanitaire, sociale ou professionnelle. Puis, lorsque le procureur de la République décide de ne pas déclencher l'action publique en classant sans suite la plainte, il peut obstruer l'accès de la victime au procès pénal.

B. Le classement sans suite de la plainte : un obstacle à l'accès de la victime au procès pénal

Dans l'hypothèse où le procureur décide de ne pas poursuivre, il peut classer sans suite « dès lors que les circonstances particulières liées à la commission des faits le justifient »[269]. En France, le taux de classement sans suite est élevé[270]. Le procureur de la République classe sans suite en se fondant principalement sur le trouble causé à la société. Même si l'infraction est constituée, le procureur de la République peut classer sans suite au regard de la qualité du délinquant, de la faiblesse du préjudice causé par l'infraction ou de la faiblesse de l'ampleur du trouble causé par l'infraction à l'ordre social. La plainte peut également être classée sans suite lorsque la victime retire la plainte qu'elle a déposée, manifestant ainsi clairement son intention de ne voir aucune poursuite engagée contre l'auteur de l'infraction ou lorsque la victime se désintéresse de l'affaire. La victime se désintéresse, par exemple, de l'affaire lorsque la police demande certaines précisions sur les circonstances de l'infraction et que celle-ci s'abstient délibérément de répondre[271]. Seul le procureur de la République peut décider de classer la plainte sans suite, ce qui peut susciter quelques interrogations quant au caractère arbitraire de cette décision. Le classement sans suite peut être décidé dans le cadre d'une politique criminelle. La Cour européenne des droits de l'homme estime que le procureur de la République n'est pas un magistrat indépendant puisqu'il est lié à la politique, il ne remplit pas les exigences d'impartialité requises par la Convention européenne de sauvegarde des droits de l'homme[272]. Cependant, pour ne pas que la procédure soit arbitraire, le législateur français exige que le procureur de la République explique les raisons du classement sans suite de la plainte de la victime contre une personne nommée, en transmettant un « document type ». Dans certains cas, il doit personnaliser cette information[273]. Le classement sans suite n'a aucun impact sur l'indemnisation du préjudice que la victime

[269] C.pr.pen.art.40-1, al.3.
[270] HAENEL (H), *Le classement sans suite*, Rapport d'information n°513, Sénat, 18 juin 1998.
[271] Ibid[2].
[272] CEDH, Affaire Medvedyev et autres.c/France, 29 mars 2010, Req.n°3394/03; CEDH, Affaire Moulin.c/France, 23 novembre 2010, Req.n°37104/06; SUDRE (F) (Dir.), *Les grands arrêts de la Cour européenne des Droits de l'homme*, PUF, coll.Thémis, 7e éd, 2015.
[273] Circulaire du SADJPV du 9 octobre 2007, JUS.J-0790006C relative aux droits des victimes dans le procès pénal et à leur mise en œuvre, BO n°2007/11.

peut faire valoir auprès des juridictions civiles. La responsabilité pénale et la responsabilité civile sont des responsabilités bien distinctes.

Afin d'engager la responsabilité civile de l'auteur des faits dommageables devant les juridictions civiles, la victime doit prouver la faute, le préjudice et le lien de causalité. Par ailleurs, la décision de classement sans suite n'a pas un caractère irrévocable car tant que la prescription de l'action publique n'est pas acquise, le procureur de la République peut toujours revenir sur sa décision et décider d'engager l'action publique, même si aucun élément nouveau n'est intervenu[274]. Le classement sans suite manifeste réellement un caractère provisoire puisqu'il s'agit d'une décision administrative et non juridictionnelle qui n'a pas l'autorité de la chose jugée. La personne ayant dénoncé les faits ne peut donc pas faire de recours juridictionnel, mais peut effectuer un recours hiérarchique auprès du procureur général près la cour d'appel contre la décision de classement sans suite[275]. D'après une circulaire du 14 mai 2004[276], la notion de personne ayant dénoncé les faits doit être interprétée largement, et ce recours peut ainsi être exercé non seulement par les victimes dont la plainte aurait été classée sans suite, mais également par des tiers qui auraient signalé une infraction et par les autorités prévues par le deuxième alinéa de l'article 40 du code de procédure pénale. Le procureur général peut enjoindre au procureur de la République d'engager des poursuites, mais s'il estime le recours infondé, il en informe la plaignante[277].

Ainsi, la plainte simple ne constitue pas un moyen direct pour que la victime déclenche l'action publique et accède au procès pénal puisque le procureur de la République doit tout d'abord apprécier la plainte et décider de la suite de la plainte. La fonction de filtre des plaintes exercée par le procureur de la République permet aux juridictions pénales d'être uniquement saisies de plaintes pertinentes. Toutefois, la liberté d'appréciation dont bénéficie le procureur de la République peut obstruer arbitrairement l'accès des victimes au procès pénal pour des raisons liées à une politique criminelle, au temps ou au manque de moyens matériels. Par conséquent, afin d'éviter le risque d'une décision arbitraire prise par le procureur de la République, le législateur français a mis à la disposition de la victime un autre moyen procédural, nommé la citation directe qui lui permet d'accéder directement au procès pénal sans l'intermédiaire du procureur de la République.

---

[274] Cass.crim.6 juin 1952, Bull.crim.n°142; cass.crim.5 décembre 1972, Bull.crim.n°375; Cass.crim.12 mai 1992, pourvoi n°92-81-080, Bull.crim.n°186, D.1992, n°427, note MAYER (D).

[275] C.pr.pén.art.40-3.

[276] Circulaires du 14 mai 2004, CRIM 2004-04/E8/14-05-2004, JUSD0430092C, Présentation des dispositions de procédure pénale immédiatement applicables de la loi n°2004-204 du 9 mars 2004 portant adaptation de la justice aux évolutions de la criminalité, BO n°94.

[277] C.pr.pen.art.40-3.

PARAGRAPHE 2. L'accès direct de la victime au procès pénal par la citation directe

La citation directe est un moyen procédural effectif qui permet à la victime d'accéder directement au procès pénal en déclenchant l'action publique sans l'intermédiaire du procureur de la République ou du juge d'instruction (A). Or, la citation directe est confrontée à certaines limites (B).

A. La mise en mouvement de l'action publique par la citation directe

La citation directe est un moyen procédural qui permet de saisir directement la juridiction de jugement, sans passer par l'intermédiaire du procureur de la République ou du juge d'instruction. Il s'agit d'une procédure simple et rapide qui permet à la victime de mettre en mouvement l'action publique pour des infractions contraventionnelles ou délictuelles et de faire directement juger l'auteur des faits devant le tribunal de police[278] ou le tribunal correctionnel[279]. Toutefois la victime ne peut pas utiliser ce moyen procédural pour déclencher l'action publique en matière criminelle[280]. La citation directe a été consacrée par le législateur dès la promulgation du code d'instruction criminelle de 1808. Seule la victime ayant subi un préjudice émanant d'une infraction pénale peut utiliser la citation directe pour accéder au procès pénal et non les victimes ayant uniquement subi un préjudice civil[281]. Par exception, après une composition pénale qui éteint l'action publique, la victime peut également délivrer une citation directe à la personne devant le tribunal correctionnel statuant sur ses seuls intérêts civils[282]. Les faits ne doivent pas présenter une complexité particulière et la victime doit connaître l'identité de la personne qu'elle veut faire citer. À la différence de la constitution de partie civile, la citation directe n'est pas possible pour des faits de nature criminelle, la victime ne peut donc pas citer une personne devant une cour d'assises.

Puis, deux types de cas sont également exclusifs de la citation directe. Le premier cas exclusif de la citation directe correspond au cas où la mise en mouvement de l'action publique est réservée à la seule initiative du parquet. En effet, la victime ne peut pas citer le mis en cause devant la Haute Cour et la Cour de justice de la République, devant les juridictions militaires en période de guerre, devant les tribunaux maritimes et commerciaux et devant

---

[278] C.pr.pen.art.531, art.532.
[279] C.pr.pen.art.388.
[280] Cass.ass.plén.9 mai 2008, pourvoi n°05-87.379.
[281] Cass.ass.plén.9 mai 2008, pourvoi n°05-87.379; Cass.crim.20 mai 2008, pourvoi n°06-88.261 : L'incidence éventuelle des infractions commises à l'encontre de cujus sur la valeur de l'actif successoral ne constitue pas un préjudice direct et personnel du légataire universel; Cass.crim.10 novembre 2009, pourvoi n°09-820228.
[282] Cass.crim.24 juin 2008, pourvoi n°07-87511.

les juridictions pénales internationales. La victime ne peut également pas citer la personne qui lui a causé un préjudice devant les juridictions répressives en matière de propriété littéraire et artistique[283].

Le second cas exclusif de la citation directe relève de l'interdiction de la victime à utiliser la citation directe lorsque l'infraction nécessite une instruction[284]. L'infraction peut nécessiter une instruction lorsque l'infraction est un crime, lorsque l'affaire est complexe ou encore s'il existe des délits pour lesquels une instruction est obligatoire comme pour ceux prévus par le code disciplinaire et pénal de la marine marchande[285], pour les délits et les contraventions de la 5e classe commis par un mineur[286]. La victime ne peut également pas citer une personne qui a été mise en cause dans le cadre d'une instruction. La victime ne peut pas citer une personne visée dans une ordonnance de non-lieu intervenue pour les mêmes faits[287].

Par exception, la victime peut tout de même déclencher l'action publique par voie de citation directe lorsqu'une information a déjà été ouverte si la citation est délivrée à l'égard de personnes qui n'ont pas été mises en cause dans les poursuites ou visées dans la plainte de constitution de partie civile[288]. En outre, la victime peut citer directement une personne nommée dans la plainte avec constitution de partie civile devant les juridictions répressives si elle n'a pas procédé dans le délai prévu, à la consignation exigée pour se constituer partie civile[289]. Dès lors que la citation directe est régulière, elle produit plusieurs effets. Tout d'abord, la citation directe est un acte de poursuite qui interrompt la prescription de l'action publique.

La date de l'interruption est acquise à la date de l'acte de citation et non à celle de la consignation[290]. Elle a les mêmes effets que le réquisitoire introductif du ministère public car elle saisit la juridiction de jugement.

---

[283] Cass.crim.11 juin 2003, pourvoi n°02-83.576, Bull.crim.n°119. L'article L331-1 du CPI donne compétence exclusive aux TGI déterminés par voie réglementaire pour connaître des actions civiles.

[284] Incompatibilité entre une citation directe et une instruction : Cass.crim.11 janvier 1973, Bull.crim.n°16; cass.crim.29 octobre 1990, pourvoi n°87-81568, Bull.crim.n°360.

[285] Art.37.Loi du 17 décembre 1926 portant code disciplinaire et pénal de la marine marchande JORF n°0295 du 19 décembre 1926, p.13252.

[286] Art.5.Ordonnance n°45-174 du 2 février 1945 relative à l'enfance délinquante, JORF du 4 février 1945, p.530.

[287] Cass.crim.12 novembre 2008, pourvoi n°07-88222, Bull.crim.n°227; Cass.crim.17 janvier 1983, Bull.crim.n°19, JCP G, 1984, note JEANDIDIER (W); Cass.crim.4 janvier 1990, Bull.crim.n°7; cass.crim.10 mai 1990, Bull.crim.n°182, D, 1990, obs.PRADEL (J).

[288] Cass.ch.Réun.24 avril 1961, Bull.crim.n°222; Cass.crim.12 mars 1969, Bull.crim.n°71, RSC, 1970, obs.ROBERT (J.-H); Cass.crim.17 janvier 1983, Bull.crim.n°19, JCP G, 1984, note JEANDIDIER (W); Cass.crim.4 janvier 1990, Bull.crim.n°7 : La partie civile ne peut abandonner la voie de l'instruction pour poursuivre par citation directe quiconque en raison des mêmes faits.

[289] Cass.crim.11.janvier 2000, pourvoi n°99-81143, Bull.crim.n°10.

[290] C.pr.pen.art.8 ; cass.crim.20 novembre 1968, pourvoi n°6890799, Bull.crim.n°306 ; cass.crim.24 avril 1979, n°7892033, Bull.crim.n°136.

Comme la constitution de partie civile, la citation directe est souvent utilisée par la victime contre l'inaction du procureur de la République ou contre son refus d'agir. En principe, le procureur de la République détient le monopole de la poursuite,[291] mais par le biais de la citation directe, la victime concurrence les prérogatives du ministère public en matière de mise en mouvement de l'action publique. La citation directe permet également au demandeur d'engager une action civile et d'obtenir une indemnisation. Lorsque la citation est délivrée, le procureur de la République ne pourra plus requérir l'ouverture d'une information concernant les mêmes faits. Ce moyen d'accès à la justice dont dispose la victime manifeste un respect législatif du principe de l'égalité des armes entre les parties dès le début du procès pénal. Le tribunal, saisi d'une citation directe, est obligé de statuer sur les faits dont il est saisi, quelle que soit la réquisition du parquet. Les juges doivent motiver leur décision[292] et doivent demander un complément d'information lorsqu'elle est nécessaire[293]. Le tribunal ne peut statuer que sur les faits contenus dans l'acte de citation[294] et est obligé de se prononcer sur tous les faits dont il est saisi[295] à moins que le prévenu n'accepte d'être jugé sur des faits distincts. Le tribunal n'est cependant pas lié par la qualification donnée et ne peut prononcer une décision de relaxe que s'il a bien vérifié que les faits dont il est saisi ne sont constitutifs d'aucune infraction[296]. Cependant, lorsque le tribunal procède à une requalification des faits, aucun fait ne peut être rajouté, il est toujours limité par l'acte de citation[297]. La citation directe permet donc à la victime d'accéder au procès pénal en mettant en mouvement l'action publique de manière directe et effective, mais ce moyen procédural est soumis à certaines limites.

B. Les limites à la mise en mouvement de l'action publique par la citation directe

La mise en mouvement de l'action publique par la citation directe est confrontée à plusieurs limites qui relèvent de conditions de fond et de conditions de forme. Les conditions de forme qui doivent être respectées par la victime concernent la consignation et le formalisme strict de l'acte de la citation directe. La consignation consiste à verser une somme d'argent déterminée en fonction de ses ressources dans le délai imparti au greffe de la

---

[291] C.pr.pen.art.27, art.29 et art.40.
[292] CEDH, Affaire Helle.c/Finlande, 19 décembre 1997, Req.n°157/1996/776/977.
[293] C.pr.pén.art.553 ; cass.crim.11 avril 1995, pourvoi n°95-81.925.
[294] Cass.crim.9 mars 2005, pourvoi n°04-81.597, Bull.crim.n°81; Cass.crim.29 juin 2005, pourvoi n°04-82734, Bull.crim n°201.
[295] Cass.crim.5 novembre 1996, pourvoi n°95-82.994, Bull.crim.n°391.
[296] Cass.crim.31 mai 2005, pourvoi n°04-86231, Bull.crim.n°166; cass.crim.28 mars 2000, pourvoi n°99-84075, Bull.crim.n°138.
[297] Cass.crim.11 mai 2006, pourvoi n°05-84.837, Bull.crim.n°131.

juridiction de jugement sous peine d'irrecevabilité de la citation directe[298]. La victime peut être dispensée de verser une consignation si elle bénéficie de l'aide juridictionnelle[299]. Lorsque la consignation a été déposée par une autre personne, la jurisprudence estime que la citation directe est tout de même recevable[300]. La consignation garantit le paiement de l'amende civile susceptible d'être prononcée en cas de relaxe, si le procureur de la République prend des réquisitions en ce sens. La consignation ne peut donc être supérieure au montant prévu par l'amende civile qui est de 15.000 euros[301].

La citation directe est également soumise à un formalisme strict quant à l'acte lui-même de citation. Tout d'abord, la victime qui souhaite citer l'auteur de l'infraction devant le tribunal de police ou le tribunal correctionnel doit demander au parquet du lieu de l'infraction ou du lieu de résidence du prévenu une date d'audience[302].

La victime doit ensuite signifier par exploit d'huissier de justice une copie de la citation directe à la personne citée. La signification à personne s'effectue au domicile de la personne citée, mais si le domicile n'est pas connu, la signification doit être faite au parquet[303]. La citation directe par exploit d'huissier de justice doit contenir les noms, prénoms, la profession, le domicile réel ou élu du demandeur, s'il s'agit d'une personne physique et la forme, la dénomination, le siège social et l'organe représentant s'il s'agit d'une personne morale. Cet acte doit également contenir les noms, prénoms et l'adresse de la personne citée et de l'huissier de justice, la signature de ce dernier, les faits poursuivis avec le texte de loi correspondant, le tribunal saisi, le lieu, la date, l'heure et la copie des textes applicables[304].

La signification de la citation doit être faite dans le délai minimum de dix jours avant la date de l'audience en vue de préserver les droits de la défense[305]. Ce délai est augmenté d'un mois lorsque le destinataire de l'acte est cité devant un tribunal d'outre-mer, mais réside dans un autre département d'outre-mer, dans un territoire d'outre-mer, à Saint-Pierre-et-Miquelon ou Mayotte ou en France métropolitaine ou s'il est cité devant un tribunal d'un département de la France métropolitaine. Le délai est également augmenté d'un mois lorsque la personne réside dans un pays membre de l'Union européenne et de deux mois lorsque la résidence est établie dans un pays tiers. Si la citation n'est pas signifiée dans les délais ou

---

[298] C.pr.pen.art.392-1.
[299] C.pr.pen.art.292-1, art.392-1 et art.533.
[300] Cass.crim.14 mai 2002, pourvoi n°01-85.999, Bull.crim n°53, AJ penal, 2014, obs.VERLY (N).
[301] C.pr.pén.art.392-1 et art.533.
[302] C.pr.pén.art.382 et art.522.
[303] C.pr.pen.art.392, art.550 et art.551.
[304] C.pr.pen.art.551; C.pr.civ.art.648.
[305] C.pr.pen.art.552.

si la personne citée ne se présente pas à l'audience, le tribunal doit renvoyer l'audience à une date ultérieure. En cas de non-respect de l'une des mentions ou des délais de la citation directe, celle-ci est déclarée nulle pour vice de forme[306]. Plus largement, l'irrégularité de forme de la citation directe est sanctionnée lorsque le vice affecte l'exploit de citation d'une manière fondamentale[307]. La jurisprudence considère par exemple que la citation doit être déclarée nulle pour irrégularité de forme lorsqu'elle ne mentionne pas la qualification pénale des faits[308], ne précise pas la date de l'audience[309], indique un lieu d'audience inexact entraînant l'absence du prévenu à l'audience ou sa non-représentation[310] et lorsque la citation ne mentionne pas de manière suffisamment précise les faits entraînant un temps trop court pour que le prévenu puisse préparer sa défense[311]. La chambre criminelle précise que la cause de nullité de forme ou de fond de la citation doit être invoquée avant l'ouverture des débats[312]. Lorsque la citation est déclarée nulle, la partie civile ne peut pas se prévaloir de l'interruption du délai de prescription[313].

S'agissant des conditions de fond de la citation directe, celles-ci se réfèrent à l'intérêt à agir et à la qualité de la victime. L'intérêt à agir de la victime existe dès lors qu'elle souhaite obtenir une réparation du préjudice subi ou qu'elle souhaite participer à la répression de l'infraction.

La qualité de la victime est prévue à l'article 2 du code de procédure pénale qui exige que la victime souffre personnellement d'un dommage directement causé par l'infraction[314]. Toute irrégularité de fond rend la citation directe irrecevable. En outre, la citation directe peut être déclarée nulle lorsque la victime ne se présente pas à l'audience. En effet, lorsque la victime cite régulièrement une personne, elle doit se présenter à l'audience. Si celle-ci ne se présente pas, elle est présumée s'être désistée de l'action publique et la citation est déclarée nulle[315]. Dans ce cas, le tribunal ne statue que sur les réquisitions du ministère public[316] et la victime pourra

---

[306] C.pr.pen.art.565.

[307] Cass.crim.8 janvier 1991, pourvoi n°90-80593, Bull.crim.n°13 : La citation directe délivrée par un huissier territorialement incompétent est entachée de nullité.

[308] Cass.crim.8 janvier 1991, pourvoi n°90-80593, Bull.crim.n°13; cass.crim.7 mai 1996, pourvoi n°94-84.855, Bull.crim.n°194.

[309] Cass.crim.25 janvier 1983, Bull.crim.n°3.

[310] Cass.crim.7 mai 1996, pourvoi n°95-83992, Bull.crim.n°196; cass.crim.4 mai 2006, Bull.crim.n°121.

[311] C.pr.pen.art.565 ; cass.crim.6 mai 1990, Bull.crim.n°223; cass.crim.27 février 2007, Bull.crim.n°63.

[312] Cass.crim.29 septembre 2009, pourvoi n°09-81424; LAVRIC (S), *Presse : suspension et interruption infructueuses de la prescription*, JCP G, 5 novembre 2009.

[313] Ibid[2].

[314] Voir la Partie 2, Titre 1, Chapitre 2, Section 2 : « La consécration du droit à la réparation de la victime lors du procès pénal ».

[315] C.pr.pen.art.533 ; cass.crim.19 octobre 2010, Bull.crim.n°1.

[316] C.pr.pen.art.425 al.1 et 2.

uniquement porter son action civile devant les juridictions civiles[317]. La chambre criminelle considère que la présomption de désistement ne s'applique pas en cas d'appel[318]. En cas de relaxe, le tribunal peut considérer que la citation directe est abusive ou dilatoire et prononcer des sanctions à l'encontre de la fausse victime. En effet, le tribunal peut prononcer dans ce cas une sanction civile et pénale à l'encontre de la fausse victime mal intentionnée[319]. La sanction civile peut être prononcée à l'encontre de la fausse victime, sur réquisitions du ministère public par le tribunal de police ou le tribunal correctionnel et consiste en une amende civile d'un montant inférieur ou égal à 15.000 euros[320]. Cette condamnation civile peut également aboutir à la publication du jugement dans les journaux aux frais de la fausse victime[321]. La sanction pénale se réfère quant à elle, aux peines prononcées dans le cadre du délit de dénonciation calomnieuse. Le délit de dénonciation calomnieuse entraîne une peine de cinq ans d'emprisonnement et de 45.000 euros d'amende[322]. Cette répression est cumulable avec l'octroi de dommages-intérêts en vue de la réparation du préjudice causé par la dénonciation calomnieuse[323].

La victime est donc soumise au respect de conditions de recevabilité strictes pour accéder au procès pénal par la citation directe. Ces conditions ne représentent pas un frein pour la victime à l'accès au procès pénal, mais apparaissent comme des limites à la mise en mouvement de l'action publique que la victime est tenue de respecter. La citation directe est un moyen direct et efficace pour que la victime accède au procès pénal et fasse valoir ses droits. L'accès de la victime au procès pénal peut également s'effectuer par constitution de partie civile. À la différence de la citation directe, la constitution de partie civile permet à la victime d'accéder au procès pénal en déclenchant l'action publique et l'action civile pour des faits complexes et pour des faits de nature criminelle. Ce moyen procédural d'accès au procès pénal permet à la victime de détenir un véritable moyen d'action et de s'affirmer en tant que partie au procès pénal.

---

317 C.pr.pen.art.426, cass.crim.2 mai 1972, Bull.crim n°148; cass.crim, Cass.crim.14 juin 1983, Bull.crim.n°179; cass.crim.15 mars 2005, Bull.crim.n°90 : pour l'irrecevabilité d'une plainte avec CPC.

318 Cass.crim.24 juillet 1967, Bull.crim.n°228; cass.crim.18 juin 1975, Bull.crim.n°157; cass.crim.13 avril 1983, Bull.crim.n°99 ; cass.crim.11 mars 1992, pourvoi n°91-82162, Bull.crim.n°109 ; cass.crim.23 septembre 2003, pourvoi n°03-81056, Bull.crim.n°168.

319 Cass.crim.2 février 1988, Bull.crim.n°50 ; cass.crim.21 novembre 1991, Bull.crim.n°423; cass.crim.7 mai 2002, Bull.crim.n°102.

320 C.pr.pen.art.392-1 : pour le tribunal correctionnel ; art.533 : pour le tribunal de police.

321 C.pr.pen.art.91 al.1, art.392-1, art.533.

322 C.pr.pen.art.226-10.

323 C.pr.pen.art.472, art.516; Cass.crim.6 octobre 2010, AJ pénal, 2011, obs.PRADEL (J).

SECTION SECONDE. L'accès de la victime au procès pénal par la constitution de partie civile

La constitution de partie civile offre à la victime le pouvoir d'accéder directement au procès pénal sans passer par l'intermédiaire du procureur de la République ou du juge d'instruction. Il existe deux types de constitution de partie civile, la constitution de partie civile par voie d'action et la constitution de partie civile par voie d'intervention. La constitution de partie civile par voie d'action permet à la victime de mettre en mouvement l'action publique et d'exercer une action civile dans le procès pénal tandis que la constitution de partie civile par voie d'intervention permet à la victime de se joindre à l'exercice de l'action publique mise en mouvement par le procureur de la République et d'exercer une action civile dans le procès pénal. Au cours du procès pénal, la victime qui s'est constituée partie civile bénéficie d'un plus grand nombre de moyens d'action que la victime qui ne s'est pas constituée partie civile. La constitution de partie civile par voie d'action, ayant pour caractéristique d'offrir à la victime la possibilité de mettre en mouvement l'action publique, démontre que la victime bénéficie, comme le ministère public, d'un rôle déterminant dans l'ouverture d'un procès pénal, conformément au principe de l'égalité des armes (Paragraphe 1). La constitution de partie civile par voie d'intervention et le volet civil de la constitution de partie civile permettent également à la victime de jouer un véritable rôle dans le procès pénal (Paragraphe 2).

PARAGRAPHE 1. L'accès de la victime au procès pénal par la constitution de partie civile par voie d'action

La constitution de partie civile par voie d'action permet à la victime d'accéder directement au procès pénal en mettant en mouvement l'action publique (A). Toutefois, l'accès direct de la victime au procès pénal par la constitution de partie civile par voie d'action se confronte à certaines limites (B).

A. La mise en mouvement de l'action publique par la victime : une caractéristique inhérente de la constitution de partie civile par voie d'action

La constitution de partie civile est un moyen procédural qui a été progressivement consacré dans le procès pénal. Afin d'analyser la constitution de partie civile par voie d'action actuelle, il convient tout d'abord d'aborder l'historique de la constitution de partie civile.

1. L'avènement progressif de la constitution de partie civile

Sous l'ancien régime, même si le système était de type inquisitoire, il existait un type de constitution de partie civile mis en place par l'ordonnance de 1560. La victime pouvait se constituer partie civile à tout moment de la procédure à condition que cela soit avant le jugement[324]. Ce type de constitution de partie civile ne portait que sur les intérêts civils de la victime et elle ne pouvait pas déclencher l'action publique. Elle n'avait aucune influence sur le volet répressif de la sanction. La constitution de partie civile ne permettait ni à la victime d'avoir accès au dossier, ni de participer au procès. Toutefois, cette constitution de partie civile manifestait quelques avantages comme l'obtention d'une réparation et le procureur du Roi poursuivait généralement la personne.

Certaines ordonnances obligeaient le procureur du Roi à poursuivre en cas de crime public comme ceux relatifs à l'État ou à la religion et en cas de crime grave privé,[325] mais dans la pratique, par prudence, le procureur du Roi attendait qu'il y ait une plainte ou un dénonciateur avant d'agir[326]. L'action publique exercée par le procureur du Roi était donc déjà liée aux revendications de la victime. En se constituant partie civile, la victime pouvait fournir des éléments de preuve[327]. Ce type de constitution de partie civile était onéreuse. Si l'infraction était grave, la victime qui souhaitait obtenir réparation de la part de l'auteur solvable pouvait agir par simple requête. Toutefois, si l'infraction était moins grave, la victime qui souhaitait obtenir réparation devait agir en justice en se constituant partie civile. À cette époque, il n'existait pas de fonds d'indemnisation de victimes. Par conséquent, si l'auteur des faits était condamné à la peine de mort ou à la mort civile, la partie civile devait demander la nomination d'un curateur pour recevoir une réparation civile[328].

La victime avait le droit de se désister dans les vingt-quatre heures qui suivaient la constitution de partie civile[329]. Si elle se désistait dans le délai,

---

[324] DENISARD (J.-B), *Procureur au Châtelet de Paris, Collection de décisions nouvelles et des notions relatives à la jurisprudence actuelle*, Paris, 1757, T.2, p.62, cité in GARNOT (B) (Dir.), Les victimes des oubliées de l'histoire ? Presse universitaire de Rennes, 2000.

[325] Art.8 du titre XIV de l'ordonnance de 1670 d'ISAMBERT, DUCRUSY et TAILLANDIER; Recueil des anciennes lois françaises T.18, p.380, cité in GARNOT (B) (Dir.), Les victimes des oubliées de l'histoire ? Presse universitaire de Rennes, 2000.

[326] Ibid[1].

[327] Art 18 du titre XIV de l'ordonnance de 1670 d'ISAMBERT, DUCRUSY et TAILLANDIER; Recueil des anciennes lois françaises T.18, cité in GARNOT (B) (Dir.), Les victimes des oubliées de l'histoire ? Presse universitaire de Rennes, 2000.

[328] FERRIERE, Dictionnaire de droit et de pratique, cité in GARNOT (B) (Dir.), Les victimes des oubliées de l'histoire ? Presse universitaire de Rennes, 2000.

[329] Arrêt du 17 mars 1964 du Tribunal de grande instance de Paris dit arrêt de la Tournelle, cité GARNOT (B) (Dir.), Les victimes des oubliées de l'histoire ? Presse universitaire de Rennes, 2000.

elle était tenue des frais qui avaient été effectués dans ce délai[330] comme, par exemple, le coût du transfert de la personne dans une prison ou encore le coût de l'acte de permission d'informer. En outre, si la plainte était calomnieuse, elle était tenue à des dommages et intérêts envers la personne visée dans la plainte avec constitution de partie civile[331]. La victime pauvre ne prenait donc pas le risque de se constituer partie civile.

À cette époque, la plupart des victimes étaient réticentes à se constituer partie civile à cause de son coût, de la lenteur d'une action en justice et se tournaient par conséquent vers des modes extrajudiciaires de résolution des conflits comme la transaction ou la cession de droits.

Au XIXe siècle, le code d'instruction criminelle de 1808 rédigé sous Napoléon 1er consacra également un type de constitution de partie civile qui permit à la victime de saisir le juge sur ses intérêts civils. Comme sous l'ancien régime, seul le ministère public pouvait déclencher l'action publique. À cette période, la doctrine était partagée entre la défense de l'omnipotence du ministère public et la défense du pouvoir des victimes[332]. Le premier mouvement de doctrine affirmait que l'action pour l'application des peines n'appartenait qu'aux fonctionnaires visés par la loi et que le ministère public détenait le pouvoir exclusif d'engager les poursuites. Le second mouvement de doctrine avait un esprit plus libéral et soutenait l'idée que la partie civile régulièrement constituée devait pouvoir saisir la juridiction d'instruction du premier degré et les juges de l'instruction saisis devaient, dans ce cas, informer quel que soit le sens des requêtes du ministère public[333].

La Cour de cassation réagit face au débat doctrinal qui persistait autour des prérogatives de la victime dans la mise en mouvement de l'action publique et décida dans l'arrêt dit « Laurent-ATTHALIN » du 8 décembre 1906 que « la plainte de la victime déposée dans les conditions prévues par l'article 63 du code d'instruction criminelle, met en mouvement l'action

330 DENISARD (J.-B), *Procureur au Châtelet de Paris*, Collection de décisions nouvelles et des notions relatives à la jurisprudence actuelle, Paris, 1757, T.2, p.62, cité in GARNOT (B) (Dir.), Les victimes des oubliées de l'histoire ? Presse universitaire de Rennes, 2000. Art.5 du titre III de l'ordonnance de 1670 d'ISAMBERT, DUCRUSY et TAILLANDIER; Recueil des anciennes lois françaises T.18, p.380, cité in GARNOT (B) (Dir.), Les victimes des oubliées de l'histoire ? Presse universitaire de Rennes, 2000.

331 DENISARD (J.-B), *Procureur au Châtelet de Paris*, Collection de décisions nouvelles et des notions relatives à la jurisprudence actuelle, Paris, 1757, T.2, p.62, cité in GARNOT (B) (Dir.), Les victimes des oubliées de l'histoire ? Presse universitaire de Rennes, 2000; Article 7 du titre III de l'ordonnance de 1670 d'ISAMBERT, DUCRUSY et TAILLANDIER; Recueil des anciennes lois françaises T.18, p.380, cité in GARNOT (B) (Dir.), Les victimes des oubliées de l'histoire ? Presse universitaire de Rennes, 2000.

332 Art.63 du code d'instruction criminelle.

333 GARRAUD (G), *Traité d'instruction criminelle et de procédure pénale de 1906 à 1929*, Sirey, vol.1, n°318, cité in GARNOT (B) (Dir.), Les victimes des oubliées de l'histoire ? Presse universitaire de Rennes, 2000.

publique »[334]. Cet arrêt a consacré le droit de la victime à déclencher l'action publique par une constitution de partie civile qui provoque les mêmes effets que ceux du réquisitoire introductif du procureur de la République. Le juge d'instruction qui a reçu une plainte avec constitution de partie civile est tenu d'informer comme s'il était saisi par un réquisitoire introductif du procureur de la République[335]. La jurisprudence a donc consacré une égalité de droit entre la victime et le parquet dans la mise en mouvement de l'action publique[336]. D'après l'académicien Monsieur Georges PICOT, « dans un pays libre et organisé (il faut que) le prétoire soit ouvert à tous, que tous les intérêts, que tous les droits, que toutes les injustices trouvent accès devant le juge qui dira où est la vérité où est le droit ».

Contrairement à une simple plainte, la constitution de partie civile garantit à la victime l'accès au juge et lui permet d'obtenir une réparation. Ce mouvement prétorien ne témoigne pas d'une « victimisation » de la procédure pénale ni d'un retour à l'accusation populaire, mais de la recherche d'un nouvel équilibre dans l'initiative de l'instance pénale entre le ministère public et la victime. Le conseiller Laurent-ATTHALIN considérait dans son rapport que le pouvoir de la victime de saisir les juridictions répressives était considéré comme un pouvoir de droit public, comme un droit naturel, un droit populaire[337]. La motivation de l'arrêt Laurent-Atthalin se situait essentiellement sur un plan procédural et ne fait pas appel à des principes fondamentaux. Avant l'arrêt Laurent-Atthalin, la victime pouvait déjà utiliser la procédure de citation directe afin de déclencher l'action publique en matière de délit et de contravention, il était difficilement compréhensible qu'elle ne puisse pas avoir une opportunité semblable en matière de crime. L'arrêt Laurent-Atthalin n'évoque pas le principe de l'égalité des armes, mais beaucoup d'auteurs s'y réfèrent pour commenter cet arrêt, aussi bien le concept ancien de l'égalité des armes que celui érigé par la jurisprudence de la Cour européenne des droits de l'homme[338]. Par la

---

[334] Cass.crim.8 décembre 1906, Placet, dit Laurent Atthalin, Bull.crim.n°443; BROUCHOT, *L'arrêt Laurent-Atthalin, sa genèse et ses conséquences* in Mélanges offerts à Maurice PATIN, Essai d'une théorie de la preuve devant la juridiction administrative, Paris, Cujas, 1966.

[335] Cass.crim.17 août 1809, Bull.crim.n°141; cass.crim.9 mai 1822, Bull.crim.n°72; cass.crim.29 février 1828, Bull.crim.n°59; cass.crim.11 août 1881, Bull.crim.n°198, cass.crim.22 janvier 1953, Bull.crim.n°24, D.1953, note LAAP.

[336] DI MARINO (G), *Le ministère public et la victime*, RPDP, juillet-septembre 2001.

[337] GARAUD (R), *Traité d'instruction criminelle et de procédure pénale de 1906 à 1929*, Sirey, vol.1, n°318, cité in GARNOT (B) (Dir.), Les victimes des oubliées de l'histoire ? Presse universitaire de Rennes, 2000.

[338] L'auteur FREJAVILLE utilise le terme « égalité » et évoque également « droit équivalent au profit de la partie civile », voir note sous arrêt cass.crim.16 novembre 1929; DE POULPIQUET (J), *Le droit de mettre en mouvement l'action publique : conséquence de l'action civile ou droit autonome ?* RSC, 1975, p.37. D'après l'auteur DE POULPIQUET, « la victime n'est pas l'égale, mais la rivale du ministère public car elle dispose du droit de mettre en mouvement l'action publique », ce qui induit l'idée d'un combat.

suite, la jurisprudence précisa dans l'arrêt Rondon-Flandin du 22 janvier 1953 que la constitution de partie civile ne pouvait déclencher l'action publique que lorsque l'action civile était recevable. La jurisprudence constante de Laurent-Atthalin fut consacrée par le législateur à l'article 2 du code de procédure pénale de 1959. Puis, la jurisprudence accepta pour la première fois dans un arrêt du 20 octobre 1966, une constitution de partie civile sans demande de dommages-intérêts « dans le seul intérêt de la vérité »[339].

Ainsi, depuis la jurisprudence Laurent-ATTHALIN, la constitution de partie civile est devenue le moyen procédural qui permet à la victime d'accéder directement et efficacement au procès pénal même lorsque les faits sont de nature criminelle ou complexe.

2. L'impulsion de l'instance par la partie civile : une action pénale partagée avec le procureur de la République

Influencé par la jurisprudence, le code de procédure pénale actuel consacre désormais la mise en mouvement de l'action publique par la victime à l'article 1er du code de procédure pénale. L'action publique a pour but de réprimer les infractions pénales constituant une atteinte à l'ordre public et d'appliquer une peine au coupable. D'après l'article 1er du code de procédure pénale « l'action publique pour l'application des peines est mise en mouvement et exercée par les magistrats ou par les fonctionnaires auxquels elle est confiée par la loi et celle-ci peut aussi être mise en mouvement par la partie lésée ». En autorisant un accusateur privé à exercer l'action publique, le législateur a tiré profit de deux types de procédures pénales, la procédure inquisitoire et la procédure accusatoire. Plus précisément, l'article 85 du code de procédure pénale prévoit que « toute personne qui se prétend lésée par un crime ou un délit peut en portant plainte se constituer partie civile devant le juge d'instruction compétent ou le pôle de l'instruction ». La victime peut se constituer partie civile directement ou par son conseil, par lettre recommandée, par déclaration orale devant le juge qui en dresse un procès-verbal ou encore par télécopie[340]. Une plainte de constitution de partie civile doit contenir les faits reprochés, leur qualification et les textes d'incrimination relatifs aux faits visés[341].

La victime peut se constituer partie civile en matière délictuelle et criminelle, devant toutes les juridictions à l'exception de la Cour de justice de la République[342], des juridictions militaires en période de guerre, des

[339] Cass.crim.20 octobre 1966, Bull.crim.n°235.
[340] C.pr.pén.art.420-1.
[341] GUINCHARD (S), BUISSON (J), *Procédure pénale*, LexisNexis, coll.Manuels, 10e éd, 2014.
[342] GUINCHARD (S), BUISSON (J), *Procédure pénale*, LexisNexis, coll.Manuels, 10e éd, 2014, p.212; Art.68-1 de la Constitution du 4 octobre 1958 prévoit la compétence exclusive

tribunaux maritimes commerciaux et des tribunaux administratifs statuant en matière de contraventions de grandes voiries. Contrairement à la citation directe, la victime ne peut pas se constituer partie civile pour une contravention. Toutefois, il arrive parfois que la victime qui souhaite se constituer partie civile pour une contravention, contourne cette exception en qualifiant une contravention de délit afin que le juge d'instruction examine sa plainte.

Par ailleurs, la Cour de cassation affirme que « le juge d'instruction, saisi par une plainte avec constitution de partie civile de faits dénoncés comme constituant un délit, ne peut, par le seul examen abstrait de l'inculpation visée par le plaignant, se prononcer sur le caractère délictuel ou contraventionnel de ces faits et décider que ceux-ci ne constituent qu'une contravention pour laquelle la constitution de partie civile est irrecevable »[343]. Cette décision s'apparenterait à un refus d'informer, et le législateur a limitativement réservé ce refus à certains cas précis prévus par l'article 86 du code de procédure pénale[344]. En outre, en se constituant partie civile, la victime bénéficie d'un réel moyen d'action en matière délictuelle et criminelle, mais elle est confrontée à certaines exceptions. Dans certains cas, seul le ministère public peut déclencher l'action publique et la victime ne peut pas se constituer partie civile.

Il s'agit des cas de disparition d'un mineur ou d'un majeur protégé[345], de la recherche des causes de la mort en cas de découverte d'un cadavre[346] et du cas où un délit a été commis à l'étranger[347]. Dans ce dernier cas, le procureur de la République ne peut déclencher l'action publique que si la victime ou ses ayants droit ont porté plainte ou si l'autorité du pays a dénoncé officiellement le fait commis sur son territoire[348]. La victime est également exclue et ne peut pas déclencher l'action publique pour des délits commis par voie de presse ou par tout autre moyen de publication[349], pour les délits de banqueroute ou des délits connexes[350]. En outre, une loi du 17 mai 2011 relative à la simplification et l'amélioration de la qualité du droit, la victime

---

de la cour de justice de la République pour juger les membres du gouvernement pour « les actes accomplis dans l'exercice de leurs fonctions et qualifiés de crimes ou délits au moment où ils ont été commis ».

343 Cass.crim.18 mai 1971, Bull.crim.n°160; cass.crim.5 octobre 1999, pourvoi n°98-87.593, Bull.crim.n°203, RSC 2000, obs.GIUDICELLI

344 BONFILS (Ph), *L'action civile. Essai sur la nature juridique d'une institution*, RIDC, 2001, Vol.53, n°2, p. 514-515.

345 C.pr.pen.art.74-1.

346 C.pr.pen.art.74.

347 C.pen.art.113-8; cass.crim.7 avril 1967, Bull.crim.n°107.

348 C.pen.art.113-8; cass.crim.11 juin 2003, pourvoi n°02-83.576, Bull.crim.n°119.

349 Loi du 29 juillet 1881 sur la liberté de la presse, JORF du 30 juillet 1881, p.4201.

350 C.com.art.L.626-16 : Seul le ministère public ou par constitution de partie civile, l'administrateur, le représentant des créanciers, le commissaire à l'exécution du plan ou le liquidateur peuvent mettre en mouvement l'action publique.

ne peut plus se constituer partie civile et porter son action civile devant les juridictions répressives en matière de propriété littéraire et artistique[351]. D'autres cas manifestent également une différence de prérogatives entre la victime et le ministère public en matière de mise en mouvement de l'action publique, mais ces cas concernent cette fois-ci, les infractions qui peuvent uniquement être poursuivies par la victime et non par le ministère public. Ces cas manifestent un déséquilibre procédural en matière de mise en mouvement de l'action publique en faveur de la victime.

En effet, seule la victime peut déclencher l'action publique en se constituant partie civile en matière de délit d'injures ou encore de délits de diffamation, excepté en cas de décès de l'auteur du fait incriminé ou d'amnistie. Plus précisément, il s'agit des diffamations commises envers les cours, les tribunaux, les armées de terre, de mer ou de l'air, les corps constitués et les administrations publiques ou encore celles perpétrées à l'encontre des membres du ministère, des parlementaires, d'un fonctionnaire public, d'un dépositaire ou agent de l'autorité publique, d'un ministère des cultes salariés par l'État, d'un citoyen chargé d'un service ou d'un mandat public temporaire ou permanent, à raison de leurs fonctions ou de leur qualité. Cette règle concerne également les diffamations commises envers un juré ou un témoin, à raison de sa déposition[352].

En outre, la victime détient le monopole en matière de mise en mouvement de l'action publique en se constituant partie civile lorsqu'un membre de l'enseignement est suspecté d'avoir commis une infraction causant un dommage à un élève ou à un étudiant. Dans ce cas, la responsabilité de l'État se substitue à celle de l'enseignant et la victime doit diriger son action contre le représentant de l'État dans le département, devant le tribunal d'ordre judiciaire du lieu où le dommage a été causé[353].

Ainsi, la plainte avec constitution de partie civile est largement ouverte à la personne lésée lorsqu'elle se prétend être victime d'un délit ou d'un crime, seules subsistent quelques limitations exceptionnelles. Une fois que la constitution de partie civile est déclarée recevable, le juge d'instruction la transmet au procureur de la République pour qu'il prenne ses réquisitions et la constitution de partie civile produit plusieurs effets[354]. D'après une jurisprudence constante, la plainte avec constitution de partie civile régulièrement déposée devant le juge d'instruction conformément aux dispositions de l'article 85 du code de procédure, produit les mêmes effets que le réquisitoire introductif du procureur de la République puisqu'elle met en mouvement l'action publique et oblige le juge d'instruction à ouvrir une

[351] L'art.L331-1 du CPI donne la compétence exclusive aux TGI déterminés par voie réglementaire pour connaître des actions civiles et des demandes relatives à ce domaine.
[352] Art.30 et 31 de la Loi du 29 juillet 1881 sur la liberté de la presse, JORF du 30 juillet 1881, p.4201.
[353] C.éducation.art.L.911-4 al.5.
[354] C.pr.pen.art.86.

information[355]. Une fois qu'une information est ouverte, la partie civile ne peut plus saisir la juridiction de jugement par le moyen d'une citation directe pour les mêmes faits[356]. Le juge d'instruction est saisi in rem, c'est-à-dire qu'il est uniquement saisi des faits contenus dans la plainte, mais il n'est pas saisi in personam, il peut étendre l'instruction à d'autres personnes.

Toutefois, bien que le juge d'instruction soit saisi in rem, il peut modifier la qualification des faits retenue dans la plainte de constitution de partie civile[357]. Lorsque de nouveaux faits sont dénoncés par la victime dans des lettres additives, la saisine du juge d'instruction ne pourra être étendue que si le procureur de la République prend un réquisitoire supplétif relatif à ces mêmes faits[358]. En outre, si le juge d'instruction estime que la plainte de la victime est peu précise, il peut avant la communication de la plainte au parquet, entendre la victime pour qu'elle précise sa plainte et produise toute pièce utile à l'appui de sa plainte[359]. Le procureur de la République peut également demander au juge d'instruction d'entendre la victime aux mêmes fins. Lorsqu'il existe une divergence entre la constitution de partie civile et le réquisitoire du procureur de la République, la jurisprudence estime que le juge d'instruction est saisi de l'ensemble des faits visés par ces deux actes car la partie civile ne limite pas le droit d'initiative du parquet[360].

De nos jours, la constitution de partie civile par voie d'action permet à la victime de bénéficier de prérogatives considérables dans l'impulsion de l'instance pénale, semblables à celles du procureur de la République. La victime concurrence donc le ministère public dans la mise en mouvement de l'action publique. La constitution de partie civile témoigne d'une « action pénale partagée » entre la victime et le ministère public[361]. Cependant, la victime est confrontée à certaines limites pour se constituer partie civile par voie d'action.

B. Les limites à l'accès direct de la victime au procès pénal par la constitution de partie civile par voie d'action

Lorsque la victime se constitue partie civile pour accéder directement au procès pénal, elle est confrontée à certaines limites qui peuvent constituer un obstacle. Ces limites se réfèrent au contrôle de recevabilité de la plainte avec

---

[355] Cass.crim.23 décembre 1955, Bull.crim.n°106 ; cass.crim.21 février 1968, Bull.crim.n°56, D, 1968, p.691, Obs.PRADEL (J); cass.crim.21 septembre 1999, Bull.crim.n°188.
[356] Cass.crim.4 janvier 1990, Bull.crim.n°7; cass.crim.10 mai 1990, Bull.crim.n°182.
[357] Cass.crim.11 janvier 2001, Bull.crim.n°5; cass.crim.26 septembre 2001, pourvoi n°00-86.525, Bull.crim.n°193.
[358] C.pr.pen.art.80-1.
[359] Cass.crim.2 décembre1980, Bull.crim.n°66.
[360] C.pr.pen.art.80; BONFILS (Ph), *L'action civile. Essai sur la nature juridique d'une institution*, RIDC, 2001, Vol.53, n°2, p.514-515.
[361] PARIZOT (R), *Vers une action pénale partagée ?* In GIUDICELLI-DELAGE (G), La victime sur la scène pénale en Europe, PUF, coll.Les voies du droit, 2015.

constitution de partie civile effectué par le ministère public, le juge d'instruction et la consignation exigée.

1. Les limites liées au contrôle de recevabilité de la plainte avec constitution de partie civile du ministère public et du juge d'instruction

Afin d'éviter les constitutions de parties civiles abusives et l'engorgement du cabinet du juge d'instruction, le législateur a mis en place un contrôle préliminaire de la plainte de la victime par le procureur de la République qui déterminera si la victime peut par la suite se constituer partie civile ou non. En effet, d'après l'article 85 du code de procédure pénale, la victime ne peut se constituer partie civile que si le procureur de la République refuse expressément de poursuivre ou s'il n'a pas répondu dans un délai de trois mois, à compter de la réception de la plainte par lettre recommandée avec accusé réception, du récépissé ou de la copie de la plainte déposée devant un service de police judiciaire. Cet encadrement de la recevabilité de la constitution de partie civile limite considérablement la liberté d'action des victimes qui souhaitent se constituer partie civile. Par exception, la victime n'a pas à respecter ce délai de trois mois pour se constituer partie civile s'il s'agit d'un crime ou d'un délit prévu par la loi du 29 juillet 1881 sur la liberté de la presse ou encore certains délits concernant des infractions au code électoral[362]. En outre, le ministère public dispose de la faculté d'influencer le juge d'instruction à ne pas ouvrir une information suite à une plainte de constitution de partie civile s'il estime que la plainte est insuffisamment motivée ou n'est pas justifiée, en délivrant au juge d'instruction des réquisitions de non-informer ou des réquisitions de non-lieu[363]. Les réquisitions de non-informer peuvent être prises lorsque des causes affectent l'action publique elle-même comme l'amnistie ou la prescription, lorsque les faits ne peuvent légalement comporter une poursuite ou lorsqu'ils ne constituent aucune qualification pénale[364]. S'agissant des réquisitions de non-lieu, celles-ci peuvent être prises lorsqu'il est établi de façon manifeste, le cas échéant au vu des investigations qui ont pu être réalisées à la suite du dépôt de la plainte, que les faits dénoncés par la partie civile n'ont pas été commis.

Dans ce cas, si le juge d'instruction ne suit pas l'avis du ministère public, il doit statuer par une ordonnance motivée. Le procureur de la République peut donc exercer une véritable influence quant à la recevabilité de la constitution de partie civile et peut freiner l'accès de la victime au procès

---

[362] C.pr.pen.art.85 : procède à un renvoi aux articles L.86, L.87, L.91 à L.100, L.102 à L.104, L.106 à L.113 du code électoral.

[363] C.pr.pen.art.86.

[364] Cass.crim.11 janvier 2001, Bull.crim.n°185; BOLZE (C), *Le refus d'informer, une sanction exceptionnelle en procédure pénale*, RSC, 1982, p.311; MARSAT (C), *Le refus d'informer ne peut être qu'exceptionnel*, Dr.Pénal, avril 2000, chron.14, p.8.

pénal. En outre, le juge d'instruction peut empêcher la victime d'accéder au procès pénal par une ordonnance de refus d'informer et par une ordonnance de non-lieu. Une ordonnance de refus d'informer peut-être prise par le juge d'instruction avant même qu'il ait ouvert une information judiciaire, lorsqu'il estime que les conditions légales de la constitution de partie civile ne sont pas remplies. Ce type d'ordonnance émane d'une pratique prétorienne depuis l'arrêt Laurent-Atthalin[365]. L'ordonnance de refus d'informer vise à écarter les constitutions abusives[366], fantaisistes et à désencombrer le cabinet du juge d'instruction. Elle doit être motivée car dans le cas contraire, il s'agirait d'un déni de justice[367]. L'ordonnance de non-lieu est prise, quant à elle, par le juge d'instruction après avoir ouvert une information sur constitution de partie civile, lorsque les faits ne constituent ni un crime, ni un délit, ni une contravention, lorsque l'auteur reste inconnu, lorsqu'il n'existe pas assez de charges ou lorsqu'il n'existe aucune charge[368]. Désormais, seul un pôle d'instruction constitué de trois juges peut prendre une ordonnance de non-lieu. Le juge d'instruction peut décider de prendre une ordonnance de non-lieu en suivant les réquisitions de non-lieu du procureur de la République[369]. Avant de prendre une telle ordonnance constatant l'irrecevabilité de la constitution de partie civile, le juge d'instruction doit respecter le principe du contradictoire en invitant la victime et la personne poursuivie à présenter leurs observations. Puis, dès lors que le juge d'instruction a pris une ordonnance de non-lieu, la personne bénéficiaire du non-lieu peut demander à ce que soit publiée intégralement ou par extrait l'ordonnance de non-lieu dans un ou plusieurs journaux aux frais de la fausse victime[370]. En outre, la fausse victime s'expose à des sanctions pénales et civiles[371]. S'agissant des sanctions pénales, la personne bénéficiaire du non-lieu peut engager la responsabilité pénale de la fausse victime pour dénonciation calomnieuse[372] ou pour dénonciation d'une infraction imaginaire[373]. Le délit de dénonciation calomnieuse sanctionne une personne qui a dénoncé des faits qui s'avèrent totalement ou partiellement inexacts à l'encontre d'une autre personne déterminée bénéficiaire d'un non-lieu. L'infraction de dénonciation calomnieuse est

---

[365] Cass.crim.17 janvier 1911, Bull.crim.n°15 ; cass.crim.20 janvier 1927, Bull.crim.n°137 ; cass.crim.21 avril 1932, Bull.crim.n°109, cass.crim.25 février 1954, Bull.crim.n°320, cass.crim.23 décembre 1955, Bull.crim.n°605, cass.crim.13 décembre 1961, Bull.crim.n°20.

[366] BOLZE (C), *Le refus d'informer, une sanction exceptionnelle en procédure pénale*, RSC, 1982, p.311.

[367] HELIE (F), *Traité de l'instruction criminelle*, 1866, cité in GARNOT (B) (Dir.), Les victimes des oubliées de l'histoire ? Presse universitaire de Rennes, 2000.

[368] C.pr.pen.art.177.

[369] C.pr.pen.art.86.

[370] C.pr.pen.art.91, art.177-1.

[371] C.pr.pen.art.91.

[372] C.pén.art.91 et art.226-10.

[373] C.pen.art.434-26.

punie d'une peine de cinq ans d'emprisonnement et de 45.000 euros d'amende. La sanction de la constitution de partie civile pour dénonciation calomnieuse n'est pas subordonnée à une plainte de la victime, le procureur peut donc prendre l'initiative de déclencher les poursuites. Puis, le délit de dénonciation d'une infraction imaginaire sanctionne une personne qui a menti en dénonçant des faits constitutifs d'un crime ou d'un délit inexistant et a conduit l'autorité judiciaire à effectuer des recherches inutiles. L'auteur de cette infraction encourt six mois d'emprisonnement et de 75.000 euros d'amende. La sanction pénale qui peut être décidée à l'encontre de la fausse victime peut se cumuler avec une sanction civile. Différentes sanctions civiles peuvent être prises à l'encontre de la fausse victime en vue de réparer le préjudice causé à la société et au bénéficiaire du non-lieu. Seules des constitutions de partie civile par voie d'action jugées abusives ou dilatoires peuvent donner suite à des sanctions civiles. Les sanctions civiles se réfèrent à l'amende civile et au versement de dommages-intérêts. L'amende civile ne peut excéder 15.000 euros et ne peut être prononcée après une ordonnance de non-lieu que sur réquisitions du procureur de la République ou du procureur général et par décision motivée, si la constitution de partie civile est considérée comme abusive ou dilatoire[374]. Cette sanction civile ne peut être prise par le juge d'instruction ou par la chambre de l'instruction qu'à l'issue d'un délai de vingt jours à compter de la communication à la partie civile et à son avocat, par lettre recommandée ou par télécopie avec récépissé, des réquisitions du procureur de la République ou du procureur général, afin de permettre à la partie civile d'adresser des observations écrites au juge d'instruction ou à la chambre de l'instruction. En outre, le montant de l'amende doit être motivé[375]. En première instance, la partie civile condamnée à l'amende civile a le droit d'interjeter appel, de même que le ministère public si le juge d'instruction n'a pas suivi ses réquisitions[376] . Toutefois, la décision relative à la sanction civile ne peut pas faire l'objet d'un recours en cassation[377]. Si la constitution de partie civile a été jugée comme abusive ou dilatoire, la sanction civile peut également prendre la forme de dommages-intérêts qui vise à réparer le préjudice subi devant le tribunal correctionnel du lieu où s'est faite l'instruction[378].

La demande de dommages-intérêts peut également concerner les frais de procédure exposés par la personne bénéficiaire du non-lieu[379]. Dans ce cas, le bénéficiaire du non-lieu ne peut engager une action en responsabilité civile que dans un délai de trois mois à compter du jour où l'ordonnance de non-lieu est devenue définitive. La décision portant sur la responsabilité

---

[374] C.pr.pen.art.177-2, art.212-2.

[375] Cass.crim.27 février 2002, Bull.crim.n°47, RSC, 2002, obs.GIUDICELLI (A).

[376] C.pr.pen.art.177-2 al 3 et 4.

[377] Cass.crim.26 février 2002, Bull.crim.n°44.

[378] C.pr.pen.art.91.

[379] C.pr.pen.art.800-2.

civile de la fausse victime peut faire l'objet d'un appel devant la chambre des appels correctionnels ou d'un pourvoi en cassation devant la Cour de cassation.

Ainsi, lorsque la victime se constitue partie civile, celle-ci ne dispose pas d'une entière liberté pour accéder au juge puisque des limites sont imposées par le procureur de la République et par le juge d'instruction. En outre, la consignation peut devenir un obstacle à la victime qui souhaite se constituer partie civile.

2. La consignation : un obstacle à la constitution de partie civile

Afin que la constitution de partie civile soit recevable, la victime doit respecter l'obligation de consignation[380]. La consignation consiste au versement d'une somme au greffe. Sans le versement de cette somme, la constitution de partie civile n'est pas recevable. La consignation peut donc apparaître comme un obstacle à la constitution de partie civile. L'obligation de consignation imposée à la victime a été pour la première fois consacrée sous Louis XIV par l'ordonnance de 1670[381]. Sous l'Empire, la consignation n'était plus exigée dans le code d'instruction criminelle de 1808, mais a été à nouveau consacrée dans le décret du 18 juin 1811[382]. À cette époque, la consignation n'était imposée qu'en matière délictuelle et contraventionnelle. Puis, le décret du 5 octobre 1920 rendit obligatoire la consignation en matière criminelle lorsque la victime se constituait partie civile devant le juge d'instruction, sous peine de non-recevabilité de la plainte[383]. La consignation est devenue une condition de recevabilité de la plainte avec constitution de partie civile.

De nos jours, la consignation est une garantie contre l'insolvabilité éventuelle de la partie civile à la charge de laquelle pourront être mis tous les frais du procès, en cas de non-lieu, de relaxe ou d'acquittement. La consignation est également un moyen de lutte contre les constitutions de partie civile abusives et dilatoires ou simplement téméraires, non réfléchies et fantaisistes. La consignation présente un caractère hybride, à la fois dissuasif et répressif puisqu'elle permet à la victime de prendre conscience

---

[380] C.pr.pen.art.88-1.

[381] Art.6, titre XXI de l'Ordonnance de 1670 d'ISAMBERT, DUCRUSY et TAILLANDIER; Recueil des anciennes lois françaises T.18, p.380, cité in GARNOT (B) (Dir.), Les victimes des oubliées de l'histoire ? Presse universitaire de Rennes, 2000.

[382] Art.160.Décret du 18 juin 1811 contenant règlement pour l'administration de la justice en matière criminelle, de police et de simple police, JORF du 21 août 1944, p.441, cité par VEAUX-FOURNERIE (P), *L'obligation de consignation imposée à la partie civile*, in Mélanges en l'honneur du doyen Pierre BOUZAT, A.Pédone, 1980, p.436.

[383] Décret du 5 octobre 1920 relatif au règlement de l'administration publique sur les frais de justice en matière criminelle, correctionnelle et de simple police, cité in GARNOT (B) (Dir.), Les victimes des oubliées de l'histoire ? Presse universitaire de Rennes, 2000.

de l'amende civile qui peut lui être incombée à titre de sanction[384]. Lorsque l'amende civile n'a pas été prononcée, la somme doit être restituée à la victime[385]. Depuis la loi du 8 juillet 1983, le juge d'instruction fixe librement le montant de la consignation selon la situation financière de la victime,[386] mais ne peut pas fixer une somme qui dépasse le montant de l'amende civile prévue en cas de constitution de partie civile abusive, c'est-à-dire 15.000 euros. La Cour européenne des droits de l'homme a décidé qu'un montant trop élevé d'une consignation fixée par rapport aux ressources de la victime était attentatoire au principe du droit d'accès à un tribunal[387]. En outre, le juge d'instruction fixe un délai dans lequel la victime est tenue de verser la consignation. Tant que la consignation n'a pas été versée, le plaignant peut toujours saisir directement une juridiction de jugement par la voie de la citation directe[388]. Puis, dès lors que la victime verse la consignation dans le délai fixé, l'action publique est mise en mouvement[389]. Le versement de la consignation confère à la victime, la qualité de partie civile rétroactivement au jour du dépôt de la plainte et non au jour du versement de la consignation[390]. La prescription de l'action publique est donc, dans ce cas, interrompue à compter de la date du dépôt de plainte de constitution de partie civile[391]. En outre, le juge d'instruction peut demander un supplément de consignation lorsque la victime demande la réalisation d'une expertise,[392] mais le défaut de versement de ce supplément ne fait pas perdre à la victime la qualité de partie civile qu'elle a acquise depuis le versement de la consignation initiale[393].

Toutefois, lorsque la victime ne verserait pas la consignation fixée dans le délai, l'action publique ne peut pas être mise en mouvement puisqu'il s'agit d'une irrégularité de la constitution de partie civile pour vice de forme[394]. L'irrecevabilité de la constitution de partie civile causée par défaut du versement de la consignation ou par le versement tardif de celle-ci ne s'oppose pas à ce que la victime engage une action devant une juridiction

---

[384] C.pr.pen.art.177-2 al-1.
[385] C.pr.pen.art.88-1.
[386] C.pr.pen.art.88; cass.crim.7 juin 2000, Bull.crim.n°214.
[387] CEDH, Affaire Aït-Mouhoub c/France, 28 octobre 1998, Req.n°22924/93.
[388] Cass.crim.11 janvier 2011, Bull.crim.n°43 ; Cass.crim.11.janvier 2000, pourvoi n°99-81143, Bull.crim.n°10.
[389] Cass.crim.9 janvier 1975, Bull.crim.n°8; cass.crim.15 décembre 1976, pourvoi n°76-90.325; Cass.crim.19 décembre 1983, Bull.crim.n°343, D.1984, note MAISTRE - CHAMBON (P).
[390] Cass.crim.13 décembre 1983, pourvoi n°83-91925, Bull.crim.n°338; cass.crim.8 mai 1979, Bull.crim.n°165; cass.crim.9 novembre 1998, Bull.crim.n°291.
[391] Cass.crim.18 janvier 1994, Bull.crim.n°25.
[392] C.pr.pén.art.88-2.
[393] Cass.crim.19 décembre 1983, Bull.crim.n°343.
[394] Cass.crim.17 juin 1986, Bull.crim.n°208, D, 1987, obs.PRADEL (J); cass.crim.28 mai 2002, pourvoi n°02-80-275.

civile[395]. En outre, la victime bénéficie d'un droit de contestation contre la consignation fixée par le juge. En effet, elle peut interjeter appel contre l'ordonnance du juge d'instruction fixant la consignation, devant la chambre de l'instruction dans un délai de dix jours qui suit la notification ou la signification de la décision[396]. La victime bénéficie de la possibilité d'interjeter appel contre une ordonnance de consignation car cela fait grief aux intérêts civils de la victime. Dans le cadre de l'appel, la victime peut demander une dispense de consignation ou la réduction du montant de la consignation[397]. La chambre de l'instruction peut modifier, supprimer la consignation ou confirmer l'ordonnance du juge d'instruction à condition qu'elle fixe un nouveau délai pour consigner la somme. La victime peut également former un pourvoi en cassation contre l'arrêt de la chambre de l'instruction.

Ainsi, la consignation en tant que condition de recevabilité de la constitution de partie civile est contraignante et entraîne un déséquilibre entre la partie civile et le ministère public dans l'accès au procès pénal. Seuls certains cas permettent à la victime d'être dispensée de consignation pour se constituer partie civile. La victime peut être dispensée d'une consignation si elle bénéficie de l'aide juridictionnelle même si elle l'obtient après la saisine du juge d'instruction dans le délai fixé pour le versement[398]. Cette dispense s'impose, quelle que soit l'aide juridictionnelle accordée, qu'elle soit totale ou simplement partielle[399]. Certaines victimes peuvent également être dispensées de la consignation comme les victimes de crimes d'atteintes volontaires à la vie ou à l'intégrité de la personne prévus et réprimés par les articles 221-1 à 221-5, 222-1 à 222-6, 222-8, 222-10, 222-14 (1° et 2°), 222-23 à 222-26, 421-1(1°) et 421-3(1° et 4°) du Code pénal, ainsi que de leurs ayants droit pour bénéficier de l'aide juridictionnelle en vue d'exercer l'action civile en réparation des dommages résultant des atteintes à la personne[400]. Lorsque la victime a été dispensée de consignation, sa plainte interrompt la prescription de l'action publique dès son dépôt. Les limites imposées à la victime pour se constituer partie civile comme le contrôle du ministère public, celui du juge d'instruction et l'exigence de consignation peuvent devenir, pour la victime, un frein à l'accès au procès pénal. Toutefois, en dépit de ces limites, la constitution de partie civile par voie d'action est un moyen procédural efficace qui permet à la victime d'accéder directement au procès pénal. Ce moyen procédural est celui qui démontre la conformité de la procédure pénale avec le principe de l'égalité des armes dès

[395] Cass.crim.15 mai 1979.Bull.crim.n°185.
[396] C.pr.pen.art.186; art.497.
[397] C.pr.pen.art.88; art 88-2; art.R15-41.
[398] C.pr.pen.art.88; cass.crim.4 février 1998, pourvoi n°97-84324, Bull.crim.n°43.
[399] C.pr.pen.art.88 ; cass.crim.30 novembre 1999, pourvoi n°99-84100, Bull.crim.n°277.
[400] CHAMBON (P), GUERY (C), *Droit et pratique de l'instruction préparatoire 2015/2016*, Dalloz, coll.Dalloz action, 9e éd, 2015.

l'accès au procès pénal. La constitution par voie d'intervention est également un moyen procédural qui permet à la victime d'accéder au procès pénal. Ce type de constitution n'entraîne pas le déclenchement de l'action publique, mais permet à la victime de se joindre à l'action publique déclenchée par le procureur de la République et d'exercer une action civile. La constitution de partie civile par voie d'intervention a, comme caractéristique commune avec la constitution de partie civile par voie d'action, un caractère hybride, à la fois pénal et civil qui concède une place à part entière de la victime dans le procès pénal.

PARAGRAPHE 2. L'accès de la victime au procès pénal par la constitution de partie civile par voie d'intervention et la concession d'un rôle à la victime par le caractère hybride de la constitution de partie civile

La constitution de partie civile par voie d'intervention est un moyen procédural qui permet à la victime d'accéder au procès pénal au cours des différentes phases, en se joignant à l'action publique déclenchée par le ministère public. Ce type de constitution de partie civile présente certaines différences avec la constitution de partie civile par voie d'action (A). Cependant, la constitution de partie civile par voie d'intervention et la constitution de partie civile par voie d'action ont, comme caractéristique commune, un caractère hybride, à la fois sanctionnateur et réparateur (B).

A. La constitution de partie civile par voie d'intervention : un moyen procédural d'accès au procès pénal au cours des différentes phases

La constitution de partie civile par voie d'intervention est un moyen procédural mis à la disposition de la victime qui permet à cette dernière d'intervenir dans le procès pénal, en se joignant à l'action publique déclenchée par le ministère public[401]. L'intervention est définie comme « la demande incidente par laquelle un tiers entre dans un procès déjà engagé »[402]. À la différence de la plainte avec constitution de partie civile par voie d'action et de la citation directe, la constitution de partie civile par voie d'intervention est possible, quelle que soit l'infraction, qu'il s'agisse d'un crime, d'un délit ou d'une contravention[403]. Ce type de constitution de partie civile peut s'effectuer aussi bien au cours de l'enquête, avant

---

[401] Cass.crim 28 octobre 1974, Bull.crim.n°304.
[402] CORNU (G), Association Henri Capitant, *Vocabulaire juridique*, PUF, coll.Quadrige dicos poche, 11e éd, 2016.
[403] Cass.crim.28 octobre 1974.Bull.crim.n°304.

l'audience ou pendant l'audience par déclaration consignée par le greffier ou par dépôt de conclusions[404].

1. La constitution de partie civile par voie d'intervention au cours de l'enquête

Au cours de l'enquête dirigée par le procureur de la République, la victime peut se constituer partie civile par voie d'intervention en se joignant à l'action publique. En effet, lors de l'enquête, la simple demande de dommages-intérêts ou de restitution d'objets, formulée devant l'agent ou l'officier de police judiciaire vaut constitution de partie civile[405]. La demande de la victime est ensuite retranscrite dans un procès-verbal par l'agent de police judiciaire et la victime doit transmettre tous les documents justifiant son préjudice ou de sa propriété sur les objets revendiqués. Conformément à la circulaire du 31 mai 2000, les parquets doivent informer les officiers de police judiciaire de la possibilité pour les victimes d'évaluer leur préjudice, dès la phase d'enquête par un document type nommé « avis à victime »[406]. Le procureur de la République doit préciser dans un document transmis aux officiers de police judiciaire les catégories d'infractions concernées par cette mesure qui sont des infractions mineures[407]. Cette demande ne vaut constitution de partie civile par voie d'intervention qu'à la condition que l'action publique ait été déjà mise en mouvement et que le tribunal correctionnel ou de police ait été directement saisi. En outre, le parquet doit donner son accord après avoir vérifié si la demande de préjudice est fondée et raisonnable[408].

Au stade de l'instruction, autrement dit l'enquête dirigée par le juge d'instruction, la victime peut également se constituer partie civile par voie d'intervention devant le juge d'instruction ou devant la chambre de l'instruction, à tout moment, jusqu'à ce que l'ordonnance de règlement devienne définitive[409]. La constitution de partie civile par voie d'intervention ne permet pas à la victime de déclencher seule l'action publique, mais permet uniquement de se joindre à l'action publique déclenchée par le procureur de la République. Par conséquent, à la différence de la constitution de partie civile par voie d'action, lorsque la victime se constitue par voie d'intervention, elle n'est pas tenue à une consignation. En outre, en se

---

[404] C.pr.pen.art.419.
[405] C.pr.pen.art.420-1.
[406] C.pr.pén.art.420; Circulaires du 31 mai 2000, CRIM 2000-02 F1/31-05-2000, JUS.D00-30115 C relative à la première présentation de la loi sur la présomption d'innocence et les droits des victimes, BO n°78.
[407] Circulaire du 9 octobre 2007, .Jus.J07-90006 C, n°1.1. Circulaire du SADJPV du 9 octobre 2007, JUS.J-0790006C relative aux droits des victimes dans le procès pénal et à leur mise en œuvre, BO n°2007/11.
[408] C.pr.pen.art.420-1.
[409] C.pr.pen.art.87; Cass.crim.5 juin 1937, Bull.crim.n°134.

constituant partie civile par voie d'intervention, la victime est libre de se joindre à l'action publique sans exercer une action civile soit de ne pas se joindre à l'action publique et d'exercer uniquement une action civile pour obtenir la réparation du préjudice qu'elle a subi. Au stade de l'instruction, la victime ne peut se constituer partie civile par voie d'intervention qu'à partir de l'ouverture d'une information et sur les seuls faits pour lesquels l'information a été ouverte[410]. La partie civile intervenante peut apporter des précisions complémentaires à l'information, à condition de ne pas rapporter des faits qui étendent la saisine du juge d'instruction. Si la victime dépasse le cadre de l'information en cours en dénonçant d'autres faits, sa constitution de partie civile est uniquement recevable pour les faits faisant l'objet de la poursuite et non pour les autres faits dénoncés. Ces derniers ne pourront être traités que dans le cadre d'une plainte simple transmise au parquet qui jugera de l'opportunité des poursuites. Toutefois, la victime constituée partie civile par voie d'intervention peut mettre en cause de nouvelles personnes, autres que celles visées auparavant par le ministère public ou par la plainte initiale. La victime peut se constituer partie civile par voie d'intervention même si au cours de l'instruction elle avait précédemment manifesté son intention de ne pas se constituer partie civile[411] ou lorsqu'elle a été précédemment entendue sous serment comme dans le cadre de cette même instruction[412]. En outre, les membres de la famille ou les proches de la victime peuvent se constituer partie civile par voie d'intervention en cas de recherches des causes de mort d'une personne décédée[413], en cas de découverte d'un cadavre[414] et en cas de la disparition d'une personne[415].

Ainsi, la constitution de partie civile par voie d'intervention présente de nombreuses différences avec la constitution de partie civile par voie d'action quant à leurs modalités de recevabilité et leurs effets. Cependant, ces deux types de constitutions de partie civile manifestent certaines similitudes quant à l'acte lui-même de constitution de partie civile. En effet, aucune forme particulière de l'acte de constitution de partie civile par voie d'action ou par voie d'intervention n'est imposée, cela peut être un écrit ou une déclaration orale. L'écrit consiste en une télécopie, une lettre recommandée avec avis de réception adressée au doyen des juges d'instruction du tribunal de grande instance compétent[416] ou une lettre simple dès lors que la lettre manifeste la

---

410 Cass.crim.5 juin 1937, Bull.crim.n°134; cass.crim.25 janvier 1961, Bull.crim.n°44; cass.crim.5 juillet 1977, Bull.crim.n°252 ; cass.crim.9 janvier 1979, Bull.crim.n°14; cass.crim.9 novembre 1995, Bull.crim.n°345, D, 1996, obs.PRADEL (J); cass.crim.10 décembre 1996, Bull.crim.n°445.

411 Cass.crim.5 janvier 1895, Bull.crim.n°14.

412 Cass.crim.2 août 1951, Bull.crim.n°239.

413 C.pr.pen.art.80-4.

414 C.pr.pen.art.74.

415 C.pr.pen.art.74-1.

416 C.pr.pen.art.420-1.

volonté de la victime de se constituer partie civile, sans équivoque et son authenticité ne doit pas être contestée[417]. La victime peut également se constituer partie civile oralement devant le juge d'instruction qui doit enregistrer sa plainte dans un procès-verbal. Quel que soit le moyen utilisé pour se constituer partie civile, la victime n'est pas contrainte de notifier cette constitution aux autres parties du procès[418]. Cependant, le juge d'instruction peut décider de communiquer cette constitution de partie civile au parquet et aux autres parties du procès pour que ces derniers présentent leurs observations.

Le procureur de la République et les autres parties peuvent contester la constitution de partie civile en se fondant sur des causes générales d'irrecevabilité de constitution de partie civile, mais pas sur des causes relatives à l'action publique[419] car l'intervention suppose par définition que l'action publique soit déjà mise en mouvement[420]. La contestation doit être écrite et motivée. La contestation de l'ordonnance d'irrecevabilité de la constitution de partie civile entraîne un effet suspensif de l'action publique. Puis, le juge d'instruction statue sur la recevabilité de la constitution de partie civile par ordonnance motivée.

Cette ordonnance est susceptible de recours devant la chambre de l'instruction par la voie de l'appel qui peut être interjeté par le procureur de la République[421], le mis en examen et la partie civile lorsqu'elle lui fait grief[422]. La victime peut également se pourvoir en cassation contre la décision de la chambre de l'instruction si celle-ci lui fait grief.

Outre la possibilité offerte à la victime de se constituer partie civile par voie d'intervention pendant l'enquête, que cela soit une enquête dirigée par le procureur de la République ou une enquête dirigée par le juge d'instruction, la victime peut également se constituer partie civile par voie d'intervention devant les juridictions de jugement.

2. La constitution de partie civile par voie d'intervention devant les juridictions de jugement

Devant les juridictions de jugement, la victime peut elle-même ou par son avocat, se constituer partie civile par voie d'intervention avant et pendant l'audience. Avant l'audience, la constitution de partie civile par voie d'intervention doit s'effectuer par déclaration orale au greffe du tribunal ou par écrit. L'écrit peut prendre la forme d'une lettre recommandée avec

[417] Cass.crim.2 oct.1979, Bull.crim.n°265.
[418] Cass.crim.2 mai 1986, Bull.crim.n°176; cass.crim.2 octobre 1979, Bull.crim.n°265.
[419] C.pr.pen.art.87.
[420] Cass.crim.10 janvier 1979, Bull.crim.n°18; cass.crim.4 février 1982, Bull.crim.n°41; cass.crim.15 novembre 1988, Bull.crim.n°387.
[421] C.pr.pen.art.185.
[422] Ibid[1].

accusé de réception ou d'une télécopie parvenue au greffe du tribunal au moins 24h avant la date de l'audience[423]. La victime doit préciser l'infraction poursuivie et son domicile dans le ressort du tribunal saisi[424].

La jurisprudence estime qu'une lettre qui n'est pas envoyée en recommandé avec avis de réception n'est pas une nullité d'ordre public de la constitution de partie civile[425]. Dès lors que le greffier a eu connaissance d'une constitution de partie civile par voie d'intervention par lettre ou par déclaration, il doit la transmettre immédiatement au ministère public afin que celui-ci puisse citer la partie intervenante à l'audience. Lorsque la juridiction de jugement est saisie par voie de citation directe émanant du parquet ou d'une autre partie civile, la constitution de partie civile par voie d'intervention n'est possible qu'une fois que la citation a été délivrée au prévenu. Seule une constitution de partie civile intervenue avant l'audience, sans irrégularité de fond ou de forme, est recevable et produit des effets juridiques[426].

La demande de constitution de partie civile par voie d'intervention rend le jugement contradictoire même si la victime ne comparaît pas ou ne se fait pas représenter à l'audience[427].

Durant l'audience, devant une juridiction de premier degré, la victime peut également se constituer partie civile[428]. L'intervention de la victime à l'audience est la dernière opportunité pour la victime de se constituer partie civile au procès pénal. La constitution de partie civile par voie d'intervention s'effectue par la victime elle-même ou par l'intermédiaire de son avocat[429], soit par une déclaration consignée par le greffier, soit par le dépôt de conclusions[430]. La victime peut se constituer partie civile jusqu'à la clôture des débats. Toutefois, afin d'éviter que la victime ne se constitue partie civile juste avant la lecture de la décision, l'intervention de la victime à l'audience doit se faire avant les réquisitions du ministère public sur le fond[431] sinon la constitution de partie civile par voie d'intervention est irrecevable[432]. Par ailleurs, dans le cas où le ministère public émet plusieurs réquisitions pour la même affaire, la jurisprudence a déjà considéré que la victime ne pouvait pas se constituer partie civile par voie d'intervention lors des secondes réquisitions et des suivantes[433]. Cependant, cette règle ne

---

[423] C.pr.pen.art.420-1 et art.421.
[424] C.pr.pen.art.419.
[425] C.A.Nancy, 2 septembre 1991, n°051153.
[426] Cass.crim.15 février 2000, pourvoir.n°99-84.869.
[427] C.pr.pen.art.420-1.
[428] C.pr.pen.art.418.
[429] Cass.crim.6 mars 1979, Bull.crim.n°97, RSC.1979, obs.ROBERT (J); cass.crim.28 juillet 1980, D, 1981.
[430] C.pr.pen.art.419.
[431] C.pr.pen.art.421.
[432] Cass.crim.4 novembre 1969, pourvoi n°6893.573, Bull.crim.n°281.
[433] T.corr.Hazebrouck, 14 juin 1977, J.C.P, 1981, note LESTANG (R).

concerne pas les décisions d'ajournement de la peine où la victime peut se constituer partie civile par voie d'intervention après les secondes réquisitions du ministère public et les suivantes à condition qu'elle intervienne avant les réquisitions du ministère public sur la peine[434]. La victime peut également se constituer partie civile pour la première fois, après un jugement rendu par défaut lors de l'opposition car le jugement rendu par défaut est non avenu dans toutes ses dispositions[435]. Toutefois, la victime ne peut pas se constituer partie civile pour la première fois en appel car elle prive le prévenu de bénéficier de la règle du double degré de juridiction[436] sauf dans certains cas relatifs aux règles propres à l'assureur[437] et au fonds de garantie contre les accidents[438].

Ainsi, la constitution de partie civile par voie d'action et par voie d'intervention permettent à la victime de jouer un rôle actif dans l'action publique, soit en la déclenchant soit en s'y joignant. La constitution de partie civile permet à la victime de disposer d'un véritable rôle dans le procès pénal. Les deux types de constitution de partie civile présentent des différences dans leurs modalités, mais disposent de la même nature, une nature hybride puisqu'elles ont toutes les deux une nature pénale sanctionnatrice et une nature civile réparatrice.

B. La nature hybride de la constitution de partie civile : une nature sanctionnatrice et réparatrice

La constitution de partie civile, qu'elle soit exercée par voie d'action ou par voie d'intervention, présente une nature hybride, à la fois civile et pénale. La nature pénale de la constitution de partie civile permet à la victime de déclencher l'action publique ou de se joindre à l'action publique. La constitution de partie civile a donc un caractère répressif puisque la victime bénéficie dès lors d'un rôle dans le jugement de l'auteur de l'infraction. La nature civile de la constitution de partie civile permet, quant à elle, d'exercer une action civile dans le procès pénal. La partie civile bénéficie donc d'un droit d'option qui lui permet de choisir entre l'exercice d'une action civile devant les juridictions répressives ou devant les juridictions civiles. Dès lors que la victime a choisi d'exercer une action civile devant les juridictions civiles, son choix est irrévocable, elle ne pourra plus se rétracter et exercer une action civile devant les juridictions répressives[439]. Il en est autrement lorsqu'une juridiction répressive a été saisie par le ministère public avant qu'un jugement au fond n'ait été rendu

[434] T.corr.Hazebrouck, 14 juin 1977, J.C.P, 1981, note LESTANG (R).
[435] TGI.Seine.9 février.1965.
[436] Cass.crim.25 octobre 1966, n°236; cass.crim.27 novembre 1979, Bull.crim.n°336.
[437] C.pr.pen.art.338-1.
[438] C.ass.art.L-421-5.
[439] C.pr.pen.art.5.

par la juridiction civile, la victime peut toujours se joindre à l'action du ministère public et porter son action civile devant le juge pénal.

Dans le cadre de la constitution de partie civile, l'action civile apparaît comme un accessoire de l'action publique[440]. En effet, l'action civile est liée à l'action pénale puisque la constitution de partie civile, en tant que moyen procédural d'accès au procès pénal est recevable que si l'action civile est recevable. La constitution de partie civile impose au juge pénal de respecter les règles de la responsabilité civile[441].

Seule une personne reconnue en matière pénale comme victime peut intenter une action civile devant les tribunaux répressifs en se constituant partie civile[442]. En outre, l'action civile n'est recevable qu'à la condition que le dommage subi par la victime réponde aux conditions prévues à l'article 2 du code de procédure pénale. Le dommage doit être personnel, direct, actuel et doit trouver son origine dans l'infraction[443]. Les actions civiles qui visent à réparer un dommage et qui ne résultent pas d'une infraction pénale, mais d'une faute civile sont exclues[444]. Si l'action civile a été jugée recevable devant les juridictions répressives, l'exercice de l'action est strictement encadré. La demande de réparation ne peut pas être présentée pour la première fois en appel[445] ou devant la Cour de cassation[446] car le principe du contradictoire ne serait pas respecté à l'égard de la partie adverse. Toutefois, la partie civile peut demander en appel une augmentation des dommages-intérêts pour le préjudice subi depuis la décision de première instance. La partie civile n'est assujettie à aucune limite de montant des dommages-intérêts que cela soit en première instance ou en appel[447]. En vue de statuer au mieux sur la demande de la victime, le tribunal peut renvoyer l'affaire sur les intérêts civils, ce qui permettra à la victime d'apporter des justificatifs. Le renvoi de l'affaire peut être décidé d'office par le tribunal, à la suite de la demande du procureur de la République ou de la partie civile.

Le renvoi est de droit si la qualité de partie civile a été reconnue à l'égard de la victime et si les justificatifs attendus permettront d'apprécier le montant du préjudice subi[448]. Toutefois, dans l'hypothèse où la recevabilité de la constitution de partie civile est contestée, le renvoi de l'affaire demandé par la victime en vue d'apporter des pièces justifiant la recevabilité

---

[440] C.pr.pen.art.3 al 1 et 86 al 3.
[441] Cass.crim.4 janvier 1995, Bull.crim.n°3.
[442] Voir chapitre 2, Titre 1, Partie 2.
[443] Voir chapitre 2, Titre 1, Partie 2.
[444] PRADEL (J), *Procédure pénale*, Cujas, coll.Référence, 18e éd, 2015.
[445] Cons.const.décision.n°80-127, DC du 20 janvier 1981, JORF du 22 janvier 1981.
[446] Cass.crim.3 mars 1977, Bull.crim.n°86, cass.crim.18 octobre 1988, Bull.crim.n°349.
[447] L'article 111 de la loi n°2000-516 du 15 juin 2000 renforçant la protection de la présomption d'innocence et les droits des victimes a supprimé le plafond imposé à la demande des dommages.
[448] C.pr.pen.art.464.

de son action est laissé à l'appréciation de la juridiction[449]. Une fois que l'audience de renvoi sur les intérêts civils a été fixée, contrairement à la victime qui s'est constituée partie civile par voie d'intervention, la victime qui s'est constituée partie civile par voie d'action est tenue de comparaître si elle a été régulièrement citée[450]. Si elle ne comparaît pas ou ne se fait pas représenter, elle est présumée s'être désistée.

Le désistement porte uniquement sur l'exercice de l'action civile et non sur l'aspect pénal de la constitution de partie civile. Dans ce cas, la victime pourra malgré tout réclamer une réparation civile à la juridiction civile. En outre, la constitution de partie civile est un moyen procédural qui permet à la victime d'accéder au procès pénal en lui laissant le choix d'exercer l'action civile en même temps que l'action répressive ou d'exercer uniquement l'action répressive. Dans le cas où la victime qui se constitue partie civile choisit d'exercer uniquement l'action répressive, il est malgré tout requis que l'action civile soit recevable devant les juridictions répressives. Ce droit d'option dont dispose la victime constituée partie civile est prévu par le législateur à l'article 418 du code de procédure pénale : « la partie lésée peut, à l'appui de sa constitution, demander des dommages-intérêts correspondant au préjudice qui lui a été causé ». Le législateur laisse donc la possibilité à la partie civile de ne pas demander la réparation de son préjudice, le droit d'option de la victime est manifeste. La jurisprudence confirme cette interprétation dans plusieurs décisions. En effet, dans une décision du 10 octobre 1968, la chambre criminelle de la Cour de cassation considère que la demande de réparation n'est qu'une « simple faculté dont elle (la partie civile) est libre de ne pas user »[451]. La chambre criminelle de la Cour de cassation affirma sa position dans un arrêt du 8 juin 1971 en énonçant que « la partie civile peut n'être motivée que par le souci de corroborer l'action publique et d'obtenir que soit établie la culpabilité du prévenu »[452]. Puis, dans une décision du 19 octobre 1982[453], la chambre criminelle de la Cour de cassation interpréta de manière encore plus extensive l'article 418 du code de procédure pénale en énonçant que : « le droit de se constituer partie civile a pour objet essentiel la mise en mouvement de l'action publique en vue d'établir la culpabilité de l'auteur de l'infraction qui a causé un préjudice au plaignant », il s'agit même d'une « prérogative attachée à la personne, de nature à tendre à la défense de l'honneur et de la considération, indépendamment de toute réparation du dommage par la voie de l'action

---

[449] PRADEL (J), *Procédure pénale*, Cujas, coll.Référence, 18e éd, 2015.

[450] C.pr.pén.art.425.

[451] Cass.crim.8 juin 1971, pourvoi n°69-9262, Bull.crim.n°248.

[452] Cass.crim.8 juin 1971, pourvoi n°69-92.311, Bull.crim.n°182, D, 1971, p.594, note MAURY.

[453] Cass.crim.19 octobre 1982, pourvoi n°81-93636, Bull.crim.n°222, cass.crim.10 février 1987, pourvoi n°85-95939, Bull.crim.n°64; cass.crim.30 avril 2002, Bull.crim.n°89, D, 2003, note PRADEL (J).

civile ». Pour la chambre criminelle de la Cour de cassation, « la constitution de partie civile est recevable lorsqu'elle a comme seul intérêt, la manifestation de la vérité »[454]. Cette jurisprudence constante de la Cour de cassation confère à la partie civile le rôle de véritable collaborateur du ministère public dans la répression. La Cour européenne des droits de l'homme (CEDH) confirma la position de la jurisprudence française dans l'arrêt Perez contre France du 12 février 2004 en admettant qu'une « plainte avec constitution de partie civile rentre dans le champ d'application de l'article 6§1 se conçoit même sans demande de réparation pécuniaire »[455]. Cependant, la CEDH précisa que la Convention « ne garantit pas le droit à la vengeance privée (...) » et que « le droit de faire poursuivre ou de condamner pénalement doit impérativement aller de pair avec l'intention de la victime d'obtenir une réparation ne serait-ce qu'en vue d'une réparation symbolique ou de la protection d'un droit à caractère civil, à l'instar par exemple du droit de jouir d'une bonne réputation »[456].

Ainsi, l'effet pénal de la constitution de partie civile possède un caractère autonome et indépendant. L'action civile mise en œuvre par la constitution de partie civile est liée à l'action répressive, mais distincte de celle-ci. La réparation de la victime n'est pas une condition essentielle à l'existence de l'action civile exercée devant le juge pénal. Le caractère hybride de la constitution de partie civile est complexe et divise la doctrine. Certains auteurs estiment que la nature à la fois pénale et civile de la constitution de partie civile entraîne une ambigüité quant au type d'action civile exercée devant le juge pénal[457]. L'action civile aurait un « double visage »[458], un caractère mixte, intermédiaire entre l'action en responsabilité civile et l'action pénale[459]. Il s'agirait d'une « action innommée », qui a pour objet la punition de l'auteur de l'infraction[460] ou encore d'une « action pénale privée »[461]. D'autres auteurs considèrent que l'action civile exercée dans le cadre d'une constitution de partie civile a toujours le caractère unique de l'action civile car son but reste la réparation du dommage et qu'elle n'a pas

---

[454] C.ROCA. Cass.crim.10 mai 1984, Bull.crim.n°165, JCP, 1985, note ROCA (C).

[455] CEDH, Affaire Perez.c/France, 12 février 2004, Req.n°47287/99.

[456] CEDH, Affaire Schwarkmann.c/France, 8 février 2005, Req.n°52621/99; CEDH, Affaire Quemar.c/France, 1er Février 2005, Req.n°30979/96.

[457] VINEY (G), *Introduction à la responsabilité*, LGDJ, coll.Traités, 3e éd, 2008.

[458] BOULAN (F), *Le double visage de l'action civile exercée devant la juridiction répressive*, JCP, 1973; ROCA (C), *De la dissociation entre la réparation et la répression dans l'action civile exercée devant la juridiction répressive*, D.1991, p.85.

[459] GRANIER (J), *Quelques réflexions sur l'action civile*, JCP, n°1386, 1957; VIDAL (J), *Observations sur la nature juridique de l'action civile*, RSC, 1963, p.481.

[460] BONFILS (Ph), *La nature juridique de l'action civile, la participation de la victime au procès pénal, une action innommée ?* In Mélanges offerts à Jean PRADEL, Le droit pénal à l'aube du troisième millénaire, Cujas, 2006.

[461] PRADEL (J), *Procédure pénale*, Cujas, coll.Référence, 18e éd, 2015.

de caractère pénal[462]. L'auteur Monsieur Renée KOERING-JOULIN considère par exemple que la constitution de partie civile appartient à la matière civile puisque « la victime partie civile poursuit toujours un objectif de réparation, ne serait-ce que moral, lorsqu'elle ne réclame pas de compensation pécuniaire »[463].

Conclusion du chapitre second

Chaque protagoniste de l'infraction doit pouvoir accéder au procès pénal et faire valoir ses droits. Pour accéder au procès pénal, plusieurs moyens procéduraux sont mis à la disposition de la victime comme la plainte simple, la citation directe et la constitution de partie civile. La plainte simple est le moyen procédural le plus utilisé par les victimes qui souhaitent accéder au procès pénal, mais ce moyen est indirect puisqu'il est soumis à l'appréciation du procureur de la République. Contrairement à la plainte simple, la citation directe et la constitution de partie civile sont des moyens procéduraux qui permettent à la victime d'accéder directement au procès pénal. Ces moyens procéduraux sont certes assujettis à certaines conditions de recevabilité, mais ils permettent à la victime d'accéder au procès pénal et de faire valoir ses droits sans être confrontée à un blocage arbitraire du procureur de la République. La citation directe et la constitution de partie civile témoignent d'une avancée majeure en matière d'égalité des armes entre les parties dans l'accès au procès pénal. Plus précisément, la constitution de partie civile apparaît comme le moyen procédural le plus conforme au principe de l'égalité des armes puisque la victime peut même déclencher l'action publique en matière criminelle. En outre, qu'elle soit exercée par voie d'intervention ou par voie d'action, la constitution de partie civile a la particularité de conférer à la victime la qualité de partie à part entière au procès pénal et de lui permettre d'exercer de nombreux moyens d'action dans chaque étape du procès pénal.

Conclusion du titre premier

La place de la victime dans le procès pénal émerge tout d'abord par son accès au procès pénal. La victime ne peut agir dans le procès pénal et faire valoir ses droits qu'à la condition qu'elle accède au procès pénal. Désormais, en droit positif, la victime bénéficie d'un accès effectif au procès pénal, conformément au principe de l'égalité des armes. Ce principe vise à

---

[462] VOUIN (R), *L'unique action civile*, D, 1973, p.265 ; DE POULPIQUET (J), *Le droit de mettre en mouvement l'action publique : conséquence de l'action civile ou droit autonome ?* RSC, 1975, p.37.
[463] HUET (A), KOERING-JOULIN (R), *Droit pénal international*, PUF, coll.Thémis, 3e éd, 2005.

instaurer un équilibre entre les droits de chaque protagoniste de l'infraction dès l'accès au procès pénal. L'accès de la victime au procès pénal est rendu possible par deux types de droits, le droit à l'accès à la justice et le droit à l'accès au droit. L'accès de la victime au procès pénal est également facilité par des aides financières comme l'aide juridictionnelle ou l'assurance de protection juridique et par la prescription de l'action publique, un instrument procédural flexible en faveur de la victime.

L'accès de la victime au procès pénal n'est pas seulement permis par la reconnaissance du droit à l'accès à la justice et du droit à l'accès au droit, mais plus concrètement par des moyens procéduraux mis à la disposition de la victime. Ces moyens procéduraux se réfèrent à la plainte simple, à la citation directe et à la constitution de partie civile. La plainte simple est le moyen procédural d'accès au procès pénal indirect car il est soumis à la libre appréciation du ministère public. La citation directe et la constitution de partie civile sont des moyens procéduraux qui permettent à la victime d'accéder directement au procès pénal et de bénéficier d'un véritable rôle dans le procès pénal. Dès lors que la victime a accédé au procès pénal, celle-ci bénéficie de droits et de moyens d'action qui lui permettent de participer en tant que partie à part entière au procès pénal (**Titre second**).

TITRE SECOND

L'AFFIRMATION DE LA PLACE DE LA VICTIME DANS LE PROCÈS PÉNAL PAR LA CONCESSION DE DROITS ET DE MOYENS D'ACTION

La place de la victime dans le procès pénal s'est affirmée par la concession de droits et de moyens d'action qui permettent une participation active de la victime dans le procès pénal (**Chapitre 1**). La place de la victime dans le procès pénal s'est également affirmée par la reconnaissance d'un droit de protection dont elle peut bénéficier (**Chapitre 2**).

CHAPITRE PREMIER

La participation active de la victime dans les différentes phases du procès pénal

La participation active de la victime dans le procès pénal se manifeste par les moyens d'action qui lui sont accordés dans les différentes phases du procès pénal. Les différentes phases du procès pénal se réfèrent à la phase préparatoire (**Section première**) et à la phase du jugement (**Section seconde**). En droit positif, la plupart des moyens d'action accordés à la victime lors des différentes phases permettent de garantir un équilibre procédural entre les parties.

SECTION PREMIÈRE. L'intégration de la victime dans la phase préparatoire du procès pénal

La phase préparatoire concerne l'enquête dirigée par le procureur de la République et l'enquête dirigée par le juge d'instruction, autrement dit l'instruction. Cette phase est indispensable dans la recherche de la vérité, car elle permet de rechercher des preuves à charge et à décharge. Lors de l'enquête dirigée par le procureur de la République et de l'instruction, la victime dispose de différents droits (Paragraphe 1). Or, durant l'enquête dirigée par le procureur de la République, la victime ne bénéficie d'aucun moyen d'action, la victime constituée partie civile en dispose uniquement dans le cadre de l'instruction (Paragraphe 2).

PARAGRAPHE 1. Les droits de la victime dans la phase préparatoire du procès pénal : une réelle prise en compte de la victime

Lors de la phase préparatoire, les droits de la victime varient en fonction du type d'enquête, s'il s'agit d'une enquête dirigée par le procureur de la République ou d'une enquête dirigée par le juge d'instruction, autrement appelée l'instruction. Lors de l'enquête dirigée par le procureur de la République, pour ne pas entraver son fonctionnement, la victime bénéficie d'un nombre de droits moins importants que dans le cadre de l'instruction. Lors de l'instruction, la victime constituée partie civile bénéficie d'un nombre de droits plus important, car les charges qui pèsent sur la personne poursuivie sont officielles. Plus précisément, dans la phase préparatoire du procès pénal, la victime dispose du droit de savoir, un droit qui lui est accordé dans les deux types d'enquêtes (A). La victime bénéficie également du droit à l'intervention et du droit à l'assistance, des droits qui lui sont plus particulièrement concédés lors de l'instruction (B).

A. Le droit à l'information : un droit accordé à la victime lors de la phase préparatoire

Dans la phase préparatoire, la victime bénéficie d'un droit à l'information aussi bien dans le cadre d'une enquête dirigée par le procureur de la République que dans le cadre d'une instruction. Cependant, dans le cadre de l'instruction, la victime constituée partie civile bénéficie d'un droit à l'information plus important que dans le cadre d'une enquête dirigée par le procureur de la République.

1. Le droit à l'information de la victime lors de l'enquête dirigée par le procureur de la République

Dès l'ouverture d'une enquête par le procureur de la République, ce dernier doit informer les victimes qui ont porté plainte ou qui sont identifiées de l'existence d'une enquête sauf si cette information porterait atteinte à l'enquête, mettrait en danger la vie, les biens des victimes ou des témoins[464]. En outre, la victime qui a porté plainte bénéficie d'un droit à l'information sur ses droits, que cela soit dans le cadre d'une enquête de flagrance[465] ou d'une enquête préliminaire[466]. En effet, la victime bénéficie de diverses informations énumérées à l'article 10-2 du code de procédure qui doivent être transmises par les officiers ou agents de police judiciaire. Ces informations concernent entre autres le droit de la victime à obtenir la réparation de son préjudice par indemnisation ou par tout autre moyen adapté, le droit de se constituer partie civile ou de citer l'auteur des faits devant un tribunal ou encore son droit d'être assistée d'un avocat qu'elle peut choisir ou qui, à sa demande, est désigné par le bâtonnier de l'Ordre des avocats près la juridiction compétente, dont les frais sont à sa charge sauf si elle remplit les conditions d'accès à l'aide juridictionnelle ou si elles bénéficient d'une assurance de protection juridique. Depuis la loi du 15 novembre 2015, comme la personne suspectée, lorsque la victime ne

[464] Loi n°2000-516 du 15 juin 2000 renforçant la protection de la présomption d'innocence et les droits des victimes, *JORF* n° 138 du 16 juin 2000, p.9038.
[465] C.pr.pen.art.53.
[466] C.pr.pen.art.75.

comprend pas le français, les officiers et agents de police judiciaire sont également tenus de l'informer sur son droit à bénéficier d'un interprète et d'une traduction des informations indispensables à l'exercice de ses droits. Les officiers et les agents de police judiciaire doivent informer par tout moyen les victimes de ce droit. Le décret du 26 février 2016 relatif aux droits des victimes[467] transposant les directives européennes du 13 décembre 2011 et du 25 octobre 2012 adoptées par le Parlement européen et le Conseil européen, précise les modalités d'applications de l'article 10-2 du code de procédure pénale. En outre, la circulaire du 20 avril 2016[468] souligne que l'information délivrée à la victime relative à son droit à la traduction et à un interprète peut être effectuée par écrit par la remise d'un formulaire ou oralement avec une mention dans le procès-verbal. L'autorité en charge de l'audition de la victime et notamment les enquêteurs doivent s'assurer par tous moyens appropriés de la compréhension de la langue française même à l'égard d'une personne qui n'a pas indiqué qu'elle ne parlait ni ne comprenait la langue française.

S'agissant du droit à l'information de la victime relatif au déroulement de l'enquête, celui-ci apparaît assez réduit. Durant le déroulement d'une garde à vue effectuée dans le cadre d'une enquête de flagrance ou d'une enquête préliminaire diligentée par le procureur de la République, la victime n'est pas informée du cours de la procédure. La victime ne peut pas avoir accès au dossier sauf lorsqu'elle est confrontée au gardé à vue, elle peut consulter le procès-verbal de ses auditions par l'intermédiaire de son avocat[469]. Toutefois, dans le cadre de certaines enquêtes à forte charge émotionnelle comme les enquêtes relatives à des disparitions inquiétantes ou des enlèvements, il arrive parfois que le procureur prenne en compte l'inquiétude des proches de la victime et leur communique certains éléments sur l'évolution de l'enquête.

Durant l'enquête préliminaire, la victime bénéficie tout de même d'un droit à l'information et d'un accès au dossier de la procédure à partir d'un certain délai. En effet, si la personne mise en cause a formulé une demande de consultation du dossier de la procédure, la victime qui a porté plainte est

---

[467] Décret n°2016-214 du 26 février 2016 relatif aux droits des victimes, JORF n°0050 du 28 février 2016, texte n° 14. Ce décret achève la transposition des directives européennes du 13 décembre 2011 et du 25 octobre 2012. Directive 2011/92/UE relative à la lutte contre les abus sexuels et l'exploitation sexuelle des enfants, ainsi que la pédopornographie et remplaçant la décision-cadre 2004/68/JAI du Conseil, adoptée par le Parlement européen et le Conseil le 13 décembre 2011. Directive 2012/29/UE établissant des normes minimales concernant les droits, le soutien et la protection des victimes de la criminalité et remplaçant la décision-cadre 2001/220/JAI du Conseil, adoptée par le Parlement européen et par le Conseil le 25 octobre 2012.

[468] Circulaire du 20 avril 2016, JUSD1610817C, de présentation des dispositions des articles 10-2 à 10-5 du code de procédure pénale résultant de la loi n° 2015-993 du 17 août 2015 portant adaptation de la procédure pénale au droit de l'Union européenne, BO n°2016-04.

[469] C.pr.pen.art.63-4-5.

informée par le procureur de la République qu'elle peut formuler une demande de consultation du dossier de la procédure afin de formuler ses observations, après un délai d'une année à compter de l'accomplissement de l'audition libre de la personne mise en cause ou de la confrontation de la victime avec la personne mise en cause. Le délai ne court qu'à compter du premier de ces actes. La demande doit être effectuée par la victime par lettre recommandée avec avis de réception adressée au procureur de la République ou par déclaration au greffe contre récépissé. En outre, à tout moment de l'enquête préliminaire, même en l'absence de demande de consultation du dossier de la procédure formulée par la victime, le procureur de la République peut lui communiquer tout ou partie des pièces du dossier de la procédure pour recueillir ses éventuelles observations ou celles de son avocat[470].

À la fin de l'enquête de flagrance ou de l'enquête préliminaire, la victime dispose également d'un droit à l'information quant à la suite de la procédure décidée par le procureur de la République[471].

Ainsi, qu'il s'agisse d'une enquête de flagrance ou d'une enquête préliminaire, la victime bénéficie d'un droit à l'information réduit. L'enquête diligentée par le Procureur de la République reste une procédure inquisitoire, secrète et non contradictoire en vue de préserver l'efficacité de l'enquête. Le travail des enquêteurs ne doit pas être perturbé par la transmission d'informations à la victime sur l'avancée de l'enquête. La phase policière doit demeurer le moment du recueil des preuves dans le but de constater l'infraction et d'arrêter l'auteur de l'infraction. Contrairement à l'enquête diligentée par le procureur de la République, l'enquête diligentée par le juge d'instruction également appelée l'instruction, est une procédure contradictoire et la victime constituée partie civile bénéficie d'un véritable droit à l'information, car les charges pesant sur la personne poursuivie sont officielles.

2. Le droit à l'information de la partie civile avéré lors de l'instruction

Lors de l'instruction, la victime constituée partie civile bénéficie d'un véritable droit à l'information sur ses droits et sur le déroulement de la procédure en ayant accès au dossier. Le droit à l'information accordé à la victime constituée partie civile lors de l'instruction, manifeste que le principe du contradictoire est respecté dans ce type d'enquête. Le principe du contradictoire est un des composants du principe de l'égalité des armes et plus largement du procès équitable.

D'après certains auteurs, « la notion d'égalité des armes est directement liée au principe du contradictoire dans la procédure judiciaire (...) on peut

[470] C.pr.pen.art.77-2.
[471] C.pr.pen.art.40-2.

même soutenir que ces deux notions se confondent »[472]. La jurisprudence de la Cour européenne des droits de l'homme (CEDH) assimile pour la première fois, le principe du contradictoire au principe de l'égalité des armes dans l'affaire Feldbrugge contre Pays-Bas[473]. Par la suite, la CEDH fait apparaître l'égalité des armes comme un élément constitutif du contradictoire dans l'affaire Lamy contre Belgique, l'affaire Werner contre Autriche, dans l'affaire Reinhardt et Slimane Kaïd contre France[474]. Puis dans l'affaire Sanchez-Reisse contre Suisse[475], la CEDH affirme que la notion de l'égalité des armes affine l'application du principe du contradictoire et permet une détection en cas de non-respect. Le principe de l'égalité des armes entretient donc une véritable relation fusionnelle avec le principe du contradictoire tout en restant autonome. Le principe du contradictoire permet d'instaurer un équilibre entre les droits des parties à savoir la personne poursuivie, le ministère public et la victime[476]. Influencé par la jurisprudence européenne, le législateur a pleinement consacré en droit interne le principe du contradictoire au stade de l'instruction par le droit à l'information. Le droit à l'information permet par la suite à la victime de faire valoir ses droits.

Dès l'ouverture d'une information judiciaire, autrement dit d'une enquête diligentée par le juge d'instruction, ce dernier doit informer la victime de son droit de se constituer partie civile, des modalités d'exercice de ce droit et de son droit à être assistée d'un avocat[477]. La victime constituée partie civile doit également être informée lors de sa première audition, de son droit de formuler une demande d'acte ou une requête en annulation durant le déroulement de l'information et au plus tard le vingtième jour suivant l'envoi de l'avis prévu par le premier alinéa de l'article 175 du code de procédure pénale.

La partie civile doit être également informée de la durée prévisible de la procédure et de son droit de demander la clôture de l'instruction à l'expiration du délai prévu par le juge d'instruction ou des délais légaux[478]. En outre, lorsque l'information judiciaire a été ouverte pour un crime ou un délit contre les personnes, prévu par le livre 2 du Code pénal, un délit contre les biens prévu par le livre 3 du Code pénal et accompagné d'atteintes à la personne, le juge d'instruction avise tous les six mois la partie civile de l'état

---

472 GOLCUKLU (F), *Le procès équitable et l'administration des preuves dans la jurisprudence européenne des droits de l'homme* in Mélanges offerts à Jacques VELU, Présence du droit public et des droits de l'homme, Bruxelles, Emile Bruylant, 1992.

473 CEDH, Affaire Feldbrugge.c/Pays-Bas, 27 juillet 1987, Req.n°8562/79.

474 CEDH, Affaire Lamy.c/Belgique, 30 mars 1989, Req.n°10444/83; CEDH, Affaire Werner.c/Autriche, 24 novembre 1998, Req.n°21835/93 ; CEDH, Affaire Reinhardt et Slimane Kaïd.c/France, 31 mars 1998, Req.n°22921/93 et Req.n°23043/93.

475 CEDH, Affaire Sanchez-Reisse.c/Suisse, 21 octobre 1986, Req.n°9862/82.

476 WIEDERKLER (V.-G), *Droits de la défense et procédure civile*, D.1978, p.36.

477 C.pr.pen.art.80-3.

478 C.pr.pen.art.89-1.

d'avancement de l'information. Puis, si la partie civile le demande, le juge d'instruction l'informe de l'évolution de la procédure tous les quatre mois et la partie civile est convoquée et entendue à cette fin par le juge d'instruction[479]. Cette information est destinée à permettre aux victimes constituées partie civile d'être réellement associées au déroulement de l'instruction.

La victime dispose également d'un véritable droit à l'information sur l'évolution de l'instruction en ayant accès au dossier de la procédure. En effet, la victime peut prendre connaissance des différentes pièces du dossier afin d'être en mesure d'intervenir de manière efficace à chaque niveau d'avancement[480]. Conformément à l'article 114 du Code de procédure pénale, quatre jours ouvrables avant chaque audition de la partie civile, le dossier de la procédure est mis à la disposition des avocats de la partie civile. Après la première comparution de la partie civile, le dossier est également mis à tout moment à la disposition des avocats durant les jours ouvrables, sous réserve des exigences du bon fonctionnement du cabinet d'instruction. En outre, depuis la loi du 17 août 2015[481] portant sur l'adaptation de la procédure pénale au droit de l'Union européenne, après la première comparution ou la première audition, les avocats des parties civiles ou si elles n'ont pas d'avocat, les parties civiles peuvent se faire délivrer copie de tout ou partie des pièces et actes du dossier. La délivrance de cette copie doit intervenir dans le mois qui suit la demande. Si le dossier a fait l'objet d'une numérisation, cette copie est remise sous forme numérisée, le cas échéant par un moyen de télécommunication. La délivrance de la première copie de chaque pièce ou acte du dossier est gratuite. Avant la loi du 17 août 2015, seuls les avocats des parties pouvaient demander la copie, à leurs frais, de tout ou partie des pièces ou des actes du dossier.

Cette disposition excluait les parties civiles qui n'étaient pas assistées d'un avocat et n'était pas conforme au respect du principe de l'égalité des armes. La loi du 17 août 2015 rétablit un équilibre procédural entre les parties civiles assistées d'un avocat et celles qui ne sont pas assistées d'un avocat. Cependant, le législateur précise que si la qualité de partie civile de la victime est contestée, celle-ci ne peut pas prendre connaissance des pièces du dossier, seul son avocat pourra avoir accès au dossier avec l'autorisation du juge d'instruction[482]. La décision du juge d'instruction est susceptible de recours.

Ainsi, la partie civile, son avocat et la partie civile dont la qualité est contestée peuvent avoir accès au dossier de la procédure. À compter de la

---

[479] C.pr.pen.art.90-1.

[480] VERGES (E), *La communication du dossier de l'instruction à la partie civile qui se défend seule*, RPDP, décembre 2005, p.969.

[481] Art.11 de la Loi n° 2015-993 du 17 août 2015 portant adaptation de la procédure pénale au droit de l'Union européenne, JORF n°0189 du 18 août 2015, p.14331, texte n° 2.

[482] C.pr.pen.art.114; cass.crim.29 janvier 2008, pourvoi n°06-89.245.

réception de la demande de la copie de pièces ou d'actes du dossier émise par la partie civile ou par son avocat, le juge d'instruction dispose d'un délai de cinq jours ouvrables pour s'opposer à la remise de tout ou partie des copies demandées ou de leurs reproductions par une ordonnance motivée au regard des risques de pression sur les victimes, les personnes mises en examen, leurs avocats, les témoins, les enquêteurs, les experts ou toute autre personne concourant à la procédure. Le droit d'opposition réservé au juge d'instruction face à la délivrance des pièces du dossier de procédure reste légitime puisque la décision d'opposition est motivée et susceptible de recours. Les parties ou leurs avocats bénéficient d'un droit de recours et peuvent dans les deux jours à compter de la notification de la décision, déférer la décision du juge d'instruction au président de la chambre de l'instruction qui doit statuer dans un délai de cinq jours ouvrables par une décision écrite et motivée, non susceptible de recours. Lorsque la copie a été demandée par l'avocat, à défaut de notification de la décision du président de la chambre de l'instruction dans le délai imparti, l'avocat peut communiquer à son client la reproduction des pièces ou actes mentionnés sur la liste.

Bien que le juge d'instruction détienne un droit d'opposition dans la délivrance des pièces du dossier, l'accès au dossier autorisé à l'égard de la partie civile sans l'intermédiaire d'un avocat est une avancée manifeste dans le respect du principe de l'égalité des armes et plus largement du procès équitable. Désormais, comme le mis en examen, la partie civile bénéficie d'un véritable droit de délivrance des pièces du dossier.

Devant la chambre de l'instruction, les parties bénéficient également du droit d'accès au dossier avant l'audience[483]. Le procureur général doit notifier aux parties et à leur avocat la date à laquelle l'affaire sera appelée par lettre recommandée dans un délai minimum de cinq jours avant l'audience ou de 48 heures lorsque le mis en examen est en détention provisoire. Pendant ce délai, les parties et leur conseil peuvent prendre connaissance du dossier de procédure qui est déposé au greffe de la chambre de l'instruction.

Dès lors que les éléments du dossier de l'instruction ont été transmis aux parties, que cela soit devant le juge d'instruction ou devant la chambre de l'instruction, celles-ci doivent respecter le secret de l'instruction. Le secret de l'instruction garantit une bonne administration de la justice, la sauvegarde de l'ordre public et permet d'éviter une erreur judiciaire qui soit préjudiciable à la victime ou à la personne poursuivie. La non-divulgation des éléments de la procédure permet de sauvegarder le principe de présomption d'innocence et participe à la sécurité de toutes les personnes impliquées dans la procédure qu'elles soient de simples témoins ou parties, cela évite d'éventuelles pressions ou intimidations qui nuiraient à la recherche de la vérité. Ce n'est qu'une fois l'instruction terminée que les

[483] C.pr.pen.art.197.

parties sont libres de produire en justice les pièces dont elles ont obtenu régulièrement la copie.

Avant la loi du 27 mai 2014[484], le législateur prévoyait uniquement à l'article 11 du code de procédure pénale que seules les personnes qui concourent à titre professionnel à l'instruction étaient tenues au secret de l'instruction. Les personnes visées sont les magistrats, les greffiers, les policiers, les gendarmes et les experts judiciaires. Les avocats ne sont pas visés, car ils ne concourent pas à la procédure en tant que telle, mais ils sont soumis au secret professionnel. Depuis la loi du 27 mai 2014 transposant la directive du 22 mai 2012 adoptée par le Parlement européen et le Conseil[2], l'article 114-1 du code de procédure pénale affirme implicitement que les parties privées sont elles aussi tenues au secret de l'instruction, car cet article sanctionne d'une amende de 10.000 euros, la partie qui diffuse auprès d'un tiers une reproduction des pièces ou des actes d'une procédure d'instruction qui lui a été remise. Seules les copies des rapports d'expertise peuvent être communiquées par les parties ou leurs avocats à des tiers pour les besoins de la défense.

Dans la phase préparatoire, outre le droit à l'information, la victime bénéficie de deux autres droits tels que le droit à l'intervention et le droit à être assistée d'un avocat.

B. Le droit à l'intervention et à l'assistance de la victime dans la phase préparatoire

La victime bénéficie d'un droit à l'intervention écrite, orale et du droit à être assistée d'un avocat.

1. Le droit à l'intervention écrite et orale de la victime

Au stade de l'enquête diligentée par le procureur de la République, la victime peut intervenir par écrit en portant plainte[485] ou en effectuant une dénonciation par main courante[486]. La victime peut également intervenir oralement dans le cadre d'une audition[487] et d'une confrontation avec le suspect[488]. Puis, la victime peut participer à une opération de reconstitution de l'infraction ou à une séance d'identification des suspects[489].

Au cours de l'instruction, l'intervention écrite et orale de la victime constituée partie civile est plus large que dans le cadre d'une enquête

[484] Loi n°2014-535 du 27 mai 2014 portant transposition de la directive 2012/13/UE adoptée le 22 mai 2012 par le Parlement européen et le Conseil, relative au droit à l'information dans le cadre des procédures pénales, JORF n°0123 du 28 mai 2014, p.8864, texte n° 2.

[485] C.pr.pen.art.15-3.

[486] C.pr.pen.art.17.

[487] C.pr.pen.art.61.

[488] C.pr.pen.art.63-4-5, art.61-1.

[489] C.pr.pen.art.61-3.

diligentée par le procureur de la République. L'intervention écrite de la partie civile s'effectue par voie de conclusions ou encore par des observations écrites. Par exemple, lorsque l'information judiciaire paraît terminée, le juge d'instruction transmet le dossier au procureur de la République et en avise la partie civile pour qu'elle fasse part de ses observations. Dans ce cas, la partie civile dispose d'un délai d'un mois si la personne mise en examen est détenue ou de trois mois le cas échéant pour adresser des observations écrites au juge d'instruction[490].

L'intervention orale de la partie civile est, par exemple, manifeste par les auditions et les confrontations menées par le juge d'instruction[491] où la partie civile peut, par l'intermédiaire de son avocat, poser des questions et présenter de brèves observations[492].

D'après la jurisprudence, l'audition de la partie civile est un dialogue entre le juge d'instruction et la partie civile qui se rapproche d'un interrogatoire[493]. L'intervention orale de la partie civile lui permet d'orienter la discussion sur les points qu'elle aimerait souligner. Toutefois, le juge d'instruction peut mettre un terme à l'intervention orale de la partie civile lorsqu'il estime qu'il est suffisamment informé et que les questions sont de nature à nuire au bon fonctionnement de l'information ou à la dignité de la personne[494]. La partie civile peut solliciter au juge d'instruction à ce qu'il soit procédé à son audition ou à une confrontation dès lors que cet acte lui paraît utile à la manifestation de la vérité[495]. Seul le juge d'instruction peut décider au cours de l'information judiciaire de l'opportunité de l'audition de la partie civile. Le juge d'instruction peut refuser la demande de la partie civile par ordonnance motivée susceptible d'appel. Lorsque le juge d'instruction accepte la demande d'audition ou de confrontation de la partie civile, cette dernière est auditionnée par le juge d'instruction lui-même ou si la partie civile le demande elle peut être entendue par un officier de police judiciaire qui est commis par commission rogatoire[496]. Contrairement au mis en examen, la partie civile bénéficie d'un privilège de choix.

L'audition de la partie civile se distingue de l'audition du simple témoin, car en tant que partie au procès, elle n'a pas à prêter serment, elle échappe donc aux poursuites pour faux témoignage. Toutefois, la jurisprudence a estimé que dans le cas où la partie civile prêterait malgré tout serment, ceci

---

490 C.pr.pen.art.175.
491 C.pr.pen.art.114.
492 C.pr.pen.art.120.
493 Cass.crim.17 février 1927, Bull.crim.n°58; cass.crim.7 mars.1956, Bull.crim.n°230; cass.crim.25 novembre 1958, Bull.crim.n°690.
494 C.pr.pen.art.120.
495 C.pr.pen.art.82-1.
496 C.pr.pen.art.152.

ne serait pas une cause de nullité de son audition[497]. La partie civile doit être à l'aise pour raconter sa version des faits ou encore répondre aux questions. Le juge d'instruction doit pouvoir recueillir tous les renseignements qui lui sont utiles de la victime, car elle est souvent la mieux informée sur les circonstances de l'infraction.

En outre, le fait d'auditionner la partie civile tout au long de l'information permet à celle-ci de faire valoir ses droits et de contribuer à la recherche de la vérité[498]. S'agissant des confrontations dont peut faire l'objet la partie civile, celles-ci visent à obtenir des précisions supplémentaires. La confrontation peut être simple si elle est faite en vue d'une reconstitution entre les versions différentes des faits données par le mis en examen, la victime et les témoins,[499] mais elle peut également constituer un véritable interrogatoire à l'égard du mis en examen et de la victime constituée partie civile. En effet, la confrontation devient un interrogatoire à l'égard du mis en examen lorsque le juge d'instruction invite le mis en examen à s'expliquer sur la déposition que vient de faire le témoin, la partie civile ou à s'expliquer sur les faits résultant des pièces jointes à l'instruction[500]. Puis, la confrontation constitue un interrogatoire à l'égard de la partie civile lorsque le juge d'instruction l'interroge sur les dépositions de témoins avec lesquels elle ne s'est pas confrontée[501]. Le droit à l'intervention écrite et orale de la victime constituée partie civile permet à cette dernière de participer à l'instruction. L'exercice du droit à l'intervention écrite et orale de la victime est notamment facilité par le droit à l'assistance d'un avocat dont elle bénéficie également au stade préparatoire du procès pénal.

2. Le droit de la victime à l'assistance d'un avocat

Au stade de l'enquête, depuis la réforme législative de la garde à vue du 14 avril 2011[502], la victime peut être assistée d'un avocat lors d'une confrontation. La victime est informée de ce droit avant qu'il soit procédé à la confrontation[503]. À l'issue de la confrontation, l'avocat peut poser des questions et présenter des observations écrites. À sa demande, l'avocat peut également consulter les procès-verbaux d'audition de la personne qu'il assiste. En outre, depuis la loi du 18 novembre 2016[504], lorsque la victime

---

[497] Cass.crim.15 décembre 1959, Bull.crim.n°549; cass.crim.13 janvier 1911, Bull.crim.n°29; cass.crim.28 mars 1924, Bull.crim.n°149.

[498] PRADEL (J), *L'instruction préparatoire*, Cujas, 1991, p.435.

[499] Cass.crim.30 novembre 1961.Bull.crim.n°491.

[500] Cass.crim.30 juin 1904, Bull.crim.n°288.

[501] Cass.crim.3 avril 1903, Bull.crim.n°147.

[502] Loi n° 2011-392 du 14 avril 2011 relative à la garde à vue (1), JORF n°0089 du 15 avril 2011 page 6610, texte n°1.

[503] C.pr.pen.art.63-4-5.

[504] Art.108.Loi n° 2016-1547 du 18 novembre 2016 de modernisation de la justice du XXIe siècle (1), JORF n°0269 du 19 novembre 2016, texte n°1.

participe à une opération de reconstitution de l'infraction ou à une séance d'identification des suspects, elle peut demander à être assistée d'un avocat qu'elle choisit elle-même ou désigné en tant que commis d'office par le bâtonnier[505]. La personne est informée de ce droit avant qu'il soit procédé à ces opérations. Au stade de l'instruction, dès l'ouverture d'une information, le juge d'instruction doit informer la victime qui souhaite se constituer partie civile de son droit de se faire assister, de choisir son conseil ou de demander à ce qu'il soit désigné par le bâtonnier de l'Ordre des avocats en précisant que les frais restent à sa charge sauf si elle bénéficie d'une assurance de couverture de ses frais ou répond aux conditions d'accès à l'aide juridictionnelle[506]. Si la partie civile demande qu'un avocat lui soit désigné, le juge d'instruction doit informer sans délai le bâtonnier de l'Ordre des avocats afin qu'il désigne un avocat. Contrairement au mis en examen, il n'est pas obligatoire que la victime constituée partie civile soit assistée d'un avocat durant l'instruction. Lorsque la partie civile n'a pas choisi d'avocat ou n'a pas demandé la désignation d'un avocat, la partie civile est réputée avoir renoncé tacitement à l'assistance d'un avocat. Lorsque la partie civile choisit un avocat, son choix n'est pas définitif puisqu'elle peut y renoncer ou changer d'avocat à charge pour elle d'en informer le juge d'instruction à tout moment de l'instruction. Dans ce cas, la déclaration de changement d'avocat ou de refus d'être assistée d'un avocat doit être explicite et adressée directement et personnellement au juge d'instruction[507]. Si la partie civile désigne plusieurs avocats, elle doit indiquer celui auquel doivent être adressées les convocations et notifications. À défaut de précision, celles-ci seront adressées à l'avocat choisi en premier[508]. Lorsque la partie civile saisit le juge d'instruction d'une demande tendant à ce que ce magistrat procède à un transport sur les lieux, à l'audition d'un témoin, d'une autre partie civile ou de l'interrogation du mis en examen, elle peut demander que cet acte soit effectué en présence de son avocat[509]. Si le juge d'instruction fait droit à la demande de la partie civile, il convoque l'avocat au plus tard dans les deux jours ouvrables avant la date prévue pour l'accomplissement de l'acte sollicité. Dans le cas où le juge d'instruction a commencé l'exécution de l'acte sans que l'avocat autorisé y assiste, la partie civile peut saisir la chambre de l'instruction dans un délai d'un mois. Le juge d'instruction peut également refuser la demande par ordonnance motivée lorsqu'il s'oppose à l'acte lui-même ou lorsqu'il estime que cet acte doit être réalisé en l'absence de l'avocat de la partie civile. Dans ce cas, le juge d'instruction doit rendre une ordonnance motivée au plus tard dans un délai d'un mois à compter de

[505] C.pr.pen.art.61-3.
[506] C.pr.pen.art.80-3.
[507] Cass.crim.17 décembre 1958.
[508] C.pr.pen.art.115.
[509] C.pr.pen.art.82-2.

la réception de la demande[510]. À défaut de réponse dans le délai d'un mois, la partie civile peut directement saisir le président de la chambre de l'instruction par la voie de l'appel pour que celui-ci statue sur la demande[511]. L'appel de la partie civile contre cette ordonnance ne suspend pas le déroulement de l'instruction jusqu'à ce que la chambre de l'instruction statue sur l'appel. La chambre de l'instruction décide dans ce cas de l'opportunité de procéder à nouveau à l'acte sollicité, en présence cette fois-ci de l'avocat. Si la partie civile a choisi un avocat ou à demander la désignation d'un avocat, le juge d'instruction doit convoquer l'avocat à tous les actes exigés par la loi comme lors d'une audition ou d'une confrontation à moins qu'elle n'y ait expressément renoncé[512]. Le juge d'instruction doit convoquer le conseil au moins cinq jours ouvrables avant l'audition et le dossier est mis à sa disposition au moins quatre jours ouvrables avant l'audition ou la confrontation. L'avocat de la partie civile dont la constitution est contestée doit également être convoqué lors de l'audition ou de la confrontation de la partie civile. Ceci est valable même si lors du règlement de la procédure, la constitution de partie civile est déclarée irrecevable.

Dans la phase préparatoire, les droits accordés à la victime constituée partie civile comme le droit à l'information, le droit à l'intervention et le droit à l'assistance d'un avocat, manifestent une réelle prise en compte des intérêts de la victime constituée partie civile. Toutefois, dans le cadre de l'enquête dirigée par le procureur de la République, le législateur contraint la victime à la passivité en la privant de moyens d'action pour participer à la recherche de la vérité. Le législateur ne lui a conféré aucun droit d'immixtion dans le déroulement de l'enquête[513]. Contrairement à l'enquête dirigée par le procureur de la République qui est secrète, l'instruction est une enquête où les charges à l'encontre de la personne poursuivie sont officielles, par conséquent la victime est plus impliquée dans le déroulement de l'enquête. Au stade de l'instruction, la victime constituée partie civile bénéficie d'une place à part entière par l'exercice de moyens d'action.

PARAGRAPHE 2. Les moyens d'action de la partie civile lors de l'instruction : une garantie du respect de l'égalité des armes

Dans le cadre de l'instruction, la victime constituée partie civile peut participer activement au déroulement de cette enquête en bénéficiant de

---

510 C.pr.pen.art.82-1.

511 C.pr.pen.art.81, 10e alinéa.

512 C.pr.pen.art.114.

513 KEM (F), *La place des victimes dans les enquêtes de police judiciaire effectuées par la Gendarmerie*, In BERNARD (A) et CARIO (R) (Dir.), Les politiques publiques interministérielles d'aide aux victimes, L'Harmattan, coll.Sciences criminelles, 2001, p.137-152.

moyens d'action propres. L'instruction est l'étape du procès pénal où la victime constituée partie civile bénéficie du plus grand nombre de moyens d'actions pour participer à la procédure et faire valoir ses droits. Comme l'affirme l'auteur Antoine GARAPON, « au stade de l'instruction, il existe un véritable parallélisme de droits entre la partie civile et le mis en examen »[514]. Plus précisément, au cours de l'instruction, la victime constituée partie civile bénéficie d'un moyen d'action en matière d'investigation (A) et d'un moyen d'action qui permet de contester l'action ou l'inaction du juge d'instruction (B).

A. Le moyen d'action de la partie civile en matière d'investigation lors de l'instruction

La victime constituée partie civile participe réellement à l'investigation menée par le juge d'instruction. Le moyen d'action de la partie civile en matière d'investigation se réfère à son droit d'administrer librement une preuve et à son droit de demander l'accomplissement d'actes en vue de la recherche de la vérité.

1. Le droit de la partie civile à la libre administration de la preuve

Les auteurs Monsieur Roger MERLE et Monsieur André VITU définissent la preuve comme « tout moyen permettant d'affirmer l'existence ou la non-existence d'un fait donné, la fausseté ou l'exactitude d'une proposition »[515]. D'après l'auteur Monsieur Jean DOMAT, « la preuve est ce qui persuade l'esprit d'une vérité »[516].

La preuve revêt une importance particulière en matière pénale en ce qu'elle permet de démontrer l'existence d'une infraction et d'établir qui en est l'auteur. La preuve constitue par voie de conséquence la base de tout procès et la condition d'une bonne administration du système judiciaire. Lors des différentes phases du procès pénal, la preuve de l'existence de l'infraction incombe à la partie poursuivante et non à la personne poursuivie puisqu'au regard du principe de la présomption d'innocence, la personne poursuivie n'a pas à prouver son innocence. Le principe de présomption d'innocence est consacré par l'article 9 de la Déclaration des droits de l'homme et du citoyen et par l'article 11-1 de la Déclaration universelle des

---

[514] GARAPON (A), *Une Justice pour la victime*, in GARAPON (A), GROS (F), PECH (T), Et ce sera Justice, punir en démocratie, Odile Jacob, coll.Science Hum, 2001, p. 260; GARAPON (A), SALAS (D), *La victime plutôt que le droit*, *Qu'est-ce que le sarkozysme ?* Esprits, novembre 2007, p.264.

[515] MERLE (M), VITU (A), *Traité de droit criminel*, *Procédure pénale*, Vol.2, Cujas, 5e éd, 2001.

[516] DOMAT (J), *Les lois civiles dans leur ordre naturel*, cité in ENCINAS DE MUNAGORRI (R), Introduction générale au droit, Flammarion, coll.Champs, 4e éd, 2015, p.277.

droits de l'homme élaborée par l'Organisation des Nations Unies.[517] D'après ces textes, tout homme doit être présumé innocent des infractions qui lui sont reprochées tant qu'un jugement régulier et qu'une condamnation définitive ne sont pas intervenus. Ainsi, la charge de la preuve incombe à la partie poursuivante qui est en principe le ministère public. Toutefois, la victime qui s'est constituée partie civile par voie d'intervention et s'est jointe à l'action publique partage la charge de la preuve avec le ministère public. La victime peut également être la partie poursuivante principale à qui incombe la charge de la preuve, lorsqu'elle s'est constituée partie civile par voie d'action et qu'elle a mis en mouvement l'action publique. La partie poursuivante doit prouver l'élément matériel de l'infraction, les éléments accessoires, les circonstances aggravantes ainsi que l'élément moral. L'élément moral de l'infraction est plus difficile à prouver et se déduit souvent de la preuve matérielle de l'infraction. Parfois, le prévenu est admis, s'il le souhaite, à présenter les preuves en sa possession, en particulier lorsque la charge de la preuve est inversée par une présomption légale ou jurisprudentielle. En outre, la charge de la preuve qui incombe à la partie poursuivante peut être allégée en raison des initiatives prises par le juge en vertu des pouvoirs qui lui sont reconnus en matière pénale[518]. En effet, lors des différentes phases du procès pénal, les juges sont également amenés à procéder à la recherche de preuves, que cela soit à charge ou à décharge. Lors de l'instruction, le juge d'instruction procède lui-même à des recherches de preuves qui lui paraissent opportunes. Le magistrat instructeur a pour rôle de procéder à la recherche de tous les actes qu'il juge utiles à la manifestation de la vérité, il instruit à charge et à décharge[519]. Le président de la Cour d'assises[520] ou le magistrat du tribunal correctionnel[521] peut également procéder à la recherche de preuves en effectuant un supplément d'information. S'agissant de la victime partie poursuivante ou non, celle-ci bénéficie du droit de participer à la recherche de la preuve dans les différentes phases du procès pénal que cela soit dans le cadre de l'enquête simple, de l'instruction ou dans la phase du jugement. Contrairement au droit civil, en droit pénal, la victime bénéficie d'une liberté dans l'administration de la preuve dans toutes les phases du procès pénal[522]. La victime fournit principalement des preuves lors de l'instruction, car dans cette phase, elle bénéficie d'un véritable rôle d'associé à la recherche de la preuve. En matière d'administration de preuve, la jurisprudence effectue une distinction entre les particuliers et les autorités

---

517 AMBROISE-CASTEROT (C), *Recherche et administration des preuves en procédure pénale : la quête du Graal de la Vérité*, AJ Pénal, 2005, p.261.

518 BOULOC (B), *Procédure pénale*, Dalloz, coll.Précis Dalloz, 25e éd, novembre 2015.

519 C.pr.pen.art.81al.1er.

520 C.pr.pen.art.310.

521 C.pr.pen.art.434 : le tribunal correctionnel à la possibilité de faire procéder à une expertise lorsqu'il estime nécessaire.

522 C.pr.pen.art.427.

judiciaires lorsque les preuves sont obtenues de manière déloyale et lorsqu'elles sont obtenues de manière loyale. Une preuve obtenue de manière déloyale peut notamment se référer à une preuve obtenue de manière illégale. À l'égard des autorités judiciaires, la jurisprudence refuse les preuves obtenues de manière déloyale par des ruses, des stratagèmes ou des preuves obtenues de manière illégale qui ont provoqué l'infraction[523]. La jurisprudence tolère uniquement, à l'égard des autorités judiciaires, la preuve obtenue par provocation qui vise à constater l'infraction[524]. Certains procédés de preuves utilisés par les autorités judiciaires ont été interdits, car ils sont contraires aux droits de la défense et à la dignité de la personne humaine[525]. Il s'agit par exemple d'aveux obtenus dans le cadre d'un interrogatoire par la torture[526], par la narco-analyse[527], par l'hypnose[528] ou par polygraphe[529].

Le législateur et la jurisprudence sont plus cléments à l'égard des particuliers qui ont obtenu une preuve de manière déloyale, car ils ne disposent pas des mêmes moyens matériels et des mêmes prérogatives que les autorités judiciaires. De plus, l'aide des particuliers et plus particulièrement celle de la victime peut être utile dans la recherche de la vérité puisque les particuliers peuvent obtenir certains éléments de preuves qui ont échappé aux autorités judiciaires. Par conséquent, au regard de la recherche de la vérité judiciaire qui est la finalité du procès pénal, le

---

523 Cass.crim.27 février 1996, n°07-87633 ; AMBROISE-CASTEROT (C), *Recherche et administration des preuves en procédure pénale : la quête du Graal de la Vérité*, AJ Pénal, 2005, p.261; MAISTRE DU CHAMBON (P), *La régularité des provocations policières : l'évolution de la jurisprudence*, JCP, n°3422, 1989; RASSAT (M.-L), *Traité de procédure pénale*, PUF, 2001.

524 Cass.crim.2 mars 1972, Bull.crim.n°71; cass.crim.8 juin 2005, Bull.crim.n°173 ; cass.crim.16 janvier 2008, n°07-87.633, Bull.crim.n°14.

525 AMBROISE-CASTEROT (C), op.cit; DANJAUME (G), *Le principe de la liberté de la preuve en procédure pénale*, D.1996, p.154; GUINCHARD (S), BUISSON (J), *Procédure pénale*, LexisNexis, coll.Manuels, 10e éd, 2014. Sur ce sujet, voir le dossier publié dans la revue Procédure de décembre 2015 sur la loyauté de la preuve en matière civile, commerciale, pénale et administrative, actes d'un colloque organisé le 15 octobre 2015 par le tribunal de grande instance de Paris.

526 CEDH, Affaire Tomasi.c/ France, 27 août 1992, Req.n°12850/87; CEDH, Affaire Selmouni.c/ France CEDH, 28 juillet 1999, Req.n°25803/94.

527 T.corr.Seine, 23 février 1949; Cass.crim.12 décembre 2000, pourvoi n°00-83.852, Bull.crim.n°369; HEUYER (G), *Narco-analyse et narco-diagnostic*, RSC, 1950, p.7et s.

528 Cass.crim.12 décembre 2000, pourvoi n°00-83.852, Bull.crim.n°369; MAYER (D), CHASSAING (J.-F), *Y a-t-il une place pour l'hypnose en procédure pénale ?* D.2001, p.1340.

529 Le polygraphe également appelé détecteur de mensonge, est un procédé qui est censé indiquer si une personne ment ou dit la vérité. Ce procédé est utilisé aux États-Unis, mais est interdit en France et dans tous les autres pays d'Europe, car il révèle davantage l'émotivité d'une personne que sa culpabilité éventuelle et ne permet pas d'obtenir une vérité matérielle. MAUDET (G), *Le polygraphe et son utilisation en justice*, RICPT, 1959; SUSINI (J), *Un nouveau chapitre de police scientifique : la détection objective du mensonge*, RICPT, 1960, n°4; CLEMENT (S), *Songes d'une pure vérité : à propos des détecteurs de mensonges*, RICPT, 2004.

législateur a, par l'article 427 du Code de procédure pénale, autorisé les particuliers à établir les infractions par tout mode de preuve et laisse le juge apprécier selon son intime conviction la valeur des preuves contradictoirement[530]. Cette clémence législative à l'égard des parties privées s'applique aussi bien à la personne poursuivie, à la partie civile[531], au témoin[532], voire à un tiers à la procédure[533]. Bien que cet article ne concerne que les procédures correctionnelles, la portée de ce principe est étendue à la poursuite de toutes les infractions devant une juridiction répressive. Les parties privées bénéficient donc d'une grande liberté dans le choix de la preuve puisqu'ils ne sont pas soumis à une hiérarchie des preuves, toutes les preuves ont la même valeur. Puis, les parties privées bénéficient d'une grande liberté dans l'administration de la preuve puisqu'elles peuvent obtenir des preuves de manière déloyale, voire même de manière illégale. En effet, d'après une jurisprudence constante « les juges répressifs ne peuvent écarter les moyens de preuve remis par un particulier, au seul motif qu'ils auraient été obtenus de façon illicite ou déloyale et qu'il leur appartient seulement en application de l'article 427 du Code de procédure pénale, d'en apprécier la valeur probante, après les avoir soumis à la discussion contradictoire »[534]. Par ailleurs, la Cour de cassation conditionne la recevabilité de la preuve déloyale ou illégale au respect du procès équitable et plus précisément au principe du contradictoire puis de la dignité de la personne humaine[535].

Il peut être ainsi déduit que l'interdiction des procédés de preuves utilisés par les autorités publiques comme le polygraphe, la narco-analyse, la torture et l'hypnose, s'applique également à l'égard des particuliers. En pratique, la jurisprudence accepte souvent des preuves obtenues par la victime par le moyen d'enregistrements audio[536] et/ou visuels à l'insu de l'interlocuteur ou encore des photographies, dès lors que ces preuves sont administrées conformément au principe du procès équitable. La jurisprudence a également déjà admis une preuve obtenue par « testing », utilisée par des associations de lutte contre le racisme et qui consistait à présenter des couples d'origine

---

[530] C.pr.pen.art.427; Cass.crim.30 mars 1999, pourvoi n°97-83464, Bull.crim.n°59; COLLET-ASKRI (L), T*esting or not testing? La chambre criminelle valide ce mode de preuve, fut-il déloyal*, D.2003, p.1309 et s.

[531] Cass.crim.6 avr.1994, pourvoi n°93-82717, Bull.crim.n°136 p.302.

[532] Cass.crim.30 mars 1999.

[533] Cass.crim, 1er oct.2003, pourvoi n°03-84142, Bull.crim.n°176; AJ Pénal 2003, p.107.

[534] Cass.crim.22 avril 1992, pourvoi n°90-85.125, Bull.crim.n°169, D.1995, p.59, obs.MATSOPOULOU (H); cass.crim.23 juillet 1992, pourvoi n°92-82.721, Bull.crim.n°274, D.1993.p.206, obs.PRADEL (J).

[535] PORCARA (E), *Le témoignage oral dans la procédure pénale*, Thèse de l'université de Montpellier, 2010.

[536] Cass.crim.22 avril 1992, pourvoi n°9085.125, Bull.crim.n°169, D.1995, p.59, obs.MATSOPOULOU (H); cass crim 23 juillet 1992, pourvoi n°9282.721, Bull.crim.n°274, D.1993, p.206, obs.J.PRADEL.

étrangère principalement d'origine africaine, à l'entrée d'une discothèque afin de constater des comportements discriminatoires[537]. Le législateur a par la suite consacré ce type de procédé à l'article 225-3-1 du Code pénal : « les délits de discrimination sont constitués même s'ils sont commis à l'encontre d'une ou plusieurs personnes ayant sollicité l'un des biens, actes, services ou contrats mentionnés à l'article 225-2, dans le seul but de démontrer l'existence du comportement discriminatoire, dès lors que la preuve de ce comportement est établie ». Grâce à une clémence législative et jurisprudentielle à l'égard des parties privées dans l'administration de la preuve, la partie civile dispose désormais d'un réel moyen d'action dans l'aide à la recherche de la vérité au cours de l'instruction. En outre, la partie civile dispose d'un rôle en matière d'investigation puisqu'elle peut demander la réalisation d'actes au cours de l'instruction.

2. Le droit de la partie civile de demander la réalisation d'actes

Au stade de l'instruction, le juge d'instruction conserve un rôle actif en exerçant un pouvoir de direction qui lui permet de procéder « conformément à la loi, à tous les actes d'information qu'il juge utile à la manifestation de la vérité »[538]. Le juge d'instruction est investi du pouvoir d'investigation en vue de la manifestation de la vérité. Depuis les lois de 1973, le caractère contradictoire de l'instruction préparatoire a été renforcé à l'égard de la partie civile qui est de plus en plus associée au déroulement de l'information[539]. La victime constituée partie civile dispose également d'un rôle dans la recherche de la vérité et peut demander au juge d'instruction l'accomplissement de plusieurs types d'actes[540]. Seuls certains actes ne peuvent pas être réalisés à la demande de la partie civile, telles que des mesures de sûretés qui peuvent consister en un placement sous contrôle judiciaire[541]. La partie civile ne peut pas non plus faire une demande générale d'investigation ou demander de placer une personne en examen, car cet acte n'est pas un acte utile à la manifestation de la vérité[542]. Outre ces interdictions, la partie civile dispose d'un large moyen d'action en matière de demande de réalisation d'actes. La partie civile peut demander au juge d'instruction de procéder à tout acte lui permettant d'apprécier la nature et

[537] Cass.crim 11 mai 2002, pourvoi n°01-85.559, Bull.crim.n°131, RSC 2002, p.879, obs.J-F.RENUCCI ; cass.crim.16 janvier 2008, pourvoi n°07-87.633, Bull.crim.n°14 ; GAYET (C), *Application du principe de la loyauté de la preuve en matière de trafic d'influence*, Actualité juridique, 18 février 2008.
[538] C.pr.pen.art.80.
[539] GUENEHC (P), *La loi du 24 août 1993, un rééquilibrage de la procédure pénale*, JCP, 1993, p.501.
[540] BONFILS (Ph), *L'action civile. Essai sur la nature juridique d'une institution*, RIDC, 2001, Vol.53, n°2, p. 514-515.
[541] C.pr.pen.art.82.
[542] Cass.crim.15 février 2011, pourvoi n°10-87.468.

l'importance du préjudice qu'elle a subi ou de recueillir des renseignements sur sa personnalité[543]. Cette possibilité offerte à la partie civile contribue à la recherche de la vérité, car cette demande permet « de savoir dans quel contexte s'inscrit l'infraction »[544]. La partie civile peut également demander au juge d'instruction par une demande écrite et motivée à ce qu'il soit procédé à un transport sur les lieux, à une confrontation, à sa propre audition ou interrogatoire, à celle d'un témoin ou du mis en examen. Plus largement, la partie civile peut demander au juge d'instruction la production d'une pièce utile à l'information ou la réalisation de tout acte qui paraissent nécessaires à la manifestation de la vérité[545]. Le juge d'instruction doit, s'il n'entend pas y faire droit, rendre une ordonnance motivée au plus tard dans le délai d'un mois à compter de la réception de la demande. Les actes qui paraissent nécessaires à la manifestation de la vérité sont, par exemple, des examens médicaux ou psychologiques à l'encontre du mis en examen[546], des écoutes téléphoniques, des saisines de correspondances, des perquisitions ou encore la levée du secret professionnel. En outre, la partie civile peut demander à ce qu'il soit procédé à une expertise dès lors qu'une question d'ordre technique se pose[547]. L'expertise est le moyen de découvrir et d'utiliser certains indices ou certaines preuves à l'aide de connaissances techniques particulières[548].

D'après l'auteur René GARRAUD, « l'expert collabore à la découverte de la vérité, qui est l'œuvre judiciaire par excellence, il est l'auxiliaire du juge dans la découverte de la vérité »[549]. L'expertise concerne des vérifications matérielles et peut prendre différentes formes[550]. Elle peut consister en une analyse balistique de la trajectoire d'une balle, en une analyse médicale, psychologique ou encore graphologique[551]. À compter de la demande d'expertise de la partie civile, le juge doit répondre dans un délai d'un mois. La partie civile peut préciser dans sa demande d'expertise, les

543 C.pr.pen.81-1.

544 LOPEZ (G), PORTELLI (S), CLEMENT (S), *Les droits des victimes. Droits, auditions, expertise, clinique*, Dalloz, Coll.Etats de droits, 2e éd, 2007.

545 C.pr.pen.art.82-1.

546 C.pr.pen.art.81.

547 C.pr.pen.art.156.

548 RENUCCI (J.-F), *L'expertise pénale et Convention européenne de sauvegarde des droits de l'homme*, JCP G, 2000, p.227.

549 GARRAUD (R), *Traité d'instruction criminelle et de procédure pénale de 1906 à 1929*, Sirey, vol.1, n°318, cité in GARNOT (B) (Dir.), Les victimes des oubliées de l'histoire ? Presse universitaire de Rennes, 2000.

550 GUERY (C), CROZIER (J.-L), *L'Expertise en matière pénale et les droits de la défense*, RPDP, n°7, 2010; GILBAULT (F), *L'expertise en matière pénale et les droits de la défense*, Séance du 27 mars 2006, Académie des sciences morales et politiques.

551 Cass.crim.6 septembre 2006, pourvoi n°06-80.972, Bull.crim.n°213, AJ pénal 2006, obs.GIRAULT (R); AMBROISE-CASTEROT (C), *Des contradictions dans le contradictoire en matière d'expertise pénale* in Mélanges en l'honneur de Jean François BURGELIN, Principe de justice, Dalloz, 2008, p.27.

questions qu'elle voudrait voir poser à l'expert[552]. Ceci permet à la partie civile de diriger l'expertise. Dès lors que le juge d'instruction a rendu sa décision, le procureur et les avocats des parties reçoivent une simple copie de la décision ordonnant une expertise et disposent d'un délai de dix jours pour demander au juge d'instruction, de modifier ou de compléter les questions posées à l'expert ou d'adjoindre à l'expert ou aux experts déjà désignés un expert de leur choix figurant sur une liste[553]. Dans le cas où le juge d'instruction ne répond pas dans le délai d'un mois, la partie civile peut saisir le président de la chambre de l'instruction qui statue dans les huit jours de la réception de la demande, par une ordonnance non motivée et non susceptible de recours. Le juge d'instruction peut également refuser la demande de l'expertise par une ordonnance motivée qui peut faire l'objet d'un appel par la victime. En revanche, si le juge d'instruction accepte la demande d'expertise de la partie civile, il désigne un expert figurant dans la liste nationale des experts, établie par le bureau de la Cour de cassation ou par les Cours d'appel[554]. Le juge peut, à titre exceptionnel, désigner un expert qui ne figure sur aucune de ces listes par une décision motivée[555]. Le juge d'instruction ne peut désigner qu'un seul expert, sauf si les circonstances le justifient, il peut désigner plusieurs experts d'office ou sur demande de la partie civile[556]. L'expert exerce sa profession sous serment qu'il prête devant la Cour d'appel du lieu où il demeure, en déclarant qu'il doit accomplir sa mission, faire son rapport et donner son avis en son honneur et conscience[557]. Les parties et le ministère public n'ont pas accès au déroulement interne des opérations et ne peuvent pas intervenir spontanément, même lorsqu'elles sont présentes. Elles peuvent uniquement exercer un contrôle sur le déroulement de l'expertise par l'intermédiaire du juge d'instruction[558]. À la fin de l'expertise, le rapport effectué par l'expert ne lie pas le juge qui est libre de suivre ou non l'avis de l'expert et ce rapport est soumis au débat contradictoire entre les parties[559]. En effet, le juge d'instruction transmet aux parties le rapport de l'expert et fixe un délai dans lequel les parties peuvent demander un complément d'expertise, une demande de contre-expertise ou une nouvelle expertise portant sur le même objet. Le juge d'instruction fixe le délai en fonction de la complexité de

---

[552] C.pr.pen.art.156.

[553] C.pr.pen.art.161-1.

[554] C.pr.pen.art.157.

[555] À défaut de motivation de l'ordonnance de désignation, celle-ci est nulle ainsi que l'expertise : cass.crim.25 octobre 1983, Bull.crim.n°267, R.S.C, 1984, obs.ROBERT (J); cass.crim.15 mai 1990, Bull.crim.n°193, cass.crim.26 février 1991, Bull.crim.n°98.

[556] C.pr.pen.art.159.

[557] C.pr.pen.art.168.

[558] BOULOC (B), *Procédure pénale*, Dalloz, coll.Précis Dalloz, 25e éd, novembre 2015.

[559] C.pr.pen.art.427 ; cass.crim.23 janvier 1964, pourvoi n°62-92.440, Bull.crim.n°27 ; cass.crim.28 octobre 1975, pourvoi n°74-93.413, Bull.crim.n°228 ; CROCQ (J.-C), *Le guide des infractions, Le guide pénal 2017*, Dalloz, coll.Guides Dalloz, 18e éd, 2016.

l'expertise, le délai ne peut pas être inférieur à quinze jours ou à un mois s'il s'agit d'une expertise comptable ou financière. Passé ce délai, il ne peut plus être formulé de demande de contre-expertise, de complément d'expertise ou de nouvelle expertise portant sur le même objet, y compris sur le fondement de l'article 82-1, sous réserve de la survenance d'un élément nouveau[560]. En outre, lorsqu'une expertise détermine un trouble psychique ou neuropsychique de nature à conduire à une ordonnance de non-lieu pour irresponsabilité pénale, le juge d'instruction notifie les conclusions de l'expertise à la partie civile et celle-ci peut demander par la suite un complément d'expertise ou une contre-expertise[561] dans un délai de quinze jours à compter de la notification des conclusions de l'expert. La contre-expertise est de droit et doit être confiée à au moins deux experts. Devant la chambre de l'instruction, la partie civile bénéficie également de la possibilité de demander la réalisation de certains actes d'informations complémentaires utiles à la manifestation de la vérité[562].

Ainsi, au stade de l'instruction, le droit à la libre administration de la preuve et le droit de demander la réalisation d'actes, représentent de véritables moyens d'action de la victime en matière d'investigation. Au stade de l'instruction, le droit de contestation de la partie civile représente également un moyen d'action efficace contre l'action ou l'inaction du juge d'instruction.

B. Le moyen d'action de la partie civile contre l'action ou l'inaction du juge d'instruction

Au stade de l'instruction, la partie civile peut contester l'action et l'inaction du juge d'instruction. Ceci représente un véritable moyen d'action de la partie civile qui peut être exercé dans plusieurs cas. Lorsqu'un délai de quatre mois s'est écoulé depuis le dernier acte d'instruction, la partie civile peut agir contre l'inaction du juge d'instruction en saisissant la chambre de l'instruction[563]. Cette dernière décidera par la suite soit de poursuivre elle-même l'information soit de renvoyer le dossier au juge d'instruction initialement saisi ou à un autre juge d'instruction afin de poursuivre l'information[564]. Si le dossier est renvoyé au juge initialement saisi et que ce dernier n'a accompli encore aucun acte dans un délai de deux mois à compter de la date de renvoi, la partie civile peut saisir à nouveau la chambre de l'instruction, dans les mêmes conditions. Dans l'intérêt d'une bonne administration de la justice, la partie civile peut également contester l'action ou l'inaction du juge d'instruction en sollicitant par requête motivée au

---

[560] C.pr.pen.art.167.
[561] C.pr.pen.167-1.
[562] C.pr.pen.art.201.
[563] C.pr.pen.art.221-2.
[564] C.pr.pen.art.201, art.202, art.204 et art.205.

procureur de la République, le dessaisissement du juge d'instruction au profit d'un autre juge d'instruction. Le procureur de la République pourra décider par la suite de saisir ou non le président du tribunal[565]. En outre, la partie civile peut contester l'action ou l'inaction du juge d'instruction ou de jugement en demandant directement à la chambre criminelle de la Cour de cassation, le renvoi de l'affaire devant un autre juge du même degré pour cause de suspicion légitime[566], lorsqu'elle pense qu'il existe un risque de partialité du juge en charge de l'affaire[567]. Puis, au cours de l'instruction, lorsque le juge d'instruction agit, la partie civile peut contester la régularité d'un acte ou une pièce de la procédure par une requête en nullité devant la chambre de l'instruction[568]. En matière d'actions en nullité, la partie civile et le mis en examen disposent des mêmes droits. La requête en nullité de la partie civile est uniquement possible pour des actes de procédure qui ne peuvent pas faire l'objet d'un appel. L'action en nullité exercée par la partie civile peut avoir pour effet de rendre nulle l'action ou la pièce de la procédure attaquée ainsi que la procédure ultérieure.

La requête en nullité permet à la partie civile de faire exclure du débat judiciaire des actes ou des pièces de procédure portant atteinte à ses intérêts[569]. Les actes susceptibles d'être frappés par une requête en annulation doivent être des actes accomplis ou des pièces produites par une autorité judiciaire ou sous son contrôle. Les pièces produites ou les actes accomplis par une partie privée au procès pénal ne constituent pas des actes de procédure qui sont susceptibles d'être annulés même si ces pièces ont été obtenues ou accomplies dans des conditions irrégulières, il appartient seulement aux juges du fond d'en apprécier souverainement l'utilité et la valeur probante[570]. Sous peine d'irrecevabilité, la partie civile peut uniquement effectuer des requêtes en nullité avant sa première audition ou dans les six mois à compter de sa première audition[571]. Il en est de même pour les auditions ultérieures de la partie civile. Une fois que la chambre de l'instruction a été saisie, la partie civile doit soulever toutes les nullités susceptibles d'être retenues par la chambre en l'état de l'information, faute de quoi, elle serait irrecevable à le faire ultérieurement. La requête en nullité de la partie civile doit être motivée, les actes critiqués doivent être précisés[572] et une copie doit être adressée au juge d'instruction qui doit transmettre le

[565] C.pr.pen.art.84.
[566] C.pr.pen.art.662.
[567] Cass.crim.3 novembre 1994, pourvoi n°94-84.753, Bull.crim.n°352; cass.crim.24 janvier 1996, pourvoi n°96 80.226, Bull.crim.n°47; cass.crim.21 août 1990, pourvoi n°90-84.352.
[568] C.pr.pen.art.173.
[569] Cons.const.décision.n°2010-15/23, QPC du 23 juillet 2010, JORF 24 juillet 2010.
[570] MERLE (M), VITU (A), *Traité de droit criminel*, *Procédure pénale*, Vol.2, Cujas, 5e éd, 2001; cass.crim.5 juillet 1993, Bull.crim.n°210, D, 1994, note MASCALIN.
[571] C.pr.pen.art.173-1.
[572] Cass.crim.21 mars 1989, pourvoi n°88-80816, Bull.crim.n°137; Cass.crim.25 septembre 1990, pourvoi n°90-84371.

dossier de la procédure au président de la chambre de l'instruction[573]. Dans sa requête, la partie civile ne peut pas soulever la nullité d'un acte ou d'une pièce de procédure dont la chambre de l'instruction aurait pu constater l'irrégularité à l'occasion d'une précédente saisine, à moins que cette partie n'ait pas pu en avoir connaissance[574]. La Cour de cassation souligne que cette règle s'applique à toutes les parties avisées de la date d'audience de la chambre de l'instruction, c'est-à-dire non seulement aux parties à la procédure, mais également à celles qui n'étaient pas encore dans la procédure au moment de la requête et qui sont devenues parties avant l'audience de la chambre de l'instruction à laquelle elles ont été convoquées[575]. Une fois que la partie civile a déposé une requête en nullité devant la chambre de l'instruction, le président de la chambre de l'instruction effectue un filtrage des requêtes en nullité et dispose de la faculté de statuer dans les huit jours à compter de la réception du dossier, de la recevabilité ou non de la requête présentée par une partie. La décision du président de la chambre de l'instruction sur la recevabilité de la requête est sans recours.

Si le président de la chambre de l'instruction constate l'irrecevabilité de la requête, il renvoie le dossier au juge d'instruction et dans le cas contraire, il transmet le dossier au procureur général afin que le dossier puisse être mis en état[576] et que les parties puissent être convoquées devant la chambre de l'instruction[577]. Outre les actions en nullité qui peuvent être exercées par la partie civile au stade de l'instruction, la partie civile peut agir contre l'action du juge d'instruction ou de la chambre de l'instruction par l'exercice de voies de recours.

Les voies de recours constituent un moyen procédural indispensable pour garantir les droits individuels contre des décisions hâtives ou mal étudiées. Au stade de l'instruction, la partie civile peut exercer deux types de voies de recours tels que l'appel et le pourvoi en cassation. L'appel est une voie de recours qui peut être exercée au stade de l'instruction par la partie civile uniquement contre des ordonnances expressément prévues. Seule la victime constituée partie civile bénéficie du droit de contester l'action du juge d'instruction en interjetant appel. La partie civile peut interjeter appel dans un délai de dix jours à compter de la date de la notification, de la signification de l'ordonnance du juge d'instruction[578] ou à compter de l'expiration du délai d'un mois, délai dans lequel le juge d'instruction n'a pas répondu à une demande[579]. L'absence de réponse du juge d'instruction

---

573 C.pr.pen.art.173.al.3.

574 C.pr.pen.art.174.

575 Cass.crim.30 mai 1996, Bull.Crim.n°226.

576 C.pr.pen.art.194.

577 C.pr.pen.art.197.

578 C.pr.pen.art.186-1.

579 C.pr.pen.art.81; art.82-1; art.82-3, art.156.

dans le délai d'un mois équivaut à un rejet tacite de la demande de la partie civile. Seules certaines ordonnances peuvent faire l'objet d'un appel par la partie civile. Il s'agit des ordonnances de non-informer, de non-lieu, des ordonnances statuant sur la compétence, des ordonnances par lesquelles le juge d'instruction rejette des demandes d'actes complémentaires présentées en application des dispositions des articles 81 et 82-2 du code de procédure pénale, des ordonnances par lesquelles le juge d'instruction refuse de donner l'autorisation à l'avocat de remettre des copies de pièces de la procédure, de l'ordonnance du juge d'instruction condamnant la partie civile au paiement d'une amende civile ou encore des ordonnances faisant grief à ses intérêts civils[580]. La Cour de cassation précise que les ordonnances faisant grief à ses intérêts civils sont celles « portant un préjudice direct aux intérêts de la partie civile »[581].

L'appel de la partie civile peut également porter sur une ordonnance de refus d'une expertise, de refus de complément d'expertise, de refus de contre-expertise, de refus de nomination de plusieurs experts[582] ou encore une ordonnance de refus de restitution d'objets placés sous-main de la justice[583]. La partie civile dispose donc d'un droit de contestation contre l'action du juge d'instruction encadré, car hormis les ordonnances précédemment citées, elle ne peut pas interjeter appel contre les autres ordonnances prises par le juge d'instruction. Par exemple, la partie civile ne peut pas interjeter appel contre une ordonnance ou une disposition d'une ordonnance relative à la détention ou au contrôle judiciaire de la personne mise en examen[584] ou contre une ordonnance de refus d'ouvrir un scellé[585]. L'appel de la partie civile est tout d'abord porté devant le président de la chambre de l'instruction. Ce dernier a un rôle de contrôle de l'appel et décide par ordonnance motivée, dans un délai de huit jours à compter de la réception du dossier par le greffe de la chambre de l'instruction, s'il y a lieu de saisir la chambre de l'instruction, de renvoyer l'affaire devant le juge d'instruction saisi initialement ou à un autre juge d'instruction du ressort afin de poursuivre l'information[586]. L'ordonnance rendue par le président de la chambre de l'instruction est susceptible de recours. Si le président de la chambre de l'instruction décide de saisir la chambre de l'instruction, il transmet le dossier au procureur général qui procède à ses réquisitions[587]. La

---

[580] C.pr.pen.art.186; art.186-1.
[581] Cass.crim.1er décembre 1964, Bull.crim.n°318; cass.crim.23 décembre 1969, Bull.crim.n°362; cass.crim.9 janvier 1973, Bull.crim.n°9; cass.crim.15 février 1983, Bull.crim.n°54.
[582] C.pr.pen.art.156 et art.167.
[583] C.pr.pen.art.99.
[584] C.pr.pen.art.186.
[585] Cass.crim.20 février 1953.
[586] C.pr.pen.art.186-1.
[587] C.pr.pen.art.194.

chambre de l'instruction peut décider de confirmer l'ordonnance du juge d'instruction, d'évoquer ou de renvoyer le dossier au juge d'instruction, ou à un autre magistrat instructeur[588]. L'évocation de la chambre de l'instruction signifie que la chambre de l'instruction n'est pas tenue uniquement de statuer sur les points de faits et de droit qui font l'objet de l'appel, mais de l'entier dossier.

La chambre de l'instruction peut ordonner des actes d'informations complémentaires qu'elle juge utiles[589]. En outre, la partie civile peut contester la décision de la chambre de l'instruction par le pourvoi en cassation. Autrefois, l'article 575 du Code de procédure pénale accordait à la partie civile le droit de se pourvoir en cassation contre les arrêts de la chambre de l'instruction qu'à la condition que le ministère public se pourvoit en cassation.

Seules certaines ordonnances rendues par la chambre de l'instruction pouvaient faire l'objet d'un pourvoi de la partie civile sans le pourvoi du ministère public. L'article 575 privait la partie civile de la possibilité de contester seule, les autres décisions de la chambre de l'instruction non citées[590]. Par conséquent, cette disposition a été abrogée par une décision du Conseil constitutionnel du 23 juillet 2010[591]. Dans cette décision, le Conseil constitutionnel a considéré que l'article 575 apportait une restriction injustifiée aux droits de la défense à l'égard de la partie civile. Puis, le Conseil constitutionnel souligna l'incohérence du législateur qui autorisait la partie civile à interjeter appel contre une ordonnance de non-lieu et qui lui interdisait de se pourvoir en cassation seule contre la même décision, sans le pourvoi du ministère public[592]. Désormais, l'article 567 du code de procédure pénale permet à la partie civile de se pourvoir en cassation seule contre toutes décisions de la chambre de l'instruction, sans l'approbation du ministère public, dès lors que la décision lui fait grief.

Parmi les différentes étapes du procès pénal, l'instruction est l'étape qui offre à la victime constituée partie civile l'opportunité de faire valoir efficacement ses droits par l'exercice de nombreux moyens d'action. Les droits et les moyens d'action concédés à la victime constituée partie civile

---

[588] C.pr.pen.art.207.

[589] C.pr.pen.art.221-2 al 3 et art.201 al 2 et 3.

[590] LACROIX (C), *L'accès à la chambre criminelle de la Cour de cassation par les parties civiles : de la nécessité de modifier l'article 575 du code de procédure pénale*, Dr.pén, 2007, Étude 2.

[591] Cons.const.décision.n°2010-15/23, QPC du 23 juillet 2010, JORF 24 juillet 2010. Dans cette décision, le Conseil constitutionnel abrogea l'article 575 du code de procédure pénale en se fondant sur l'article 6 de la convention européenne de sauvegarde des droits de l'homme (CESDH) qui prévoit le droit d'accès au juge, sur l'article 13 de la CESDH qui prévoit le droit pour toute personne à un recours effectif devant une instance nationale et sur l'article 6 et 16 de la Déclaration des droits de l'homme de 1789.

[592] BARTHELEMY (J), BORE (L), *Le principe constitutionnel d'égalité devant la justice depuis le 1er mars 2010*, D.2011, p.275.

permettent à celle-ci d'affirmer sa qualité de partie à la procédure et sa place à part entière dans le procès pénal. Une fois terminée, la phase préparatoire du procès pénal, autrement dit la phase de l'enquête, qu'elle soit diligentée par le procureur de la République ou par le juge d'instruction, est suivie de la phase de jugement si une juridiction de jugement est saisie.

SECTION SECONDE. L'intégration de la victime au stade du jugement du procès pénal

Le jugement est la phase qui commence à partir de l'audience du jugement et qui se termine lorsque la décision devient irrévocable. Cette phase permet d'ouvrir une discussion sur les preuves qui ont été apportées au dossier lors de l'enquête, de débattre sur la responsabilité pénale du prévenu et sur la mesure appropriée à sa responsabilité[593]. Lors de la phase du jugement, la victime peut participer activement à la procédure (Paragraphe 1) et une fois que la juridiction de jugement a rendu une décision, la victime peut la contester par l'exercice des voies de recours (Paragraphe 2).

PARAGRAPHE 1. La participation active de la victime lors de la phase du jugement

Lors de la phase du jugement, la victime dispose d'un droit à l'information qu'elle peut exercer si elle respecte certaines obligations (A). La victime dispose également de certains moyens d'action qui lui permettent de participer activement au déroulement de la procédure (B).

A. Les obligations et le droit à l'information de la victime au stade du jugement

1. Les exigences de comparution ou de représentation incombant à la partie civile en vue de l'exercice de ses droits

Devant les juridictions de jugement, les exigences de comparution et de représentation sont différentes entre la victime et la personne poursuivie. Devant tous les types de juridictions de jugement, que cela soit devant la Cour d'assises, le tribunal correctionnel ou le tribunal de police, la personne poursuivie est tenue de comparaître[594] même si elle est assistée d'un avocat. Toutefois, devant le tribunal correctionnel et le tribunal de police, la personne poursuivie peut ne pas comparaître et être uniquement assistée

---

593 MERLE (M), VITU (A), *Traité de droit criminel, Procédure pénale*, Vol.2, Cujas, 5e éd, 2001; CONTE (Ph), MAISTRE DU CHAMBON (P), *Procédure pénale*, Armand Colin, coll.Colin U, 5e éd, 2012.

594 C.pr.pen.art.317 et art.319 pour la cour d'assises, art.410 pour le tribunal correctionnel, art.544 pour le tribunal de police.

d'un avocat si elle fournit une excuse reconnue valable par la juridiction devant laquelle elle est appelée[595].

Contrairement à la personne poursuivie, la victime constituée partie civile n'est pas tenue de comparaître, sa présence personnelle à l'audience est une simple faculté à laquelle elle peut renoncer et n'est pas tenue d'expliquer les raisons de son absence[596]. La partie civile peut décider ou non de se faire représenter à l'audience par son avocat[597]. Lorsque la partie civile décide de se faire représenter par un avocat, le jugement est contradictoire, mais lorsque la victime n'est ni présente, ni représentée à l'audience, le jugement rendu n'est pas contradictoire[598], il est rendu par défaut, car ses intérêts civils en pâtissent. Dans ce dernier cas, il est considéré que la victime se désiste de sa constitution de partie civile[599]. Il s'agit d'une présomption simple de désistement résultant de l'absence de la victime. Cette présomption peut être renversée par la preuve contraire. La jurisprudence précise qu'il ne suffit pas d'une simple allégation pour renverser la présomption[600]. Par exemple, il a déjà été jugé que le défaut de comparution de la partie civile ne préjugeait pas de son désistement de constitution de partie civile dès lors qu'elle n'avait pas manifesté l'intention d'abandonner la procédure et que l'absence avait pour origine un mépris quant à la date de convocation[601]. La présomption de désistement ne s'applique que devant les juridictions de jugement de premier degré[602]. Dès lors que la partie civile est réputée s'être désistée, la partie civile n'est plus une partie au procès, elle ne peut plus exercer son action civile devant les juridictions répressives, mais uniquement devant les juridictions civiles[603].

La présence et la représentation de la partie civile lors de l'audience ne sont donc qu'une simple faculté, mais nécessaires pour faire valoir ses intérêts. Il appartient au prévenu de demander au tribunal qu'il soit donné acte du désistement de la partie civile. Le tribunal peut également constater d'office le désistement de la partie civile incidente qui ne comparaît pas ou qui n'est pas représentée[604]. Par ailleurs, il existe une distinction entre la victime qui s'est constituée partie civile par voie d'action et la victime qui

---

[595] C.pr.pen.art.410 devant le tribunal correctionnel, art.544 devant le tribunal de police.

[596] C.pr.pen.art.420-1.

[597] C.pr.pen.art.418 al.2.

[598] C.pr.pen.art.487 devant le tribunal correctionnel, art.536 et art.544 devant le tribunal de police.

[599] C.pr.pen.art.425.

[600] CA.Chambéry, 14 octobre 1965, JCP G, 1966.

[601] CA.Paris, 9 juillet 1991, Juris.Data.n°023537.

[602] Cass.crim.24 juillet 1967, Bull.crim.n°228; Cass.crim.26 mars 1968, Bull.crim.n°101; Cass.crim.27 avril 1968, Bull.crim.n°127; cass.crim.11 mai 1977, Bull.crim.n°268; Cass.crim.11 mars 1992, pourvoi n°91-82162, Bull.crim.n°109; cass.crim.17 juillet 1973, Bull.crim.n°329; Cass.crim.18 juin 1975, Bull.crim.n°157.

[603] C.pr.pen.art.426.

[604] Cass.crim.6 janvier 1962 .Bull.crim.n°1.

s'est constituée partie civile par voie d'intervention. Lorsque la victime s'est constituée partie civile par voie d'action et qu'elle n'est ni présente, ni représentée à l'audience, le jugement est rendu par défaut et le tribunal n'est tenu de statuer sur l'action publique que s'il en est en requis par le ministère public[605]. Puis, lorsque la victime s'est constituée partie civile par voie d'intervention uniquement sur ses intérêts civils en adressant une lettre recommandée au tribunal, elle n'est pas tenue de comparaître et en cas d'absence, le jugement n'est pas rendu par défaut[606]. Dans ce cas, le jugement rendu par défaut n'est retenu que lorsque le parquet a déclenché l'action publique et que la partie civile s'y est associée[607].

Après un jugement rendu par défaut, la partie civile qui souhaite redevenir une partie à l'instance peut agir par l'opposition[608]. L'opposition est une voie de recours spécifique qui consiste à juger à nouveau l'affaire comme si elle n'avait jamais été jugée auparavant.

Dès lors que la victime constituée partie civile respecte les exigences de comparution et de représentation requises devant chaque type de juridiction de jugement, elle peut faire valoir ses droits. Par ailleurs, le droit à l'information dont bénéficie la victime permet à celle-ci de participer au stade du jugement.

2. Le droit à l'information de la victime

Au stade du jugement du procès pénal, le droit à l'information octroyé à la victime constituée partie civile est conforme au principe du contradictoire. Le droit à l'information octroyé à la victime constituée partie civile garantit un équilibre procédural avec la personne poursuivie.

Devant la cour d'assises, la partie civile peut bénéficier de différentes informations. La partie civile bénéficie du droit d'être informée par signification de la liste des personnes que l'accusé souhaite faire entendre en qualité de témoins[609], le plus rapidement possible, au moins vingt-quatre heures avant l'ouverture des débats. La partie civile bénéficie, dans les mêmes conditions, du droit d'être informée des noms des experts appelés à rendre compte des travaux dont ils ont été chargés au cours de l'information[610]. En outre, devant la cour d'assises, le principe du

---

[605] C.pr.pen.art.425.

[606] C.pr.pen.art.420-1 devant le tribunal correctionnel et art.536 devant le tribunal de police et la juridiction de proximité.

[607] MERLE (M), VITU (A), *Traité de droit criminel*, *Procédure pénale*, Vol.2, Cujas, 5e éd, 2001.

[608] C.pr.pen.art.493 pour le tribunal correctionnel, art.545 pour le tribunal de police et la juridiction de proximité; MERLE (M), VITU (A), *Traité de droit criminel*, *Procédure pénale*, Vol.2, Cujas, 5e éd, 2001.

[609] C.pr.pen.art.550 et s.

[610] C.pr.pen.art.281; ANGEVIN (H), LE GALL (H.-C), *La pratique de la cour d'assises*, LexisNexis, coll.Droit et professionnels, 5e éd, 2012.

contradictoire est pleinement respecté puisque la victime peut être informée du déroulement de la procédure en ayant accès au dossier. La partie civile peut non seulement consulter le dossier de la procédure, mais également se faire délivrer une copie des pièces du dossier de la procédure[611]. Si le président de la cour d'assises a fait procéder à un supplément d'information, les procès-verbaux et les autres pièces réunis au cours du supplément d'information sont également mis à la disposition de la partie civile[612]. La forme et la date de la remise des pièces aux parties privées ne sont pas précisées. Conformément au principe du contradictoire, la remise des pièces doit intervenir suffisamment tôt avant l'ouverture des débats[613]. Toutefois, si les parties ne reçoivent pas les documents, cela n'est pas sanctionné par la nullité de la procédure ultérieure. Dès l'ouverture des débats, le contenu du dossier est exposé publiquement, oralement, et débattu contradictoirement.

Devant le tribunal correctionnel et le tribunal de police, dès lors que le dossier est en état d'être jugé et que ces juridictions de jugement sont saisies, la victime qui a porté plainte doit être avisée de la date de l'audience[614].

Lorsque la victime ne comprend pas la langue française, elle dispose du droit de demander une traduction de l'avis d'audience. À titre exceptionnel, une traduction orale ou un résumé oral peuvent être effectués. Devant le tribunal correctionnel[615], en cas de poursuites par citation ou convocation, les avocats des parties peuvent consulter le dossier de la procédure au greffe du tribunal de grande instance dès la délivrance de la citation ou au plus tard deux mois après la notification de la convocation. À leur demande, les parties ou leurs avocats respectifs peuvent se faire délivrer une copie des pièces du dossier. Si le dossier a fait l'objet d'une numérisation, cette copie est remise sous forme numérisée, le cas échéant par un moyen de télécommunication selon les modalités prévues à l'article 803-1. La délivrance de cette copie intervient dans le mois qui suit la demande. Toutefois, en cas de convocation en justice et si la demande est faite moins d'un mois après la notification de la convocation, cette délivrance intervient au plus tard deux mois après cette notification. La délivrance de la première copie de chaque pièce du dossier est gratuite. Toutefois, en cas de supplément d'information effectué par la juridiction de jugement, seul le procureur de la République peut obtenir la communication du dossier de la procédure, à tout moment du supplément d'information[616]. Devant le tribunal

---

[611] C.pr.pen.art.279.
[612] C.pr.pen.art.284.
[613] La remise des pièces est faite par le greffier, contre récépissé qui devra figurer au dossier, pour faire la preuve de l'exécution de cette formalité.
[614] C.pr.pen.art.391 pour le tribunal correctionnel et art.533 pour le tribunal de police.
[615] C.pr.pen.art.388-4.
[616] C.pr.pen.art.463, art.538.

de police, la victime constituée partie civile peut consulter le dossier dans les mêmes conditions que celles requises devant le tribunal correctionnel[617].

Au stade du jugement, le droit à l'information accordé à la victime permet à celle-ci de ne pas être mise à l'écart et de participer à la procédure par divers moyens d'action qui sont mis à sa disposition.

B. Les moyens d'action de la victime au stade du jugement

Au stade du jugement, la victime constituée partie civile peut intervenir par écrit et par oral. Par ailleurs, son intervention est facilitée par divers moyens comme le recours à un interprète, à un traducteur et à l'enregistrement audiovisuel.

1. Les moyens d'intervention écrits et oraux de la victime

La victime constituée partie civile peut participer au stade du jugement de manière active par écrit et par oral. S'agissant de sa participation écrite devant la cour d'assises, le tribunal correctionnel et le tribunal de police, la partie civile peut intervenir par écrit en déposant des conclusions pour y exposer ses prétentions[618]. Les communications préalables des conclusions devant les juridictions répressives ne sont nullement obligatoires. Comme pour la personne poursuivie, si la partie civile décide d'écrire des conclusions, elles doivent être datées et signées sinon les juges ne seront pas tenus d'y répondre[619]. Les juges sont tenus de répondre à tous les chefs de conclusions. Devant le tribunal correctionnel et le tribunal de police, la victime peut par voie de conclusions se constituer partie civile[620], demander l'accomplissement de certains actes matériels comme la réalisation d'une expertise[621] ou un transport sur un lieu en vue de la recherche de la vérité[622]. Devant la cour d'assises, la partie civile ne peut effectuer ces demandes que dans le cas où le président ordonne un complément de l'instruction[623]. Devant le tribunal correctionnel et le tribunal de police, en l'absence d'instruction préparatoire, la partie civile peut soulever, avant toute défense au fond, les exceptions tirées de la nullité de la procédure antérieure[624].

S'agissant du droit de participation orale de la victime constituée partie civile, celle-ci peut exercer ce droit devant la cour d'assises, le tribunal

---

[617] C.pr.pen.art.533, art.388-4.

[618] C.pr.pen.art.315 devant la cour d'assises, art.459 devant le tribunal correctionnel, art.534 devant le tribunal de police.

[619] Cass.crim.8 juin 1994, pourvoi n°93-83.548, Bull.crim.n°229 ; Cass.ass.plén.2 décembre 2005, pourvoi n°96-81.553, Bull.crim.n°3.

[620] C.pr.pen.art.420-1 devant le tribunal correctionnel, art.536 devant le tribunal de police.

[621] C.pr.pen.art.434 devant le tribunal correctionnel, art.536 devant le tribunal de police.

[622] C.pr.pen.art.456 devant le tribunal correctionnel, art.536 devant le tribunal de police.

[623] C.pr.pen.art.283.

[624] C.pr.pen.art.385 devant le tribunal correctionnel et art.522 devant le tribunal de police.

correctionnel et le tribunal de police. Devant la cour d'assises, la partie civile doit être entendue lors des débats sur l'action civile[625]. L'audition de chaque partie doit être constatée, à défaut, la procédure est prescrite à peine de nullité[626]. Devant le tribunal correctionnel et le tribunal de police, la partie civile est entendue à sa demande[627].

Les parties bénéficient d'un droit de parole selon un ordre d'intervention. La partie civile a la parole en premier, puis le ministère public et enfin la personne poursuivie. Le droit de parole de la victime lors de l'audience permet d'éviter une victimisation secondaire[628]. Comme dans la phase de l'instruction, dans la phase du jugement, si la victime constituée partie civile est entendue, elle échappe aux poursuites pour faux témoignage, car elle ne peut pas être entendue comme témoin et ne prête pas serment[629]. Le fait que la partie civile ne soit pas soumise à l'obligation de prêter serment lui permet d'être confrontée à la personne poursuivie « à armes égales » et facilite son intervention orale. En outre, devant la cour d'assises, le tribunal correctionnel et le tribunal de police, la partie civile peut poser, par l'intermédiaire du président ou avec l'autorisation du président par l'intermédiaire de son avocat, des questions à la personne poursuivie, aux témoins qu'elle peut faire citer et à toute personne appelée à la barre[630]. L'avocat et le président de la juridiction constituent des intermédiaires nécessaires au bon déroulement des débats et permettent d'éviter des tensions entre les parties en présence. Après chaque déposition d'un témoin, la partie civile peut également demander au président d'ordonner qu'un témoin se retire momentanément de la salle d'audience pour qu'elle soit à nouveau entendue[631].

Le droit à l'intervention écrite et orale de la victime constituée partie civile permet à cette dernière de participer activement au procès pénal. Certains moyens facilitent notamment son intervention comme le recours à un interprète, à un traducteur et à l'enregistrement audiovisuel.

---

[625] C.pr.pen.art.345 devant la cour d'assises.

[626] Cass.crim.9 octobre 1962, Bull.crim.n°236; cass.crim.15 mars 1998, Bull.crim.n°110; cass.crim.13 décembre 2000, Bull.crim.n°269; cass.crim.4 décembre 2002, pourvoi n°02-82.334.

[627] C.pr.pen.art.460 devant le tribunal correctionnel, art.436 devant le tribunal de police.

[628] Le droit à être entendu est considéré comme essentiel pour la reconstruction de la victime : CARIO (R), *Terrorisme et droit des victimes*, in SOS ATTENTATS, DOUCET (G) (Dir), Terrorisme, victimes et responsabilité pénale internationale, Calmann-Lévy, coll.Sciences et techniques, 2003, p.349; LOPEZ (G), PORTELLI (S), CLEMENT (S), *Les droits des victimes. Droits, auditions, expertise, clinique*, Dalloz, Coll.Etats de droits, 2e éd, 2007, p.85.

[629] C.pr.pen.art.152, art.335 et art.422.

[630] C.pr.pen.art.312 devant la cour d'assises, art.442-1 devant le tribunal correctionnel, art.536 devant le tribunal de police.

[631] C.pr.pen.art.338 devant la cour d'assises, art.454 devant le tribunal correctionnel, art.536 devant le tribunal de police.

2. Les moyens facilitant l'intervention de la victime : l'assistance d'un interprète, d'un traducteur et l'enregistrement audiovisuel des auditions

Le droit à l'assistance d'un interprète et à la traduction a été consacré par la loi du 15 juin 2000, à l'égard de la personne poursuivie et de la partie civile. Devant la cour d'assises, le tribunal correctionnel et le tribunal de police, afin de faciliter l'intervention écrite et orale de la victime constituée partie civile, le président doit nommer d'office un interprète si la partie civile ne parle pas suffisamment français ou s'il est nécessaire de traduire un document versé aux débats[632]. L'interprète doit prêter serment, avoir plus de vingt et un ans et peut être récusé. La traduction doit intervenir dans un délai raisonnable pour permettre l'exercice des droits de la partie civile. Ce délai varie en fonction de la langue dans laquelle les documents doivent être traduits, du nombre et de la complexité des documents à traduire. Le président peut également nommer d'office un interprète en langage des signes si la partie civile est atteinte de surdité ou toute personne qualifiée maîtrisant un langage ou une méthode permettant de communiquer avec les sourds[633].

La loi du 17 août 2015 portant adaptation de la procédure pénale au droit de l'Union européenne[634], a renforcé le droit à un interprète et à un traducteur à l'égard de la partie civile en prévoyant à l'article 10-3 du code de procédure pénale un droit général de la partie civile à l'assistance d'un interprète tout au long de la procédure pénale, un droit d'obtenir la traduction dans une langue qu'elle comprend ainsi que des informations indispensables à l'exercice de ses droits. Un élan vers le respect de l'égalité des armes entre la partie civile et la personne poursuivie est manifeste, mais certains déséquilibres persistent. Le droit à l'assistance d'un interprète et le droit à la traduction ont été consacrés à l'égard de la personne poursuivie en tant que principe directeur de la procédure pénale dans l'article préliminaire du code de procédure pénale tandis que ces droits restent toujours consacrés à l'égard de la partie civile de manière éparse dans le code de procédure pénale.

En outre, la partie civile ne peut bénéficier d'un droit à la traduction uniquement pour certaines pièces de la procédure. Comme la Cour européenne des droits de l'homme[635], le droit français distingue le droit à un interprète du droit à la traduction et refuse de reconnaître l'existence d'un droit général à la traduction de tout le dossier de la procédure. Un décret du

---

[632] C.pr.pen.art.344 devant la cour d'assises, art.407 devant le tribunal correctionnel, art.535 devant le tribunal de police.

[633] C.pr.art.345 devant la cour d'assises, art.408 devant le tribunal correctionnel, art.535 devant le tribunal de police.

[634] Loi n° 2015-993 du 17 août 2015 portant adaptation de la procédure pénale au droit de l'Union européenne, JORF n°0189 du 18 août 2015, p.14331, texte n° 2.

[635] CEDH, Affaire Kamasinski.c/ Autriche, 19 décembre 1989, Req.n° 9783/82.

26 février 2016[636] énumère les pièces pouvant faire l'objet d'une traduction à la demande de la partie civile ou d'office par le procureur de la République, la juridiction d'instruction ou la juridiction de jugement saisie. D'après ce décret, seules les décisions de classement sans suite, les ordonnances de non-lieu, les décisions de condamnation, de relaxe ou d'acquittement peuvent faire l'objet d'une traduction. La traduction de ces documents ne peut porter que sur les passages les plus pertinents pour permettre à la partie civile d'exercer ses droits. Les passages pertinents de ces documents sont déterminés, selon le stade de la procédure, par le procureur de la République, par le juge d'instruction ou par la juridiction de jugement saisie.[637] Le droit à l'assistance d'un interprète et le droit à la traduction dont peut bénéficier la victime constituée partie civile, facilitent ainsi sa participation dans le procès pénal. D'autres moyens comme l'enregistrement par audioconférence ou audiovisuel de l'intervention orale de la victime facilitent la participation de cette dernière au procès pénal devant une cour d'assises. Au stade du jugement, lorsque la victime est entendue à l'audience, elle revit les évènements constitutifs de l'infraction, cette situation est souvent éprouvante pour la victime. Par conséquent, afin d'éviter à la victime de répéter devant une Cour d'assises, les faits qu'elle a exposés auparavant, le président de la Cour d'assises peut d'office décider de conduire les débats, en tout ou partie, sous forme d'enregistrements sonores. La victime, qu'elle soit constituée partie civile ou non, peut également demander au président de la cour d'assises d'autoriser que son audition ou sa déposition s'effectue à l'aide d'un enregistrement audiovisuel[638]. L'enregistrement audiovisuel également appelé la visioconférence est un outil de communication en plein essor au sein de l'institution judiciaire[639]. Il s'agit d'un outil supplémentaire de communication, pas d'un outil de substitution, le principe reste l'audition physique de la victime. Le recours à la visioconférence doit rester facultatif.

Le législateur entend limiter l'utilisation des enregistrements sonores des auditions de la victime à la stricte nécessité et non à la simple utilité. La visioconférence apparaît également comme un bon moyen à l'égard des personnes à mobilité réduite. Comme la personne poursuivie, lors de la visioconférence, si la victime est assistée d'un avocat, ce dernier peut se trouver auprès du magistrat de la juridiction ou auprès de l'intéressé. Dans le cas où l'avocat se trouve auprès du magistrat, il doit pouvoir s'entretenir au préalable avec la victime de manière confidentielle, en utilisant le moyen de télécommunication audiovisuelle. Puis, dans le cas où l'avocat se trouve auprès de la victime, une copie de l'intégralité du dossier doit être mise à la

---

[636] Décret n°2016-214 du 26 février 2016 relatif aux droits des victimes, JORF n°0050 du 28 février 2016, texte n° 14; Décret n°2016-241 du 3 mars 2016 relatif aux attributions déléguées à la secrétaire d'État chargée de l'aide aux victimes, JORF n°0054 du 4 mars 2016.
[637] C.pr.pen.art.D.594-14.
[638] C.pr.pen.art.308.
[639] C.pr.pen.art.706-71.

disposition de la victime dans les locaux où se déroule la visioconférence. Tout incident ou manquement lors de l'enregistrement audiovisuel doit être formellement signalé par l'avocat si ce dernier souhaite s'en prévaloir ultérieurement[640]. Au stade du jugement, la victime ne dispose pas uniquement de moyens d'action avant le jugement, elle en dispose également après le jugement par l'exercice d'un droit de contestation contre les décisions rendues par la juridiction de jugement.

PARAGRAPHE 2. Le droit de contestation de la victime contre les décisions rendues par la juridiction de jugement

Le droit de contestation est un moyen d'action dont dispose la victime constituée partie civile contre les décisions de jugement et qui peut s'exercer par différentes voies de recours. Les différentes voies de recours mises à la disposition de la partie civile sont l'opposition, l'appel et le pourvoi en cassation. L'opposition est une voie de recours spécifique qui consiste à juger à nouveau l'affaire comme si elle n'avait jamais été jugée auparavant. Cette voie de recours est largement ouverte à la partie civile (A). L'appel et le pourvoi en cassation sont d'autres voies de recours contre les décisions de jugement qui permettent « un nouvel examen des procès déjà jugés, en vue de la modification totale ou partielle ou l'annulation des décisions attaquées »[641]. Ces voies de recours sont restrictivement ouvertes à la partie civile (B).

A. L'opposition : une voie de recours largement ouverte à la victime

Eu égard à ce qui a été précédemment abordé[642], l'opposition est une voie de recours qui peut être exercée par la partie civile contre un jugement rendu par défaut. L'opposition est une voie de recours qui permet à la partie civile de contester un jugement qui a été rendu par défaut par une juridiction de premier degré tels que le tribunal correctionnel et le tribunal de police[643]. L'opposition suppose que la décision rendue par défaut n'ait pas été déjà frappée d'appel. L'opposition est également possible contre un arrêt rendu par défaut par la cour d'appel[644] et contre un arrêt rendu par défaut par la Cour de cassation. La voie de l'opposition n'est ouverte à l'égard de la partie civile que lorsque les dispositions de la décision rendue par défaut font grief

[640] Cass.crim.20 novembre 2012, pourvoi n°12-85.997.
[641] MERLE (M), VITU (A), *Traité de droit criminel, Procédure pénale*, Vol.2, Cujas, 5e éd, 2001.
[642] Le jugement par défaut a été abordé dans la section seconde, paragraphe 1, A, 1 « Les exigences de comparution ou de représentation incombant à la partie civile en vue de l'exercice de ses droits ».
[643] C.pr.pen.art.487 devant le tribunal correctionnel et art.544 devant le tribunal de police.
[644] C.pr.pen.art.493 devant le tribunal correctionnel, art.545 devant le tribunal de police.

à ses intérêts civils. Si les parties résident en France métropolitaine, que cela soit le prévenu ou la partie civile, elles peuvent former opposition du jugement par défaut dans un délai de dix jours à compter de la signification du jugement. Dans le cas contraire, ils disposent d'un délai d'un mois[645]. L'opposition n'est soumise à aucune forme particulière, elle doit être faite devant le tribunal qui a rendu le jugement par défaut. La partie civile qui forme opposition, doit faire signifier son recours par acte d'huissier au prévenu et au civilement responsable afin de faire tomber la présomption de désistement et permettre au tribunal de statuer sur ses intérêts civils. La partie civile ne doit pas notifier son recours au ministère public. Toutefois en cas de citation directe, si la partie civile n'a pas comparu et que le ministère public n'a pas transmis de réquisitions sur l'action publique, le tribunal ayant rendu un jugement par défaut constatant son désistement, la partie civile doit faire signifier son opposition au prévenu, au civilement responsable et au ministère public afin que le tribunal soit simultanément saisi de l'action publique et de l'action civile[646]. Dès lors que l'opposition est formée, l'opposition a tout d'abord un effet suspensif de l'exécution du jugement par défaut, puis, un effet extinctif du jugement rendu par défaut qui devient nul et non avenu dans toutes ses dispositions aussi bien civiles que pénales[647].

Toutefois, si la partie civile a obtenu une provision sur des dommages-intérêts à évaluer ultérieurement, cette partie de la décision reste exécutoire malgré l'opposition[648]. L'opposition entraîne une nouvelle saisine de la juridiction qui avait déjà statué. La juridiction juge à nouveau et les débats reprennent comme s'ils n'avaient pas existé[649]. L'opposition à un jugement par défaut interrompt la prescription de la peine et constitue le point de départ d'un nouveau délai de prescription de l'action publique.

Ainsi, la partie civile peut contester un jugement rendu par défaut à son égard, par un moyen d'action efficace tel que l'opposition. La partie civile peut également contester les décisions rendues par les juridictions de jugement, par la voie de recours de l'appel et du pourvoi en cassation. Ces voies de recours peuvent être exercées par la partie civile, mais de manière restrictive.

---

645 C.pr.pen.art.491 devant le tribunal correctionnel, art.545 devant le tribunal de police.

646 C.pr.pen.art.425, al.2; cass.crim.3 juin 2004, pourvoi n°03-87.092.

647 C.pr.pen.art.489 et 545.

648 C.pr.pen.art.464 devant le tribunal correctionnel ; art.545 devant le tribunal de police.

649 C.pr.pen.art.489 à art.495 devant le tribunal correctionnel, art.545 devant le tribunal de police; BLANCHOT (A), *Tribunal correctionnel-opposition-itératif défaut*, JCP, JCl.Procédure pénale, 1er janvier 2007.

B. L'appel et le pourvoi en cassation : deux voies de recours restrictivement ouvertes à la victime

L'appel est une voie de recours ordinaire qui peut être exercée devant les juridictions de second degré et la cassation est une voie de recours extraordinaire qui peut être exercée devant la Cour de cassation. Le champ d'action de la victime par ces voies de recours est assez limité. L'appel est une voie de recours ordinaire qui permet de faire rejuger une affaire en fait et en droit. Toute décision de justice peut être entachée d'erreurs de fait et de droit. Il est donc nécessaire de donner aux parties les moyens de lutter contre ces risques en leur permettant de refaire juger l'affaire[650]. Conformément à la Convention européenne de sauvegarde des droits de l'homme[651], la règle du double degré de juridiction est un principe essentiel en droit processuel français qui vise à garantir les droits des parties.

La voie de recours de l'appel est ouverte à la victime constituée partie civile en matière contraventionnelle, délictuelle et criminelle[652]. Toutefois, le champ d'action de la partie civile en matière d'appel est limité puisqu'elle peut uniquement interjeter appel sur les dispositions civiles de l'arrêt attaqué. L'appel interjeté par la partie civile ne peut pas aggraver son sort[653] et ne peut avoir aucun effet sur l'action publique, autrement dit sur les dispositions pénales de la décision attaquée relatives à la culpabilité ou à la peine[654]. Seuls le prévenu, l'accusé, les administrations publiques lorsqu'elles exercent l'action publique, le procureur de la République et le procureur général disposent d'un droit d'appel général et peuvent interjeter appel sur les dispositions pénales et civiles de la décision attaquée[655]. Lorsque la partie civile interjette appel, elle peut contester la décision des juges de première instance qui l'a déboutée de sa constitution de partie civile, de ses demandes ou elle peut contester la décision qui lui a alloué des dommages et intérêts dont le montant ne la satisfait pas. La partie civile ne peut pas faire de nouvelles demandes, mais elle peut demander une augmentation des dommages et intérêts pour le préjudice souffert depuis la première décision[656]. En cas de jugement de relaxe ou d'acquittement non suivi d'un appel du parquet, la partie civile ne perd pas son droit de faire

---

650 BOULOC (B), *Procédure pénale*, Dalloz, coll.Précis Dalloz, 25e éd, novembre 2015.

651 Art.2.1 du Protocole n°7 de la Conv.EDH du 22 novembre 1984 ratifié par la France le 17 février 1986, entré en vigueur en France le 1er novembre 1988. Cette règle est également affirmée par l'article 14-5 du Pacte international relatif aux droits civils et politiques, adopté par l'Assemblée générale des Nations unies le 16 décembre 1966.

652 C.pr.pen.art.546 en matière contraventionnelle, art.497 en matière correctionnelle, art.380-2 en matière criminelle.

653 C.pr.art.380-6.

654 Cass.crim.20 décembre 1956, Bull.crim.n°864.

655 C.pr.pen.art.546 en matière contraventionnelle, 497 en matière délictuelle, art.380-2 en matière criminelle.

656 C.pr.pen.art.549 en matière contraventionnelle, art.515 en matière délictuelle, art.380-6 en matière criminelle.

appel. Toutefois, en l'absence de responsable pénal de son dommage, il lui appartiendra de démontrer qu'il existe à l'encontre de la personne relaxée ou acquittée des preuves de la commission d'une faute civile lui ayant causé un dommage et justifiant l'octroi d'une indemnisation.

La partie civile peut interjeter deux types d'appel à savoir l'appel principal et l'appel incident. En matière d'appel principal, la partie civile dispose du même délai que les autres parties pour interjeter appel, c'est-à-dire dix jours à compter du prononcé du jugement contradictoire[657]. Toutefois, lorsque la partie civile n'était pas présente ou pas représentée à l'audience le jour où le jugement a été prononcé et que son représentant ou elle-même n'ont pas été informés du jour où le jugement a été prononcé, le délai de dix jours ne court qu'à compter de la signification de l'arrêt, quel qu'en soit le mode. À la différence de l'appel principal, l'appel incident interjeté par la partie civile consiste à se joindre à l'appel principal interjeté par une autre partie. La partie civile qui interjette un appel incident est appelée intimé puisqu'elle réplique à l'appelant principal.

En cas d'appel incident, la partie civile a un délai de cinq jours pour agir à compter de la déclaration de l'appel principal[658]. L'appel principal doit être régulier pour que l'appel incident soit recevable. L'appel incident n'est plus recevable si l'appelant principal se désiste[659]. La voie de recours de l'appel est donc ouverte à la victime pour contester les décisions des juges de première instance, mais elle l'est de manière restreinte. La victime dispose également d'un pouvoir de contestation limité devant la Cour de cassation.

Le pourvoi en cassation est une voie de recours extraordinaire qui a pour objet de faire annuler par la Cour de cassation, les jugements ou les arrêts rendus en dernier ressort en violation de la règle de droit[660]. La Cour de cassation ne constitue pas un troisième degré de juridiction, elle ne juge qu'en droit, elle ne juge pas en fait sur les circonstances de l'infraction, la responsabilité ou la sanction.

La Cour de cassation a pour rôle d'apprécier la conformité de la décision avec la loi, de qualifier l'infraction pénale et d'annuler la décision pour erreur de fond ou vice de forme. En appréciant la conformité de la décision avec la loi, la Cour de cassation peut d'une certaine manière contredire la relaxe ou l'acquittement dont a précédemment bénéficié la personne poursuivie sur l'action publique, en retenant une autre qualification des faits

---

[657] C.pr.pen.art.547 en matière contraventionnelle, art.498 en matière délictuelle, art.380-9 en matière criminelle.

[658] C.pr.pen.art.549 en matière contraventionnelle, 505 en matière délictuelle ; art.380-10 en matière criminelle.

[659] C.pr.pen.art.500-1.

[660] BORE (J), BORE (L), *La cassation en matière pénale 2012-2013*, Dalloz, coll.Dalloz action 3e éd, 2010.

qui permet la reconnaissance de sa culpabilité[661]. La victime constituée partie civile qui souhaite se pourvoir en cassation, doit avoir la qualité de partie au procès pénal, c'est-à-dire la qualité de partie de manière continue[662]. Elle doit avoir été partie durant toute l'instance, durant toutes les phases antérieures de la procédure.

La partie civile peut se pourvoir en cassation contre les arrêts de la chambre de l'instruction, les arrêts et jugements rendus en dernier ressort en matière criminelle, correctionnelle, contraventionnelle[663]. La partie civile ne peut se pourvoir en cassation qu'à la condition que la décision attaquée lui fasse grief, c'est-à-dire qu'elle ne peut se pourvoir que sur ses intérêts civils. La partie civile peut attaquer les décisions faisant obstacle à la réparation de son préjudice même si celles-ci se fondent sur la prescription ou l'amnistie[664]. La cassation que la victime obtient ne peut atteindre l'action publique ni profiter à une autre partie qui ne s'est pas pourvue[665].

La partie civile peut se pourvoir en cassation contre les arrêts de condamnation comme ceux qui rejettent l'action civile[666] et contre un arrêt de relaxe ou d'acquittement. Dans ce dernier cas, la partie civile doit démontrer que le prévenu ou l'accusé a bien commis une faute pénale et qu'une condamnation civile s'impose. Dans ce dernier cas, la juridiction de renvoi ne peut pas statuer sur l'action publique qui a été définitivement jugée. La partie civile peut également se pourvoir en cassation contre les arrêts statuant sur les restitutions[667]. En revanche, elle ne peut pas se pourvoir en cassation contre un arrêt rendu par défaut à son égard, car seule la voie de l'opposition lui est ouverte[668]. En outre, lorsque l'arrêt attaqué a fait droit à ses conclusions au fond et que la partie civile a obtenu l'indemnisation qu'elle réclamait, elle est sans intérêt à contester la qualification sous laquelle l'infraction a été retenue[669]. La partie civile ne peut également pas se pourvoir contre un arrêt incident seul[670]. Si l'arrêt incident a fait grief à la partie civile, cette dernière ne peut se pourvoir en cassation qu'à la condition qu'elle se pourvoit en même temps sur l'arrêt au fond[671].

---

661 DETRAZ (S), *La juridiction pénale saisie de la seule action civile : une situation en voie de généralisation*, Procédures, décembre 2008, n°12.
662 Ibid[1].
663 C.pr.pen.art.567.
664 Ibid[1].
665 Cass.crim.28.février 1974, Bull.crim.n°89.
666 Cass.crim.15.mai 1957, Bull.crim.n°410.
667 C.pr.pen.art.573.
668 Cass.crim.22 juillet 1980, Bull.crim.n°242; cass.crim.13 novembre 1973, Bull.crim.n°413; cass.crim.27 novembre 1984, Bull.crim.n°367.
669 Cass.crim.11 mars 1959, Bull.crim.n°163; cass.crim.20 mai 1976, Bull.crim.n°171.
670 C.pr.pen.art.316.
671 Cass.crim.18 mars 1981, Bull.crim.n°99.

S'agissant du délai dans lequel la partie civile peut se pourvoir en cassation, toutes les parties sont soumises à un délai unique de cinq jours francs[672]. Le point de départ de ce délai est fixé soit au jour du prononcé de la décision si elle est rendue contradictoirement, soit au jour de la signification si la décision est réputée contradictoire lorsque la partie civile n'était pas présente ou représentée à l'audience lors du prononcé de la décision ou lorsqu'elle n'a pas été informée. Le pourvoi en cassation doit faire l'objet d'une déclaration au greffe de la juridiction qui a statué[673]. La partie civile est donc assujettie à des restrictions qui limitent son droit à se pourvoir en cassation contre une décision rendue par les cours d'appel. Toutefois, d'après une jurisprudence constante de chambre criminelle de la Cour de cassation, les restrictions apportées au droit de la partie civile à se pourvoir en cassation ne sont pas incompatibles avec la Convention européenne des droits de l'homme, car la partie civile peut tout de même contester les décisions des juges du fond[674].

Conclusion du chapitre premier

De nos jours, dans les différentes phases du procès pénal, la victime bénéficie de droits et de moyens d'action qui lui permettent de participer activement à la procédure. Que cela soit dans la phase préparatoire ou dans la phase du jugement du procès pénal, la victime constituée partie civile bénéficie de plus de droits et de moyens d'action que la victime qui n'est pas constituée partie civile. Lors de la phase préparatoire et plus particulièrement lors de l'instruction, la partie civile dispose d'un véritable droit d'immixtion dans le déroulement des investigations et peut participer activement à la recherche de la vérité. Les moyens d'action accordés à la partie civile sont proportionnels à la finalité du procès pénal, à savoir la vérité judiciaire et ne portent pas atteinte aux droits de la personne poursuivie. Pendant cette phase, le principe de l'égalité des armes qui vise à instaurer un équilibre procédural entre les parties au procès est bien respecté.

Lors de la phase du jugement, la victime constituée partie civile dispose d'un nombre de moyens d'action et de droits plus réduit que dans la phase de l'instruction. Toutefois, la partie civile peut tout de même participer à la procédure, en intervenant par écrit et par oral. Ce moyen d'action est essentiel puisqu'il permet à la partie civile de faire valoir ses intérêts. Le législateur facilite également l'intervention de la victime dans la phase du jugement en lui accordant le droit de recourir à un interprète, à la traduction et à un enregistrement audiovisuel. En outre, le droit de contestation dont dispose la partie civile contre les décisions rendues par les juridictions de

[672] C.pr.pen.art.568.
[673] C.pr.pen.art.576.
[674] Cass.crim.23 novembre 1999, pourvoi n°99-80794, Bull.crim.n°268.

jugement témoigne de son intégration dans la phase du jugement du procès pénal.

Ainsi, lors des différentes phases du procès pénal, la participation active de la victime constituée partie civile révèle que cette dernière occupe une place réelle dans le procès pénal. L'importance de la place de la victime dans le procès pénal s'extériorise également par le droit à la protection qui lui est accordé durant toutes les phases du procès pénal (**Chapitre second**).

CHAPITRE SECOND

Le droit à la protection accordé à la victime : un droit révélateur de sa place dans le procès pénal

Comme le souligne l'auteur Monsieur Henri BONNARD : « garantir aux victimes d'infractions une protection pénale spécifique au titre des droits de l'homme revient à considérer que la sécurité à laquelle il a été, de manière répréhensible, porté atteinte, constituait en elle-même un droit de l'homme »[675]. Dans le procès pénal, les victimes bénéficient d'une protection pénale, constituée par le droit à la protection de la sécurité et le droit à la protection de la dignité (**Section première**). Par ailleurs, certaines victimes vulnérables disposent d'une protection pénale renforcée (**Section seconde**).

SECTION PREMIÈRE. Les droits constitutifs de la protection pénale accordée à la victime dans le procès pénal : le droit à la protection de la sécurité et le droit à la protection de la dignité

Le système judiciaire doit pouvoir assurer à la victime une protection indispensable afin de lui garantir un rôle réel dans le procès. Tout au long de la procédure pénale, conformément à la décision-cadre adoptée par le Conseil de l'Union européenne le 15 mars 2001[676], la sécurité (Paragraphe 1) et la dignité (Paragraphe 2) de la victime doivent être protégées. Suite au dommage causé par l'infraction, la victime peut se sentir en danger et éprouver un sentiment d'humiliation. Afin d'éviter que l'action de la victime au sein du procès pénal ne soit altérée par ces différents paramètres, la victime doit être protégée tout au long du procès pénal.

---

[675] BONNARD (H), *La participation de la victime d'infraction* in Mélanges offerts à Georges LEVASSEUR, Droit pénal, Droit européen, Litec, 1992, p.296.

[676] Décision-cadre 2001/220/JAI relative au statut des victimes dans le cadre de procédures pénales, adoptée par le conseil de l'UE le 15 mars 2001.

PARAGRAPHE 1. Le droit à la protection de la sécurité de la victime

Au cours du procès pénal, diverses mesures peuvent être prises à l'égard de la victime pour protéger sa sécurité (A). En outre, des mesures peuvent être ordonnées à l'égard de la personne poursuivie en vue de protéger la sécurité de la victime (B).

A. Les mesures prises à l'égard de la victime en vue de la protection de sa sécurité

Sous l'influence de l'Union européenne, le législateur français s'est progressivement intéressé à la protection de la victime en mettant en œuvre les mesures nécessaires pour garantir la dignité et la sécurité de la victime. L'influence de l'Union européenne est manifeste en la matière par les différentes directives transposées en France émises par le Parlement européen et le Conseil européen.

La dernière directive que la France a transposée par la loi du 17 août 2015 est la directive du 22 octobre 2012 établissant des normes minimales concernant les droits, le soutien et la protection des victimes de la criminalité[677]. La loi du 17 août 2015[678] a ainsi mis en place des mesures visant à renforcer la sécurité de la victime. Ces mesures visent plus particulièrement à protéger l'intégrité physique et psychique de la victime. D'après l'article 10-5 du code de procédure pénale créé par la loi du 17 août 2015, dès la phase de l'enquête, les victimes doivent faire l'objet, le plus tôt possible, d'une évaluation personnalisée afin de déterminer si elles ont besoin de mesures de protection spécifiques au cours de la procédure pénale. Le procureur de la République ou le juge d'instruction peut également requérir l'avis d'une association d'aide aux victimes qui sera joint à la procédure. Le décret du 26 février 2016[679] achève la transposition de la

---

[677] Directive 2012/29/UE établissant des normes minimales concernant les droits, le soutien et la protection des victimes de la criminalité et remplaçant la décision-cadre 2001/220/JAI du Conseil, adoptée par le Parlement européen et par le Conseil le 22 octobre 2012.

[678] Loi n° 2015-993 du 17 août 2015 portant adaptation de la procédure pénale au droit de l'Union européenne, JORF n°0189 du 18 août 2015, p.14331, texte n° 2.

[679] Décret n°2016-214 du 26 février 2016 relatif aux droits des victimes, JORF n°0050 du 28 février 2016, texte n° 14. Ce décret précise les modalités d'application de plusieurs articles du code de procédure pénale résultant de la loi n° 2013-711 du 5 août 2013 portant diverses dispositions d'adaptation dans le domaine de la justice en application du droit de l'Union européenne et des engagements internationaux de la France, et de la loi n° 2015-993 du 17 août 2015 portant adaptation de la procédure pénale au droit de l'Union européenne. Ce décret achève ainsi la transposition de la directive 2011/93/UE du Parlement européen et du Conseil du 13 décembre 2011 relative à la lutte contre les abus sexuels et l'exploitation sexuelle des enfants, ainsi que la pédopornographie et remplaçant la décision-cadre 2004/68/JAI du Conseil, et de la directive n° 2012/29/UE du Parlement européen et du Conseil adoptée le 22 octobre 2012 établissant des normes minimales concernant les droits, le soutien et la protection des victimes de la criminalité.

directive du 13 décembre 2011 et de la directive du 22 octobre 2012 adoptées par le Parlement européen et le Conseil en précisant notamment que l'évaluation personnalisée de la victime consiste à apprécier l'importance du préjudice subi par la victime, les circonstances de la commission de l'infraction résultant des caractéristiques personnelles de la victime, d'une motivation discriminatoire, raciste, ethnique, religieuse, ou des liens existants entre la victime et la personne mise en cause, notamment des liens familiaux et de proximité. Cette évaluation consiste également à apprécier la vulnérabilité particulière de la victime notamment par son âge, une situation de grossesse, l'existence d'un handicap ou encore l'existence d'un risque d'intimidation ou de représailles. Sauf en cas d'urgence ou de nécessités de l'enquête, les mesures protectrices à l'égard de la victime adoptées dans le cadre d'une évaluation personnalisée se traduisent par le droit à ce que chaque audition ait lieu dans des locaux conçus ou adaptés à sa situation et en cas de violences sexuelles, de violences fondées sur le genre ou de violences domestiques, le droit d'être entendue par un enquêteur du même sexe si elle en fait la demande. Dans le cas des infractions précédemment citées, la victime bénéficie également du droit d'être entendue par des enquêteurs formés à ces infractions. La victime peut également faire l'objet d'une évaluation approfondie avec l'accord de l'autorité judiciaire compétente. D'après le décret du 26 février 2016, seule l'autorité judiciaire en charge de la procédure peut décider si une évaluation approfondie est nécessaire. L'évaluation approfondie consiste à mettre en place un suivi de la victime par des mesures protectrices.

L'évaluation approfondie doit être réalisée par une association d'aide aux victimes ou par le bureau d'aide aux victimes et être actualisée au cours de la procédure en cas de survenance d'éléments nouveaux. Après avoir évalué le cas de la victime, l'association rédige un « avis » et l'adresse immédiatement au juge mandant, voire au service enquêteur concerné par les mesures de protection à adopter. Les mesures de protection adoptées dans le cadre d'une évaluation approfondie peuvent consister en l'attribution du téléphone de grave danger[680], un recours à une ordonnance de protection[681] ou encore à des mesures comme l'attribution d'un nouveau logement pour lesquelles l'action associative, dans un cadre préétabli par la juridiction sont essentielles.

Outre les mesures pouvant être adoptées à la suite d'une évaluation approfondie, plusieurs types de mesures protectrices à l'égard de la victime peuvent être décidées tout au long du procès pénal comme la visioconférence ou encore l'anonymat. Ces mesures visent à protéger l'intégrité physique et psychique de la victime au cours du procès pénal.

---

[680] C.pr.pén.art.41-3-1.

[681] C.pr.pen.art.10-2.

1. La visioconférence : un moyen efficace de protection de la sécurité de la victime

Lors d'un procès pénal, le procédé de visioconférence, autrement appelé l'enregistrement audiovisuel, est un outil de communication qui permet aujourd'hui à une personne de participer à l'audience juridictionnelle sans être physiquement présente devant le juge. La visioconférence a été introduite dans le code de procédure pénale par une loi du 15 novembre 2001 et est prévue à l'article 706-71 du code de procédure pénale.

Cet outil de communication peut être utilisé en vue de sauvegarder la sécurité de la victime ou d'éviter un trouble à l'ordre public. Ce moyen de communication permet de voir et de dialoguer avec son interlocuteur. La visioconférence peut être mise en place tout au long du procès, depuis l'enquête jusqu'aux audiences devant les juridictions de l'application des peines[682]. Désormais, les personnes pouvant bénéficier de la visioconférence sont la personne poursuivie, l'expert, le témoin, l'interprète et la victime. La visioconférence n'est pas uniquement un outil de communication qui vise à faciliter la communication avec une personne poursuivie détenue, mais cet outil paraît également indispensable pour préserver la sécurité de la victime et du témoin[683]. Lorsque la visioconférence est utilisée en vue d'assurer la sécurité de la victime, l'article 706-71 du code de procédure pénale permet uniquement à la victime constituée partie civile de solliciter le recours à un moyen de télécommunication audiovisuelle procédant à un enregistrement audiovisuel ou sonore de ses dépositions lors d'une audition ou d'une confrontation, dans le cadre d'une enquête, d'une instruction ou encore devant une juridiction de jugement. Le législateur français offre donc à la victime un large recours à la visioconférence conformément à la jurisprudence de la Cour européenne des droits de l'homme. Dans l'arrêt Marcello Viola contre Italie du 5 octobre 2006, la Cour européenne des droits de l'homme estime que : « lorsque la vie, la liberté ou la sûreté de la victime est menacée et d'une manière générale les intérêts relevant de l'article 8 de la Convention européenne de sauvegarde des droits de l'homme visant à protéger la vie privée et familiale des personnes, les États contractants doivent organiser leur procédure pénale de manière à ce que lesdits intérêts ne soient pas indûment mis en péril »[684]. Le recours à la visioconférence se conformerait donc aux exigences du procès équitable à condition qu'elle poursuive ces buts légitimes. Le droit interne se conforme bien à la position de la Cour européenne des droits de l'homme puisque lorsque les intérêts précités de la victime sont menacés, l'audition par visioconférence est une faculté mise à disposition de la victime. Dans une

---

[682] C.pr.pen.art.712-6, art.712-7, art.712-9 et art.712-12.

[683] C.pr.pen.art.706-71; BOSSAN (J), *La visioconférence dans le procès pénal : un outil à maîtriser*, RSC, 2012, p.801.

[684] CEDH, Affaire Marcello Viola.c/Italie, 5 octobre 2006, Req.n°45106/04.

autre décision, l'affaire Asciutto contre Italie[685], la Cour européenne des droits de l'homme affirme que l'utilisation de la visioconférence nécessite également que la personne mise en cause puisse, par sa présence, manifester une dangerosité lors de l'audience et exercer un pouvoir d'intimidation sur les victimes et les témoins. En France, la visioconférence a été, par exemple, nécessaire pour protéger les intérêts de la victime dans le procès de l'affaire du bus brûlé à Marseille, car la victime craignait d'être intimidée par le regard de la personne mise en cause. La victime a donc été placée à l'écart, dans une pièce du palais de justice[686]. Toutefois, l'unique recours à la visioconférence peut parfois s'avérer insuffisant pour protéger la victime et cette dernière peut également solliciter une autre mesure de protection telle que l'anonymat.

2. La protection de la sécurité de la victime par l'anonymat

L'article 706-57 du Code de procédure pénale permet à toutes personnes à l'encontre desquelles il n'existe aucune raison plausible de soupçonner qu'elles ont commis ou tenté de commettre une infraction et qui sont susceptibles d'apporter des éléments de preuve intéressants la procédure, de préserver leur anonymat qui consiste à ne pas révéler l'adresse de leur domicile et à déclarer, sur autorisation du procureur de la République ou du juge d'instruction, comme domicile l'adresse du commissariat ou celle de la brigade de gendarmerie. Cette disposition ne mentionne pas explicitement la victime, mais l'intéressé peut être une victime ou un témoin. Avant de se constituer partie civile, il faut souligner que la victime dispose d'un statut de témoin.

En outre, l'article 706-58 du code de procédure pénale permet à toutes personnes visées par l'article 706-57 de bénéficier d'un anonymat complet lorsque la procédure porte sur un crime ou un délit puni d'au moins trois ans d'emprisonnement et que leur audition est susceptible de mettre en danger leur vie ou leur intégrité physique, celle des membres de leur famille ou de leurs proches. L'anonymat complet consiste à ce que les déclarations de la personne soient recueillies sans que son identité n'apparaisse dans le dossier de la procédure. Lorsqu'une mesure d'anonymat complet est sollicitée, le juge d'instruction ou le procureur de la République dispose de l'opportunité de saisir sur requête motivée le juge des libertés et de la détention pour qu'il décide par décision motivée d'accorder ou non l'anonymat complet. La décision du juge des libertés et de la détention n'est pas susceptible de recours.

---

[685] CEDH, affaire Asciutto.c/Italie, 13 janvier 2009, Req.n°35795/02; CEDH, Affaire Contrada.c/Italie du 24 août 1998, Req.n°27143/95.

[686] BOSSAN (J), *La visioconférence dans le procès pénal : un outil à maîtriser*, RSC, 2012, p.801; DANET (J), *La justice pénale entre rituel et management*, Presses universitaires de Rennes, coll.L'univers des normes, 2010.

Lorsque le juge des libertés et de la détention accorde l'anonymat, cette décision est jointe au procès-verbal de l'audition de la victime, sur lequel ne figure pas la signature de l'intéressé. L'identité et l'adresse de la personne sont inscrites dans un autre procès-verbal signé par l'intéressé, qui est versé dans un dossier distinct du dossier de la procédure, dans lequel figure également la requête. Toutefois, le recours à l'anonymat n'est pas possible si au regard des circonstances dans lesquelles l'infraction a été commise ou de la personnalité du témoin, la connaissance de l'identité de la personne est indispensable à l'exercice des droits de la défense[687].

Dès lors que l'anonymat est accordé à la victime, la révélation de l'identité ou du domicile de la victime est sanctionnée par une peine d'emprisonnement de cinq ans et d'une peine d'amende de 75.000 euros[688]. La victime dispose d'un véritable moyen de protection en cas de menace.

Le mis en examen dispose d'un contre-pouvoir face à l'anonymat de la victime et peut contester cet anonymat devant la chambre de l'instruction. Le mis en examen peut saisir le président de la chambre de l'instruction dans les dix jours à compter de la date à laquelle il lui a été donné connaissance du contenu d'une audition faisant l'objet d'une mesure d'anonymat. Si le président estime la contestation justifiée, il ordonne l'annulation de l'audition. Il peut également ordonner que l'identité soit révélée à la condition que la victime fasse expressément connaître qu'elle accepte la levée de son anonymat[689]. À l'échelle européenne, la Cour européenne des droits de l'homme (CEDH) considère dans l'arrêt Van Mechelen et autres contre Pays-Bas du 23 avril 1997[690], que l'anonymat de la victime ou du témoin est justifié sous trois conditions. Tout d'abord, le témoignage anonyme ne doit pas avoir un caractère décisif, car « une condamnation ne peut se fonder uniquement ni dans une mesure déterminante, sur des déclarations anonymes ». Ensuite, « l'accusé doit avoir une occasion adéquate et suffisante de contester le témoignage et d'interroger l'auteur, que ce soit au moment de la déposition ou plus tard ». Enfin, le recours à « l'anonymat doit reposer sur une justification suffisante eu égard à la place éminente qu'occupe le droit à une bonne administration de la justice dans une société démocratique, toute mesure restreignant le droit de la défense doit être absolument nécessaire ». La législation française s'est donc conformée à la jurisprudence de la CEDH en matière d'anonymat. Toutefois, l'anonymat n'est pas accordé à tous les témoins et à toutes les victimes en danger.

En effet, l'article 706-58 du code de procédure pénale ne prévoit l'anonymat complet à l'égard d'une personne qu'en cas de procédure portant

---

[687] C.pr.pen.art.706-60.
[688] C.pr.pen.art.706-59.
[689] C.pr.pen.art.706-60.
[690] CEDH, Affaire Van Mechelen et autres.c/Pays-Bas, 23 avril 1997, Req.n° 21363/93, 21364/93, 21427/93 et 22056/93.

sur un crime ou un délit punit au moins trois ans d'emprisonnement. Cette disposition évince les témoins ou les victimes pour des délits punis de moins de trois ans d'emprisonnement. La protection du témoin et de la victime par l'anonymat complet devrait, avant tout, dépendre de la personnalité de la victime, de celle de l'auteur de l'infraction, des risques de représailles à l'encontre de la victime liés au type d'infraction et non uniquement à la punition de l'infraction.

La protection de l'intégrité physique et psychique de la victime par l'unique recours à la visioconférence ou à l'anonymat sont parfois des recours insuffisants au regard de la dangerosité de la personne poursuivie. Des mesures de surveillance à l'égard de la personne poursuivie sont alors nécessaires.

B. Les mesures prises à l'égard de la personne poursuivie en vue d'assurer la protection de la sécurité de la victime

Lorsque la personne poursuivie présente une menace réelle envers la victime, l'autorité judiciaire compétente peut ordonner des mesures de protection à l'encontre de la personne poursuivie en vue de la protection de la sécurité de la victime. Les mesures de protection peuvent consister en des interdictions telles que l'interdiction faite à l'intéressé de rentrer en contact avec la victime, d'approcher la victime à moins d'une certaine distance, de se rendre dans certains lieux, endroits et zones définis dans lesquels la victime pourrait se trouver. Ces interdictions peuvent incomber à la personne dangereuse à tous les stades de la procédure.

Dès le début de l'enquête diligentée par le procureur de la République, ce dernier peut ordonner une mesure de protection à l'encontre du suspect qui consiste à ne pas rencontrer ou recevoir, pour une durée qui ne saurait excéder six mois, la ou les victimes de l'infraction désignées par le procureur de la République ou de ne pas entrer en relation avec elles[691]. Désormais, l'article 696-90 du Code de procédure pénale[692] prévoit que les interdictions relatives à la protection de la victime prises à l'encontre d'une personne suspectée, poursuivie ou condamnée pouvant être à l'origine d'un danger encouru par la victime de l'infraction, sont effectives dans tous les États membres de l'Union européenne. Au stade de l'instruction, des mesures de protection peuvent également être prises à l'encontre de la personne poursuivie et visent à surveiller la personne poursuivie dans le cadre d'un contrôle judiciaire ou d'une assignation à résidence sous surveillance électronique.

---

[691] C.pr.pen.art.41-2-10.

[692] C.pr.pen.art.696-90 est issu de la Loi n° 2015-993 du 17 août 2015 portant adaptation de la procédure pénale au droit de l'Union européenne, JORF n°0189 du 18 août 2015, p.14331, texte n° 2.

Un contrôle judiciaire peut être ordonné par le juge d'instruction ou le juge des libertés et de la détention, à l'encontre d'une personne mise en examen qui encourt une peine d'emprisonnement[693]. Au stade pré-sentenciel, le contrôle judiciaire apparaît comme un substitut à la détention provisoire. Outre une visée préventive et socio-éducative, le contrôle judiciaire vise à neutraliser l'état dangereux de la personne poursuivie[694]. Certaines obligations peuvent être imposées à la personne placée sous contrôle judiciaire afin d'assurer à l'égard des victimes, une sécurité équivalente à l'incarcération. Les obligations imposées à la personne placée sous contrôle judiciaire peuvent consister en des interdictions[695] telles que l'interdiction de quitter son domicile ou une résidence déterminée, l'interdiction de ne pas se rendre dans certains lieux déterminés par le juge d'instruction ou le juge des libertés et de la détention, l'interdiction de recevoir, de rencontrer ou d'entrer en contact avec certaines personnes spécialement désignées. S'agissant plus précisément de l'interdiction faite à la personne placée sous contrôle judiciaire de rencontrer ou d'entrer en relation avec certains individus, le juge d'instruction ou le juge des libertés et de la détention doit indiquer avec une précision suffisante les individus concernés et il doit établir le rapport entre ces personnes et les faits reprochés[696]. Les interdictions précitées imposées à la personne placée sous contrôle judiciaire sont liées à la nature des actes suspectés. Par exemple, l'obligation restreignant les fréquentations est surtout prononcée en matière d'exhibition sexuelle, de non-représentation d'enfant ou encore en matière d'agression sexuelle ou de viol, autrement dit dans les cas où il s'avère urgent de protéger les victimes[697]. Lorsque le contrôle judiciaire est assorti d'obligations, le juge d'instruction ou le juge des libertés et de la détention informe la victime ou l'avocat de la victime, dès lors qu'elle s'est constituée partie civile, des obligations imposées et des conséquences susceptibles de résulter pour le mis en examen en cas d'un éventuel non-respect[698]. En cas de non-respect des obligations imposées à la personne placée sous contrôle judiciaire, celle-ci peut faire l'objet de diverses mesures. En effet, s'il existe des raisons plausibles de soupçonner que la personne placée sous contrôle judiciaire s'est soustraie aux obligations qui lui ont été imposées au titre des 1er, 2e, 3e, 8e, 9e, 14e et 17e de l'article 138 du code de procédure pénale, les services de police et les unités de gendarmerie peuvent, d'office ou sur

---

693 C.pr.pen.art.138, art.139.

694 CARDET (C), *Le contrôle judiciaire socio-éducatif*, L'Harmattan, coll.Sciences criminelles, 2000, p.29; PRADEL (J), *La protection du témoin contre les pressions. Aspects du droit pénal Français*, RICPT, 1996, p.160-168.

695 C.pr.pen.art.138.

696 Cass.crim.25 juillet 1995, RSC, 1996, note J.P.DINTILHAC.

697 CARDET (C), *Le contrôle judiciaire socio-éducatif*, L'Harmattan, coll.Sciences criminelles, 2000, p.224.

698 C.pr.pen.art.138-1.

instruction du juge d'instruction, appréhender celle-ci et la placer en rétention. Sur décision d'un officier de police judiciaire, la personne ne peut être placée plus de vingt-quatre heures dans un local de police ou de gendarmerie, afin que soit vérifiée sa situation et qu'elle soit entendue sur la violation de ses obligations. Des garanties similaires à celles octroyées à une personne gardée à vue sont accordées à la personne retenue. Le juge d'instruction est informé dès le début de la mesure et peut déférer la personne devant lui à la fin de la rétention ou le cas échéant, saisir le juge des libertés et de la détention aux fins de révocation du contrôle judiciaire[699]. En outre, lorsque la personne placée sous contrôle judiciaire ne respecte pas ses obligations pendant l'instruction, le juge d'instruction peut décerner un mandat d'arrêt ou un mandat d'amener à son encontre et saisir par la suite le juge des libertés et de la détention aux fins de placement en détention provisoire. Si la personne placée sous contrôle judiciaire se soustrait à ses obligations alors qu'elle est renvoyée devant la juridiction de jugement, le procureur de la République peut également saisir le juge des libertés et de la détention pour que celui-ci décerne un mandat d'arrêt ou un mandat d'amener à son encontre. Le juge des libertés et de la détention peut par la suite décerner un mandat de dépôt à l'encontre de cette personne en vue de sa détention provisoire[700].

Dans l'hypothèse où les obligations du contrôle judiciaire ne suffisent pas, entre autres à protéger la victime de l'infraction, le mis en examen peut également être assigné à résidence sous surveillance électronique[701]. L'assignation à résidence consiste à interdire à une personne de sortir d'un lieu déterminé hors les cas autorisés par la décision de justice prise à cet effet. Il s'agit d'une mesure de sûreté qui vise à ce que l'intéressé soit à la disposition de la justice et qui vise à neutraliser sa dangerosité à l'égard de la société et de la victime. Cette mesure de sûreté ne peut être ordonnée qu'avec l'accord de l'intéressé ou à sa demande, par le juge d'instruction ou le juge des libertés et de la détention si la personne mise en examen encourt une peine d'emprisonnement correctionnel d'au moins deux ans ou une peine plus grave[702]. L'assignation à résidence sous surveillance électronique ne peut excéder six mois, mais peut être renouvelée sans dépasser une durée totale de deux ans[703].

Au stade pré-sentenciel, le placement sous contrôle judiciaire ou l'assignation à résidence sous surveillance électronique du mis en examen sont des moyens qui permettent de protéger la sécurité de la victime, mais ces moyens ne sont pas toujours suffisants et efficaces. Dans ce cas, il

---

[699] C.pr.pen.art.141-4.
[700] C.pr.pen.art.141-2.
[701] C.pr.pen.art.137.
[702] C.pr.pen.art.142-5.
[703] C.pr.pen.art.142-7.

convient davantage de placer le mis en examen en détention provisoire[704]. La détention provisoire ne peut être ordonnée ou prolongée que s'il est démontré, au regard des éléments précis et circonstanciés résultants de la procédure, qu'elle constitue l'unique moyen de parvenir à l'un ou plusieurs des objectifs cités à l'article 144 du code de procédure pénale dont celui d'empêcher une pression sur les témoins ou les victimes ainsi que sur leur famille. Ce dernier critère est souvent utilisé pour placer un individu en détention. En pratique, lorsque l'intéressé reconnaît les faits, les risques de pression sur les victimes sont moins nombreux que lorsqu'il ne reconnaît pas les faits[705].

Ainsi, durant tous les stades du procès pénal, que cela soit lors de l'enquête dite simple, de l'instruction ou du jugement, la sécurité de la victime est protégée par diverses mesures mises à sa disposition comme la visioconférence, l'anonymat et des mesures prises à l'encontre de la personne poursuivie telles qu'un placement sous contrôle judiciaire, une assignation à résidence ou un placement en détention provisoire. Ces mesures permettent d'empêcher ou du moins de minimiser les risques d'atteinte à la sécurité de la victime. Dès lors que la victime se sent en sécurité, elle peut plus aisément exercer les moyens d'action qui sont mis à sa disposition et faire valoir ses intérêts au cours de tous les stades du procès pénal. Au cours du procès pénal, la dignité de la victime est également protégée.

PARAGRAPHE 2. La protection de la dignité de la victime

Le droit à la dignité de la personne humaine est un droit dont dispose toute personne. Ce droit a été consacré tardivement par le droit français après la Seconde Guerre mondiale, sous l'influence des sources internationales. La jurisprudence de la Cour européenne des droits de l'homme consacra pour la première fois le droit à la dignité de la personne humaine dans deux arrêts du 22 novembre 1995[706]. La dignité de la personne humaine est une conception vague qui a été liée, par les sources nationales et internationales, au droit à la vie privée[707] et au droit à l'image. En droit interne, lors d'un procès pénal, la dignité de la victime est protégée par le droit au huis clos, un droit fondé sur le droit à la vie privée (A) et par plusieurs infractions prévues par le législateur, fondées sur le droit à l'image (B).

---

[704] C.pr.pen.art.137 et 144.

[705] GUERY (C), *La détention provisoire*, Dalloz, coll.Dalloz référence, 2001.

[706] CEDH, Affaire C.R.c/Royaume-Uni, 22 novembre 1995, Req.n°20190/92; CEDH, Affaire S.W.c/Royaume-Uni, 22 novembre 1995, Req.n°20166/92.

[707] YAGIL (L), *Internet et les droits de la personne*, Du Cerf, 2006.

A. La protection de la dignité de la victime par le droit au « huis clos »

Au stade du jugement, les débats doivent en principe être publics. La publicité de l'audience se caractérise par l'accès physique du public au prétoire. La publicité de l'audience est considérée par la Cour européenne des droits de l'homme comme une garantie qui « protège les justiciables contre une justice secrète échappant au contrôle du public, préserve la confiance des justiciables dans l'institution judiciaire et participe pleinement, par cette transparence, au droit à un procès équitable et à sa finalité »[708]. En outre, l'article 6-1 de la Convention européenne des droits de l'homme prévoit que « toute personne a droit à ce que sa cause soit entendue publiquement par un tribunal qui décidera du bien-fondé de toute accusation en matière pénale dirigée contre elle. Le jugement sera rendu publiquement ».

Toutefois, la publicité des débats peut engendrer une perturbation grave et intentionnelle de la vie privée des victimes[709]. Par conséquent, dans certains cas, par exception au principe de publicité des débats, ces derniers peuvent se dérouler à « huis clos ». Le terme à « huis clos » signifie que le public est exclu de la salle d'audience, autrement dit la porte est fermée au public[710]. À l'échelle européenne, la Convention européenne des droits de l'homme autorise le huis clos et dispose à l'article 6-1 « l'accès de la salle d'audience peut être interdit à la presse et au public pendant la totalité ou une partie du procès dans l'intérêt de la moralité, de l'ordre public ou de la sécurité nationale dans une société démocratique, lorsque les intérêts des mineurs ou la protection de la vie privée des parties au procès l'exigent, ou dans la mesure jugée strictement nécessaire par le tribunal, lorsque dans des circonstances spéciales la publicité serait de nature à porter atteinte aux intérêts de la justice ». La publicité de l'audience est donc la règle et le huis clos est l'exception. En droit interne, sous l'influence des sources européennes, le Conseil constitutionnel reconnaît également dans une décision du 2 mars 2004, la possibilité pour les juridictions répressives de juger à huis clos. D'après cette décision, il « résulte des articles 6, 8, 9 et 16 de la Déclaration de 1789 que le jugement d'une affaire pénale pouvant conduire à une privation de liberté doit, sauf circonstances particulières permettant le huis clos, faire l'objet d'une audience publique »[711]. En outre,

---

[708] CEDH, Affaire Pretto et autres.c/Italie, 8 décembre 1983, Req.n°7984/77; CEDH, Affaire Werner.c/Autriche, 24 novembre 1997, Req.n°21835/93.

[709] Art.6.Décision-cadre 2001/220/JAI relative au statut des victimes dans le cadre de procédures pénales, adoptée par le Conseil de l'UE le 15 mars 2001.

[710] Dictionnaire le Robert 2016 : le terme « huis clos » vient du mot « us » du latin « usitium » apparu en 1050, transformé par la suite en « huis » qui signifie porte. L'expression « à huis clos » apparaît au XVIe siècle pour dire à porte fermée. Par extension, cela signifie « sans publicité », sans aucune personne extérieure au groupe pour assister à ce qui se dit.

[711] Cons.const.décision.n°2004-492, DC du 2 mars 2004, JORF du 10 mars 2004.

le code de procédure pénale prévoit à l'article 400 pour le tribunal correctionnel et à l'article 306 pour la Cour d'assises que les débats devant les juridictions de jugement sont, en principe, publics, mais les juridictions de jugement peuvent juger dans certains cas à « huis clos ».

Le jugement à huis clos a tout d'abord été consacré par la jurisprudence afin de protéger les intérêts de la justice ou de la sécurité nationale, l'intérêt des mineurs et la vie privée des parties[712]. Le droit au huis clos accordé à la victime a été consacré pour la première fois en matière criminelle par la loi du 23 décembre 1980. Cette loi a accordé à la victime le droit au huis clos en vue de faciliter la vie de la victime en cas de procès pour viol.

De nos jours, en matière contraventionnelle et délictuelle, les audiences devant le tribunal correctionnel doivent être publiques, mais lorsque le juge estime que la publicité peut être dangereuse pour l'ordre, la sérénité des débats, la dignité de la personne ou les intérêts d'un tiers, les débats peuvent être menés à huis clos[713]. Il appartient à la juridiction d'apprécier l'opportunité du huis clos[714] à condition de motiver sa décision[715].

En matière criminelle, les débats doivent également être publics sauf dans certains cas où le huis clos peut être autorisé selon l'appréciation souveraine de la Cour d'assises[716]. Comme en matières contraventionnelle et délictuelle, la cour d'assises peut, en matière criminelle, ordonner le huis clos si la publicité se révèle dangereuse pour l'ordre, les mœurs ou la sérénité des débats. La victime constituée partie civile peut, sans condition d'âge, demander de droit, le huis clos lorsque les poursuites sont exercées du chef de viol ou de tortures et actes de barbarie accompagnés d'agressions sexuelles, de traite des êtres humains ou de proxénétisme aggravé, réprimés par les articles 225-7 à 225-9 du Code pénal. Dans ces cas, le huis clos permet de protéger la vie privée de la victime constituée partie civile[717]. Lorsque la victime d'une des infractions susvisées n'a pas réclamé elle-même le huis clos, celui-ci ne peut être ordonné par la Cour d'assises que si la victime constituée partie civile ne s'y oppose pas. La Cour d'assises n'a pas à mentionner que la victime ne s'est pas opposée au huis clos, dès lors que l'arrêt a été rendu après un débat contradictoire au cours duquel toutes les parties ont été entendues[718]. Si la partie civile souhaite s'opposer au huis

---

[712] Le huis clos qui vise à protéger la vie privée des parties peut être prononcé quelle que soit la nature du crime ou du délit poursuivi : cass.crim.16 mars 1866, Bull.crim.n°72; cass.crim.23 février 1966, bull.crim.n°65; cass.crim.13 mars 1969, Bull.crim.n°21.

[713] C.pr.pen.art.400 devant le tribunal correctionnel, art.535 devant le tribunal de police.

[714] Cass.crim.11 décembre 1968, pourvoi n°68-92.858, Bull.crim.n°339.

[715] Cass.crim.17 mars 1970, pourvoi n°69-92.475, Bull.crim.n°110.

[716] C.pr.pen.art.306.

[717] Cass.crim.3 avril 1996 : Dr. pénal 1997, note. A. MARON.

[718] Cass.crim.30 janvier 1985.Bull.crim.n°52.

clos, elle doit l'exprimer explicitement à tout moment des débats[719]. Lorsque plusieurs victimes se sont constituées partie civile, si le huis clos a été sollicité par une partie civile et que l'autre partie civile ne s'y oppose pas, le huis clos doit s'imposer[720]. Toutefois, si une des parties civiles a demandé le huis clos et que l'autre partie civile s'y oppose, la Cour dispose de l'entière liberté de décider de la publicité des débats[721]. Seule la victime ayant la qualité de partie civile peut demander le huis clos ou s'y opposer[722].

En outre, certaines associations citées à l'article 2-2 du Code de procédure pénale, telles que les associations dont l'objet statutaire comporte la lutte contre les violences sexuelles, peuvent se constituer partie civile avec l'accord de la victime et demander le huis clos ou s'y opposer. Le représentant légal de la victime[723] ou encore l'avocat[724] de la victime, peuvent également demander le huis clos ou s'y opposer, car ils ont également la qualité pour demander le huis clos.

Devant le tribunal de police, la juridiction de proximité, le tribunal correctionnel ou encore la cour d'assises, le huis clos s'applique dès l'ouverture des débats jusqu'à la fin des débats. Dès lors que le président a déclaré la fin des débats et le constate par procès-verbal, la publicité doit être rétablie[725].

L'exécution extensive du huit clos au-delà du terme fixé par l'arrêt l'ordonnant porte atteinte aux droits de la défense, car elle a pour effet de restreindre la publicité des débats au-delà des limites fixées par la juridiction[726]. Toutefois, la Cour de cassation a estimé que la prolongation du huis clos au-delà du terme fixé par l'arrêt l'ordonnant n'entraîne pas, en l'absence d'observation de la défense, la nullité des débats[727]. Pendant l'audience à huis clos, la procédure ordinaire se poursuit, ce qui autorise l'accomplissement de tout acte qui aurait pu être fait à l'audience publique[728]. Le huis clos impose la confidentialité des débats, mais l'arrêt sur le fond doit toujours être rendu en audience publique[729]. Par ailleurs, le huis

---

[719] Cass.crim.7 décembre 1988, Bull.crim.n°414.

[720] Cass.crim.6 décembre 2000, Bull.crim.n°364, Dr.pen, 2001.comm.n°41.note.MARON (A).

[721] Cass.crim.30 janvier 1985, Bull.crim.n°52.

[722] Cass.crim.30 octobre 1985, Bull.crim.n°337.

[723] Cass.crim.22 juin 1989, Bull.crim.n°145 : La qualité de victime pouvant solliciter le huis clos a été reconnue à la mère de la victime mineure; cass.crim.30 octobre 1989, Bull.crim.n°384, D, 1990, obs.PRADEL (J) : La qualité de victime pouvant solliciter le huis clos a été reconnue au directeur départemental de la protection judiciaire de la jeunesse, constitué partie civile en tant que tuteur ad hoc de la victime.

[724] Cass.crim.15 mars 2002, Bull.crim.n°115.

[725] Cass.crim.19 mars 1986, Bull.crim.n°111.

[726] Cass.crim.11 mai 1882, Bull.crim.n°117.

[727] Cass.crim.28 avril 1993, Bull.crim.n°158.

[728] Il s'agit par exemple de la recevabilité d'une constitution de partie civile : cass.crim.2 août 1951, Bull.crim.n°239.

[729] C.pr.pen.art.535 devant le tribunal de police, art.400 devant le tribunal correctionnel et art.306 devant la cour d'assises.

clos peut s'appliquer à une partie des débats[730]. Par exemple, la jurisprudence a déjà admis que la partie civile puisse demander un huis clos partiel, limité à sa propre audition[731] et que la partie civile victime d'un viol soit entendue sans la présence de l'accusé[732]. Si le tribunal décide d'un huis clos partiel, la personne poursuivie ne peut pas contester cette décision puisqu'elle n'affecte pas les droits de la défense[733].

Le droit de la victime en matière de huis clos a été critiqué par une partie de la doctrine qui considère que le procès pénal est devenu exclusivement la chose de la victime, au mépris du respect de certains principes fondamentaux de procédure pénale[734]. Or, d'après la chambre criminelle de la Cour de cassation, en laissant à la partie civile victime d'un viol l'opportunité de décider si la protection de sa vie privée nécessite que les débats ou une partie des débats soient sous huis clos, le législateur se conforme aux dispositions conventionnelles comme la protection de la vie privée consacrée par l'article 6-1 de la Convention européenne de sauvegarde des droits de l'homme[735]. Ainsi, le huis clos est un moyen effectif pour protéger la dignité de la victime, mais il n'est pas l'unique moyen. La dignité de la victime est également protégée par des infractions fondées sur le droit à l'image.

B. La protection de la dignité de la victime par des infractions fondées sur le droit à l'image

Le droit à la dignité de la personne humaine est un droit lié au droit à l'image. Le droit à l'image est un droit dont dispose toute personne à autoriser ou non la reproduction et la diffusion publique de son image reconnaissable. Pendant le déroulement du procès pénal, la dignité des parties qui résulte du droit à l'image et du droit à la vie privée, doit être respectée. Afin de protéger la dignité des parties au procès pénal, que cela soit la personne poursuivie ou la victime, le législateur a érigé une infraction sanctionnant par une peine d'amende de 18.000 euros, l'emploi, dès l'ouverture de l'audience, de tout appareil d'enregistrement ou de diffusion sonore, de caméra de télévision ou de cinéma ou encore d'appareils photographiques[736]. En outre, le législateur a voulu protéger plus particulièrement la dignité de la victime en érigeant en infraction la diffusion d'images attentatoires à la dignité de la victime. En effet, l'article 35 quater de la loi du 29 juillet 1881 sur la liberté de la presse, punit de 15.000 euros

---

[730] Cass.crim.27 septembre 2000, pourvoi n°00-82.229, Bull.crim.n°283.

[731] Cass.crim.29 novembre 1984, Bull.crim.n°245; cass.crim.9 juillet 1984, Bull.crim.n°257.

[732] Cass.crim.13 janvier 1993, Bull.crim.n°18.

[733] Cass.crim.23 novembre 1977, Bull.crim.n°366, Dr.pen.1992.comm.n°83.note MARON (A); cass.crim.11 avril 2000, Bull.crim.n°108 et 156.

[734] MAYER (D), *Le nouvel éclairage donné au viol par la réforme du 23 décembre 1980*, D.1981, p.283.

[735] Cass.crim.3 avril 1996, pourvoi n° 95-83.366, Bull.crim.n°437.

[736] C.pr.pen.art.308.

d'amende, la diffusion, par quelque moyen que ce soit et quel qu'en soit le support, de la reproduction des circonstances d'un crime ou d'un délit, lorsque cette reproduction porte gravement atteinte à la dignité d'une victime et qu'elle est réalisée sans l'accord de cette dernière.

Cette infraction a été érigée à la suite de la jurisprudence de la première chambre civile du 20 décembre 2000 qui considérait déjà que la diffusion d'une photographie d'un cadavre gisant sur la chaussée et représentant distinctement le corps et le visage du préfet Erignac assassiné à Ajaccio, portait atteinte à la dignité de la victime[737]. Par la suite, la jurisprudence a confirmé à plusieurs reprises l'obligation de respecter la dignité de la victime par son image et a affirmé que « la liberté de communication des informations autorise la publication d'images des personnes impliquées dans un évènement, sous la seule réserve du respect de la dignité de la personne humaine »[738].

L'élément matériel de l'infraction de diffusion d'image attentatoire à la dignité de la victime ne porte que sur la diffusion d'images. La prise de photos ou d'images sur les lieux d'un crime ou d'un délit n'est pas interdite par cette infraction. L'infraction est constituée quels que soient le mode et le support de la diffusion. Cela peut être, par exemple, des journaux, des affiches, des DVD ou encore des sites Internet. La diffusion doit ensuite porter gravement atteinte à la dignité de la victime. La personne représentée doit être particulièrement identifiable et l'image doit manifester un caractère dégradant pour la victime. En outre, l'élément moral de l'infraction n'est constitué que dans le cas où la personne n'a pas donné son autorisation à la diffusion de la reproduction des circonstances du crime ou du délit. La loi n'impose pas de formalisme particulier à cette autorisation. L'élément moral se déduit de l'élément matériel. Par exception, la jurisprudence considère que dans certaines situations, même si l'infraction semble être caractérisée, l'image peut être diffusée au public sans aucune autorisation des personnes identifiables, car elle illustre un fait d'actualité[739]. En outre, dans une jurisprudence plus récente dite « du gang des barbares », le tribunal de grande instance de Paris en date du 12 janvier 2010, précisa que cette infraction ne pouvait être retenue que lorsque la victime était vivante au moment du délit et qu'elle n'a pas exprimé son consentement pour la diffusion de l'image. Dans cette affaire, la photographie représentait un jeune homme de confession juive, le visage recouvert d'un adhésif, les poignets entravés et une arme sur la tempe. La publication ayant été réalisée plus de trois ans après le décès de l'intéressé, l'accord ou le désaccord de la publication de l'image ne pouvait avoir été exprimé.

---

[737] Cass.civ.1e.20 décembre 2000, pourvoi n°98-13875, Bull.crim.n°341.

[738] Cass.civ.1e.12 juillet 2001, pourvoi n°98-21.337; Cass.civ1e.13 novembre 2003, pourvoi n°00-19403.

[739] Cass.civ.1e.21 février 2006, pourvoi n°03-19994, Bull.crim.n°96.

En outre, les membres de la famille de la victime ne pouvaient pas se constituer partie civile, car ils ne pouvaient pas être victimes directes de cette infraction[740].

Dès lors que l'infraction est constituée, les poursuites ne peuvent être intentées que par la plainte simple de la victime, par citation directe ou par constitution de partie civile[741]. La répression de cette infraction protège les victimes vivantes d'une deuxième atteinte et permet au procès pénal de se dérouler en toute décence sans que les victimes craignent un scandale ou le déshonneur. En outre, par l'article 39 quinquies de la loi du 29 juillet 1881 sur la liberté de la presse, le législateur protège spécifiquement la dignité de la victime d'une agression ou d'une atteinte sexuelle en réprimant par une amende de 150.000 euros, la diffusion sans l'accord écrit de cette victime, par quelque moyen que ce soit et quel qu'en soit le support, des renseignements concernant son identité ou son image lorsqu'elle est identifiable. Le législateur a également renforcé la protection de la dignité de la victime en sanctionnant la pratique du « happy slapping ». Cette pratique consiste à enregistrer des images par quelque moyen que ce soit, sur tout support, de la victime d'une infraction qui subit une atteinte volontaire à son intégrité. L'article 222-33-3 du Code pénal sanctionne la pratique du « happy slapping » au titre de la complicité de l'infraction subie par la victime, par une peine d'emprisonnement de cinq ans et d'une peine d'amende de 75.000 euros. Ainsi, dans le procès pénal, la dignité et la sécurité de la victime sont protégées selon la nature et les circonstances de l'infraction. En outre, les victimes qui présentent une vulnérabilité particulière bénéficient d'une protection renforcée dans le procès pénal.

SECTION SECONDE. La protection renforcée des victimes vulnérables dans le procès pénal

La vulnérabilité « se caractériserait par une relation de force ou d'autorité et par une inaptitude à résister ou à se défendre »[742]. Celui qui est vulnérable est celui qui « est exposé à recevoir des coups, des blessures, qui est exposé aux atteintes d'une maladie, qui peut servir de cible facile aux ennemis »[743].

La vulnérabilité aboutit à une protection des personnes dont la faiblesse les expose à des atteintes inacceptables, la prise en compte de la vulnérabilité

---

[740] TGI Paris, 12 janvier 2010, arrêt Halimi.c/G.Ponson, Légipresse, février 2010, n°269.

[741] Art.48. Loi du 29 juillet 1881 sur la liberté de la presse, JORF du 30 juillet 1881, p.4201.

[742] PIN (X), *La vulnérabilité en matière pénale*, in COHET-CORDET (F) (Dir.), Vulnérabilité et droit. Le développement de la vulnérabilité et ses enjeux en droit, Presse universitaire de Grenoble, coll.Ecole doctorale droit, sciences politiques, relations internationales, 2000, p.120.

[743] BARBERGER (C), *Les personnes vulnérables*, In Actes du XIIIe Congrès de l'association française de droit pénal, Le nouveau Code pénal : deux années d'application, RPDP, 1996, n° 3, p.179- 191.

traduit la création d'une « valeur sociale privilégiée »[744]. La vulnérabilité de la victime peut se caractériser par les circonstances de l'infraction ou encore par l'âge de la victime, qu'elle soit d'un âge avancé ou d'un jeune âge. Dans le procès pénal, la procédure pénale protège particulièrement le mineur victime (Paragraphe 1) et les victimes de violences commises au sein du couple (Paragraphe 2).

PARAGRAPHE 1. Une protection procédurale renforcée du mineur victime

La minorité est une des caractéristiques de la vulnérabilité (A). Le mineur victime d'infractions considérées graves est donc protégé de manière renforcée (B).

A. La minorité : une des caractéristiques de la vulnérabilité

La vulnérabilité est liée au rapport d'autorité entre un fort et un faible. La vulnérabilité a pour synonyme la faiblesse physiologique et psychique d'une personne. Lorsqu'elle est exposée aux blessures, aux coups, une personne vulnérable ne dispose pas des aptitudes lui permettant d'éviter cette exposition ou d'en être protégée[745]. Aucune disposition du Code pénal ne définit la vulnérabilité, mais l'ancien Code pénal de 1810 visait « les personnes hors d'état de se protéger ». La minorité apparaît comme l'une des caractéristiques de la vulnérabilité. Le législateur lie très souvent la minorité à la vulnérabilité et la consacre comme circonstance aggravante ou comme élément constitutif[746]. Le mineur manifeste un état naturel de vulnérabilité qui crée une dépendance avec l'adulte d'un point de vue physique, économique et juridique[747].

Toutefois, si la faiblesse est inhérente à la minorité, tout mineur n'est pas pour autant vulnérable et toute personne vulnérable n'est pas forcément mineure[748]. Par essence, l'individu naît vulnérable en manifestant une fragilité physique et psychique et est parfois inapte à se rendre compte du

---

[744] BARBERGER (C), *Les personnes vulnérables*, In Actes du XIIIe Congrès de l'association française de droit pénal, Le nouveau Code pénal : deux années d'application, RPDP, 1996, n° 3, p.179- 191.

[745] PIN (X), *La vulnérabilité en matière pénale*, in COHET-CORDET (F) (Dir.), Vulnérabilité et droit. Le développement de la vulnérabilité et ses enjeux en droit, Presse universitaire de Grenoble, coll.Ecole doctorale droit, sciences politiques, relations internationales, 2000, p.120.

[746] Par exemple l'article 225-12-1 du Code pénal réprime le recours à la prostitution de mineurs ou de personnes particulièrement vulnérables.

[747] MAYAUD (Y), *Droit pénal général*, PUF, coll.Droit fondamental, 5e éd, 2015.

[748] NEIRINCK (C), *L'enfant, être vulnérable*, RDSS, 2007, p. 5; FOSSIER (T), *Démocratie sanitaire et personnes vulnérables*, JCP G, 2003, n°135, p. 931; HAUSER (J), *Des incapables aux personnes vulnérables*, Dr.Fam, 2007, Etude 14.

caractère infractionnel des actes qu'elle subit. Le législateur a donc pris en compte la vulnérabilité des mineurs victimes afin de les protéger au mieux en adaptant les dispositions pénales et procédurales. La vulnérabilité des mineurs victimes justifie l'application de mesures spécifiques pour aménager les conditions de la révélation de l'infraction, les modalités de poursuites et de jugement de l'infraction. Juridiquement, la minorité ne se définit pas par elle-même, mais par rapport à son opposé, à savoir la majorité. En fonction du seuil d'âge déterminé par le législateur, la personne est mineure ou majeure. La majorité légale est fixée par l'article 388 du Code civil qui dispose que « le mineur est l'individu de l'un ou de l'autre sexe qui n'a point encore atteint l'âge de dix-huit ans accomplis ». Bien que la minorité soit déterminée par le seuil de dix-huit ans, pour certaines infractions, le mineur visé est celui de moins de quinze ans[749].

Le législateur retient une présomption de vulnérabilité pour les mineurs âgés de moins de quinze ans ou de quinze ans. Pour certaines infractions, entre l'âge de quinze ans et l'âge de dix-huit ans, le mineur est considéré comme un quasi majeur, la vulnérabilité liée à la minorité de la personne doit être prouvée[750]. Il existe jusqu'à l'âge de quinze ans une sorte de présomption générale de vulnérabilité des mineurs et au-delà de l'âge de quinze ans, le juge doit apprécier au cas par cas la vulnérabilité du mineur[751].

Le législateur français ne prévoit un régime de protection spécifique qu'à l'égard des mineurs dont la minorité est constatée lors de la commission de l'infraction. En principe, afin de déterminer l'âge de l'intéressé au moment de l'infraction, les autorités judiciaires se réfèrent aux papiers d'identité de l'intéressé[752]. Dans le cas où il est impossible de déterminer l'âge de l'intéressé par ses papiers d'identité, il peut être procédé, sur décision de l'autorité judiciaire et avec l'accord de l'intéressé, à un examen médical osseux[753]. Toutefois, depuis le décret du 26 février 2016 achevant la transposition des directives du 13 décembre 2011 et du 22 octobre 2012 adoptées par le Parlement européen et le Conseil[754], l'article 47-11-1 du code

---

749 Rapport annuel de l'année 2009, Cour de Cassation, *Les personnes vulnérables dans la jurisprudence de la Cour de cassation.*

750 RENUCCI (J.-F), *Le droit pénal des mineurs entre son passé et son avenir*, RSC, 2000, p.79.

751 Compte-rendu des séances du 21 juin 1991, Assemblée nationale.

752 C.civ.art.47.

753 C.civ.art.388.

754 Décret n°2016-214 du 26 février 2016 relatif aux droits des victimes, JORF n°0050 du 28 février 2016, texte n° 14. Ce décret précise les modalités d'application de plusieurs articles du code de procédure pénale résultant de la loi n° 2013-711 du 5 août 2013 portant diverses dispositions d'adaptation dans le domaine de la justice en application du droit de l'Union européenne et des engagements internationaux de la France, et de la loi n° 2015-993 du 17 août 2015 portant adaptation de la procédure pénale au droit de l'Union européenne. Ce décret achève ainsi la transposition de la directive 2011/93/UE du Parlement européen et du Conseil du 13 décembre 2011 relative à la lutte contre les abus sexuels et l'exploitation sexuelle des enfants, ainsi que la pédopornographie et remplaçant la décision-cadre 2004/68/JAI du

de procédure pénale prévoit qu'en cas d'incertitude sur l'âge de la victime, lorsqu'il existe des raisons de croire qu'elle est mineure, le régime protecteur à l'égard des victimes mineures des infractions prévues à l'article 706-47 s'applique, la victime est dans ce cas présumée mineure. En pratique, cela concerne essentiellement les mineurs isolés étrangers ou les mineurs non accompagnés pour lesquels la minorité ne résulte pas d'éléments objectifs et documentés et auxquels il paraît légitime d'accorder une protection maximale. Dès lors que la victime est considérée comme mineure, elle bénéficie de mesures de protection avant et pendant le procès pénal.

Avant le procès pénal, un service national d'accueil téléphonique pour l'enfance maltraitée est mis à la disposition du mineur[755]. Il s'agit plus précisément d'un numéro vert (119) qui répond vingt-quatre heures sur vingt-quatre aux demandes d'informations ou de conseils relatives à des situations de maltraitance d'enfants et transmet, le cas échéant, ces informations aux présidents des Conseils généraux des départements en charge de l'aide sociale à l'enfance[756].

Le mineur victime peut également saisir le Défenseur des droits qui a pour fonction de défendre les droits de l'enfant[757]. En outre, le mineur victime ayant des difficultés à dénoncer les infractions subies, le législateur a mis en place un signalement administratif et un signalement judiciaire au parquet. Le signalement administratif est celui qui est fait aux administrations telles que le conseil général du département en charge de l'aide sociale à l'enfance pour prévenir de la détresse imminente d'un enfant en danger, ou de la commission d'une infraction à son encontre afin de bénéficier d'une protection[758]. Le service de l'aide sociale à l'enfance peut, entre autres, apporter un soutien matériel, éducatif et psychologique tant aux mineurs et à leur famille ou à tout détenteur de l'autorité parentale, confrontés à des difficultés risquant de mettre en danger la santé, la sécurité, la moralité de ces mineurs ou de compromettre gravement leur éducation ou leur développement physique, affectif, intellectuel et social, qu'aux mineurs émancipés et majeurs de moins de vingt et un ans confrontés à des difficultés familiales, sociales et éducatives susceptibles de compromettre gravement leur équilibre. Si le mineur victime a effectué un signalement judiciaire, des

---

Conseil, et de la directive n° 2012/29/UE du Parlement européen et du Conseil adoptée le 22 octobre 2012 établissant des normes minimales concernant les droits, le soutien et la protection des victimes de la criminalité.

[755] Le service national d'accueil téléphonique a été mis en place depuis la loi n°89-487 du 10 juillet 1989 relative à la prévention des mauvais traitements à l'égard des mineurs et à la protection de l'enfance, JORF n°0163 du 14 juillet 1989, p.8869.

[756] Loi n° 2007-293 du 5 mars 2007 réformant la protection de l'enfance, JORF n°55 du 6 mars 2007, p.4215, texte n°7.

[757] Le défenseur des droits est une institution de l'État indépendante créée par la loi organique n°2011-333 du 29 mars 2011 relative au Défenseur des droits, JORF n°0075 du 30 mars 2011, p.5497, texte 1. Voir site Internet : www.defenseurdesdroits.fr.

[758] Voir les compétences du service de l'aide sociale à l'enfance : CASF.art.L221-1.

investigations complémentaires visant à évaluer la situation du mineur victime peuvent être entreprises par le service de l'aide sociale à l'enfance, la direction de la protection judiciaire et de la jeunesse[759], les autorités de police ou de gendarmerie.

Pendant le procès, la victime mineure d'une infraction de droit commun est protégée comme une victime majeure. Toutefois, à la différence de la victime majeure, le législateur a souhaité renforcer la protection de la vie privée et de la dignité de la victime mineure en réprimant par une amende de 150.000 euros le fait de diffuser de quelque manière que ce soit, des informations relatives à l'identité ou permettant l'identification d'un mineur ayant quitté ses parents, son tuteur, la personne ou l'institution qui était chargée de sa garde ou à laquelle il était confié, d'un mineur délaissé dans les conditions mentionnées aux articles 227-1 et 227-2 du Code pénal, d'un mineur qui s'est suicidé et d'un mineur victime d'une infraction. L'infraction n'est pas constituée si la diffusion des informations relatives à l'identité ou permettant l'identification du mineur est réalisée à la demande des personnes ayant la garde du mineur ou des autorités administratives ou judiciaires[760]. En outre, le mineur victime des infractions considérées graves bénéficie d'une protection particulièrement renforcée.

B. La protection particulièrement renforcée du mineur victime des infractions considérées graves

Pour certaines infractions considérées graves et énumérées à l'article 706-47 du code de procédure pénale, le législateur considère que le mineur victime est particulièrement vulnérable et nécessite une protection renforcée par un régime procédural dérogatoire. Les infractions énumérées à l'article 706-47 du code de procédure pénale concerne principalement les infractions de nature sexuelle à l'égard du mineur comme le viol, les infractions d'agression ou d'atteintes sexuelles, le proxénétisme à l'égard du mineur, l'infraction de recours à la prostitution d'un mineur ou encore des infractions d'une autre nature comme l'infraction de corruption de mineur, le meurtre ou de l'assassinat sur mineur. Le mineur victime des infractions considérées graves bénéficie d'une protection renforcée lors de son audition au cours de l'enquête et en matière d'assistance.

---

[759] Art.7 du Décret n°2008-689 du 9 juillet 2008 relatif à l'organisation du ministère de la Justice, JORF n°0161 du 11 juillet 2008, texte n°19 : La direction de la protection judiciaire de la jeunesse est chargée, dans le cadre de la compétence du ministère de la Justice, de l'ensemble des questions intéressant la justice des mineurs et de la concertation entre les institutions intervenant à ce titre.

[760] Art.39bis. Loi du 29 juillet 1881 sur la liberté de la presse, JORF du 30 juillet 1881, p.4201.

1. La protection renforcée du mineur victime des infractions considérées graves lors de son audition au cours de l'enquête

Le mineur victime des infractions considérées graves bénéficie d'une protection renforcée lors de son audition au cours d'une enquête dirigée par le procureur de la République ou d'une information judiciaire puisqu'un enregistrement audiovisuel est obligatoire[761]. La loi du 5 mars 2007 a renforcé le caractère obligatoire de cet enregistrement, en supprimant la condition de consentement du mineur ou de ses représentants légaux qui existait jusqu'alors[762]. L'enregistrement audiovisuel permet au mineur victime d'éviter de subir d'autres auditions au cours du déroulement de la procédure pénale, qui se révèlent très douloureuses et éprouvantes puisque redire c'est revivre[763]. En outre, l'enregistrement audiovisuel a un rôle de preuve puisque c'est le moyen idéal pour préserver l'audition telle qu'elle s'est déroulée et attester des mots employés par le mineur ou encore de son attitude, son apparence physique, ses émotions. Toutefois, si l'intérêt du mineur le justifie, le procureur de la République ou le juge d'instruction peut décider que l'audition ne fera l'objet que d'un enregistrement sonore[764]. En principe, toutes les auditions du mineur victime des infractions mentionnées à l'article 706-47 du code de procédure pénale doivent être enregistrées, qu'il soit constitué partie civile ou non. Une fois que l'enregistrement et que le procès-verbal d'audition ont été réalisés, une copie de l'enregistrement est versée au dossier et l'enregistrement original est placé sous scellé fermé. L'enregistrement de l'audition du mineur victime ne dispense pas les enquêteurs de réaliser un procès-verbal d'audition. Le mineur doit lui-même signer le procès-verbal après sa relecture sauf s'il n'est pas capable de discernement, cette obligation reviendrait au représentant légal. En outre, une circulaire du 2 mai 2005 précise que malgré l'enregistrement, il est possible de faire entendre à nouveau un mineur par les services d'enquête ou par le magistrat instructeur et de recueillir une nouvelle déposition lorsque l'audition de l'enfant s'avère indispensable pour le bon déroulement de la procédure[765]. Lorsque l'enregistrement ne peut être effectué en raison d'une impossibilité technique, les enquêteurs doivent en faire mention dans le

---

[761] C.pr.pen.art.706-52.

[762] MATSOPOULOU (H), *Commentaire de la loi n°2007-291 du 5 mars 2007 tendant à renforcer l'équilibre de la procédure pénale*, Dr. Pénal, 2007, Etude n°6.

[763] ROLLAND (R), *La protection du mineur victime d'infraction sexuelle (Loi n°98-468 du 17 juin 1998)*, RDSS, 1998; ETRILLARD (C), *L'enregistrement audiovisuel des auditions de mineurs en France*, RICPT, 2004; FOHRER-DEDEURWAERDER (E), *Procédure applicable aux infractions de nature sexuelle et à la protection des mineurs victimes*, JCP, 2009, n°184.

[764] Ibid[1].

[765] Circulaire du 2 mai 2005, DACG 2005-10 G4/02-05-2005, JUSD0530075C relative à l'amélioration du traitement judiciaire des procédures relatives aux infractions de nature sexuelle, BO n°38.

procès-verbal d'audition et préciser la nature de l'impossibilité[766]. Lorsque l'audition intervient au cours de l'enquête dite simple ou de l'information judiciaire, le procureur de la République ou le juge d'instruction doit être immédiatement avisé du problème technique constituant l'entrave à l'enregistrement afin de vérifier s'il n'existe pas un autre moyen permettant de procéder à l'enregistrement. Dans le cas où l'audition du mineur victime a été enregistrée, la diffusion de l'enregistrement de l'audition ou de sa copie est sanctionnée d'un an d'emprisonnement et 15.000 euros d'amende. Or, dans le cas où l'audition du mineur victime n'a pas été enregistrée, le législateur n'a assorti l'obligation d'enregistrement de l'audition du mineur victime d'aucune sanction, le défaut d'enregistrement ne constitue donc pas une cause d'annulation de l'audition du mineur. L'audition du mineur victime est donc valable si elle a été retranscrite dans un procès-verbal. Outre le régime protecteur dont bénéficie le mineur victime des infractions considérées graves lors de son audition, celui-ci bénéficie également d'un régime protecteur en matière d'assistance.

2. La protection renforcée du mineur victime d'infractions considérées graves en matière d'assistance

Le mineur victime des infractions considérées graves bénéficie d'une protection renforcée en matière d'assistance. Le mineur victime dispose de deux types d'assistance, une assistance psychologique et une assistance juridique. L'assistance psychologique sert à mettre en confiance le mineur victime et l'assistance juridique sert à garantir ses droits. S'agissant de l'assistance psychologique, le mineur victime peut faire l'objet, dès le stade de l'enquête dirigée par le procureur de la République, d'une expertise médico-psychologique en vue d'apprécier au mieux la nature, l'importance du préjudice subi et d'établir si celui-ci rend nécessaire des traitements ou des soins appropriés[767]. En outre, au cours de l'enquête ou de l'information, les auditions ou les confrontations d'un mineur victime des infractions considérées graves sont réalisées sur décision du procureur de la République ou du juge d'instruction, le cas échéant à la demande du mineur ou de son représentant légal, en présence d'un psychologue ou d'un médecin spécialiste de l'enfance ou d'un membre de la famille du mineur ou de l'administrateur ad hoc ou encore d'une personne chargée d'un mandat du juge des enfants[768]. L'assistance par un tiers de confiance est un accompagnement, un soutien moral. Les personnes les plus aptes à remplir cette fonction sont en principe les membres de la famille sauf lorsque l'auteur présumé de l'infraction est un membre de la famille du mineur victime. Dans ce cas, lorsque la protection des intérêts du mineur victime

[766] C.pr.pen.art.706-52.
[767] C.pr.pen.art.706-48.
[768] C.pr.pen.art.706-53.

n'est pas complètement assurée par ses représentants légaux ou par l'un d'entre eux, le procureur de la République ou le juge d'instruction, saisi de faits commis volontairement à l'encontre d'un mineur, peut désigner un administrateur ad hoc[769]. La mission de l'administrateur ad hoc est de protéger les intérêts de l'enfant qu'il assiste et s'il y a lieu, d'exercer en son nom les droits reconnus à la partie civile. Il est nommé parmi les proches ou sur une liste établie dans le ressort de chaque Cour d'appel[770].

La Cour de cassation précise que les personnes de confiance pouvant assister le mineur victime lors des auditions ont « pour finalité exclusive la protection des mineurs victimes d'infractions pénales »[771]. Les « assistants » ne représentent pas la victime et n'interviennent pas dans le déroulement de l'audition ou de la confrontation, ils ne sont admis qu'à réconforter l'enfant qui en manifesterait le besoin, mais ils ne peuvent pas prendre la parole[772]. La liste des accompagnateurs potentiels de l'enfant définie par la loi a été considérée par la chambre criminelle de la Cour de cassation comme non exhaustive. La chambre criminelle a, par exemple, estimé que l'assistance d'un psychothérapeute et non d'un psychologue, comme le précise le texte, rend également l'audition régulière[773].

Le second type d'assistance dont bénéficie le mineur victime des infractions considérées graves concerne l'assistance juridique. Ce type d'assistance est obligatoire et est effectué par un avocat.

Plus précisément, lorsque le mineur victime est auditionné par le juge d'instruction, il doit être assisté d'un avocat, peu importe que le mineur victime soit constitué partie civile ou non[774]. À défaut de désignation d'un avocat par les représentants légaux du mineur ou par l'administrateur ad hoc, le juge avise immédiatement le bâtonnier afin qu'il commette un avocat d'office. Une circulaire du 22 juin 2007 précise que la désignation obligatoire d'un avocat ne vaut que lorsque le mineur est entendu par le juge lui-même et non lorsqu'il est auditionné sur commission rogatoire par les

[769] C.pr.pen.art.706-50.
[770] C.pr.pen.art.706-51 et art.R.53.
[771] Cass.crim.3 mai 2007, pourvoi n° 06-83440.
[772] BONFILS (Ph), GOUTTENOIRE (A), *Droit des mineurs*, Dalloz, coll.Précis, 2e éd, 2014; GOUTTENOIRE (A), *Enfance*, RPDP, 2004, n° 150, p.15.
[773] Cass.crim.3 octobre. 2001.
[774] C.pr.pen.art.706-51-1.

enquêteurs[775]. Par ailleurs, les mineurs victimes des infractions considérées graves bénéficient de l'aide juridictionnelle sans condition de ressources[776].

Ainsi, les mineurs victimes des infractions considérées graves bénéficient d'une protection privilégiée. D'autres victimes vulnérables, telles que les victimes de violences commises au sein du couple, bénéficient d'une protection renforcée dans le procès pénal.

PARAGRAPHE 2. La protection renforcée de la victime de violences conjugales

Dans le procès pénal, la victime de violences commises au sein du couple est considérée comme une victime vulnérable et bénéficie, par conséquent, d'une protection renforcée par des mesures d'urgence de protection adaptées (A). La victime de violences conjugales bénéficie également d'un dispositif de protection tel que le téléphone de grand danger qui peut lui être fourni pour garantir une meilleure protection (B).

A. Les mesures d'urgence de protection au bénéfice de la victime de violences conjugales

Lorsqu'une victime dénonce des faits de violence ou porte plainte, elle est exposée à des représailles de la part de l'auteur des violences. Ce type de victime est vulnérable. Par conséquent, il est impératif de protéger rapidement et efficacement ce type de victime. Les violences conjugales représentent un problème ancré dans l'organisation de la société, « une société inégalitaire dans la reconnaissance et l'application des droits de la personne humaine »[777]. Dans les années 2000, plusieurs études faites au niveau européen et en France ont montré que les violences conjugales atteignent un chiffre inquiétant. Influencé par le contexte sociologique, le contexte juridique, les Conventions internationales et européennes, le législateur français s'est intéressé depuis quelques années à la protection des victimes de violences conjugales. La lutte contre les violences conjugales est devenue une politique publique prioritaire. À l'échelle internationale, la Convention interaméricaine sur la prévention, la sanction et l'élimination de

---

[775] Circulaire de la DACG n°2007-10-E8 du 22 juin 2007 relative à la présentation des dispositions relatives à la règle « le criminel tient le civil en état », aux plaintes avec constitution de partie civile et au déroulement de l'instruction préparatoire résultant de la loi n°2007-291 du 5 mars 2007 tendant à renforcer l'équilibre de la procédure pénale et du décret 2007 n°2007-699 du 3 mai 2007 relatif au renforcement de l'équilibre de la procédure pénale et à la prévention de la délinquance, BO n°2007/4.

[776] Art.9-2.Loi n°91-647 du 10 juillet 1991 relative à l'aide juridique, JORF *n*°0162 du 13 *juillet 1991*, p.9170.

[777] GUILBERTEAU (A), *De la femme victime de violences à la citoyenne blessée*, in CARIO (R) (Dir.), Victimes du traumatisme à la restauration. Œuvre de justice et victimes, Vol.2, L'Harmattan, coll.Sciences criminelles, 2003.

la violence contre la femme, adoptée le 9 juin 1994, constituait jusqu'en 2011 le seul accord international contraignant, interdisant explicitement la violence contre les femmes. Puis, le Conseil de l'Europe fit signer une convention le 11 mars 2011 sur la prévention et la lutte contre la violence à l'égard des femmes et la violence domestique. Cette Convention impose aux Etats de respecter des obligations de prévention, de protection et de soutien des victimes de violences conjugales et de répression des actes de violences commises aux femmes victimes, telles que les violences sexuelles, physiques ou psychologiques, de menaces, de mariages ou d'avortements forcés, de harcèlement ou de mutilations. La Cour européenne des droits de l'homme (CEDH) influence également le législateur français en matière de lutte contre les violences conjugales. La jurisprudence de la CEDH impose aux États de mettre en place de manière effective un dispositif susceptible de réprimer la violence domestique pour protéger la vie et l'intégrité des victimes. Depuis l'arrêt Opuz contre Turquie du 9 juin 2009[778], la CEDH condamne les Etats auxquels elle reproche d'avoir failli à leur obligation de protection des femmes victimes de violences conjugales.

En France, les victimes de violences conjugales peuvent bénéficier, de nos jours, de mesures de protection qui visent à éviter des représailles et à sauvegarder l'ordre public jusqu'à l'éventuelle condamnation de l'auteur des violences. Depuis la loi du 9 juillet 2010[779], la victime de violences conjugales peut bénéficier des mesures de protection au civil et au pénal. Toutefois, les victimes de violences conjugales déplorent souvent un manque de cohérence entre l'action du juge aux affaires familiales, l'action du parquet ou l'action du juge d'instruction. En outre, le législateur français a renforcé la protection des victimes de violences domestiques ou de genre par la loi du 17 août 2015 qui a transposé la directive européenne du 25 octobre 2012 adoptée par le Parlement européen et le Conseil[780]. Les violences subies par ce type de victime peuvent être physiques et psychologiques. Devant les juridictions civiles, des mesures de protection peuvent être prises dans le cadre d'une ordonnance de protection délivrée en urgence par le juge civil saisi en référé par la victime lorsque les violences exercées au sein du couple ou par un ancien conjoint, un ancien partenaire lié par un pacte civil de solidarité ou un ancien concubin mettent en danger la personne qui en est victime, un ou plusieurs enfants[781]. L'ordonnance de protection est délivrée, dans les meilleurs délais, par le juge aux affaires familiales, s'il estime, au vu des éléments produits devant lui et contradictoirement débattus, qu'il

---

[778] CEDH, Affaire Opuz.c/Turquie, 9 juillet 2010 Req.n°33401/02.

[779] La loi n°2010-769 du 9 juillet 2010 a été modifiée par la loi n°2014-873 du 4 août 2014 pour à l'égalité réelle entre les femmes et les hommes.

[780] Directive 2012/29/UE établissant des normes minimales concernant les droits, le soutien et la protection des victimes de la criminalité et remplaçant la décision-cadre 2001/220/JAI du Conseil, adoptée par le Parlement européen et par le Conseil le 25 octobre 2012.

[781] C.civ.art.515-9; C.pr.civ.art.1136-3 et 1136-4.

existe des raisons sérieuses de considérer comme vraisemblables la commission des faits de violence allégués et le danger auquel la victime ou un ou plusieurs enfants sont exposés[782]. Une ordonnance de protection peut également être délivrée en urgence par le juge à la personne majeure menacée de mariage forcé[783]. Pour bénéficier des mesures de protection dans le cadre d'une ordonnance de protection, la victime doit prouver l'urgence de la situation et l'existence de violences par une plainte, des certificats médicaux, des attestations de l'entourage, d'associations et de services sociaux. Une simple main courante n'est pas un élément de preuve suffisant. Dans le cadre de l'ordonnance de protection, le juge aux affaires familiales peut ordonner toute une série de mesures[784]; il peut interdire le conjoint violent de détenir ou de porter une arme et, le cas échéant, lui ordonner de remettre au service de police ou de gendarmerie qu'il désigne les armes dont il est détenteur en vue de leur dépôt au greffe. Le juge aux affaires familiales peut également statuer sur la résidence séparée du couple, expulser la personne violente du domicile familial et attribuer la jouissance du logement ou de la résidence du couple au conjoint, au partenaire ou au concubin qui n'est pas l'auteur des violences. En outre, le juge aux affaires familiales peut interdire à la personne violente de recevoir ou de rencontrer certaines personnes spécialement désignées ainsi que d'entrer en relation avec elles de quelque façon que ce soit. Enfin, le juge aux affaires familiales peut autoriser la victime à dissimuler son domicile ou sa résidence et à élire domicile chez l'avocat qui l'assiste ou la représente ou près du procureur de la République, près le tribunal de grande instance pour toutes les instances civiles dans lesquelles elle est également partie. Cette mesure civile d'éloignement ordonnée à l'égard de la personne dangereuse se rapproche de la mesure de protection pénale qui vise à interdire de rencontrer la victime. Toutefois, en droit pénal, avant le jugement, seul un mis en examen dans le cadre de l'instruction peut en faire l'objet, tandis qu'en droit civil, cette mesure est possible dès la saisine du juge aux affaires familiales. Lorsque le juge aux affaires familiales délivre une ordonnance de protection, il doit en informer sans délai le procureur de la République. L'ordonnance de protection prise par le juge aux affaires familiales peut avoir une durée maximale de six mois[785]. La durée de l'ordonnance de protection peut être prolongée si une requête en divorce ou en séparation de corps a été déposée ou si le juge aux affaires familiales a été saisi d'une requête relative à l'exercice de l'autorité parentale. En cas de non-respect des mesures fixées par l'ordonnance de protection, la personne violente commet un délit sanctionné d'une peine d'emprisonnement de deux ans et d'une amende de

---

[782] C.civ.art.515-11.
[783] C.civ.art.515-13.
[784] C.civ.art.515-11.
[785] C.civ.art.515-12.

15.000 euros[786]. L'ordonnance de protection est donc dissuasive à l'égard de la personne violente et protège efficacement la victime. Durant la période de l'ordonnance de protection, le juge civil peut également diriger ce type de victimes vers des associations ou des services qui pourront l'accompagner.

Devant les juridictions pénales, des mesures de protection peuvent également être prises à l'encontre du conjoint violent. Si la victime saisit les autorités judiciaires d'une plainte ou d'une dénonciation, elle doit être informée qu'elle peut demander une ordonnance de protection civile, quel que soit le type d'enquête, qu'il s'agisse d'une enquête de flagrance ou d'une enquête préliminaire.

Durant l'enquête, le procureur de la République peut d'office, avant de prendre une décision sur l'action publique, ordonner une mesure de protection d'urgence à l'encontre de la personne qui commet des violences au sein du couple, s'il lui apparaît que de telles mesures peuvent mettre fin au trouble résultant de l'infraction[787]. La mesure de protection d'urgence consiste à demander à l'auteur des faits de résider hors du domicile ou de la résidence du couple et, le cas échéant, de s'abstenir de paraître dans ce domicile ou cette résidence ou aux abords immédiats de celui-ci, ainsi que, si nécessaire, de faire l'objet d'une prise en charge sanitaire, sociale ou psychologique. L'auteur des faits de violences au sein du couple sur un membre du couple ou sur les enfants, peut être le conjoint, le concubin, le partenaire lié par un pacte civil de solidarité. L'auteur des faits de violences au sein du couple peut également être l'ancien conjoint, l'ancien concubin de la victime ou la personne ayant été liée à elle par un pacte civil de solidarité. Dans ce dernier cas, le domicile concerné est celui de la victime. Par ailleurs, sauf en cas de circonstances particulières, le procureur de la République ne peut prendre cette mesure de protection d'urgence qu'à la condition que les faits de violences soient susceptibles d'être renouvelés et que la victime ait sollicité cette mesure.

Les mêmes mesures de protection peuvent être prises par le juge d'instruction, lors de l'instruction, dans le cadre d'un contrôle judiciaire, contre une personne qui a été mise en examen pour des violences commises sur son actuel ou ancien conjoint, son actuel ou ancien concubin, son actuel ou ancien partenaire lié par un pacte civil de solidarité ou sur leurs enfants[788]. Outre les mesures de protection qui peuvent être prises par le juge

---

[786] C.pen.art.227-4-2.

[787] C.pr.pen.art.41-1; LEMOULAND (J.-J), VIGNEAU (D), *Droit des couples*, D.p.1786; ROBERT (A.-G), *Loi n°2010-769 du 9 juillet 2010 relative aux violences faites spécifiquement aux femmes, aux violences au sein des couples et aux incidences de ces dernières sur les enfants*, RSC, 2010, p.911-922; MAIZY (M.-B), CHOPIN (M), *La loi du 9 juillet 2010 et l'ordonnance de protection, une réponse adaptée aux violences intrafamiliales ?* AJ.Fam, 2010, p.514; GOUTTENOIRE (A), *La prise en compte des violences dans le cadre de l'autorité parentale*, AJ.Fam, 2011, p.458.

[788] C.pr.pen.art.138.

civil et par le juge pénal au bénéfice de la victime de violences conjugales, un téléphone de grand danger peut être attribué à ce type de victime en vue de lui garantir une meilleure protection.

B. Le téléphone de grand danger : un dispositif de téléprotection attribué aux victimes de violences conjugales

Lorsque la personne poursuivie ou condamnée doit respecter une mesure d'interdiction de s'approcher de la victime, de ses proches ou de certains lieux que ces derniers sont susceptibles de fréquenter, il est nécessaire que la victime puisse avertir les autorités compétentes dans les plus brefs délais, lorsqu'elle se rend compte que la personne astreinte à ces obligations ne les a pas respectées. À cette fin, le législateur a expérimenté par la loi du 9 juillet 2010 deux dispositifs, le dispositif électronique de protection anti-rapprochement (DEPAR) et le téléphone portable d'alerte (TPA). Le DEPAR consistait à contrôler par le biais d'un matériel technique, plus précisément d'un bracelet électronique, l'interdiction faite à une personne suspectée ou condamnée pour avoir commis un crime ou un délit dans un contexte conjugal de s'approcher de sa victime en signalant à distance aux autorités lorsque l'auteur se rapproche de celle-ci. Le DEPAR fut abandonné par manque d'efficacité. S'agissant du TPA, la loi du 9 juillet 2010 ne prévoyait ce dispositif que dans le cadre d'une information judiciaire ouverte pour des faits punis d'au moins cinq ans d'emprisonnement, dans le cadre d'un suivi socio-judiciaire ou d'une libération conditionnelle lorsque la personne dangereuse a été condamnée à une peine d'au moins cinq ans d'emprisonnement. Ces conditions restreignaient considérablement le droit pour certaines victimes d'infractions d'être protégées puisque celles-ci ne pouvaient pas bénéficier de ce dispositif à tous les stades du procès pénal et pour des infractions punies de moins de cinq ans d'emprisonnement.

Par conséquent, la loi du 4 août 2014 pour l'égalité réelle entre les hommes et les femmes modifia le champ d'application du TPA en permettant à un nombre plus large de victimes de violences conjugales en situation de grave danger de bénéficier de ce dispositif de téléprotection qui est désormais nommé le téléphone de grand danger (TGD). Ce dispositif a pour objectif de lutter efficacement contre les violences conjugales graves en prévenant de nouveaux passages à l'acte, mais aussi d'assurer un soutien et un accompagnement renforcés aux victimes les plus fragiles[789].

Désormais, lorsqu'une victime de violences de la part de son conjoint, de son concubin ou de son partenaire lié par un pacte civil de solidarité est

[789] Circulaire du 24 novembre 2014, JUSD1427761C sur l'orientation de politique pénale en matière de lutte contre les violences au sein du couple et relative au dispositif de téléassistance pour la protection des personnes en grave danger, BO n°2014-12.

menacée d'un grave danger, l'article 41-3-1 du code de procédure pénale[790] permet au procureur de la République d'attribuer à celle-ci, avec son consentement exprès, un dispositif de téléprotection lui permettant d'alerter immédiatement les autorités publiques. Avec l'accord de la victime, ce dispositif peut également permettre sa géolocalisation au moment où elle déclenche l'alerte. Ce dispositif de téléprotection peut également être fourni à la victime lorsque les violences ont été commises par un ancien conjoint ou concubin de la victime ou par une personne ayant été liée à elle par un pacte civil de solidarité et lorsque la victime de viol est menacée d'un grave danger. Les victimes de viol sont considérées en danger lorsque l'auteur du viol n'est pas ou n'est plus incarcéré.

Le TGD ne peut être attribué qu'en l'absence de cohabitation entre la victime et l'auteur des violences. En outre, ce dispositif est uniquement attribué lorsque l'auteur des faits a fait l'objet d'une interdiction judiciaire d'entrer en contact avec la victime dans le cadre d'une ordonnance de protection prononcée par le juge aux affaires familiales, un cadre pré-sentenciel par le magistrat du parquet ou par une décision d'un juge tels qu'une mesure alternative aux poursuites, une composition pénale, une assignation à résidence sous surveillance électronique, un contrôle judiciaire ou encore dans le cadre d'une condamnation, de son exécution ou de son aménagement tel qu'un sursis avec mise à l'épreuve, une contrainte pénale, un aménagement de peine, une mesure de sûreté[791].

Le TGD peut donc être attribué à la victime de violences conjugales en grave danger à tous les stades de la procédure pénale. Ce dispositif de téléprotection ne peut être attribué qu'à une victime qui a signalé le danger aux services des enquêteurs de la police et de la gendarmerie. Le signalement peut également être effectué par le juge aux affaires familiales, les juges des juridictions pénales, le juge de l'application des peines ou par l'association référente locale[792]. L'association référente locale est désignée par le parquet et est chargée d'évaluer la gravité de la menace à laquelle la personne est exposée en se fondant sur les informations qu'elle reçoit des intervenants sociaux en commissariat et en unité de gendarmerie, des psychologues en commissariat, des services sociaux ou encore des professionnels de santé[793]. L'association procède à l'évaluation en fonction

[790] L'article 41-3-1 du code de procédure pénale est issu de la loi n° 2014-873 du 4 août 2014 pour l'égalité réelle entre les femmes et les hommes, JORF n°0179 du 5 août 2014, p.12949, texte n° 4.

[791] Circulaire du 24 novembre 2014, JUSD1427761C sur l'orientation de politique pénale en matière de lutte contre les violences au sein du couple et relative au dispositif de téléassistance pour la protection des personnes en grave danger, BO n°2014-12.

[792] C.pr.pen.art.41.

[793] Instructions du 17 juin 2015 relatives au déploiement du dispositif de téléprotection grave danger (TGD) dans les départements, ministère de l'Intérieur, p.13; Arrêté du 22 avril 2015 portant création d'un traitement de données à caractère personnel destiné à assurer, en cas de

de critères liés à la vulnérabilité de la victime tels que l'isolement familial ou l'inactivité professionnelle et en fonction des critères liés à la dangerosité potentielle de l'auteur tels que les antécédents judiciaires psychiatriques et les violences. L'association référente locale transmet par la suite son rapport au parquet. L'association est également l'interlocuteur privilégié de la victime et assure son accompagnement global tout au long de la mesure de protection. L'association prend régulièrement contact avec la victime, elle fait le point sur l'évolution de la situation avec la victime et évalue la nécessité de maintenir le dispositif de téléprotection.

Le fonctionnement du TGD est simple et à la portée de toute victime. Le TGD fonctionne par la pression d'un unique bouton qui permet de contacter un téléassistant chargé d'évaluer la situation. Celui-ci transmettra l'appel, s'il l'estime nécessaire, aux forces de l'ordre via un canal dédié. L'assistance téléphonique est assurée en continu, sept jours sur sept, vingt-quatre heures sur vingt-quatre[794]. Le dispositif de téléprotection via le téléphone de grand danger est un dispositif exceptionnel attribué à la victime pour une durée de six mois, renouvelable. Le TGD n'est retiré à la victime que lorsque la situation de danger cesse, soit en raison d'une incarcération de l'auteur, soit à la demande du bénéficiaire, soit à la demande du parquet après avis du comité de pilotage, en cas de non-respect des consignes et règles d'utilisation qu'impose ce dispositif[795].

Ainsi, les divers outils juridiques au bénéfice de la victime de violences conjugales, tels que les mesures de protection et le dispositif de téléprotection via le téléphone de grand danger, garantissent une meilleure protection à ce type de victime et facilite son action dans le procès pénal.

Conclusion du chapitre second

À tous les stades du procès pénal, la victime bénéficie d'un droit à la protection de sa sécurité et de sa dignité. Le législateur protège la sécurité de la victime par divers moyens tels que la visioconférence et l'anonymat. Puis le législateur protège la dignité de la victime par le droit au « huis clos » et des infractions fondées sur le droit à l'image.

En outre, le législateur prête une attention redoublée aux victimes considérées vulnérables comme le mineur victime et la victime de violences conjugales en les protégeant par des moyens procéduraux adaptés à leur fragilité. Ces moyens procéduraux dérogatoires concernent, par exemple,

---

grave danger, l'effectivité de la protection des personnes victimes de violences dans le cadre du dispositif de téléprotection, JORF du 30 avril 2015, p.7510, texte n°14.

[794] Instructions du 17 juin 2015 relatives au déploiement du dispositif de téléprotection grave danger (TGD) dans les départements, ministère de l'Intérieur, p.18.

[795] Instructions du 17 juin 2015 relatives au déploiement du dispositif de téléprotection grave danger (TGD) dans les départements, ministère de l'Intérieur, p.15.

une assistance renforcée à l'égard du mineur victime et des mesures de protection d'urgence à l'égard de la victime de violences conjugales.

Le législateur est devenu attentif au bien-être de la victime pour que celle-ci puisse, sans perturbation, faire-valoir ses droits dans le procès pénal et participer plus aisément à la recherche de la vérité. L'attention, portée par le législateur à la protection de la victime, révèle l'importance que le législateur donne à la place de la victime dans le procès pénal.

Conclusion du titre second

De nos jours, la victime dispose de véritables droits et moyens d'action à tous les stades du procès pénal, qu'il s'agisse de l'enquête dite simple, de l'instruction ou encore du jugement. Ceux-ci lui confèrent une place certaine et un statut de partie à part entière dans le procès pénal. Au stade préparatoire du procès pénal, en particulier au stade de l'instruction, la victime constituée partie civile bénéficie d'un large panel de droits et de moyens d'action. L'instruction est l'étape du procès pénal où la victime constituée partie civile bénéficie le plus de droits et de moyens d'action. Dans cette phase, la victime participe à la recherche de la vérité, elle dispose quasiment des mêmes moyens d'action que la personne poursuivie. Le principe de l'égalité des armes est respecté puisqu'il existe un équilibre réel entre les droits, les moyens d'action de la victime et des autres parties au procès pénal tels que la personne poursuivie et le procureur de la République. Au stade du jugement, la victime bénéficie d'un panel de droits et de moyens d'action moins importants qu'au stade de l'instruction, mais elle dispose tout de même d'un rôle effectif. La victime constituée partie civile dispose d'un droit à l'information qui lui permet d'intervenir par écrit et par oral dans la phase du jugement du procès pénal. Lors de cette phase, la victime constituée partie civile n'est pas mise à l'écart et son action est même facilitée par l'assistance d'un interprète, d'un traducteur et par l'enregistrement audiovisuel de ses auditions.

En plus des droits et des moyens d'action dont dispose la victime au cours de toutes les phases du procès pénal, celle-ci bénéficie du droit à la protection de sa sécurité et de sa dignité. En outre, le législateur prend en compte la vulnérabilité de certaines victimes comme le mineur et la victime de violences conjugales en leur accordant une protection renforcée. L'attention portée par le législateur à la protection de la victime souligne l'importance de la place qu'il lui a conférée dans le procès pénal.

Conclusion de la partie première

La victime n'est plus la grande oubliée du procès pénal. En droit positif, la concession à la victime d'un droit d'accès au procès pénal, puis de droits et de moyens d'action dans le procès pénal permettent d'affirmer que la victime est devenue une partie à part entière du procès pénal.

Le statut de partie à la procédure dont bénéficie désormais la victime se manifeste dès l'accès au procès pénal puisqu'elle bénéficie d'un accès direct sans passer par l'intermédiaire du procureur de la République, par la citation directe et la constitution de partie civile. L'accès au procès pénal permet, par la suite, à la victime d'agir dans le procès pénal et de faire valoir ses intérêts. La victime constituée partie civile bénéficie à tous les stades du procès pénal, de la phase préparatoire à celle du jugement, de droits et de moyens d'action qui lui permettent de participer à la recherche de la vérité. Seule la victime constituée partie civile est reconnue en tant que partie et bénéficie d'un rôle dans le procès pénal. La phase de l'instruction est celle où la victime constituée partie civile bénéficie le plus de droits et de moyens d'action. Lors de cette phase, le principe de l'égalité des armes est respecté et entraîne un véritable équilibre entre les droits des parties à la procédure. L'importance du rôle de la victime dans le procès pénal se manifeste également par l'attention portée par le législateur à la protection de la victime qui met à sa disposition des outils juridiques afin qu'elle puisse, sans aucune gêne, agir et faire-valoir ses droits dans le cadre d'un procès pénal.

La victime est désormais une partie à part entière du procès pénal et fait continuellement l'objet d'une nouvelle appréhension qui tend à améliorer sa place dans le procès pénal (**Partie seconde**).

PARTIE SECONDE

L'ÉMERGENCE D'UNE NOUVELLE APPRÉHENSION DE LA VICTIME DANS LE PROCÈS PÉNAL

Depuis une vingtaine d'années, une nouvelle appréhension de la victime tend à être consacrée dans le procès pénal. En effet, une nouvelle forme de justice nommée la justice restaurative est apparue et conçoit la victime dans le procès pénal différemment de la justice pénale classique (**Titre premier**). Dans la justice restaurative, la victime n'est plus considérée comme une simple partie au procès pénal, titulaire de droits et de moyens d'action, mais elle tend à être perçue comme une personne humaine qui doit sortir de son état de victime. En outre, une nouvelle appréhension de la victime est souhaitable et des améliorations de la procédure sont nécessaires dans le cadre des procédures pénales accélérées ainsi que dans le cadre du procès pénal classique en vue de garantir un équilibre procédural entre les parties. Au stade de l'application des peines, perçue comme la continuité du procès pénal, une nouvelle appréhension de la victime a progressivement émergé, mais certaines améliorations restent nécessaires en vue de protéger plus efficacement la sécurité de la victime. Plus largement, une nouvelle appréhension de la victime est souhaitable au stade pré-sentenciel et post-sentenciel (**Titre second**).

TITRE PREMIER

LA NOUVELLE APPRÉHENSION DE LA VICTIME À TRAVERS LA JUSTICE RESTAURATIVE

La nouvelle appréhension de la victime à travers la justice restaurative est manifeste en droit positif tout au long du procès pénal (**Chapitre premier**). Dans le procès pénal, la justice restaurative apparaît comme une justice complémentaire de la justice pénale classique. La justice restaurative se manifeste notamment par le droit à la réparation et l'aide à la réparation dont bénéficie la victime dans le procès pénal (**Chapitre second**). Le droit à la réparation et l'aide à la réparation représentent une caractéristique de la justice restaurative.

CHAPITRE PREMIER

L'intégration de la justice restaurative en droit français au bénéfice de la victime

Depuis quelques années, le procès pénal prend une nouvelle forme en introduisant la justice restaurative, une justice moins répressive qui prend davantage en compte les intérêts de l'auteur de l'infraction et ceux de la victime de l'infraction. La justice restaurative n'a pas pour objectif de se substituer à la justice pénale classique, elle vise davantage à la compléter (**Section première**). En outre, l'accompagnement des victimes au cours du procès pénal est un des manifestes premiers de l'intégration de la justice restaurative dans le procès pénal (**Section seconde**).

SECTION PREMIÈRE. L'avènement de la justice restaurative en droit pénal français

En France, la justice restaurative est une justice qui s'est intégrée progressivement en fournissant de nouvelles substances à la justice pénale classique (Paragraphe 1). L'intégration de la justice restaurative en droit français est notamment apparente par la prise en compte de l'accord de l'infracteur et de la victime dans le règlement des conflits (Paragraphe 2).

PARAGRAPHE 1. Les nouvelles substances apportées par la justice restaurative à la justice pénale classique

La justice restaurative émane d'un concept complexe, défini de diverses manières et est complémentaire à la justice pénale classique (A). La justice restaurative s'est intégrée progressivement en droit positif français (B).

A. Le concept de la justice restaurative

La justice restaurative est un concept défini de manière variée et apparaît complémentaire à la justice pénale classique.

1. Les définitions variées de la justice restaurative

La justice restaurative est un modèle de justice créé par les Anglo-saxons en s'inspirant des justices communautaires d'autrefois comme les tribus Navajos d'Amérique du Nord et les tribus d'Afrique du sud[796].

La justice restaurative contemporaine a été théorisée en premier lieu par Monsieur Howard ZERH et Monsieur Marshall ROSENBERG qui se sont inspirés des pratiques anciennes tout en innovant[797]. L'auteur Howard ZERH détermine les valeurs réparatrices de la justice restaurative par des valeurs bibliques telles que le pardon, le repentir et la réconciliation. L'auteur contemporain John BRAITHWAITE[798] suivit la pensée d'Howard ZERH en ajoutant la réparation aux valeurs de la justice restaurative. La justice restaurative étant un concept de justice large, divers auteurs donnent des définitions variées de la justice restaurative. Pour Monsieur Tony MARSHALL, la justice restaurative est « un processus par lequel toutes les parties concernées par une infraction donnée décident ensemble de la manière de réagir, aux conséquences de l'infraction ainsi qu'à ses répercussions futures »[799]. L'idée d'un processus représente bien la justice restaurative puisqu'il induit l'idée d'une évolution vers la réhabilitation de tous les acteurs de l'infraction. Le conseil économique et social français a également repris cette idée de processus pour définir la justice restaurative : « la justice restaurative est un processus dans lequel la victime et le délinquant et lorsqu'il y a lieu, toute autre personne ou tout autre membre de la communauté subissant les conséquences d'une infraction participent ensemble activement à la résolution des problèmes découlant de cette infraction, généralement avec l'aide d'un facilitateur »[800]. L'auteur belge Monsieur COLLIN ajoute que « la justice restaurative favorise le dialogue

---

[796] LLEWELLYN (J), HOWSE (R), *La justice réparatrice, cadre de réflexion*, Ottawa, 1999, cité in CARIO, (R) (Dir.), Victimes : du traumatisme à la restauration, Œuvre de justice et victimes, Vol.2, L'Harmattan, coll.Sciences criminelles, 2003.

[797] Marshall Rosenberg est né le 6 octobre 1934. Il était docteur en psychologie et le créateur d'un processus de communication : communication non violente. ROSENBERG (M), Les mots sont des fenêtres, La communication non violente au quotidien, La découverte, 2005. Howard ZEHR est né le 2 juillet 1944. Il était professeur de justice restaurative et il en est un des précurseurs. ZEHR (H), The little book of restorative, Good Books Publication, 2002, p.37; ZEHR (H), Rétributive justice, restorative justice, New Perspective on crime and justice-occasionnal Papers Séries, 1985. Les oeuvres de ces deux pionniers de la justice restaurative sont citées dans l'œuvre de CARIO, (R) (Dir.), *Victimes : du traumatisme à la restauration, Œuvre de justice et victimes*, Vol.2, L'Harmattan, coll.Sciences criminelles, 2003.

[798] BRAITHWAITE (J), *Restorative Justice and responsive regulation*, Oxford University Press, 2002.

[799] MARSHALL (T), *Restaurative Justice, an overwiew*, cité in CARIO, (R) (Dir.), Victimes : du traumatisme à la restauration, Œuvre de justice et victimes, Vol.2, L'Harmattan, coll.Sciences criminelles, 2003.

[800] Rapport de la commission pour la prévention du crime et justice pénale, Conseil économique et social, 16-25 avril 2002.

entre la victime et l'auteur avec une aide effective pour qu'ils dépassent les conséquences de l'infraction. La justice restaurative ne vise pas à entretenir l'illusion d'un retour à la situation préexistante à l'infraction. La victime et l'auteur peuvent se repositionner par rapport aux faits et intégrer l'expérience vécue dans leur vie future »[801].

La justice restaurative offre à la victime la possibilité de retrouver un rôle actif dans la résolution du conflit et de retrouver la maîtrise de sa vie. Autrement dit, la justice restaurative vise à favoriser le dialogue entre l'auteur de l'infraction et la victime en distinguant les chemins que chacun d'eux doit parcourir : la victime doit se reconstruire et l'auteur de l'infraction doit éviter la récidive. Plus largement, certains auteurs définissent la justice restaurative par rapport au rétablissement de l'harmonie sociale. En effet, d'après le professeur Monsieur Howard ZEHR, « la justice restaurative est un processus destiné à impliquer le plus possible ceux qui sont concernés par la commission d'une infraction particulière, à identifier et répondre collectivement à tous les torts, besoins et obligations dans le but de réparer, guérir les préjudices et de rétablir l'harmonie sociale la meilleure possible »[802]. La justice restaurative redistribue les rôles en donnant à l'Etat le rôle de responsable du maintien de l'ordre public et à la communauté le rôle de responsable du maintien de la paix sociale[803]. La justice pénale révèle la vérité par la désignation du responsable et la justice restaurative restaure l'harmonie sociale. S'agissant plus précisément de la restauration de la victime, cela renvoie à une réparation globale de la victime, aussi bien sociale, psychologique que juridique[804]. La restauration vise à aider la victime à sortir du processus pénal le plus rapidement possible pour que l'état de victime soit temporaire. La mise en place de la justice restaurative est nécessaire au sein du procès pénal, car elle vise à appréhender la victime en dehors de son statut de partie civile et répond aux besoins de toutes les victimes. La restauration a également pour objectif de mettre des moyens à disposition de la victime en vue de sa réparation. Ces moyens peuvent consister en une aide au recouvrement de dommages-intérêts, une aide sociale, psychologique ou plus largement une aide à l'accès au droit. Le rapport de Monsieur Jean GORTAIS remis au ministère de la Justice en 1992 a montré la nécessité de prendre en charge l'aspect psychologique des

[801] COLLIN (B), *Trois ans de justice réparatrice dans nos prisons*, Just News (magazine d'information du SPF Justice), n°15 novembre 2003, p.14.

[802] CARIO (R), *Les droits des victimes d'infraction, problèmes politiques et sociaux*, Paris, la documentation française, n°943, décembre 2007; ZEHR (H), *La justice restaurative. Pour sortir des impasses de la logique punitive*, Labor et Fides, coll.Le champ éthique, Genève, 2012. .

[803] Ibid[1].

[804] WALGRAVE (L), *La justice restaurative et la justice pénale : un duo ou un duel ?* in CARIO (R). Victimes : du traumatisme à la restauration, Œuvre de Justice et victimes, Vol.2, L'Harmattan, coll.sciences criminelles, 2002, p.287.

victimes d'infractions pénales[805]. Les multiples définitions de la justice restaurative permettent de conclure que la justice restaurative poursuit trois principaux objectifs tels que la punition de l'infracteur en vue de sa resocialisation, la réparation globale de la victime et le rétablissement durable de la paix sociale[806]. Par ailleurs, la poursuite de tels objectifs démontre que la justice restaurative est une justice complémentaire à la justice pénale classique.

2. La justice restaurative : une justice complémentaire à la justice pénale classique

Une partie de la doctrine perçoit la justice restaurative comme une justice autonome qui consacre une réparation patrimoniale et extrapatrimoniale avec un accompagnement psychologique et social. Dans le modèle de justice pénale actuel, le crime est considéré comme un acte portant atteinte à l'État tandis que selon la philosophie de la justice restaurative, le crime est davantage une atteinte aux personnes et aux relations interpersonnelles. Toutefois, pour une autre partie de la doctrine, la justice restaurative n'est pas une justice autonome, mais est une justice complémentaire à la justice pénale classique. La justice restaurative préconise une nouvelle perspective de résolution des conflits entre auteur/victime et aspire à une amélioration du système existant. La justice restaurative ne remplace pas la justice pénale existante, elle la complète dans le but d'optimiser la restauration de la victime et de favoriser la réparation extrapatrimoniale générée par l'infraction.

En outre, la justice pénale classique et la justice restaurative présentent certaines similitudes. Comme la justice pénale classique, la justice restaurative s'applique à tout type d'infraction, aussi bien pour les petits délits que pour les crimes graves. La justice pénale classique a plusieurs finalités comme la manifestation de la vérité, la rétribution de la faute, le rétablissement de la paix sociale et une nouvelle finalité émanant de la conception contemporaine du procès, la réparation de la victime. Par ailleurs, la justice restaurative a également pour finalité la rétribution de la faute en responsabilisant l'infracteur, le rétablissement de la paix sociale et la réparation de la victime. La justice pénale classique et la justice restaurative sont donc deux formes de justice qui ont les mêmes finalités, mais n'utilisent

---

805 GORTAIS (J), *L'aide psychologique aux victimes*, Rapport remis au Ministère de la Justice en 1992.

806 CARIO (R), MBANZOULOU (P) (Dir.), *La justice une utopie qui marche ?* L'Harmattan, coll.Controverses, 2010, p.11; WALGRAVE (L), *La justice restaurative et les victimes*, vol.4, Le journal international de Victimologie, juillet 2003.

pas les mêmes procédés pour y aboutir[807]. Au regard des finalités identiques de la justice pénale et de la justice restaurative, il convient davantage de considérer la justice restaurative comme une justice complémentaire, additionnelle à la justice pénale.

La justice restaurative n'est pas une justice autonome, elle agit en interaction avec la justice dite classique et ne vise pas à supprimer la peine stricto sinsu. Les mesures restauratives peuvent se cumuler avec des peines d'emprisonnement. Comme le professeur Monsieur Robert CARIO l'affirme : « il existe une impérieuse nécessité de complémentarité entre sanction de l'acte et restauration des personnes comme des relations intersubjectives et communautaires »[808]. Afin de préserver les droits fondamentaux des participants, la justice restaurative, comme la justice pénale classique, doit intégrer les principes directeurs du procès pénal édictés entre autres par la Convention européenne des droits de l'homme et la jurisprudence de la Cour européenne des droits de l'homme. En effet, certains principes fondamentaux, comme le principe du procès équitable, doivent être appliqués à la mesure restaurative. Le principe du procès équitable appliqué dans la justice restaurative renvoie au droit à un avocat, à un interprète ou encore au droit à recevoir des informations juridiques utiles sur la justice restaurative. Cependant, le principe de présomption d'innocence n'a pas à être respecté[809] par la justice restaurative qui s'applique lorsqu'un coupable a été préalablement désigné.

Ainsi, la justice restaurative est une justice complémentaire de la justice pénale classique qui doit s'intégrer dans le droit positif afin de pérenniser l'harmonie sociale et de restaurer au mieux la victime.

B. L'intégration de la justice restaurative en droit positif

Depuis environ une trentaine d'années, la justice restaurative connaît un véritable succès à travers le monde. En France, la justice restaurative en tant que nouvelle forme du procès pénal commence à être consacrée dans le système pénal. La perte de confiance des Français envers la justice pénale actuelle, le taux de récidive élevé et le sentiment d'insécurité des victimes incitent à l'intégration de la justice restaurative en droit positif en tant que justice complémentaire[810]. En France, la justice restaurative vise à être l'instrument d'une nouvelle appréhension de la victime et donne à l'État et à

---

[807] WALGRAVE (L), *La justice restaurative et la justice pénale : un duo ou un duel*, in CARIO (R). Victimes : du traumatisme à la restauration, L'Harmattan, coll.Sciences criminelles, 2002, p.287.

[808] CARIO (R), *Victimologie. De l'effraction du lien intersubjectif à la restauration sociale*, L'Harmattan, coll.Sciences criminelles, Vol.1, 4e éd, 2012, p.187 et s.

[809] Déclaration des droits de l'homme et du citoyen de 1789.art.9; C.pr.pén.art.Préliminaire.

[810] CARIO (R), *Justice restaurative. Principes et promesses*, L'Harmattan, coll.Sciences criminelles, 2e éd, 2010..

son système de justice un rôle essentiel dans le déroulement du processus de justice restaurative[811]. L'intégration de la justice restaurative se manifeste par certaines mesures pénales alternatives aux poursuites comme la médiation pénale, la composition pénale ou encore la transaction-réparation[812]. Au stade de l'application des peines, le législateur fait largement référence à la justice restaurative en prévoyant à l'article 707 du code de procédure pénale « qu'au cours de l'exécution de la peine, la victime peut obtenir la réparation de son préjudice, par l'indemnisation de celui-ci ou par tout autre moyen adapté, y compris, s'il y a lieu, en se voyant proposer une mesure de justice restaurative ». La sanction-réparation, créée par la loi du 5 mars 2007, est par ailleurs une mesure alternative à l'emprisonnement manifeste de l'intégration de la justice restaurative. Puis, plus récemment, la loi du 15 août 2014 a constitué une avancée majeure en prévoyant à l'article 10-1 du code de procédure pénale « qu'à l'occasion de toute procédure pénale et à tous les stades de la procédure, y compris lors de l'exécution de la peine, la victime et l'auteur d'une infraction, sous réserve que les faits aient été reconnus, peuvent se voir proposer une mesure de justice restaurative ». Ainsi, les mesures de justice restaurative peuvent intervenir à l'occasion de « toute procédure pénale », c'est-à-dire y compris pour les infractions les plus graves comme les procédures criminelles ou les délits aggravés.

En outre, l'intégration de la justice restaurative dans l'actuel système pénal français est favorisée par l'Institut français de la justice restaurative[813] qui vise à analyser les fondements de la justice restaurative, à intégrer et à mettre en place un plus grand nombre de mesures restauratives dans le système pénal français. À l'échelle internationale, l'assemblée générale de l'Organisation des Nations Unies incite, par une résolution adoptée le 31 janvier en 2002, les États à adopter des mesures restauratives. Cette résolution souligne que la justice restaurative est « une approche qui offre la possibilité aux victimes d'obtenir réparation, de se sentir davantage en sécurité et de trouver l'apaisement, permet aux délinquants de prendre

---

[811] WALGRAVE (L), *La justice restaurative et la justice pénale : un duo ou un duel*, in CARIO (R). Victimes : du traumatisme à la restauration, Œuvre de Justice et victimes, Vol.2, L'Harmattan, coll.sciences criminelles, 2002, p.283.

[812] La médiation pénale et la composition pénale ont été consacrées par la loi n°99-515 du 23 juin 1999 renforçant l'efficacité de la procédure pénale. Le dispositif de transaction proposé par le maire a été créé par l'article 50 de la loi n°2006-396 du 31 mars 2006 pour l'égalité des chances, complété par l'article 74 de la loi n°2007-297 du 5 mars 2007 relative à la prévention de la délinquance et précisé par l'article 9 du décret n°2007-1388 du 26 septembre 2007 pris pour l'application de la loi n° 2007-297 du 5 mars 2007 relative à la prévention de la délinquance modifiant le Code pénal et le Code de procédure pénale. Ce dispositif de transaction figure aux articles 44-1 et R. 15-33-61 et suivants du code de procédure pénale.

[813] L'Institut français de la justice restaurative a été créé le 13 février 2013 par le professeur Robert CARIO. Ce dernier *est professeur de criminologie, directeur de l'unité Jean Pinatel de sciences criminelles comparées à l'Université de Pau et des pays de l'Adour.*

conscience des causes et des effets de leur comportement et d'assumer leur responsabilité de manière constructive et aider les communautés à reprendre les causes profondes de la criminalité, à promouvoir leur bien-être et à prévenir la criminalité »[814]. À l'échelle européenne, une directive du 25 octobre 2012 préconise la mise en place de la justice restaurative et la définit comme « tout processus permettant à la victime et à l'auteur de l'infraction de participer activement, s'ils y consentent librement, à la solution des difficultés résultant de l'infraction pénale, avec l'aide d'un tiers indépendant ». Cette directive européenne affirme que les besoins de tous les protagonistes de l'infraction pénale soient pris en considération et que la victime d'une infraction pénale soit une partie active[815].

La justice restaurative a donc été intégrée progressivement en droit positif français en tant que justice complémentaire de la justice pénale classique. L'intégration de la justice restaurative en droit positif français est plus particulièrement visible par la prise en compte de l'accord de l'infracteur et de la victime dans le règlement des conflits.

PARAGRAPHE 2. La prise en compte de l'accord de l'infracteur et de la victime dans le règlement des conflits : un manifeste de l'intégration de la justice restaurative dans la procédure pénale française

L'intégration de la justice restaurative en droit français se manifeste par différentes mesures pénales comme la médiation pénale (A) et la sanction-réparation (B) qui sont des mesures fondées sur l'accord de l'infracteur et de la victime. La médiation pénale est une mesure restaurative qui peut être proposée par le procureur de la République en tant que mesure alternative aux poursuites et la sanction-réparation est une peine qui peut être imposée ou proposée au stade de l'application des peines.

A. La médiation pénale : la mesure pénale alternative aux poursuites représentative de la justice restaurative

La médiation pénale est une mesure restaurative qui vise à ce que l'auteur d'une infraction et la victime trouvent un accord durable sur la réparation du préjudice causé par l'infraction. La médiation pénale est la mesure qui représente le mieux la justice restaurative puisqu'elle favorise la réconciliation, l'apaisement social, en permettant à chaque protagoniste

---

[814] Résolution E/2002/30, Principes fondamentaux des Nations Unies concernant le recours à des programmes de justice réparatrice en matière pénale, adoptée par l'Assemblée générale de l'Organisation des Nations Unies le 31 janvier 2002.

[815] Directive 2012/29/UE établissant des normes minimales concernant les droits, le soutien et la protection des victimes de la criminalité et remplaçant la décision-cadre 2001/220/JAI du Conseil, adoptée par le Parlement européen et par le Conseil le 25 octobre 2012.

d'échanger sur les caractéristiques et sur les répercussions de l'infraction sur l'un et l'autre. La médiation pénale vise également à responsabiliser l'auteur de l'infraction en l'incitant à évaluer l'impact humain, social et matériel de son action[816]. La médiation pénale permet de prévenir la récidive. L'auteure Madame Michèle GUILLAUME-HOGNING définit largement la médiation comme « un processus de communication éthique reposant sur la responsabilité et l'autonomie des participants, dans lequel un tiers favorise par des entretiens confidentiels l'établissement, le rétablissement du lien social, la prévention ou le règlement de la situation en cause »[817]. La victime peut se retirer à tout moment de la procédure dès lors qu'elle juge que ses intérêts ne sont pas assez protégés et peut se constituer partie civile pour mettre en mouvement l'action publique à l'encontre de l'auteur. La médiation pénale a été expérimentée pour la première fois au début des années 1970 à Kirchner aux États-Unis, puis en Angleterre où les résultats de la médiation pouvaient être présentés au tribunal avant le jugement pour modérer la condamnation si le mis en cause avait fait preuve de volonté dans la démarche restaurative[818]. Ces expériences de médiation ont permis au Royaume-Uni de pallier partiellement à l'échec du système pénal dans le traitement de la délinquance[819]. En France, la médiation pénale a été expérimentée pour la première fois par des associations au début des années 1980 sous le nom de conciliations pénales. Puis, le législateur a consacré la médiation pénale dans le système judiciaire par la loi du 4 janvier 1993[820] et l'a intégrée dans le code de procédure pénale à l'article 41-1 par une loi du 23 juin 1999[821] afin de favoriser le dialogue, la négociation entre l'auteur et la victime d'une infraction dans le but d'aboutir à une solution satisfaisante. En France, la médiation pénale est également utilisée afin de résoudre des conflits entre des particuliers, des entreprises telles que l'entreprise EDF ou encore dans le cadre interbancaire. Malgré les réticences que peut susciter le concept de la justice restaurative, la médiation pénale est l'exemple de la

---

816 Circulaire du 16 mars 2004, CRIM 2004-03 E5/16-03-04, JUSD0430045C relative à la politique pénale en matière de réponses alternatives aux poursuites et de recours aux délégués du procureur de la République, BO n°93.

817 GUILLAUME-HOFNUNG (M), *La médiation*, PUF, coll.Que sais-je ? 2015, p.71.

818 YOUNG (R), *Criminal Law Review*, Juillet 1989, p.472-493, in DESDEVISES (M.-C), RICPTS, vol.58.n°1, 2005.

819 HUDSON (J), GALAWAY (B), *Victims, Offenders and alternatives sanctions*, Lexington Books, 1980, p.103, in DESDEVISES (M.-C), RICPTS, vol.58.n°1, 2005.

820 Art.6.Loi n°93-2 du 4 janvier 1993 portant sur la réforme de la procédure pénale, JORF n°3 du 4 janvier 1993 p.215.

821 Loi n°99-515 du 23 juin 1999 renforçant l'efficacité de la procédure pénale, modifiée par la loi n°2004-204 du 9 mars 2004 portant adaptation de la justice aux évolutions de la criminalité dite « Loi Perben II » qui a introduit la possibilité pour la victime de recourir à la procédure d'injonction de payer afin d'obtenir de manière effective les sommes que l'auteur s'est engagé à lui verser à la suite d'une médiation.

bonne intégration de ce type de justice en droit français[822]. Une circulaire du 16 mars 2004[823] précise que la médiation pénale doit être réservée aux délits les moins graves. La médiation pénale est privilégiée lorsque l'auteur et la victime se connaissent, lorsqu'ils sont dans l'obligation de vivre ensemble ou à proximité comme, par exemple, des membres d'une même famille, ou des personnes qui entretiennent des relations de voisinage ou des relations sociales[824].

En pratique, la médiation pénale est souvent mise en œuvre pour des infractions comme, par exemple, l'infraction d'usage de résine de cannabis, de menaces et de chantage, l'infraction de violences volontaires, d'escroquerie de vol ou tentative de vol, de recel, de dégradation volontaire, de graffitis, de nuisances sonores, de sites industriels ou de loisirs (*stand de tir, circuit moto-cross, discothèque, club de parachutisme*), les infractions d'abandon de famille, les infractions liées à l'environnement (*pollution fluviale, non-respect des débits réservés ou encore des systèmes de protection de circulation de la faune aquatique*) et certaines infractions en matière d'urbanisme[825].

Toutefois, en cas de situations de violences conjugales, il existe une présomption de non-consentement à la médiation pénale entre l'infracteur et la victime. Les violences conjugales se réfèrent aux conjoints, mais également aux concubins et aux partenaires liés par un pacte civil de solidarité[826].

S'agissant de la procédure de la médiation pénale, celle-ci est caractérisée par des principes généraux déterminés par la recommandation du 15 septembre 1999 du comité des ministres aux États membres du Conseil de l'Europe sur la médiation en matière pénale. Ces caractères généraux qui caractérisent la procédure de la médiation pénale sont le caractère libre de la médiation, la confidentialité des discussions, la possibilité d'entreprendre une médiation à toutes les phases de la procédure, la disponibilité effective d'un service de médiation et l'autonomie dont doivent bénéficier les services

---

822 CARIO (R), *La médiation pénale*, L'Harmattan, coll.sciences criminelles, 1998; FAGET (J), *La médiation. Essai de politique pénale*, Erès, coll.Trajets, 1997; BONAFE-SCHIMTT (J.P), *La médiation : une justice plus douce*, Syros alternatives, coll.alternatives sociale, 1992; JACCOUD (M) (Dir.), *Justice réparatrice et médiation pénale : convergences ou divergences ?* L'Harmattan, coll.Sciences criminelles, 2010.

823 Circulaire du 16 mars 2004, CRIM 2004-03 E5/16-03-04, JUSD0430045C relative à la politique pénale en matière de réponses alternatives aux poursuites et de recours aux délégués du procureur de la République, BO n°93.

824 FAGET (J), *La double vie de la médiation*, Droit et Société, n°29, 1995, p.25-35; LEBEHOT (T), *Le cadre juridique de la médiation pénale*, AJP, 2011, p.216.

825 GOSSEYE (P), *La mise en œuvre de la médiation pénale par l'Association béarnaise de contrôle judiciaire de Pau*, AJ Pénal, 2011, p.221.

826 AVENA-ROBARDET (V), *Lutter efficacement contre les violences conjugales*, AJ Famille, 2010, p.298; LEBEHOT (T), *Le cadre juridique de la médiation pénale*, AJP, 2011, p.216.

de médiation[827]. La médiation pénale s'effectue par étapes, ce qui contribue au processus de restauration de la victime qui y joue un rôle important. Tout d'abord, le procureur de la République doit définir clairement la qualification pénale des faits et peut proposer ensuite une médiation entre l'auteur de l'infraction et la victime. La demande d'une médiation peut aussi émaner de la victime. Le Procureur de la République ne propose cette mesure que s'il pense que l'auteur de l'infraction peut assurer la réparation du dommage causé à la victime, qu'il peut mettre fin au trouble résultant de l'infraction ou encore contribuer au reclassement de l'auteur des faits[828]. Le procureur de la République ne peut mettre en place une médiation qu'avec l'accord des deux protagonistes. Il doit donc s'entretenir avec les parties afin de s'assurer de l'accord et déterminer le délai de réalisation de la mesure. Il explique le cadre juridique, le déroulement et le but de la médiation pour l'auteur et la victime.

Dans une deuxième étape, le médiateur prend le relais et dirige les négociations entre les parties qui peuvent décider d'une sanction pénale et/ou d'une réparation. La réparation peut se référer à une indemnisation ou encore à une réparation matérielle. La réparation matérielle n'est pas législativement encadrée, elle ne doit pas être assimilée à un travail non déclaré. Elle peut être symbolique et prendre la forme d'excuses orales ou écrites. Le médiateur a pour but d'établir ou de rétablir le dialogue entre les parties, de responsabiliser l'auteur de l'acte, de réparer le dommage causé à la victime, de réconcilier les parties en conflit, de construire des solutions durables et de formaliser un accord ou un désaccord par écrit. Le médiateur a une obligation de moyens et permet aux parties de trouver par elles-mêmes une solution au litige.

Le médiateur n'a pas une obligation de résultat, il ne peut pas être tenu responsable du non-respect d'un protocole d'accord conclu entre les parties. Le médiateur pénal est une personne physique ou une association habilitée par le procureur de la République ou le procureur général. Dans la grande majorité des cas, les médiateurs sont des personnes retraitées, ayant travaillé en tant que gendarmes ou policiers[829]. Le médiateur pénal est mandaté par le procureur de la République. Pour exercer les missions de médiateur, ce dernier ne doit pas avoir fait l'objet d'une condamnation ou d'une déchéance inscrite au bulletin numéro 2. Puis, il doit présenter des garanties de

---

[827] Recommandation R (99) 19 sur la médiation en matière pénale, adoptée par le comité des ministres du Conseil de l'Europe le 15 septembre 1999; LEBEHOT (T), *Le cadre juridique de la médiation pénale*, op.cit, p.218 ; MAUREL (E), *Le recours à la médiation pénale par le procureur de la République*, AJ Pénal, n°5, mai 2011; Note d'orientation du 3 juin 1992 sur la médiation en matière pénale, ministère de la Justice.

[828] C.pr.pen.art.41-1.

[829] FAGET (J), *La médiation, essai de politique pénale*, Erès, France, 1997; CARIO (R), Justice restaurative, principes et promesses, L'Harmattan, coll.sciences criminelles, 2005.

compétence, d'indépendance et d'impartialité[830]. Plusieurs établissements proposent des formations aux médiateurs comme l'Institut d'aide aux victimes et de médiation ou encore l'Université de droit Panthéon-Assas. Or, aucune formation n'est obligatoire pour exercer les fonctions de médiateur[831]. Les médiateurs devraient être contraints de suivre une formation afin que la médiation soit véritablement efficace et restaurative. Une formation obligatoire devrait être mise en place pour enseigner au médiateur les connaissances requises dans les domaines juridiques, psychologiques et sociaux. La recommandation en date du 15 septembre 1999 du comité des ministres aux Etats membres du Conseil de l'Europe préconise une formation initiale du médiateur puis une formation en cours d'exercice.

Dans le cadre d'une troisième étape, si les parties s'accordent, le médiateur établit un procès-verbal d'accord signé par les parties qu'il présente ensuite au magistrat du parquet. Le médiateur sera chargé de l'application de cet accord et la victime ne pourra pas se constituer partie civile pour déclencher l'action publique. En cas de réussite, si l'auteur s'est engagé à indemniser la victime, celle-ci pourra demander le recouvrement des dommages et intérêts prévus au titre de la réparation par le moyen de la procédure d'injonction de payer[832]. Si les parties ne s'accordent pas, le médiateur note dans son compte-rendu transmis par la suite au procureur, le refus de la médiation, sans donner d'appréciation personnelle[833]. Dans ce dernier cas, la victime peut déclencher l'action publique.

Outre la réparation matérielle, la médiation pénale permet à la victime de réparer les répercussions psychiques occasionnées par les faits perpétrés à son encontre. Le dialogue entre la victime et l'auteur lors des rencontres de médiation peut apporter à la victime une forme de réparation symbolique. Les victimes sont souvent très attachées à cet échange qui « leur permet d'apaiser leurs peurs et leurs souffrances, de mieux accepter les faits et de réhumaniser l'infracteur, souvent perçu comme un monstre »[834]. En France, la médiation pénale a connu un vif succès. Toutefois, l'application de la médiation pénale diffère selon les parquets, car dans certains tribunaux de grande instance, des médiations se déroulent sans rencontre préalable[835]. La

---

[830] C.pr.civ.art.131-5.

[831] INAVEM voir site Internet : www.inavem.org.

[832] C.pr.pen.art.41-1.

[833] LEBEHOT (T), *Le cadre juridique de la médiation pénale*, op.cit, p.218; MBOUZOULOU (P), *La médiation pénale en France à l'aune de la loi du 9 juillet 2010* in R.CARIO, MBANZOULOU (P), La justice restaurative. Une utopie qui marche ? L'Harmattan, coll.Controverses, 2010.

[834] HEMMERUCH (M), CLASSINE (M), *Faites entrer la victime*, Le Passe-muraille, Publication GENEPI, novembre/décembre 2011, n°33, p.37.

[835] MILBURN (P), *La médiation pénale en France : quelle place pour les victimes ?* Les cahiers de la justice, n°1, 2006, p.113-126.

médiation devrait donc être améliorée afin que son application sur le territoire soit cohérente.

Dans l'ensemble, la médiation pénale à titre d'alternative aux poursuites s'est bien intégrée en droit français, il serait donc souhaitable d'intégrer également la médiation pénale au stade post-sentencielle. La médiation pénale post-sentencielle consiste à organiser une rencontre entre le condamné et la victime dans le but que le condamné reconnaisse sa responsabilité, répare les dommages résultants de l'infraction et ne récidive pas. En outre, la médiation post-sentencielle permet à la victime d'apaiser ses souffrances et de sortir de l'état de victime[836]. Le symbolisme de la médiation pénale post-sentencielle est important, car chacun peut s'investir dans un dialogue. La médiation pénale post-sentencielle pourrait être prévue dans le jugement pour qu'elle soit imposée au condamné au cours de sa peine tout en laissant à la victime le choix d'y participer. Au Canada, la médiation pénale post-sentencielle est plus particulièrement appliquée pour les infractions les plus graves[837]. La préparation de ce type de rencontre post-sentencielle dure plusieurs mois et si après la première rencontre entre le condamné et la victime les résultats escomptés n'ont pas lieu, la médiation est arrêtée. En France, la médiation post-sentencielle a fait l'objet de plusieurs expérimentations entre les condamnés et les victimes, qui se sont révélées positives dans le processus de restauration des victimes et des condamnés[838], la médiation post-sentencielle tend donc à être progressivement intégrée en droit français. En droit positif, la médiation pénale pré-sentencielle est la mesure pénale qui prouve la bonne intégration de la justice restaurative dans la procédure pénale. La sanction-réparation est également une mesure pénale post-sentencielle qui manifeste une bonne intégration de la justice restaurative dans la procédure pénale.

B. La sanction-réparation : une mesure restaurative au stade de l'application des peines

La sanction-réparation, créée par la loi du 5 mars 2007, est une peine qui consiste en une obligation pour le condamné adulte de procéder, dans les délais et selon les modalités fixées par la juridiction, à la réparation du

---

836 DANDONNEAU (V), *Retour sur une expérimentation européenne de médiation pénale post-sententielle*, AJ Pénal, n°5, mai 2011, p.225 et s. Cette expérimentation a été mise en place en 2008 dans le cadre d'une directive de projet de recherche européen, un projet dans lequel a participé la Fédération citoyens et justice avec le soutien financier de la Commission européenne, Direction générale Justice, Liberté et Sécurité.

837 CARIO (R), *Les rencontres restauratives post-sentencielles*, in CARIO (R), MBANZOULOU (P), La justice restaurative une utopie qui marche ? L'Harmattan, coll.controverses, 2010, p.49-62.

838 MILBURN (P), *La médiation pénale en France : quelle place pour les victimes ?* Les cahiers de la justice, n°1, 2006, p.113-126.

préjudice de la victime[839]. La sanction-réparation peut s'appliquer aussi bien aux personnes physiques qu'aux personnes morales[840]. Autrefois, la sanction-réparation était une mesure consacrée uniquement pour les mineurs. La sanction-réparation actuelle s'est inspirée de l'article 12-1 de l'ordonnance du 2 février 1945 modifié par la loi du 4 janvier 1993[841], qui permet d'ordonner au mineur délinquant de réaliser une activité d'aide ou de réparation au profit de la victime ou de la collectivité. La mesure d'aide ou de réparation nécessite l'accord du mineur infracteur ainsi que celui de la victime lorsqu'elle est réalisée au profit de celle-ci. De nos jours, la sanction-réparation peut également être prise à l'encontre des adultes condamnés pour les contraventions de la cinquième classe[842] et les délits punis d'une peine d'emprisonnement ou d'une seule peine d'amende[843]. La sanction-réparation s'applique en tant que peine alternative, autrement dit de remplacement d'une peine d'emprisonnement, d'une peine d'amende ou en tant que peine complémentaire[844]. Cette mesure pénale post-sentencielle manifeste un aspect restauratif à l'égard du condamné et de la victime lorsqu'elle est réalisée à son profit.

Plus largement, la sanction-réparation a pour finalité de restaurer l'équilibre social[845]. À l'égard du condamné, la sanction-réparation permet de le responsabiliser en l'obligeant à réparer le préjudice de la victime et à se réinsérer dans la société[846]. La sanction-réparation contribue également à la restauration de la victime, car cette sanction permet de réparer le préjudice qu'elle a subi, de sortir de l'état de victime et de retrouver un statut de citoyen[847]. La sanction-réparation a donc un caractère hybride puisqu'elle a une nature pénale par sa fonction répressive et civile par sa fonction réparatrice. L'utilisation du terme « victime » par le législateur induit la possibilité de prononcer une sanction-réparation envers tout type de victime, qu'elle soit constituée partie civile ou non. La réparation peut consister en

---

839 C.pén.art.131-8-1.

840 C.pen.art.131-40.

841 Art.118.Loi n°93-2 du 4 janvier 1993 portant réforme de la procédure pénale, JORF n°3 du 4 janvier 1993 p.215.

842 C.pen.arts.131-15-1.

843 C.pen.arts.131-8-1 et 131-39-1; CROCQ (J.-C), *Le guide des infractions, Le guide pénal 2017*, Dalloz, coll.Guides Dalloz, 18e éd, 2016.

844 ULLEMANN (M), *De la peine de substitution à la peine de réparation*, Dr.pen, 1990, Chron.n°1. FOURNIER (S), *La peine de sanction réparation : un hybride disgracieux (ou les dangers d'un mélange de genre)* in Mélanges en l'honneur du professeur Jacques Henri ROBERT, LexisNexis, coll.N/A, 2012, p.288.

845 ULLEMANN (M), *De la peine de substitution à la peine de réparation*, Dr.pen, 1990, Chron.n°1. FOURNIER (S), *La peine de sanction réparation : un hybride disgracieux (ou les dangers d'un mélange de genre)* in Mélanges en l'honneur du professeur Jacques Henri ROBERT, LexisNexis, coll.N/A, 2012, p.288.

846 GIACOPELLI (M), *Libres propos sur la sanction-réparation*, D.2007, p.1551.

847 WALGRAVE (L), *La justice restaurative : à la recherche d'une théorie, d'un programme*, Criminologie, Vol.32, n° 1, 1999, p. 6 s.

une indemnisation ou peut être effectuée en nature. La réparation du préjudice subi par la victime peut être exécutée en nature uniquement avec l'accord de la victime et du condamné. La réparation en nature peut consister en la remise en état d'un bien endommagé à l'accusation de la commission de l'infraction qui peut être réalisée par le condamné lui-même ou par un professionnel qu'il choisit et dont il rémunère l'intervention. L'exécution d'une peine de sanction-réparation n'empêche pas la victime de solliciter l'aide au recouvrement susceptible d'être apportée par le fonds de garantie des victimes des actes de terrorisme et d'autres infractions[848]. L'exécution de la réparation est constatée par le procureur de la République ou par son délégué. Si le condamné n'exécute pas en tout ou partie l'obligation de réparation dans le délai fixé par la juridiction de jugement, le procureur de la République saisit le juge d'application des peines. Le juge d'application des peines est chargé de l'exécution en tout ou partie de la sanction prévue par la juridiction de jugement dans les conditions prévues par l'article 712-6 du Code de procédure pénale, c'est-à-dire après débat contradictoire, sauf si le procureur de la République et le condamné ou son avocat donnent leur accord pour en être dispensés[849]. La juridiction de jugement fixe au préalable une peine d'emprisonnement qui ne peut excéder six mois ou une peine d'amende qui ne peut excéder 15.000 euros lorsqu'il s'agit d'un délit et 1.500 euros lorsqu'il s'agit d'une peine relative à une contravention de la 5e classe[850].

Ainsi, comme la médiation pénale, la sanction-réparation est une mesure restaurative qui respecte les trois objectifs de la justice restaurative. L'accord du condamné et dans une moindre mesure, celui de la victime sont pris en compte, cette mesure pénale vise à réparer le préjudice causé et restaure l'harmonie sociale. La médiation pénale et la sanction-réparation apparaissent comme les deux principales mesures restauratives existantes en droit pénal français. La justice restaurative peut donc parfaitement s'intégrer aux côtés de la justice pénale classique. Pour être efficace à l'égard de la société, du condamné et de la victime, la justice doit pouvoir allier la restauration à la répression. Outre les mesures restauratives existantes en droit pénal français, l'accompagnement des victimes dans le procès pénal démontre également l'intégration de la justice restaurative en droit français au bénéfice des victimes.

---

848 C.pr.pen.art.706-15-1.

849 C.pén.Art.131-8-1 al 5 et C.pen.art.131-15-1.

850 C.pén.art.131-8-1 al 5 en matière délictuelle et C.pen.art.131-15-1 en matière contraventionnelle de la 5ème classe.

SECTION SECONDE. L'accompagnement des victimes dans le procès pénal : un manifeste de l'intégration de la justice restaurative en droit français au bénéfice des victimes

L'accompagnement des victimes apparaît comme l'un des manifestes de l'intégration de la justice restaurative en France. L'accompagnement des victimes consiste à accompagner les victimes tout au long du procès pénal et après le procès pénal. L'accompagnement, c'est se joindre à quelqu'un pour aller avec lui quelque part, c'est le guider, le soutenir[851]. Plus précisément, l'accompagnement des victimes consiste à aider les victimes dans leurs démarches juridiques, d'un point de vue psychologique et social. Progressivement, une réelle politique d'aide aux victimes a été mise en place en France et plusieurs acteurs accompagnent désormais les victimes. Ces acteurs sont indépendants des tribunaux et ont pour objectif de restaurer les victimes en les aidant à sortir de leur état de victime. Les acteurs de l'aide aux victimes sont les intervenants sociaux, les associations d'aide aux victimes ou encore le bureau d'aide aux victimes. Il est pertinent d'étudier tout d'abord l'avènement de la politique d'aide aux victimes en France avec les différents acteurs qui mettent en place cette politique (Paragraphe 1), puis d'étudier plus particulièrement le rôle des associations d'aide aux victimes (Paragraphe 2).

PARAGRAPHE 1. L'avènement d'une réelle politique d'aide aux victimes

En France, une politique publique d'aide aux victimes s'est progressivement mise en place. Les fondements et les objectifs de la politique publique d'aide aux victimes sont précisément définis (A). Les acteurs qui mettent en œuvre la politique d'aide aux victimes sont divers. La plupart des acteurs d'aide aux victimes sont étroitement liés à l'institution judiciaire (B).

A. La définition de la politique publique d'aide aux victimes

Depuis le début des années 1980, sous l'impulsion du garde des Sceaux, Maître Robert Badinter, des services d'aide aux victimes ont été mis en place afin de prendre en charge et d'assister les victimes d'infraction dans leurs actions. L'idée d'une réelle solidarité nationale a commencé à apparaître[852]. La politique publique d'aide aux victimes est fondée sur la création de services destinés à aider les victimes sur tout le territoire français. Les services d'aide aux victimes ont pour rôle l'écoute, l'information et

---

[851] Dictionnaire français.www.linternaute.com.

[852] CARIO (R), *Victimologie. De l'effraction du lien intersubjectif à la restauration sociale*, L'Harmattan, coll.Sciences criminelles, Vol.1, 4e éd, 2012.

l'orientation des victimes[853]. La politique publique d'aide aux victimes diffère de l'aide juridique. Bien que ce soient deux concepts complémentaires, ce sont des concepts fondamentalement différents. L'aide juridique se fonde sur les droits des victimes en se référant à la victime en tant que sujet de droit dont la seule résolution du conflit est judiciaire, tandis que l'aide aux victimes se réfère à la victime en tant qu'être humain et se focalise sur sa prise en charge en dehors du système pénal. L'aide aux victimes peut se définir comme « l'accueil, l'écoute, le soutien moral et psychologique, l'information, l'orientation, l'accès au droit, la diffusion d'informations sur l'aide aux victimes auprès du public et des professionnels, la mise en œuvre de tous les moyens pour promouvoir une politique d'aide aux victimes »[854].

La politique d'aide aux victimes a pour objectif la restauration de la dignité et de l'autonomie de la victime. La politique publique d'aide aux victimes a été mise en place par la loi du 3 juillet 1993 qui se fonde sur le « rapport MILLIEZ » de 1982[855]. Ce rapport avait pour objectif de mettre en valeur la solidarité nationale, la liberté associative et de mettre en place une politique d'aide aux victimes. Le « rapport MILLIEZ » a favorisé la mise en œuvre d'une indemnisation effective des victimes et la mobilisation permanente de services d'aide aux victimes[856]. Toutefois, de nombreuses propositions du « rapport MILLIEZ » n'ont pas encore été mises en œuvre. Depuis le « rapport MILLIEZ », la prise en charge et l'aide aux victimes sont devenues la priorité des pouvoirs publics et le ministère de la Justice consacre chaque année une partie croissante de son budget au financement par voie de subventions. Les conseils régionaux et généraux contribuent également au financement de l'aide aux victimes. Dès 1984-1985, ces efforts ont été relayés dans le cadre des politiques interministérielles de prévention de la délinquance et du développement social urbain, appelées « politique de la ville »[857]. Les services d'aide aux victimes ne peuvent pas se substituer aux victimes, les représenter et participer au procès pénal. D'après l'Institut national d'aide aux victimes et de médiation (INAVEM), les services d'aide

[853] LOPEZ (G), PORTELLI (S), CLEMENT (S), *Les droits des victimes. Droits, auditions, expertise, clinique*, Dalloz, Coll.Etats de droits, 2e éd, 2007.

[854] Article 2 de la Charte des services d'aide aux victimes créée par l'INAVEM, Institut national d'aide aux victimes et de médiation.

[855] Paul MILLIEZ est un médecin français qui a été résistant sous l'occupation. Il a été célèbre pour ses positions politiques et sociales. En 1981, Robert Badinter, garde des Sceaux, lui permit de présider la commission d'étude et de proposition dans le domaine de l'aide aux victimes. Cette commission donna naissance en 1982 au rapport de la commission d'étude et de proposition dans le domaine de l'aide aux victimes, plus communément appelé le « rapport MILLIEZ ».

[856] MILLIEZ (P), *La politique d'aide aux victimes d'infractions pénales*, Rapport remis au Garde des Sceaux, Juin 1982, p.84-105.

[857] PIGNOUX (N), *La réparation des victimes d'infractions pénales*, Thèse de l'université de Pau et des Pays de l'Adour, 2007.

aux victimes doivent « dans toute la mesure du possible, travailler en collaboration avec le tribunal, les services hospitaliers, les services sociaux, la police, la gendarmerie et d'une manière générale avec toutes les structures susceptibles d'accueillir des victimes »[858]. Les services d'aide aux victimes constituent donc un véritable lien entre différents professionnels. L'INAVEM assure une liaison entre les services d'aides aux victimes, apprécie la pertinence de leur action et fédère toutes les associations d'aide aux victimes. En outre, le bureau de la protection des victimes et de la prévention a été créé en 1982 au sein du ministère de la Justice afin de coordonner et de mettre en réseau tous les services d'aide aux victimes.

De nos jours, cet institut est nommé le service de l'accès au droit[859]. Le « rapport LIENEMANN » remis au Premier ministre le 26 mars 1999 par Madame Marie-Noëlle LIENEMANN, a ensuite pris le relais dans la mise en place d'une politique d'aide aux victimes[860]. Ce rapport a établi un bilan de l'aide aux victimes et a justifié le droit aux victimes d'être aidées, entendues et indemnisées par le devoir de l'Etat à assurer la sécurité de tous[861]. Ce rapport préconisait 114 propositions en vue d'améliorer l'aide aux victimes. Certaines de ces propositions ont été reprises par le conseil de sécurité intérieur du 19 avril 1999 et par la loi du 15 juin 2000[862]. Le conseil de sécurité intérieur a, par exemple, élaboré un plan visant à créer un véritable partenariat entre tous les acteurs de l'aide aux victimes, associant les services de l'État, les collectivités locales et les associations[863]. Il a également conforté la création d'un service d'aide psychologique adapté et ponctuel ou encore la création d'une formation de qualité pour les associations d'aide aux victimes qui assument des missions d'administrateur ad hoc[864]. Certaines propositions du « rapport LIENEMANN » n'ont toujours pas été mises en place, comme celles préconisant, par exemple, l'élaboration d'un plan national élaboré tous les deux ans pour traiter du financement de l'aide aux victimes des différents partenariats entre les

---

[858] Voir Site Internet : www.inavem.org.

[859] Le service de l'accès au droit travaille en collaboration avec l'institut national d'aide aux victimes et de médiation créé en 1986. PIGNOUX (N), op.cit, p.339; DOMENECH (J.-L), *L'INAVEM et les associations d'aide aux victimes*, In R.CARIO (Dir.), Victimes : du traumatisme à la restauration, L'Harmattan, coll.Sciences criminelles, Vol 2, 2003.

[860] Le rapport « pour une nouvelle politique publique d'aide aux victimes » est nommé le « rapport LIENEMANN », car il a été effectué sous la direction de la sénatrice Marie-Noëlle LIENEMANN.

[861] Ibid[2].

[862] Loi n°2000-516 du 15 juin 2000 renforçant la protection de la présomption d'innocence et les droits des victimes, *JORF* n° 138 du 16 juin 2000, p.9038.

[863] LIENEMANN (M.-N), MAGLIANO (H), CALMETTES (J), *Pour une nouvelle politique publique d'aide aux victimes*, Groupe interministériel d'aide aux victimes, Rapport remis au Premier ministre en mars 1999, p.230.

[864] C.pr.pen.art.706-50 : l'administrateur ad hoc est désigné lorsque la protection des intérêts de l'enfant mineur n'est pas complètement assurée par les représentants légaux ou l'un d'entre eux.

services d'aide aux victimes et les collectivités territoriales ou encore la création au niveau départemental d'une instance de coordination s'appuyant sur une structure qui aurait la forme d'un groupement d'intérêt public, concentrant tous les acteurs de l'aide aux victimes dont le ministère public serait le coordinateur de la politique publique d'aide aux victimes. Cependant, à l'échelle nationale, un décret du 3 août 1999, fondé sur le « rapport LIENEMANN » a créé le Conseil national d'aide aux victimes et de médiation (CNAV). Le CNAV est chargé d'organiser l'action du gouvernement et celle des institutions non gouvernementales en matière d'assistance aux victimes[865].

Il s'agit d'une instance de concertation dont le rôle est de proposer des améliorations en matière d'accueil, d'information, de prise en charge et d'indemnisation d'infractions pénales. La composition du CNAV témoigne notamment de l'importance de la prise en compte des victimes dans la politique publique d'aide aux victimes. Le CNAV, présidé par le garde des Sceaux, est composé de trois ministres, quatre élus, six associations œuvrant dans le domaine de l'aide aux victimes, sept personnalités qualifiées[866] et le directeur général du fonds de garantie des victimes de terrorisme et d'autres infractions. Le CNAV a déjà contribué à la création ou à l'amélioration de nombreux dispositifs d'aide aux victimes, tels que le renforcement et la structuration du réseau associatif, le développement des outils statistiques dédiés aux victimes d'infractions, le statut des victimes de trafics d'êtres humains, l'information et l'accompagnement des victimes d'accidents collectifs. Les travaux du CNAV ont notamment conduit à la mise en place d'une cellule centrale de coordination au ministère de la Justice et à la création d'un guide méthodologique à l'usage des acteurs de terrain ou encore un guide de la prise en charge des victimes en urgence. Le Conseil national d'aide aux victimes est cependant fréquemment critiqué, car il n'a élaboré aucun cahier des charges et dans certains départements, il existe une multitude de services d'aide aux victimes qui entraînent une concurrence plutôt qu'un partenariat. Les partenariats entre les associations, les barreaux, les services de police et la gendarmerie diffèrent d'un département à l'autre.

Ainsi, la politique d'aide aux victimes poursuit des objectifs bien définis par le « rapport MILLIEZ », le « rapport LIENEMANN » et par les

---

[865] Décret n°99-706 du 3 août 1999 relatif au Conseil national de l'aide aux victimes, JORF n°183 du 10 août 1999, p.12057.

[866] La composition du CNAV est prévue à l'article 3 du décret n°2010-1106 du 21 septembre 2010 modifiant le décret n°99-706 du 3 août 1999 relatif au Conseil national d'aide aux victimes : le ministre de la Justice, le ministre chargé des affaires sociales, le ministre chargé de la santé, et le ministre de l'Intérieur; un député, un sénateur, un président du conseil général, un maire ; l'INAVEM, la Fédération citoyens et justice, la Fédération nationale des victimes d'accidents collectifs, le centre national d'information sur les droits des femmes et des familles, l'association aide aux parents d'enfants victimes, l'association Marilou pour les routes de la vie ; deux magistrats, un avocat, un médecin légiste, un chercheur en victimologie, deux représentants des organisations professionnelles de l'assurance.

différentes institutions comme l'INAVEM et le CNAV qui cherchent continuellement à améliorer l'assistance des victimes. En outre, la politique d'aide aux victimes est mise en œuvre par des acteurs qui sont indépendants de l'institution judiciaire comme les associations et des acteurs qui sont étroitement liés à l'institution judiciaire.

B. Les acteurs de l'aide aux victimes étroitement liés à l'institution judiciaire

La politique publique d'aide aux victimes est en partie mise en œuvre par divers acteurs étroitement liés à l'institution judiciaire comme l'intervenant social, les bureaux d'aide aux victimes et le juge délégué aux victimes.

1. L'intervenant social

L'intervenant social apparaît comme le premier interlocuteur de l'institution judiciaire puisqu'il agit dans les commissariats ou dans les gendarmeries. L'intervenant social contribue à la restauration de la victime, car son rôle est d'accompagner les victimes sur le plan judiciaire, matériel, psychologique et social[867]. L'intervenant social accompagne la victime pour qu'elle vive au mieux son expérience du droit. D'après la circulaire du 1er août 2006[868], « le travailleur social participe à l'accueil, à l'écoute et à l'orientation des victimes d'infractions pénales que celles-ci aient ou non déposé plainte ou aient déposé plainte pour des faits d'autre nature et relaie le cas échéant leur prise en charge vers des associations d'aide aux victimes ».

L'intervenant social apporte une réelle aide psychologique aux victimes qui vise à éradiquer la désorganisation psychique engendrée par l'infraction pénale[869]. Cette aide psychologique contribue à la reconnaissance de la victime et à sa souffrance, ce qui favorise un début de processus de restauration. Cette reconnaissance ne doit être qu'une étape dans la guérison ou l'évolution qui doit permettre de sortir le plus rapidement possible de l'état de victime afin de retrouver sa place dans la société[870]. Les victimes ont besoin d'exprimer leur souffrance, sinon elles restent dans un état de victimisation permanent et leurs envies vindicatives persistent[871].

---

[867] CARIO (R), *Victimes : du traumatisme à la restauration*, L'Harmattan, coll.Sciences criminelles, 2002, p.8.

[868] Circulaire du 1er août 2006, INT/K/06/30043/J relative à l'extension du dispositif des travailleurs sociaux en commissariat et les services de gendarmerie.

[869] DAMIANI (C), *L'aide psychologique aux victimes* in CARIO (R) et SALAS (D), Œuvre de justice et victimes, Vol.1, L'Harmattan, coll.Sciences Criminelles, 2003.

[870] AUDET (J), KATZ (J.-F), *Précis de victimologie générale*, Dunod, coll.Psychothérapies, 2e éd, 2006.

[871] CARIO (R), *Victimes : du traumatisme à la restauration*, L'Harmattan, coll.Sciences criminelles, 2002, p.8.

L'accompagnement psychologique remet de l'ordre à l'intérieur de la victime tandis que le judiciaire remet de l'ordre à l'extérieur de la victime, dans la société.

L'intervenant social permet une détection précoce de situations sociales problématiques et peut agir en situation de crise comme en cas de violences intrafamiliales ou en cas de précarité. Il peut apporter une réponse pratique à la victime comme un hébergement d'urgence en cas de violences, une garde d'enfants, un relogement et orienter la victime vers des administrations ou certains organismes sociaux comme le pôle de solidarité du Conseil Général, les espaces départementaux d'action sociale, les services de l'aide sociale à l'enfance et de la protection maternelle et infantile, des associations caritatives ou encore des structures d'hébergement d'urgence.

Un rôle de médiateur lui est également reconnu pour pacifier un conflit et éviter des situations de victimisation et de survictimisation. En effet, l'intervenant social peut faciliter un dialogue interinstitutionnel entre les victimes de santé publique et la sphère médico-éducative. L'intervenant social oriente plus particulièrement les victimes mineures vers un mode de résolution des conflits tel que la médiation pénale et la conciliation pour des infractions mineures comme[872] le tapage injurieux, le tapage nocturne ou encore le tapage d'agression sonore.

Outre le rôle que les intervenants sociaux peuvent jouer au stade pré-sentenciel, ils peuvent également intervenir au stade post-sentenciel. Au stade post-sentenciel, l'intervenant social peut aider l'auteur de l'infraction à suivre les obligations ordonnées par le juge, comme une mesure d'examen médical ou une ordonnance visant à s'abstenir de rentrer en contact avec la victime. Les intervenants sociaux agissent habituellement dans le cadre d'une association d'aide aux victimes, mais depuis la loi de prévention de la délinquance du 5 mars 2007[873], ils peuvent également être employés par l'État, le département, la commune et agir dans le cadre d'une mission de prévention à l'attention des publics en détresse[874]. Les intervenants sociaux sont diplômés et sont soumis au respect d'une déontologie. Ils sont notamment soumis au secret professionnel sauf dans le cas où ils doivent traiter d'infractions pénales mettant en jeu des personnes vulnérables, dans les cas de privations et sévices infligés à un mineur de 15 ans et plus généralement à toute personne qui est en incapacité de se protéger en raison de son âge, son état physique ou psychique[875].

Toutefois, la principale critique envers les intervenants sociaux porte sur leur manque de compétence.

---

[872] C.pén.R.623-2, art.131-13 et art.222-16.

[873] Loi n° 2007-308 du 5 mars 2007 portant réforme de la protection juridique des majeurs, JORF n°56 du 7 mars 2007, p.4325, texte n°12.

[874] C.ASF.Art.L121-1-1.

[875] C.pén.art.223-14.

Une meilleure formation est vivement souhaitée pour que les intervenants sociaux mettent à la disposition des victimes un service de qualité. Comme les intervenants sociaux, les bureaux d'aide aux victimes et le juge délégué aux victimes sont également des acteurs incontournables d'aide aux victimes, étroitement liés à l'institution judiciaire.

2. Les Bureaux d'aide aux victimes et le juge délégué aux victimes

Les bureaux d'aide aux victimes (BAV) ont été créés par la loi du 3 juillet 1982 afin d'aider les victimes en les informant et en les accompagnant dans toutes leurs démarches. Les BAV permettent aux victimes de trouver toutes les informations les concernant, quel que soit le service de la juridiction concernée, qu'il s'agisse de l'aide juridictionnelle ou du juge d'application des peines.

Ces bureaux situés au sein des palais de justice sont gérés par des représentants d'associations d'aide aux victimes. Les BAV ont été mis en place à titre expérimental en 2009 dans 13 tribunaux de grande instance. Depuis le décret du 7 mai 2012, ces bureaux peuvent être institués dans tous les tribunaux de grande instance pour faciliter les démarches judiciaires des victimes d'infractions[876]. Le juge délégué aux victimes est chargé de coordonner tous les services du BAV entre eux et d'assurer une coordination du BAV avec tous les services de la juridiction afin que les victimes bénéficient d'informations fiables sur leur dossier dans les meilleurs délais. Les bureaux d'aide aux victimes ont pour mission d'accompagner les victimes dans leurs démarches, du dépôt de la plainte jusqu'à l'exécution de la décision de justice. Les BAV apportent aux victimes une aide et un suivi personnalisé, les orientent vers les instances, les personnes ou les organismes compétents. Ils peuvent informer les victimes sur le fonctionnement judiciaire, sur les procédures les concernant, sur le suivi de l'affaire ou sur le dispositif d'indemnisation adapté à l'affaire comme le Service d'aide au recouvrement des victimes d'infractions (SARVI) ou la Commission d'indemnisation des victimes d'infractions (CIVI). Afin que les BAV puissent aider les victimes et les joindre, le procureur de la République leur transmet les coordonnées des victimes concernées.

Dans des affaires de comparution immédiate, les BAV contactent systématiquement les victimes pour assurer leur accompagnement à l'audience correctionnelle. Les BAV sont également compétents pour agir dans une phase post-sentencielle et pour aider les victimes à obtenir l'exécution d'une réparation civile. En effet, à l'issue des audiences, les BAV peuvent prendre en charge les victimes. Le cas échéant les bureaux d'exécution des peines (BEX) remplacent les BAV dans leur fonction

---

[876] Décret n°2012-681 du 7 mai 2012 relatif aux bureaux d'aide aux victimes, JORF n°0108 du 8 mai 2012, p.8264, texte n°32.

d'assistance des victimes. Les BEX apparaissent comme un substitut des BAV au stade de l'exécution des peines[877].

En outre, par l'intermédiaire des bureaux d'aide aux victimes, les victimes peuvent saisir le juge délégué aux victimes (JUDEVI) afin d'obtenir des renseignements. D'après le décret du 13 novembre 2007[878], le JUDEVI « veille dans le respect de l'équilibre des droits des parties, à la prise en compte des droits reconnus par la loi aux victimes ». Le JUDEVI dispose de prérogatives administratives qui consistent à vérifier les conditions dans lesquelles les parties civiles sont informées de leurs droits à l'issue de l'audience et des conditions de saisine de la CIVI[879]. Sous l'autorité du président du tribunal de grande instance, le JUDEVI participe également à l'élaboration et à la mise en œuvre des dispositifs d'aide aux victimes[880]. Il apparaît comme le coordinateur d'un travail de partenariat avec les différents acteurs de l'aide aux victimes. Il est l'interlocuteur des associations d'aide aux victimes dans leurs relations avec la juridiction[881].

L'intervenant social, les bureaux d'aide aux victimes et le juge délégué aux victimes sont des acteurs de l'aide aux victimes étroitement liés à l'institution judiciaire, efficaces pour accompagner les victimes tout au long du procès pénal. Toutefois, ce ne sont pas les seuls acteurs de l'aide aux victimes, les associations d'aide aux victimes représentent un acteur parajudiciaire incontournable.

PARAGRAPHE 2. Les associations d'aide aux victimes : un acteur parajudiciaire indispensable à l'accompagnement des victimes dans le procès pénal

Les associations d'aide aux victimes (AAV) représentent un acteur parajudiciaire de l'aide aux victimes indispensable puisqu'elles mettent à la disposition des victimes un accès au droit en dehors d'un procès pénal et au cours d'un procès pénal (A). En outre, un réseau des AAV est apparu et nécessite une coordination entre les AAV ainsi qu'une organisation pour accompagner efficacement les victimes dans le procès pénal (B).

---

[877] Le rôle des bureaux d'exécution des peines sera analysé dans le chapitre 2, Titre 2, Partie 2.

[878] Décret n° 2007-1605 du 13 novembre 2007 instituant le juge délégué aux victimes, JORF n°265 du 15 novembre 2007, p.18712, texte n°12.

[879] C.pr.pen.D.47-6-12.

[880] C.pr.pen.D.47-6-13.

[881] C.pr.pén.art.D.47-6-13 et D.47-6-14.

A. Les AAV : un acteur de l'accès au droit des victimes

Les AAV ont été créées par la loi du 8 juillet 1983 qui s'est fondée en partie sur le « rapport MILLIEZ »[882]. Les AAV représentent de nos jours un acteur incontournable de l'accès au droit pour toute victime puisqu'elles ont pour fonction de l'accueillir, de l'écouter, d'évaluer ses besoins, de l'orienter et d'organiser sa prise en charge sociale, psychologique, médicale et juridique[883]. Les AAV permettent ainsi de décharger le travail des institutions juridiques[884]. En outre, les associations de victimes participent aux réformes en cours, notamment à l'occasion d'évènements tragiques. Dans le prolongement de la loi du 8 juillet 1983, une circulaire du 13 juillet 1998 a encouragé la mise en place d'une politique dynamique d'aide aux victimes par la création d'AAV et des associations de victimes sur tout le territoire français[885]. Cette circulaire encourage également la cohérence entre l'action de tous les acteurs de la politique d'aide aux victimes, à savoir l'institution judiciaire, l'administration pénitentiaire, les préfets des départements ou encore les présidents d'associations d'aide aux victimes.

Les AAV agissent en marge du procès, en dehors du prétoire, en tant qu'acteur à part entière de l'activité judiciaire qui complète le travail de l'institution judiciaire en matière d'information sur les droits des victimes. Cet acteur parajudiciaire de l'aide aux victimes exerce un rôle aux côtés des victimes pendant le procès, mais ne peut pas se substituer aux victimes, ni les représenter ou participer au procès pénal dans le cadre d'une constitution de partie civile. Les AAV se distinguent des associations de défense de victimes. La création des AAV émane d'une prise de conscience des besoins juridiques, matériels et de reconnaissance des victimes d'infractions pénales. En droit pénal, la plupart des victimes manifestent un manque de culture juridique certain et une précarité sociale. Une aide leur est donc indispensable. L'action des AAV tend vers la reconstruction globale de la victime et prend en compte l'aspect psychologique et social dans le processus de restauration de la victime. Au sein de ces associations, il existe différents intervenants spécialisés comme des juristes et des psychologues. Les AAV ont une mission d'accompagnement juridique des victimes qui consiste à les informer avec un vocabulaire simple des droits qui leur sont reconnus, des démarches qui peuvent être entreprises et du rôle des différents intervenants d'un procès pénal comme celui du juge d'instruction,

---

[882] Loi n°83-608 du 8 juillet 1983 renforçant la protection des victimes d'infractions, JORF du 9 juillet 1983, p.2122.

[883] Circulaire du 20 mai 2005, CAB 20-05-2005, JUSA0500157C, Présentation des dispositifs relatifs à l'accueil des victimes dans le cadre du procès pénal, BO n°38.

[884] HINCKER (L), *L'association, truchement social ?* In MARTIN (P), LIENHARD (C), HELLBRUNN (R), Peut-on aider les victimes ? Erès, coll.Accord et à cri, 1985.

[885] Circulaire du 29 septembre 1999, PRMX9903764C relative à la politique pénale d'aide aux victimes d'infractions pénales, JORF n°227 du 30 septembre 1999, p.14487.

du parquet, des magistrats du siège, des jurés ou encore de l'avocat de la défense[886].

Les AAV doivent également expliquer les principes de la procédure pénale tels que la présomption d'innocence, le pouvoir d'opportunité des poursuites ou encore le principe de l'individualisation des peines. La démarche des AAV n'est pas vindicative, elle est humaniste et altruiste[887]. Depuis la loi du 15 juin 2000, fondée en partie sur le « rapport LIENEMANN », le procureur de la République peut recourir dès le début d'une enquête à une association d'aide aux victimes ayant fait l'objet d'un conventionnement de la part des chefs de la cour d'appel, afin qu'une aide soit apportée à la victime de l'infraction[888]. La circulaire du 14 mai 2001[889] précise qu'il convient aux services d'enquête de signaler au parquet les victimes qui paraissent avoir besoin d'être soutenues par les associations d'aide aux victimes.

Au stade de l'application des peines, le décret du 13 décembre 2004 a également créé un partenariat entre les juridictions de l'application des peines et les AAV. En effet, lorsque la juridiction de l'application des peines tend à prendre une décision entraînant la cessation temporaire ou définitive de l'incarcération d'une personne condamnée à une peine privative de liberté avant la date d'échéance de cette peine, celle-ci informe au préalable la victime qu'elle peut être assistée par une association d'aide aux victimes[890]. Les AAV interviennent à la fois au sein des juridictions pénales, notamment dans les tribunaux de grande instance lors des audiences correctionnelles, mais aussi à la périphérie du système judiciaire, dans leurs locaux, dans des lieux de présence judiciaire comme les maisons de la justice et du droit ou encore dans les hôpitaux. En outre, afin de faciliter l'accès des victimes aux associations, un numéro d'appel téléphonique national a été spécialement créé en faveur des victimes, le 08VICTIMES[891]. Ce numéro de téléphone est directement relié aux associations sept jours sur sept, de neuf heures à vingt et une heures. Afin que les victimes aient plus facilement connaissance de ce

---

[886] CALMETTES (J), *Le rôle des services d'aide aux victimes dans la mise en œuvre des politiques publiques d'aide aux victimes*, in BERNARD (A), CARIO (R) (Dir.), Les politiques publiques interministérielles d'aide aux victimes, L'Harmattan, coll.Sciences criminelles, 2001, p.109-116.

[887] HINCKER (L), *L'association, truchement social ?* In MARTIN (P), LIENHARD (C), HELLBRUNN (R), Peut-on aider les victimes ? Erès, coll.Accord et à cri, 1985.

[888] C.pr.pen.art.41; Loi n°2000-516 du 15 juin 2000 renforçant la protection de la présomption d'innocence et les droits des victimes, *JORF* n° 138 du 16 juin 2000, p.9038.

[889] Circulaire du 14 mai 2001, CRIM-01-07/F1/14-05-01, JUS-D-01-30065C, Présentations des dispositions de la loi du 15 juin 2000 renforçant la protection de la présomption d'innocence et les droits des victimes, BO n°82.

[890] C.pr.pen.D49-66 ; Décret n°2014-1364 du 13 décembre 2004.

[891] Le 08VICTIMES est le numéro de téléphone suivant : 0884284637. Après le 08, chacune des lettres du mot « victime » correspond un chiffre sur le clavier du téléphone. Voir le site Internet : www.justice.gouv.fr.

numéro de téléphone, une circulaire du 20 mai 2005 a recommandé d'apposer des affiches dans les lieux des tribunaux accessibles au public[892]. En outre, une circulaire du 9 octobre 2007[893] recommande que les coordonnées des AAV soient actualisées et communiquées aux victimes qui se présentent au commissariat ou à la gendarmerie, qu'importent la raison et l'heure de leur présence.

Ainsi, les AAV représentent un acteur essentiel dans l'accès au droit des victimes pour que celles-ci puissent faire valoir leurs droits dans le cadre d'un procès pénal. Les missions des AAV sont clairement définies pour accompagner et aider au mieux les victimes tout au long du procès pénal.

En outre, il existe un réseau des AAV qui requiert une coordination entre les AAV et une organisation pour accompagner efficacement les victimes dans le cadre d'une procédure judiciaire.

B. La coordination et l'organisation nécessaires du réseau des AAV en vue d'un accompagnement efficace des victimes dans le procès pénal

Afin que l'aide fournie auprès des victimes par les associations soit effective, les AAV doivent travailler en coordination entre elles et avec d'autres structures. S'agissant de la coordination des AAV avec d'autres structures, les AAV doivent lier leur action avec le travail des avocats. La plupart des AAV ont donc comme membre un avocat du Conseil de l'Ordre. La coordination entre les AAV est également requise pour offrir des moyens identiques pour aider les victimes sur tout le territoire français. Par conséquent, l'Institut national d'aide aux victimes et de médiation (INAVEM) fédère, depuis 2004, les AAV et a créé une véritable cohésion entre elles. L'INAVEM harmonise la pratique des AAV dans toute la France[894]. Plus précisément, l'INAVEM a pour objectif d'organiser l'accès de toute victime à un service égal, de qualité et de proximité, de coordonner des actions, de promouvoir des initiatives locales, d'informer, de sensibiliser l'opinion des pouvoirs publics et de toute organisation concernée sur l'objet et les actions du réseau ou encore de développer un partenariat avec tous les professionnels impliqués. L'INAVEM évalue et promeut les initiatives locales en matière d'aide aux victimes en organisant des rencontres entre les associations qui permettent de partager et de diffuser des pratiques innovantes. Sur le plan national, cette institution a su s'imposer et influence désormais les réformes législatives en matière d'aide aux victimes. En outre, l'INAVEM participe au Conseil national de l'aide aux victimes et fait partie

[892] Circulaire du 20 mai 2005, CAB 20-05-2005, JUSA0500157C, Présentation des dispositifs relatifs à l'accueil des victimes dans le cadre du procès pénal, BO n°38.
[893] Circulaire du SADJPV du 9 octobre 2007 relative aux droits des victimes dans le procès pénal et à leur mise en œuvre, NOR : JUSJ0790006C.
[894] Rapport d'activité 2012 de l'INAVEM sur le site Internet : www.inavem.org.

du forum européen des services d'aide aux victimes qui favorise la création d'un réseau d'aide aux victimes dans chaque pays d'Europe[895]. En vue de coordonner au mieux les actions des AAV, l'INAVEM a élaboré une charte des services d'aide aux victimes et un code de déontologie auxquels chaque entité fédérée doit se conformer[896]. La charte des services d'aide aux victimes et le code de déontologie déterminent les principes directeurs de l'action des associations fédérées comme l'accueil, l'écoute, le soutien moral et psychologique, l'information sur les droits et sur le fonctionnement, l'orientation vers les services spécialisés et la gratuité des services.

L'INAVEM dispense des formations aux personnels salariés et aux bénévoles des services fédérés ou à d'autres acteurs de l'aide aux victimes non fédérés[897]. Toutefois, la charte des services d'aide aux victimes ne prévoit pas expressément l'obligation pour les associations fédérées d'avoir du personnel formé, ce qui peut faire l'objet de critique. Afin d'offrir aux victimes un service de qualité, il est essentiel que les intervenants de l'aide aux victimes soient des professionnels formés. Chaque acteur de l'aide aux victimes devrait avoir une connaissance approfondie en procédure pénale, victimologie et criminologie pour répondre au mieux aux besoins des victimes[898].

En outre, en cas d'accidents collectifs, l'INAVEM joue un rôle dans la prise en charge juridique, psychologique et sociale des victimes. Cette institution détient donc un rôle de gestion de crise et doit agir dans l'urgence. Les accidents collectifs se réfèrent par exemple à des accidents de transports, des catastrophes industrielles ou encore à des actes de terrorisme. En cas d'accidents collectifs survenus en France, l'INAVEM saisit tout d'abord le procureur de la République pour que celui-ci saisisse par la suite les associations fédérées[899]. Toutefois, en cas d'accidents collectifs survenus à l'étranger avec des victimes françaises, c'est le ministère des Affaires étrangères qui saisit l'INAVEM dans le cadre d'un partenariat[900].

En cas d'accidents collectifs, les AAV peuvent également agir dans le cadre d'une autre fédération, comme la fédération nationale des victimes d'accidents collectifs (FENVAC), qui a vocation à regrouper les associations de victimes blessées physiquement ou moralement et les familles des victimes blessées ou décédées au cours d'accidents collectifs graves de toute

---

[895] Voir le site Internet du forum européen : www.euvictimservices.com.

[896] CARIO (R), *Victimologie. Les textes essentiels*, L'Harmattan, coll.Sciences criminelles, Vol.2, 2003, p.199-200 et p.195-198.

[897] Art 4 de la Charte des services d'aide aux victimes, voir sur le site Internet : www.inavem.fr.

[898] LAVIT (E), l'intérêt de la professionnalisation des intervenants de l'aide aux victimes, in BERNARD (A), CARIO (R) (Dir.), Les politiques interministérielles d'aide aux victimes, L'Harmattan, coll.Sciences criminelles, 2001, p.47-50.

[899] C.pr.pen.art.41-7.

[900] LIENHARD (C), CNAV, *La prise en charge des victimes d'accidents collectifs*, Rapport remis au Ministère de la Justice, octobre 2003.

nature. Il existe également une fédération internationale des victimes d'accidents d'avions (FIVAA)[901].

Ainsi, un réseau de partenariat entre les différentes associations d'aide aux victimes de France a été créé et permet aux AAV de mettre en œuvre un véritable dynamisme de la politique publique d'aide aux victimes. Toutefois, les AAV peuvent être freinées par un manque de moyens financiers. L'État, plus précisément le ministère de la Justice, décide du budget octroyé pour l'aide aux victimes et le distribue par l'intermédiaire des cours d'appel. Un magistrat du parquet général analyse les besoins et répartit les crédits.

Les bénéficiaires de ces crédits ministériels sont principalement les associations d'aide aux victimes adhérentes à l'Institut national d'aide aux victimes et de médiation. Les crédits accordés aux AAV varient chaque année et sont en baisse constante. En outre, une dotation budgétaire intitulée dotation politique de la ville est également octroyée aux communes répondant à certains critères. Ces dotations budgétaires peuvent servir entre autres à financer les AAV[902]. De nos jours, le financement octroyé par la justice aux AAV ne suffit pas et ces dernières doivent constamment solliciter l'aide financière des collectivités territoriales afin de compléter leur financement. En France, l'action des AAV ne peut être efficace que si celle-ci est coordonnée, organisée et si les AAV ne souffrent pas de difficultés financières.

Conclusion du chapitre premier

En France, la justice restaurative est un concept qui s'intègre progressivement aux côtés de la justice pénale classique. La justice restaurative apparaît comme un complément essentiel de la justice pénale classique au bénéfice de l'infracteur et de la victime de l'infraction. La justice restaurative consacre une appréhension de la victime différente de celle consacrée par la justice pénale classique. La victime n'est plus uniquement considérée comme une preuve de l'existence de l'infraction, mais comme une personne humaine, un citoyen qui a été matériellement, physiquement et psychologiquement atteint par l'infraction. La justice restaurative permet de restaurer la victime, c'est-à-dire de la faire sortir de son état de victime et de la réintégrer en tant que citoyen. Après la commission de l'infraction, l'harmonie sociale ne peut se rétablir que si la justice pénale classique se lie à la justice restaurative. L'intégration de la justice restaurative en droit pénal français se manifeste par des mesures pénales de résolution de conflit fondées sur l'accord de la victime, sur l'accord de l'infracteur et par l'accompagnement des victimes tout au long du procès pénal. L'accompagnement des victimes tout au long du procès

[901] Voir le site Internet : www.fenvac.com et www.fivaa.com.

[902] CGCT, art. L2334-40.

pénal est indispensable pour mieux comprendre les enjeux du procès pénal et pour sortir de l'état de victime. L'aide apportée à la victime contribue à son processus de restauration. La mise en œuvre d'une politique publique d'aide aux victimes démontre une volonté d'appréhender différemment la victime dans le procès pénal, d'une manière plus humaniste en prenant en compte l'individu en tant que tel[903].

En outre, la réparation de la victime et l'aide à la réparation sont des spécificités du droit civil qui ont fait irruption dans le procès pénal, ceux-ci représentent d'autres facettes de la justice restaurative et contribuent à la nouvelle appréhension de la victime dans le procès pénal (**Chapitre second**).

[903] Voir les théories du courant humaniste du XXe siècle : MASLOW (A), *Vers une psychologie de l'être*; Fayard, coll.L'expérience psychique, 1972; ROGERS (C), *L'approche centrée sur la personne*, Ambre Éditions, coll.Développement P, 2013.

CHAPITRE SECOND

Le droit à la réparation et l'aide à la réparation du préjudice subi par la victime : des facettes de la justice restaurative

D'après Monsieur le professeur Jean LAPLANCHE, « toute réparation est prise entre la nostalgie de l'intégrité et l'acceptation du désastre comme incitation à une nouvelle création »[904]. La réparation signifie remettre en état ce qui a subi un dommage ou une détérioration. La réparation est intemporelle[905]. Elle vise à remettre en état ce qui a été abimé par l'infraction pénale et est tournée vers l'avenir par le deuil de ce qui a été perdu. La réparation de la victime signifie que la victime doit être replacée dans une situation aussi proche que possible de celle qui aurait été la sienne si l'infraction n'avait pas eu lieu[906]. La réparation apparaît comme l'aboutissement d'un processus de reconnaissance de l'état de victime. En principe, seules les juridictions civiles sont par nature compétentes pour réparer le préjudice subi par la victime. Toutefois, sous certaines conditions, la victime peut également demander la réparation du préjudice subi dans le procès pénal, par l'exercice d'une action civile (**Section première**). En outre, la victime dispose d'un droit à la réparation devant les juridictions répressives sans exercer une action civile et d'un droit à être aidée pour obtenir sa réparation. Ces droits apparaissent également comme des caractéristiques de la justice restaurative au bénéfice la victime. (**Section seconde**).

---

[904] LAPLANCHE (J), *Réparation et rétribution : une perspective psychanalytique*, *Archives de philosophie du droit, T. 28, Philosophie pénale,* Paris, 1983, p.109-123.
[905] PIGNOUX (N), *La réparation des victimes d'infractions pénales*, Thèse de l'Université de Pau et des Pays de l'Adour, 2007, p.20.
[906] Cass.civ.2e.28 octobre 1954, Bull.civ.n°328, J.C.P, 1955, II, note SAVATIER (R); cass.crim.12 avril 1994, Bull.crim, n°146.

SECTION PREMIÈRE. Le droit à la réparation du préjudice subi par la victime dans le procès pénal par l'exercice de l'action civile

En France, suite à la commission d'une infraction, le droit pénal a pour principale fonction de réprimer la faute pénale commise par l'infracteur, tandis que le droit civil a pour fonction de réparer les préjudices subis par la victime. Toutefois, progressivement, le juge pénal s'est vu reconnaître la fonction de statuer sur les intérêts civils de la victime afin de contribuer au mieux à la restauration de la victime dans le procès pénal. Cela permet également à l'infracteur de prendre conscience du lien direct entre l'infraction commise et ses conséquences. Désormais, la victime peut exercer une action en réparation civile devant les tribunaux civils et devant les tribunaux répressifs, elle dispose d'une liberté de choix. Toutefois, dans le procès pénal, la victime peut uniquement demander la réparation du préjudice subi, accessoirement de l'exercice de l'action publique, par voie de constitution de partie civile ou de citation directe. En outre, l'action civile exercée par la victime devant les tribunaux répressifs est soumise à plusieurs conditions de recevabilité (Paragraphe 1). L'action civile est consacrée à l'article 2 du code de procédure pénale qui prévoit qu'« une action civile en réparation du dommage causé par un crime, un délit ou une contravention appartient à tous ceux qui ont personnellement souffert du dommage directement causé par l'infraction ». En outre, l'action civile exercée dans le procès pénal n'est recevable que dans le cas où la personne qui l'exerce présenterait une qualité de victime reconnue (Paragraphe 2).

PARAGRAPHE 1. La recevabilité de l'action civile dans le procès pénal soumise à des conditions strictes

Devant les tribunaux répressifs, afin de bénéficier de la réparation du préjudice qu'elle a subi, la victime ne peut exercer une action civile que sous certaines conditions. En effet, il est indispensable qu'une infraction existe (A) et que le préjudice subi par la victime réponde à des critères précis. Enfin, si le préjudice répond à l'ensemble des conditions requises, la victime peut bénéficier d'une réparation qui peut prendre plusieurs formes (B).

A. La recevabilité de l'action civile soumise à l'existence d'une infraction

Conformément à l'article 2 du code de procédure pénale, devant les juridictions répressives, la victime peut demander la réparation du préjudice qu'elle a subi qu'à la condition que le dommage résulte d'une infraction telle qu'un crime, un délit ou une contravention. En effet, dès lors que la juridiction répressive reconnaît l'existence de l'infraction et que l'infracteur est déclaré coupable, la victime peut demander une réparation civile. Peu importe que la juridiction répressive ait condamné l'auteur ou que ce dernier n'exécute pas sa peine. Le juge pénal est compétent pour statuer sur l'action civile malgré le prononcé d'une dispense de peine ou d'un ajournement du prononcé de celle-ci[907], d'un sursis avec mise à l'épreuve sous condition de réparation du préjudice[908], de mesures éducatives à l'encontre du mineur[909] ou encore d'une ordonnance pénale[910]. En ce qui concerne l'ordonnance pénale, peu importe que celle-ci soit devenue définitive depuis la saisine de la juridiction répressive, cette dernière pourra toujours statuer sur l'action civile[911]. Toutefois, même si les juges répressifs ont déclaré l'infracteur coupable, ils peuvent se fonder sur l'équité ou sur la situation économique de la partie condamnée et exclure toute condamnation civile[912]. Ceci s'applique uniquement en matière contraventionnelle ou délictuelle, mais non en matière criminelle[913]. Devant les juridictions répressives, l'action civile est irrecevable dans deux cas, en cas d'absence d'infraction pénale et dans le cas où l'infraction manifeste une cause d'irresponsabilité pénale. Les causes d'irresponsabilité pénale se réfèrent aux faits justificatifs comme la légitime défense[914], l'état de nécessité[915], la contrainte[916], l'altération ou l'abolition du discernement[917], l'erreur de droit[918] ou encore l'autorisation de la loi et de l'ordre de l'autorité légitime[919].

L'existence de l'infraction pénale est donc nécessaire pour que la victime puisse demander une réparation du préjudice qu'elle a subi devant le juge pénal. Toutefois, cette condition de recevabilité de l'action civile fait l'objet de certaines exceptions. En effet, dans certains cas de relaxe du prévenu devant un tribunal correctionnel ou d'acquittement de l'accusé devant une Cour d'assises, l'action civile est recevable.

En matière correctionnelle et contraventionnelle, en cas de relaxe sur l'action publique, le tribunal correctionnel et le tribunal de police demeurent compétents sous certaines conditions pour statuer sur l'action civile. En matière correctionnelle, l'article 470-1 du Code de procédure pénale prévoit que lorsque ce dernier a été saisi d'une infraction non intentionnelle et

---

[907] C.pr.pén.art.469-1.
[908] C.pr.pen.art.132-43.
[909] Art.6. Ordonnance n°45-174 du 2 février 1945 relative à l'enfance délinquante, JORF du 4 février 1945, p.530; Cass.civ.7 mars 1958, Bull.crim.n°253.
[910] C.pr.pen.art.528-1, al.2; cass.crim.3 février 1998, pourvoi n°97-80.847, Bull.crim.n°41.
[911] Cass.crim.3 février 1998, pourvoi n°97-80.847, Bull.crim.n°41.
[912] C.pr.pén.art.375 et art.475-1.
[913] Cass.crim.24 mai 1993, Bull.crim.n°187.
[914] C.pen.art.122-5.
[915] C.pen.art.122-7.
[916] C.pen.art.122-2.
[917] C.pen.art.122-1.
[918] C.pen.art.122-3.
[919] C.pen.art.122-4.

qu'une relaxe a été prononcée, la victime peut obtenir une réparation, selon les règles du droit civil, de tous les dommages résultant des faits qui ont fondé la poursuite[920]. Cette disposition législative s'applique également en matière contraventionnelle. L'infraction non intentionnelle dont le tribunal correctionnel ou le tribunal de police a été saisi doit émaner d'une faute pénale simple d'imprudence ou de négligence, une faute caractérisée ou une faute délibérée au sens de l'article 121-3 du Code pénal[921]. Par exemple, le tribunal correctionnel a déjà accordé une réparation après la relaxe du prévenu du chef de blessures involontaires, sur le fondement d'une faute d'imprudence en rapport de causalité avec la perte de chance qui lui était imputable[922].

En matière criminelle, devant la Cour d'assises, depuis la loi du 10 juillet 2000, la responsabilité civile de l'accusé peut être engagée en droit pénal afin de réparer le préjudice subi par la victime même en l'absence de faute pénale[923]. En effet, l'article 372 du code de procédure pénale permet à la victime constituée partie civile de demander la réparation du dommage résultant de la faute civile de l'accusé, même en cas d'acquittement et d'exemption de peine[924]. La partie civile peut demander une réparation civile, quelle que soit la nature de l'infraction qui a saisi la Cour d'assises, qu'elle soit intentionnelle ou non intentionnelle.

La Cour d'assises doit préciser la faute civile, distincte de la faute pénale qui a été écartée et qui sert de base à la condamnation à des dommages et intérêts[925]. Il appartient à la partie civile de rapporter la preuve de l'existence d'une faute civile pouvant résulter des faits poursuivis et distincte du ou des crimes écartés[926]. Plus précisément, la Cour d'assises ne peut accorder une réparation à la victime que lorsque le dommage résulte d'une faute commise par l'accusé fondée sur la responsabilité civile personnelle prévue aux articles 1240 et 1241 du Code civil[927]. La victime ne peut pas obtenir une réparation si le dommage qu'elle a subi résulte de la responsabilité du fait

---

[920] DE BOUILLANE DE LACOSTE (O), *L'application des règles du droit civil en cas de relaxe*, Gaz.Pal, 1987; GASSIN (R), *Remarques sur l'interprétation jurisprudentielle de l'article 470-1 du code de procédure pénale* in Mélanges en l'honneur du professeur Jean LARGUIER, Droit pénal, procédure pénale, Presse universitaire de Grenoble, 1993, p.149.

[921] C.pr.pén.art.470-1, 512 et 541.

[922] Cass.Crim.20 mars1996, pourvoi n°95-81.168, Bull.crim.n°119. À propos de la perte d'une chance de survie : cass.crim.3 novembre 2010, pourvoi n°09-87.375, Bull.crim.n°170.

[923] DESPORTES (F), LE GUNEHEC (F), *Droit pénal général*, Economica-Corpus, coll.Droit pénal et procédure pénale, 2011.

[924] Cass.crim.11 janvier 1984, Bull.crim.n°17; cass.crim.20 octobre 1993, pourvoi n°93-80.338.

[925] Cass.crim.26 février 1969, pourvoi n°6891.352, Bull.crim.n°97; cass.crim.11mars1987, Bull.crim.n°121; cass.crim.27 février 1968, Bull.crim.n°63.

[926] Cass.crim.14 décembre 1994, pourvoi n°9480.262, Bull.crim.n°408.

[927] LARGUIER (J), CONTE (Ph), *Procédure pénale*, Dalloz, coll.Mémentos, 24ème éd, 2016, p.155.

d'autrui ou de la responsabilité du fait des animaux[928]. L'action civile exercée par la victime devant les juridictions répressives est également soumise à une autre condition de recevabilité telle que l'existence d'un préjudice subi reconnu en tant que tel. Dès lors que l'action civile exercée devant les juridictions répressives remplit toutes les conditions requises, la victime peut bénéficier de différentes réparations.

B. La recevabilité de l'action civile soumise à la reconnaissance du préjudice subi par la victime et les différentes réparations du préjudice subi par la victime

Dans le procès pénal, la victime ne peut demander la réparation du préjudice qu'elle a subie que si le préjudice est reconnu en tant que tel par les juges répressifs (1). Dès lors que l'action civile se conforme à toutes les conditions requises, celle-ci est jugée recevable et le préjudice subi par la victime peut ainsi être réparé de diverses manières (2).

1. La reconnaissance du préjudice subi par la victime par les juges répressifs

Le préjudice subi par la victime et invoqué dans le procès pénal doit être reconnu en tant que préjudice dans une nomenclature référentielle des préjudices (a) et doit présenter certaines caractéristiques (b).

a. La nomenclature référentielle des préjudices subis par la victime

Dans le procès pénal, les juges répressifs reconnaissent l'existence d'un préjudice subi par une victime en se reportant à une nomenclature référentielle des préjudices. Une nomenclature des préjudices a été établie pour la première fois dans un rapport remis par Monsieur Jean DINTILHAC au garde des Sceaux en mars 2006[929]. Le « rapport DINTILHAC » a permis une réelle amélioration de l'indemnisation des victimes en reprenant tous les postes de préjudices retenus par la jurisprudence, en mettant par écrit tout ce que la pratique judiciaire avait apporté pour en faire un guide des préjudices dédié aux victimes. Une nomenclature des préjudices a également été établie dans le rapport de Madame Yvonne LAMBERT-FAIVRE remis en juillet

[928] Ibid[3] ; C.civ.art.1242 et 1243 ; Cass.ass.plén, 15 novembre 1985 n°8412.601 : Impossibilité de recourir à la responsabilité civile des commettants du fait de leurs préposés ; cass.crim.23 juin 1988, pourvoi n°8494.923, Bull.crim.n°289; cass.crim.26 juillet 1972, n°7193.387 : Impossibilité de recourir à la responsabilité civile des parents sur leur enfant.
[929] DINTILHAC (J.-P), Rapport sur l'élaboration d'une nomenclature des préjudices corporels, remis au ministère de la Justice en mars 2006. Voir CROCQ (J.-C), *Le guide des infractions, Le guide pénal 2017*, Dalloz, coll.Guides Dalloz, 18ème éd, 2016.

2003 au garde des Sceaux[930] et complète le « rapport DINTILHAC ». Une circulaire du 22 février 2007[931] détermine une nomenclature officielle de référence en se reportant au « rapport DINTILHAC », et dans une moindre mesure, au « rapport LAMBERT-FAIVRE ». Afin d'évaluer le montant du préjudice qu'elle a subi, la victime doit se reporter à cette circulaire. La nomenclature de référence établit tous les postes de préjudices et leur indemnisation. Cette nomenclature comprend plus précisément trois grands types de préjudices à savoir les préjudices patrimoniaux, extrapatrimoniaux et les préjudices des victimes par ricochet. Il convient d'analyser ces différents types de préjudices[932].

La première catégorie de préjudices, les préjudices patrimoniaux, renvoie au préjudice corporel et au préjudice matériel qui portent atteinte à une valeur pécuniaire.

Le préjudice matériel résulte de l'atteinte causée aux biens et, plus généralement, au patrimoine de la victime. Il peut s'agir de la disparition de ses biens, par exemple en cas de vol, de la perte de revenus ou les dégâts à un véhicule. Pour se prévaloir d'un préjudice matériel, la victime doit apporter la preuve de leur valeur.

Le préjudice corporel résulte, quant à lui, de l'atteinte portée à la personne physique. Les dommages corporels patrimoniaux sont des dommages corporels économiques qui renvoient aux pertes subies, à la privation temporaire de gains et à la privation permanente de gains. En l'absence de disposition précise, les juges du fond évaluent souverainement le préjudice corporel[933]. L'appréciation du juge n'est pas soumise à un barème[934]. Les pertes subies résultent des dépenses de santé déjà engagées et futures comme les frais médicaux, hospitaliers, paramédicaux, pharmaceutiques, les dépenses liées à l'adaptation d'un véhicule, du logement et l'assistance d'une tierce personne[935]. En règle générale, les frais médicaux sont pris en charge par la sécurité sociale et la mutuelle santé de la victime. Par la suite, la sécurité sociale et l'organisme mutuel peuvent récupérer les sommes en engageant la responsabilité civile de l'auteur par

---

[930] LAMBERT-FAIVRE (Y), CNAV, *Rapport sur l'indemnisation du dommage corporel*, remis au Ministère de la Justice en juillet 2003.

[931] Circulaire de la DACS n° 2007-05 du 22 février 2007 relative à l'amélioration des conditions d'exercice du recours subrogatoire des tiers payeurs en cas d'indemnisation du dommage corporel, BO 30 avril 2007.

[932] Ibid[1].

[933] MALAURIE (Ph) et AYNES (L), *Obligation A, Responsabilité délictuelle* ; CUJAS, 11éd, 2002, p.141.

[934] Cass.crim.3nov.1995, Bull.crim.56-357, note SAVATIER (R).

[935] Voir note sur l'assistance d'une tierce personne, PHILOPOULOS (D), HAMONET (C), *Méthodologie de l'estimation du besoin en tierce personne en pratique médico-légale*, Gaz.Pal, 12-13juillet 2006.

une action récursoire[936]. Afin d'évaluer les pertes subies, les magistrats additionnent les frais engagés en se fondant sur les factures fournies par la victime. La privation temporaire de gains et la privation permanente de gains sont également indemnisables. La privation temporaire de gains est évaluée selon les concepts d'incapacité temporaire totale (I.T.T)[937] et d'incapacité temporaire partielle (I.T.P.)[938]. Ces incapacités correspondent à l'impossibilité temporaire totale ou partielle, d'utiliser ses facultés physiques antérieures à l'infraction. La privation permanente de gains est évaluée comme un dommage corporel économique futur lié à une incapacité physique ou psychologique permanente.

Les préjudices patrimoniaux corporels se réfèrent aussi bien à des préjudices permanents, également nommés des préjudices de consolidation[939], qu'à des préjudices temporaires qui ne sont pas consolidés. La consolidation du préjudice renvoie à la stabilisation du préjudice, lorsqu'il ne peut plus s'aggraver ni s'améliorer. Avant la consolidation, seule la réparation de certaines dépenses n'est possible comme les dépenses de santé actuelles résultant des dépenses hospitalières, paramédicales et pharmaceutiques, les frais divers comme les frais d'expertise, de garde d'enfants, d'assistance d'une tierce personne ou encore les pertes de gains professionnels actuels comme la perte de revenus du fait de l'infraction subie.

S'agissant de la seconde catégorie des préjudices, les préjudices corporels extrapatrimoniaux, ceux-ci ne résultent pas d'une atteinte à une valeur pécuniaire. Les préjudices corporels extrapatrimoniaux sont réellement pris en compte depuis les années 1980 et se réfèrent à des atteintes à l'intégrité physique, psychique et à la dignité de la personne humaine. Les préjudices corporels extrapatrimoniaux reconnaissent pleinement la souffrance de la

---

[936] Voir BRUN (P), *Responsabilité civile extra-contractuelle*, Lexisnexis, coll.Manuels, 4ème éd, 2016.

[937] La notion d'incapacité temporaire totale ou partielle ne doit pas se confondre avec la notion d'incapacité totale de travail qui est utilisée en droit pénal pour qualifier juridiquement les faits lorsque ceux-ci constituent des violences volontaires ou involontaires. L'incapacité temporaire de travail correspond à l'impossibilité pour la victime d'effectuer les actes de la vie personnelle ou un travail corporel quelconque. Il ne s'agit pas d'une incapacité de travail professionnel, mais d'une incapacité d'exécuter un travail corporel que ce soit dans ou en dehors de l'exercice d'une profession. Voir sur cette notion : CHARIOT (P), BOUROKBA (N), *L'incapacité totale de travail, le médecin et la victime*, Médecine Légale et Société, 2002, n°5, p.26-27 ; DORIAT (F), PETON (P), COUDANE (H), PY (B), FOURMENT (F), *L'incapacité totale de travail en matière pénale : pour une approche médico-légale*, Médecine et Droit, 2004, p.27-30 ; CHARIOT (P), TEDLAOUTI (M), DEBOUT (M), *L'incapacité totale de travail et la victime de violences*, A.J, 2006, n°7-8, p.300-303.

[938] BIBAL (F), *Incapacité temporaire partielle : la grande oubliée*, Gaz.Pal, 12-13juillet 2006, p.23-24.

[939] GUINCHARD (S), DEBARD (T), *Lexique des termes juridiques 2015-2016*, Dalloz, coll.Lexiques, 23ème éd, 2015.

victime[940]. Plus précisément, les préjudices extrapatrimoniaux renvoient au préjudice moral, au préjudice fonctionnel, au préjudice d'agrément, aux souffrances endurées, au préjudice esthétique, au préjudice sexuel, au préjudice des victimes en état végétatif et au préjudice spécifique de contamination. Le préjudice moral est lié à l'atteinte à l'intégrité psychique de la victime qui peut, par exemple, émaner d'un harcèlement moral ou encore du chagrin causé par le décès ou la déchéance d'un être cher. Il s'agit dans ce cas d'un préjudice d'affection. La perte d'un animal aimé est également considérée comme un préjudice moral[941]. Toutefois, le préjudice moral consécutif à la perte d'un bien n'est pas réparable[942]. Le préjudice lié à la dignité de la personne humaine résulte, quant à lui, d'une atteinte à l'honneur, au nom et au respect de la vie privée[943].

Le préjudice d'agrément résulte de la perte de la qualité de vie comme l'impossibilité d'exercer une activité physique, sportive, culturelle ou artistique[944]. La jurisprudence a, par ailleurs, déjà accordé le préjudice d'agrément pour l'existence de la privation des agréments d'une vie normale[945]. Le préjudice d'agrément est très rarement accordé. Il existe d'autres préjudices indemnisables comme le préjudice esthétique qui correspond à des traces visibles comme des cicatrices, le préjudice sexuel qui résulte de l'impossibilité d'avoir des relations sexuelles ou de procréer, le préjudice d'établissement comme la perte de chance de réaliser un projet, que cela soit un projet professionnel ou sentimental comme le projet de se marier et de fonder une famille. Les souffrances endurées sont également prises en compte en tant que préjudice corporel extrapatrimonial indemnisable. Elles se réfèrent aux répercussions psychologiques de l'infraction.

Le préjudice corporel fonctionnel apparaît comme autre type de préjudice corporel extrapatrimonial et résulte d'un préjudice lié aux diminutions des capacités de l'organisme humain. Autrement dit, il s'agit des séquelles subies par les victimes causées par l'atteinte. Afin d'évaluer ce préjudice, les juges se fondent sur une méthode d'évaluation objective type en fonction de l'incapacité de la victime. Il ne s'agit pas d'une évaluation personnelle. En outre, les préjudices permanents exceptionnels font partie des préjudices corporels extrapatrimoniaux et correspondent à des préjudices atypiques tels

---

940 LAMBERT-FAIVRE (Y), PORCHY-SIMON (S), *Droit du dommage corporel*, *Systèmes d'indemnisation*, Dalloz, coll.Précis, 8ème éd, 2015.

941 Cass.civ.1e.16 janvier 1962, Bull.civ.n°33.

942 Cass.civ.3e.12 février 1974, Bull.civ.n°72.

943 LEGIER (G), TRANCHANT (L), EGEA (V), *Droit civil. Les obligations*, Dalloz, coll.Mémentos, 21ème éd, 2014.

944 Ibid[5], MALAURIE (Ph), AYNES (L), STOFFEL-MUNCK (Ph), *Les obligations*, LGDJ, coll.Droit civil, 6ème éd, 2013.

945 Cass.civ.1e.5 janvier 1995, Bull.civ.n°10, R.T.D.civ, 1995, obs.JOURDAIN (P).

que des préjudices liés à des pathologies évolutives comme l'hépatite C ou encore les maladies liées à l'amiante[946].

S'agissant du troisième type de catégorie de préjudices, les préjudices des victimes par ricochet, les victimes par ricochet subissent elles aussi des préjudices patrimoniaux et extrapatrimoniaux réparables, dès lors que les préjudices subis leur sont propres[947]. Les préjudices accordés aux victimes par ricochet sont d'ordre économique et moral. Le préjudice moral résulte généralement du décès de la victime ou de sa survie avec un handicap très lourd. Le préjudice économique correspond par exemple au préjudice subi par le concubin survivant[948], le conjoint survivant[949] ou l'enfant du conjoint décédé[950] dès lors qu'ils étaient économiquement à la charge du défunt ou étaient assistés économiquement par le défunt. En pratique, seules les personnes appartenant à un cercle restreint familial obtiennent une réparation. Les droits des héritiers diffèrent des victimes par ricochet, car les héritiers peuvent recevoir l'intégralité du droit à réparation du défunt. Dès lors que le préjudice subi par la victime fait partie de la nomenclature référentielle des préjudices, il ne peut être reconnu par les juges répressifs en tant que tel, que s'il présente plusieurs caractéristiques.

b. Les caractéristiques du préjudice

Afin d'être reconnu par les juges répressifs, le préjudice allégué par la victime doit présenter certaines caractéristiques prévues à l'article 2 du code de procédure pénale. Conformément à l'article 2 du code de procédure pénale, le préjudice doit être actuel, certain, personnel et direct. S'agissant du caractère personnel du préjudice, « la victime doit souffrir personnellement du dommage causé directement par une infraction pénale »[951]. La victime doit avoir subi le dommage dans son intégrité physique, patrimoniale ou psychologique. La victime qui se fonde sur le préjudice d'autrui ne peut pas demander une réparation[952]. Toutefois, le cas

---

[946] CROCQ (J.-C), *Le guide des infractions, Le guide pénal 2017*, Dalloz, coll.Guides Dalloz, 18ème éd, 2016.

[947] Ibid[1].

[948] Cass.crim.10 novembre 1992, pourvoi n°91-86.973, Bull.crim.n°365.

[949] Cass.crim.21 juillet 1998, pourvoi n°97-84.800, Bull.crim.n°217.

[950] Cass.crim.17octobre 2000, pourvoi n°99-86.157, Bull.crim.n°297.

[951] BONFILS (Ph), *La nature juridique de l'action civile, la participation de la victime au procès pénal, une action innommée ?* In Mélanges offerts à Jean PRADEL, Le droit pénal à l'aube du troisième millénaire, Cujas, 2006, p.179; LEROY (J), *La constitution de partie civile à des fins vindicatives. Défense et illustration de l'article 2 du code de procédure pénale*, Thèse de l'Université Paris XII, 1990; ALAPHILIPPE (F), *L'option entre la voie civile et la voie pénale pour l'exercice de l'action civile (contribution à la théorie de l'action civile)*, Thèse de l'Université de Poitiers, 1972; Cass.ass.plén.12 janvier 1979, pourvoi n°77-90911, Bull.civ.criminel Cour de cassation Assemblée plénière n° 20.

[952] Cass.crim.18 octobre 1995, pourvoi n°94-83.119, Bull.crim.n°312 : Le propriétaire d'un véhicule endommagé au cours d'un accident de la circulation est irrecevable à se constituer

du vol d'une chose est particulier puisque le propriétaire de la chose et l'emprunteur peuvent tous les deux subir un préjudice personnel, la disparition de la chose les privant tous les deux de l'usage de la chose[953]. La position de la jurisprudence est identique en matière de dégradation de la chose[954]. La deuxième caractéristique du préjudice, le caractère direct du préjudice, correspond au lien entre l'infraction et les conséquences de l'acte subi. Le caractère direct du préjudice est apprécié librement[955] par le magistrat selon la théorie de la causalité adéquate ou selon la théorie de l'équivalence des conditions. La théorie de la causalité adéquate se réfère à la cause la plus probable, celle qui est en principe de nature à provoquer le dommage. Il ne s'agit pas nécessairement de la cause la plus proche qui a provoqué le dommage[956]. À la différence de la théorie de la causalité adéquate, la théorie de l'équivalence des conditions se réfère à toute cause qui serait à l'origine de la réalisation du dommage et sans laquelle le dommage n'aurait pas eu lieu. Cette dernière théorie est privilégiée par les juridictions répressives[957]. Le dommage doit également être certain et actuel[958]. Tout préjudice présentant un caractère simplement éventuel ou purement hypothétique est exclu[959]. Toutefois, la jurisprudence admet la réparation du préjudice futur à condition qu'il soit certain et qu'il soit susceptible d'être estimé immédiatement[960]. Le préjudice subi par perte de chance peut également être réparable à condition que la chance ait existé antérieurement au fait dommageable qui a pu la produire[961] et qu'elle soit sérieuse[962]. Par exemple, la jurisprudence a déjà indemnisé la perte de chance de survie[963] ou encore la perte de chance de l'amélioration des ressources par la création d'entreprise[964]. Ces élargissements de

---

partie civile dans les poursuites qui sont exercées contre l'auteur de l'accident pour blessures involontaires causées à des tiers.; cass.crim.30 janvier 1992, Bull.crim.n°44 : Concernant l'utilisation frauduleuse de la carte bancaire d'une personne décédée, la veuve n'est pas admise à faire état devant les juridictions répressives du préjudice subi personnellement par le défunt, causé par l'utilisation frauduleuse de sa carte bancaire.

953 Cass.crim.5 mars 1990, pourvoi n°89-80.536, Bull.crim.n°103.

954 Cass.crim.21 janvier 1998, pourvoi n°97-80506, Bull.crim.n°25.

955 Cass.crim.4 mars 1991, pourvoi n°90-80321, Bull.crim.n°106.

956 DREYER (E), *La causalité directe de l'infraction*, JCP G, n° 6, Juin 2007.

957 VINEY (G), JOURDAIN (P), GHESTIN (J), *Les conditions de responsabilité*, LGDJ, coll.Traités, 4ème éd, 2013.

958 Voir par exemple : cass.crim.23 juillet 1974, pourvoi n°73-93383, Bull.crim.n°263.

959 Voir par exemple : cass.crim.26 juin 1973, pourvoi n°72-93614, Bull.crim.n°299.

960 Cass.crim.21 octobre 2003, pourvoi n°02-85.836, Bull.crim.n°196.

961 Cass.crim.16 février1981, pourvoi n°80-92.338, Bull.crim.n°58 : La partie civile alléguait la perte de chance d'accroître ses revenus avec le décès de son fils qui s'était associé à son activité, mais la chambre criminelle a rejeté la demande d'indemnisation, car elle a estimé qu'un supplément de ressources n'était pas certain au jour du décès.

962 Voir par exemple : cass.crim.6 juin 1990, pourvoi n°89-83.703, Bull.crim.n°224.

963 Cass.crim.3 novembre 2010, pourvoi n°09-87.375, Bull.crim.n°170.

964 Cass.crim.11 mars 1986, pourvoi n°85-93.024, Bull.crim.n°103.

l'interprétation de l'article 2 ont fait l'objet de vives critiques au regard du risque d'abus de réparation que cela pouvait entraîner. Toutefois, ces élargissements apparaissent comme nécessaires, car une interprétation stricte de l'article 2 du code de procédure pénale priverait de façon injustifiée certaines victimes de l'exercice d'une action civile dans le cadre d'un procès pénal. Dès lors que le préjudice allégué par la victime répond à toutes les caractéristiques requises, les juges répressifs reconnaissent le préjudice subi par la victime et cette dernière peut obtenir diverses réparations.

2. Les différents types de réparations du préjudice subi par la victime

Devant les juridictions répressives, la réparation du préjudice subi par la victime peut prendre différentes formes comme une réparation financière par l'octroi de dommages-intérêts[965] ou une réparation en nature par des restitutions[966]. Dans le procès pénal, la réparation du préjudice subi par la victime contribue à la restauration de cette dernière, peu importe que la réparation soit négociée ou imposée. En outre, la réparation même symbolique manifeste un caractère restauratif à l'égard de la victime, peu importe le montant de l'indemnisation ou la nature de la réparation. S'agissant de la réparation par l'allocation de dommages-intérêts, la victime peut bénéficier de ce type de réparation pour les préjudices patrimoniaux et les préjudices extrapatrimoniaux[967]. Les juges ont un pouvoir souverain d'appréciation en matière de fixation de dommages-intérêts[968]. Seule la faute de la victime peut restreindre son droit à réparation en matière d'atteintes aux personnes[969] et en matière d'atteintes aux biens[970]. Le tribunal correctionnel peut ordonner le versement de dommages-intérêts par provision en tout ou partie, exécutoire même en cas d'opposition ou d'appel sans avoir statué sur la responsabilité pénale du prévenu[971]. Cette décision peut également être prise par le premier président de la Cour d'appel en référé si elle risque d'avoir des conséquences manifestement excessives[972]. La réparation est fondée sur le principe de la réparation intégrale[973]. D'après

[965] C.pr.pen.art.418 al.3 devant le tribunal correctionnel et art.371 devant la Cour d'assises.
[966] C.pr.pen.art.420-1 devant le tribunal correctionnel et art.373 devant la Cour d'assises.
[967] MALAURIE (P), AYNES (L), op.cit, p.143; LEGIER (G), TRANCHANT (L), EGEA (V), *Droit civil. Les obligations*, Dalloz, coll.Mémentos, 21ème éd, 2014, p.106.
[968] Cass.crim.28 juin 1966, n°65-93.378, Bull.crim.n°177; cass.crim.19 juin 1996, pourvoi n°95-82.631, cass.crim.8 mars 2005, pourvoi n°04-83.410; cass.crim.11 décembre 2013, pourvoi n°12-83.254 ; cass.crim.18 février 2014, n°12-87.629.
[969] Cass.crim.29 avril 2014, pourvoi n°13-80.693, Bull.crim.n°114.
[970] Cass.crim.19 mars 2014, pourvoi n°12-87.416, Bull.crim.n°86; Cass.crim.19 mars 2014, n°12-87.416, Bull.crim.n°86, D.2012.912, note LASSERRE-CAPDEVILLE, Procédures 2014, n°5, note CHAVENT-LECLERE.
[971] C.pr.pén.art.464-1 et 2.
[972] C.pr.pen.art.515-1.
[973] VINEY (G), JOURDAIN (P), *Les effets de la responsabilité*, LGDJ, coll.Traités, 3ème éd, 2011; BRUN (P), *Responsabilité civile extra-contractuelle*, LexisNexis, coll.Manuels, 4ème

la Cour de cassation, la réparation intégrale se fonde sur le principe selon lequel « le propre de la responsabilité civile est de rétablir aussi exactement que possible l'équilibre détruit par le dommage et de replacer la victime, aux dépens du responsable, dans la situation où elle se serait trouvée si l'acte dommageable n'était point survenu »[974]. La réparation intégrale vise à réparer le préjudice subi de manière à ce que la réparation allouée à la victime ne soit ni inférieure ni supérieure à son préjudice[975]. Le principe indemnitaire interdit tout enrichissement de la victime, l'indemnisation ne doit pas excéder le montant réel du préjudice[976] et les indemnisations pour un même préjudice ne doivent pas se cumuler.

La jurisprudence vise par ailleurs à éviter un enrichissement de la victime en déterminant la date de l'évaluation du dommage par rapport à tous les changements qui ont pu intervenir depuis le jour où le dommage est apparu[977]. En outre, dès lors qu'un tribunal répressif octroie des dommages-intérêts en vue de réparer le préjudice subi par la victime, la jurisprudence estime qu'il faut prendre en compte l'évolution monétaire, le cours de la monnaie du jour où ils rendent leur décision[978]. Par exception au principe de réparation intégrale, les préjudices patrimoniaux liés à une atteinte aux biens ne peuvent qu'être partiellement indemnisés[979]. Outre la réparation partielle ou totale qu'obtient la victime, cette dernière peut également demander une indemnisation forfaitaire journalière de séjour lors du procès[980]. Il s'agit des frais de repas ou de nuitée, de voyage lorsque la partie civile n'est pas domiciliée dans le ressort du tribunal de grande instance où son affaire est jugée. Afin de requérir des indemnités, la partie civile doit justifier de toutes les dépenses présentées. Les bénéficiaires de cette aide sont également les personnes accompagnant la victime lorsqu'elle est mineure de moins de 16 ans, infirme ou malade.

éd, 2016; TERRE (F), SIMLER (P), LEQUETTE (Y), *Droit civil. Les obligations*, Ed.Dalloz, coll.Précis, 13ème éd, 2013; FLOUR (J), AUBERT (J.-L), SAVAUX (E), *Droit civil, les obligations, le fait juridique*, Tome 2, Armand Colin, Coll.U Droit, 14ème éd, 2011; MALINVAUD (Ph), FENOUILLET (D), MEKKI (M), *Droit des obligations*, LexisNexis, Coll.Manuels, 13ème éd, 2014. VINEY (G), *La réparation du dommage corporel : le juste prix*, Gaz.Pal, 11-13 février 2007.

[974] Cass.civ.2e, 4 février 1982, pourvoi n°80-17139, JCP.1982, note BARBIERI (J.-F).

[975] CONTE (Ph), *Responsabilité du fait personnel*, Rép.civ, Dalloz, mai 2002.

[976] Cass.crim.12 avril 1994, Bull.crim.n°146 ; Cass.civ.1e.16 avril 1996, Bull.civ.n°186; cass.civ.1e.9 novembre 2004, Bull.civ.n°264.

[977] Cass.crim.13 décembre 1983, pourvoi n°83-91925, Bull.crim.n°338; cass.civ.2, 8 novembre 1984 : Bull.civ.II, n°165.

[978] Cass.civ.2e.8 novembre 1984, Bull.civ.n°165.

[979] C.pr.pen.art.706-14.

[980] Circulaire du SADJPV du 9 octobre 2007, JUS.J-0790006C relative aux droits des victimes dans le procès pénal et à leur mise en œuvre, BO n°2007/11; C.pr.pén.art.R.129, R.133, R.111 et R.135.

Devant les juridictions répressives, le deuxième type de réparation du préjudice subi par la victime consiste en une restitution[981]. À la demande des parties ou même d'office, les juridictions répressives peuvent restituer à leur propriétaire des biens placés sous main de la justice pendant la durée de la procédure, à moins que l'objet en question présente un danger pour les personnes ou pour les biens[982]. Les biens placés sous main de la justice peuvent être ceux sur lesquels a porté l'infraction comme des objets soustraits (vol), détournés (abus de confiance) ou ceux qui ont été saisis comme pièces à conviction[983]. Lorsque les tribunaux correctionnels ou les tribunaux de police accordent des restitutions, ils peuvent prendre toutes mesures conservatoires pour assurer la représentation des objets restitués jusqu'à la décision définitive sur le fond[984]. La restitution peut être décidée à tous les stades de la procédure aussi bien à la phase d'instruction qu'à la phase du jugement. Toutefois, lors de l'instruction, la juridiction ne peut restituer que les objets placés sous main de la justice[985].

En cas de contestation sur la propriété des objets dont la restitution est demandée, si le tribunal ne trouve pas dans le dossier les pièces jointes et les motifs suffisants pour statuer, le tribunal peut renvoyer l'affaire à une audience ultérieure pour statuer sur les intérêts civils[986]. En outre, à titre de réparation civile, la victime de diffamation peut demander la publication du jugement, mais les juges répressifs doivent préciser le coût de la publication afin qu'il n'y ait ni perte ni profit pour la victime[987].

Dans le procès pénal, la victime peut ainsi bénéficier de différents types de réparations à condition que les juges répressifs aient reconnu le préjudice qu'elle a subi, car celui-ci remplit les conditions requises en étant personnel, direct, certain et actuel. Puis, afin d'obtenir la réparation du préjudice subi, une condition liée à la victime en elle-même est également requise. La personne exerçant l'action civile doit présenter une qualité de partie civile reconnue.

PARAGRAPHE 2. La recevabilité de l'action civile dans le procès pénal soumise à une qualité de partie civile reconnue

Dans le procès pénal, l'action civile exercée par la victime ne peut être recevable que si celle-ci bénéficie d'un statut de partie civile reconnu (A).

---

[981] C.pr.pen.art.373, art.478, art.479, art.484, art.512 et art.543.

[982] C.pr.pén.art.373, art.481 et art.484.

[983] MERLE (M), VITU (A), *Traité de droit criminel*, *Procédure pénale*, Vol.2, Cujas, 5ème éd, 2001.

[984] C.pr.pén.art.480.

[985] C.pr.pen.art.99.

[986] C.pr.pen.art.420-1.

[987] Cass.crim.11 avril 2012, pourvoi n°11-83.007, Bull.crim.n°91, D.2012, obs.DREYER (E).

Les parties civiles collectives résultent d'un statut de victime spécifique qui peut exercer une action civile dans le procès pénal (B).

A. Le statut de partie civile

Le statut de partie civile est un statut unique qui donne l'opportunité à une victime directe ou non de demander réparation. Dans toutes les étapes du procès pénal, la partie civile dispose d'un plus large nombre de droits et de moyens d'action que la victime qui n'est pas partie civile. Afin d'exercer l'action civile, la victime doit avoir la capacité et la qualité pour agir.

La capacité juridique de la victime, personne physique ou personne morale, signifie que celle-ci doit être juridiquement capable pour exercer l'action civile devant les juridictions répressives. Le droit d'agir en justice inclut la capacité d'exercer soi-même l'action civile. S'agissant de la capacité juridique des personnes physiques, le majeur sous sauvegarde de justice ou sous curatelle est apte à exercer lui-même l'action civile tandis que le majeur sous tutelle doit être représenté par son tuteur[988]. En outre, l'action civile du mineur non émancipé est exercée par son représentant légal sauf si ce dernier ne paraît pas en mesure de défendre les intérêts du mineur, auquel cas le procureur de la République ou le juge, désigne un administrateur ad hoc qui a pour rôle d'exercer l'action civile au nom du mineur[989]. Contrairement au mineur non émancipé, le mineur émancipé peut exercer l'action civile[990].

La qualité juridique de la victime est, quant à elle, étroitement liée à l'intérêt à agir. L'intérêt à agir de la victime peut se définir comme « le profit, l'utilité ou l'avantage que l'action est susceptible de procurer au plaideur », « a intérêt à agir, la personne qui souffre d'un mal auquel l'exercice de l'action peut apporter un remède »[991]. L'intérêt à agir de la victime découle du préjudice qu'elle a subi et qui a été causé par un fait qualifié pénalement. La victime immédiate est la première concernée par l'infraction et dispose d'un intérêt à agir. Puis, au regard du nombre croissant de types de victimes, la jurisprudence a tout d'abord élargi le droit de se constituer partie civile aux proches de la victime en admettant qu'ils aient aussi un intérêt à agir.

La jurisprudence a interprété de manière souple le caractère direct du lien entre l'infraction et le dommage, prévu par l'article 2 du code de procédure pénale et a admis pour la première fois que les proches de la victime pouvaient exercer l'action civile dans l'arrêt Latil-Janet rendu par la Cour de

---

[988] VERNY (E), *Procédure pénale*, Dalloz, coll.Cours, 2016.
[989] C.pr.pen.art.706-50.
[990] Cass.crim.19 octobre 1999, n°98-87.630, Bull.crim.n°221, D.2000, p.824, note CASTAIGNEDE (J).
[991] CADIET (L), JEULAND (E), *Droit judiciaire privé*, LexisNexis, coll.Manuels, 9ème éd, 2016.

cassation le 9 février 1989[992]. Dans cet arrêt, la jurisprudence accepte l'action civile des proches de la victime directe, quel que soit le dommage subi pourvu que celui-ci soit personnel au demandeur et que le préjudice allégué découle directement des faits objet de la poursuite. Puis, la jurisprudence a étendu cette solution aux ascendants[993], descendants[994], aux frères et sœurs[995], au conjoint, au concubin[996], aux enfants du conjoint[997] et au légataire universel de la victime[998]. La jurisprudence a également accepté parmi les victimes indirectes les tiers subrogés dans les droits de la victime directe, mais leur présence est relativement limitée par le fait qu'ils n'ont en majorité qu'un droit d'intervention[999].

Le cas des héritiers diffère du cas des victimes par ricochet. Dans le cas des héritiers, l'action civile se transmet avec le patrimoine. Dans un premier temps, la jurisprudence a considéré que seule l'action en réparation d'un préjudice matériel subi par la victime directe défunte se transmettait à ses héritiers à condition que l'action publique ait été mise en mouvement de son vivant et qu'elle n'y ait pas renoncé[1000]. La jurisprudence précise que si l'action publique n'a été mise en mouvement ni par la victime de son vivant ni par le ministère public, les héritiers peuvent toujours exercer le droit à réparation devant les juridictions civiles. Puis, depuis un arrêt du 30 avril 1976 rendu par la chambre mixte de la Cour de cassation, les héritiers sont autorisés à déclencher l'action civile devant les juridictions répressives en se prévalant du préjudice moral subi par le défunt. La jurisprudence assimile désormais le préjudice moral au préjudice matériel[1001]. Plus récemment, la position de la jurisprudence a encore évolué en admettant que les héritiers de la victime directe de l'infraction puissent agir par voie d'action devant les

---

992 Cass.crim.9 février 1989, Société Ford France et Latil-Janet, pourvoi n°87-81359, Bull.crim.n°63; cass.crim.21 mars 1989, pourvoi n°88-80816, Bull.crim.n°137.

993 Cass.crim.1er mars 1973, Bull.crim.n°105, JCP G, 1973, II, note VINEY.

994 Cass.crim.15 octobre 1979, Bull.crim.n°287 : la grand-mère a un intérêt à agir pour exercer une action lorsqu'elle a subi un préjudice du fait des actes incestueux imposés à sa petite-fille.

995 Cass.crim.9 juillet 1996, Bull.crim.n°287.

996 Cass.crim.11 juillet 1994, pourvoi n°94-82199, Bull.crim.n°274 : La concubine a un intérêt à agir pour exercer une action civile lorsque son concubin est décédé. Cass.crim.10 novembre 1992.Bull.crim.n°365, cass.crim.3 mars 1993.Bull.crim.n°97 ; cass.crim.29 mai 2001.Bull.crim.n°134.

997 Cass.crim.17 octobre 2000, pourvoi n°99-86.157, Bull.crim.n°297 : L'absence de lien de filiation entre l'enfant du conjoint et le défunt ne saurait annihiler l'existence du préjudice.

998 Cass.crim.9 mai 2008, pourvoi n°05-87.379.

999 Il s'agit du cas des assureurs : C.pr.pen.art.388-1 ; des fonds de garantie, des caisses de sécurité sociale : CSS.art.L.376-1 et L.454-1.

1000 Les héritiers pouvaient uniquement exercer une action civile sur le fondement d'un préjudice économique subi par le défunt : cass.crim.8 mars 1962, Gaz.Pal, 1962, I, p.416.

1001 Cass.ch.mixte.30 avril 1976, pourvoi n°74-90.280, RSC.1976, obs.ROBERT (J.-H); Cass.crim.27 avril 2004, RSC, 2004, note COMMARET (D.-N); SANCHEZ (M), *Vers une meilleure définition de la partie lésée par l'infraction : à propos de deux arrêts rendus par l'assemblée plénière le 9 mai 2008*, Dr.pén.2008.

juridictions répressives au titre de leur préjudice personnel lorsque l'infraction a causé le décès de la victime ou qu'elle a été commise après le décès de celle-ci[1002]. Les victimes directes, les victimes par ricochet ou encore les héritiers ne sont pas les seuls types de victimes à pouvoir bénéficier du statut de partie civile et obtenir réparation de leur préjudice. En effet, les victimes qui ont un intérêt collectif à agir peuvent également bénéficier du statut de partie civile.

B. Les parties civiles liées à un intérêt collectif

Progressivement, les personnes morales qui ont un intérêt collectif ont été reconnues en tant que victimes et ont pu bénéficier du statut de partie civile pour obtenir la réparation de leur préjudice dans le procès pénal. Les parties civiles présentant un intérêt collectif, appelées « victimes collectives », sont principalement les associations, les syndicats ou encore des ordres professionnels. Dans certains cas, « les victimes collectives » ne peuvent exercer une action civile que sous réserve de l'accord de la victime directe[1003]. Le législateur a tout d'abord autorisé les associations de défense des victimes à exercer une action civile (1), puis les syndicats et les ordres professionnels (2). La reconnaissance des « victimes collectives » rappelle l'époque de l'antiquité où la victime se vengeait avec l'aide de la communauté à laquelle elle appartenait.

1. Les associations de défense des victimes

Le droit d'ester en justice a été accordé aux associations pour la première fois par l'article 6 de la loi du 1er juillet 1901[1004]. Toutefois, devant les juridictions répressives, seules les associations de défense des victimes peuvent exercer l'action civile sous certaines conditions. En effet, les associations de défense des victimes ne peuvent exercer une action civile devant les tribunaux répressifs qu'à la condition que leur statut le leur permette, qu'elles soient régulièrement déclarées depuis un délai fixé entre six mois et cinq ans,[1005] et que leur objet soit reconnu par la loi. Le législateur prévoit plusieurs types d'objets, autrement dit plusieurs causes que l'association doit défendre pour rendre son action civile recevable. L'association doit par exemple avoir pour objet de combattre le racisme[1006], lutter contre les violences sexuelles ou contre les violences exercées sur un

---

[1002] Cass.crim.15 mars 2011, pourvoi n°10-81983.

[1003] METTOUX (P), *Les politiques publiques d'aide aux victimes*, in CARIO (R), SALAS (D), Victimes : du traumatisme à la restauration, Œuvre de Justice et victimes, Vol.2, L'Harmattan, coll.Sciences criminelles, 2001, p.11.

[1004] Loi du 1er juillet 1901 relative au contrat d'association, JORF du 2 juillet 1901, p.4025.

[1005] AMBROISE-CASTEROT (C), *L'action civile*, Répertoire de droit pénal et de procédure pénale, septembre 2012.

[1006] C.pr.pen.art.2-1.

membre d'une famille[1007], défendre et assister l'enfant en danger victime de maltraitance[1008], combattre les crimes contre l'humanité ou les crimes de guerre ou défendre les intérêts moraux et l'honneur de la Résistance ou des déportés[1009], assister et défendre les victimes d'actes de terrorisme[1010], lutter contre l'exclusion sociale ou culturelle des personnes[1011].

Devant les juridictions répressives, la jurisprudence estime, conformément à la loi, que l'action civile exercée par des associations qui n'ont pas reçu d'habilitation législative est irrecevable,[1012] car dans ce cas, les associations représentent simplement leurs membres et elles ne présentent pas un préjudice collectif distinct de l'intérêt individuel de ceux-ci[1013]. La jurisprudence assouplit parfois sa position en admettant qu'une association qui ne bénéficie d'aucune habilitation législative puisse se constituer partie civile pour défendre un intérêt collectif conformément au but et à l'objet de la mission de l'association[1014]. Cela a été par exemple le cas pour la Fédération départementale et interdépartementale de chasseurs qui a exercé une action civile sur le fondement de préjudices causés par les infractions relatives à la chasse[1015] ou encore pour les fédérations sportives[1016]. En outre, suite à une condamnation de la Cour européenne des droits de l'homme[1017], la Cour de cassation a affirmé, dans un arrêt du 8 décembre 2009, que l'action d'une association étrangère devait être accueillie lorsque celle-ci est habilitée à se constituer partie civile devant une juridiction française dans les conditions prévues par l'article 2 du code de procédure pénale même si elle n'a pas d'établissement en France et n'a pas

---

1007 C.pr.pen.art.2-2.
1008 C.pr.pen.art.2-3.
1009 C.pr.pen.art.2-4.
1010 C.pr.pen.art.2-9.
1011 C.pr.pen.art.2-10.
1012 Cass.ch.réunies.5 avril 1913, Syndicat national de défense de la viticulture française c/Perreau; Cass.crim.6 mars 1990, pourvoi n°88-81.385, Bull.crim.n°104.
1013 Cass.crim.18 octobre 1913, Bull.crim.n°449 : pas d'habilitation législative visant à autoriser le comité bordelais de vigilance pour la protection morale de la jeunesse et la répression de la licence des rues; PRADEL (J), VARINARD (A), *Les grands arrêts de procédure pénale*, Dalloz, coll.Grands arrêts, 9ème éd, 2016.
1014 Cass.crim.9 novembre 2010, pourvoi n°09-88272.
1015 Cass.crim.6 juin 1989, pourvoi n°88-84.365, Bull.crim.n°238.
1016 Cass.crim.15 mai 1997, pourvoi n°96-81.496, Bull.crim.n°185.
1017 CEDH, Affaire Ligue du monde islamique et organisation islamique mondiale de secours islamique c/France, 15 janvier 2009, req.n°36497/05: « en exigeant la déclaration prévue à l'article 5 de la loi de 1901 pour une association étrangère n'ayant pas de « principal établissement » en France et souhaitant introduire une action en diffamation afin de lui permettre d'ester en justice, les autorités françaises n'ont pas seulement sanctionné l'inobservation d'une simple formalité nécessaire à la protection de l'ordre public et des tiers, comme le soutient le gouvernement. Elles ont aussi imposé aux requérantes une véritable restriction, au demeurant non suffisamment prévisible, qui porte atteinte à la substance même de leur droit d'accès à un tribunal, de sorte qu'il y a eu violation de l'article 6 de la Convention ».

fait de déclaration préalable à la préfecture[1018]. Le législateur a en partie suivi la jurisprudence en permettant pour certaines associations d'exercer une action civile sans que leur statut consacre ce droit.

Il s'agit, par exemple, des associations de défense des anciens combattants[1019], des résistants et des déportés[1020], des associations de consommateurs[1021]. Afin d'exercer une action civile devant les juridictions répressives, l'association de défense des victimes est soumise à une autre condition : elle doit requérir l'accord de la victime. Si la victime est un majeur en tutelle, l'accord doit être donné par son représentant légal et si la victime est mineure, l'accord doit être donné par le titulaire de l'autorité parentale ou par le représentant légal. Par exception, l'association de défense des victimes n'est pas tenue de requérir l'accord de la victime lorsque l'action publique a été déclenchée par la victime ou par le procureur de la République pour une affaire d'actes de terrorisme[1022], de toxicomanie et de trafic de stupéfiants[1023], une affaire d'accidents survenus dans un transport collectif, un lieu ou un local ouvert au public, une propriété privée[1024]. L'association de défense des victimes n'est également pas tenue de requérir l'accord de la victime lorsque l'action publique n'a pas encore été déclenchée par la victime ou le procureur de la République et que l'infraction concerne des actes de pornographie et des agressions sexuelles touchant des enfants, des adolescents[1025] ou encore des manipulations mentales et des dérives sectaires[1026]. Dans tous les cas, l'action civile des associations de défense des victimes ne peut être recevable que si les conditions prévues par l'article 2 du code de procédure pénale sont remplies. Les associations de défense des victimes doivent démontrer le lien direct entre l'infraction et le préjudice que l'intérêt collectif défendu subit[1027].

Le droit des associations de défense des victimes d'exercer une action civile devant les tribunaux répressifs apparaît comme un progrès dans le processus de restauration des victimes. L'action civile des associations de défense des victimes devant les juridictions répressives contribue à une meilleure reconnaissance des victimes. Les fondations de défense aux victimes reconnues d'utilité publique peuvent exercer une action civile

---

[1018] Cass.crim.8 décembre 2009, pourvoi n°09-82.120, Bull.crim.n°206.
[1019] C.pr.pen.art.2-11.
[1020] C.pr.pen.art.2-5.
[1021] Code de la consommation.art.L621-1.
[1022] C.pr.pen.art.2-9.
[1023] C.pr.pen.art.2-7.
[1024] C.pr.pen.art.2-15.
[1025] C.pr.pen.art.2-3.
[1026] C.pr.pen.art.2-17.
[1027] Cass.crim.3 novembre 1994, Bull.crim.n°78. Ce qui a été par exemple le cas pour le délit d'obstacle à la manifestation de la vérité : cass.crim.23 février 2000.Bull.crim, n°78 ; ou pour le délit de recel de malfaiteur : cass.crim.17 septembre 2003.Bull.crim, n°165.

devant les juridictions répressives dans les mêmes conditions que les associations de défense aux victimes.

En outre, les associations de défense des victimes peuvent exercer un autre type d'action, nommée l'action de groupe. Cette action, inspirée de la « class action » existant dans de nombreux pays de droit anglo-saxons, a été introduite par le législateur français en matière de consommation par la loi du 17 mars 2014. Puis, le législateur a consacré l'action de groupe en matière de santé[1028] et a étendu le domaine de cette action par la loi du 18 novembre 2016[1029] aux discriminations, à l'environnement et aux protections des données à caractère personnel. Devant le juge judiciaire, l'action de groupe peut être exercée par plusieurs personnes dotées d'un intérêt commun qui sont placées dans une situation similaire et qui subissent un dommage causé par une même personne, résultant d'un manquement de même nature à ses obligations légales ou contractuelles[1030]. L'introduction d'une action de groupe vise soit à faire cesser un manquement, soit à obtenir une réparation du préjudice subi ou à ces deux fins. L'action de groupe peut uniquement être exercée par les associations agréées, régulièrement déclarées depuis cinq ans au moins et dont l'objet statutaire comporte la défense d'intérêts auxquels il a été porté atteinte[1031]. Outre les associations, les syndicats et les ordres professionnels sont également des « victimes collectives » autorisées à exercer une action civile devant les tribunaux répressifs sous certaines conditions.

2. Les syndicats et les ordres professionnels

Les syndicats sont « des groupements de personnes exerçant la même profession, des métiers similaires ou des professions connexes, en vue de la défense de leurs intérêts professionnels »[1032]. En France, l'action civile des syndicats a été autorisée pour la première fois par la Cour de cassation dans un arrêt du 5 avril 1913[1033], puis par l'article 5 de la loi du 12 mars 1920[1034]. Les syndicats peuvent se constituer partie civile pour agir à la place des salariés à la condition que ceux-ci soient informés et ne s'y opposent pas.

[1028] Loi n°2016-41 du 26 janvier 2016; Décret n°2016-1249 du 26 septembre 2016.

[1029] Loi n°2016-1547 du 18 novembre 2016 de modernisation de la justice du XXIème siècle.

[1030] Art.62. Loi n°2016-1547 du 18 novembre 2016 de modernisation de la justice du XXIème siècle.

[1031] Art.63. Loi n°2016-1547 du 18 novembre 2016 de modernisation de la justice du XXIème siècle.

[1032] CORNU (G), Association Henri Capitant, *Vocabulaire juridique*, PUF, coll.Quadrige dicos poche, 11ème éd, 2016; DANTI-JUAN (M), *Syndicat Action civile*, Rép.civ, Dalloz, n°71, 2009.

[1033] Cass.ch.réunies.5 avril 1913, Syndicat national de défense de la viticulture française c/Perreau; PRADEL (J), VARINARD (A), *Les grands arrêts de procédure pénale*, Dalloz, coll.Grands arrêts, 9ème éd, 2016.

[1034] Loi du 12 mars 1920 sur l'extension de la capacité des syndicats professionnels à exercer l'action civile.

L'article L.2132-3, alinéa 2 du Code du travail, dispose que « les syndicats peuvent devant toutes les juridictions exercer tous les droits réservés à la partie civile concernant les faits portant sur un préjudice direct ou indirect subi par l'intérêt collectif de la profession qu'ils représentent ». Le préjudice subi par les syndicats doit être distinct de celui subi par les membres pris individuellement et représentés par la personne morale. Le syndicat ne peut alléguer un préjudice qui serait propre à la victime, envisagé indépendamment de son activité professionnelle, le préjudice allégué doit être en rapport avec la profession représentée par le syndicat. Le préjudice doit être certain et doit porter atteinte aux intérêts collectifs de la profession. Autrement dit, le préjudice subi par les syndicats doit constituer un trouble susceptible d'être ressenti par chacun des membres du syndicat qui nuit à la profession tout entière, mais l'atteinte à tous les membres de la profession n'est pas exigée[1035]. La notion d'intérêt collectif retenue par la jurisprudence est assez ambiguë[1036]. Dans certaines décisions, la jurisprudence estime que l'intérêt collectif subit un préjudice lorsque l'infraction porte atteinte à chacun des membres de la profession et dans d'autres décisions, la jurisprudence estime que l'intérêt collectif subit un préjudice lorsque l'infraction porte atteinte uniquement à certains membres de la profession. S'agissant de ce dernier type d'atteinte à l'intérêt collectif, les juges du fond statuent au cas par cas.

Dans certaines décisions, ils rejettent l'action civile d'un syndicat lorsqu'ils considèrent que l'atteinte est portée aux seuls intérêts individuels de certains membres de ce groupement[1037] et dans d'autres décisions, ils considèrent qu'une infraction peut aussi bien léser l'intérêt individuel d'un membre de la profession et en même temps l'intérêt collectif de la profession[1038].

S'agissant des ordres professionnels, ils sont également autorisés à exercer une action civile et à demander la réparation du préjudice subi par la profession représentée devant les juridictions répressives. Les ordres professionnels disposent des mêmes prérogatives que les syndicats pour défendre l'intérêt collectif d'une profession. Ce sont des organismes à caractère corporatif institués par la loi au niveau national, régional ou départemental et qui regroupent de manière obligatoire les membres des professions libérales concernées[1039]. Il n'existe pas de texte unique autorisant

---

[1035] BRUN (A), GALLAND (H), *Droit du travail*, RIDC, 1979, Vol.31, n°1, p.218-220.

[1036] GUINCHARD (S), *L'action de groupe en procédure civile française*, RIDC, 1990, Vol.2, n°2, p.599-635. GUINCHARD (S), *Une classe action à la française*, D.2005, p.2180.

[1037] Cass.crim.27 novembre 1979, Bull.crim.n°336.

[1038] Cass.crim.26 octobre 1967, pourvoi n°67-91.098, JCP 1968, note VERDIER (J.-M); Cass.crim.20 mars 1972, Bull.crim.n°111; cass.crim.3 décembre 1981, Bull.crim.n°323.

[1039] Les membres de professions libérales concernées sont : L'ordre des avocats, des médecins, des pharmaciens, des vétérinaires, des géomètres-experts, des architectes, des experts-comptables, chambre régionale des huissiers, conseil régional des notaires, compagnie

ces actions, mais seulement des habilitations successives et spéciales. Par exemple, il existe des habilitations pour les avocats, notaires, huissiers, les commissaires-priseurs concernant les délits d'exercice illégal de l'activité juridique et de rédaction d'actes sous seing privé[1040] ou encore pour les médecins et les dentistes s'agissant du délit d'exercice illégal de ces professions[1041]. Dans le procès pénal, la victime qui souhaite exercer une action civile et obtenir la réparation du préjudice subi, doit ainsi répondre à des conditions intrinsèques liées au préjudice et extrinsèques liées à la qualité de la victime en elle-même. Seule la victime dont la qualité de partie civile est reconnue, peut exercer une action civile. Cependant, la victime qui n'a pas la qualité de partie civile et qui n'exerce pas une action civile, peut également obtenir une réparation du préjudice qu'elle a subi devant les tribunaux répressifs. La victime peut donc, sans véritable contrainte, obtenir une réparation dans le procès pénal, ce qui contribue, indéniablement, à sa restauration. En outre, la victime bénéficie d'une aide pour obtenir la réparation qui lui a été octroyée par les juges répressifs. Cette aide à la réparation dont bénéficie la victime est une autre facette de la justice restaurative.

SECTION SECONDE. Le droit à la réparation de la victime sans l'exercice d'une action civile et l'aide à la réparation

Devant les juridictions répressives, la victime qui n'exerce pas d'action civile peut, elle aussi, bénéficier de la réparation du préjudice subi dans le cadre de certaines mesures (Paragraphe 1). En outre, quel que soit le statut de la victime, qu'elle soit partie civile ou non, elle peut bénéficier d'une aide à la réparation (Paragraphe 2). Le droit à la réparation dont bénéficie la victime sans qu'elle exerce une action civile et l'aide à la réparation qui est mise à sa disposition, contribuent à sa restauration.

PARAGRAPHE 1. Le droit à la réparation du préjudice subi par la victime sans l'exercice d'une action civile

Sans disposer de la qualité de partie civile, la victime peut obtenir la réparation du préjudice subi dans le cadre des mesures alternatives aux poursuites (A). En outre, dès le stade préparatoire du procès pénal, même si

---

d'agents de change ou de commissaires-priseurs, etc. DANTI-JUAN (M), *Syndicat Action civile*, Rép.civ, Dalloz, n°71, 2009.

[1040] Exemple d'habilitation spéciale à l'égard de la profession d'avocat : Loi n° 71-1130 du 31 décembre 1971 portant réforme de certaines professions judiciaires et juridiques, JORF du 5 janvier 1972.

[1041] CSP.art.L.4161-4.

la victime n'est pas encore constituée partie civile, son droit à la réparation du préjudice subi est pris en compte (B).

A. Le droit à la réparation du préjudice subi par la victime dans le cadre des mesures alternatives aux poursuites

En cas de saisine du procureur de la République par une plainte de la victime ou en cas d'autosaisine, celui-ci peut décider d'engager des poursuites, de prendre une mesure alternative aux poursuites ou de classer sans suite[1042]. Si le procureur de la République décide d'engager des poursuites et de prendre une mesure alternative aux poursuites, la victime peut bénéficier d'un droit à réparation du préjudice qu'elle a subi.

Le droit à réparation dont bénéficie la victime est un des éléments essentiels constitutifs de la mesure alternative aux poursuites qui évite une victimisation secondaire. Certaines mesures alternatives aux poursuites comme la médiation pénale, la composition pénale (1) et la transaction-réparation (2) reconnaissent la responsabilité pénale de l'auteur de l'infraction et permettent à la victime de bénéficier d'une réparation civile sans qu'elle soit obligée de saisir le tribunal sur ses intérêts civils (1).

1. La médiation pénale et la composition pénale

En France, la médiation pénale est une alternative aux poursuites qui peut être proposée par le procureur de la République à la victime et à l'auteur de l'infraction d'une infraction pénale en vue d'aboutir à un accord sur le litige pénal, plus précisément sur la mesure pénale adaptée à l'encontre de l'infracteur et sur la réparation civile[1043]. La médiation pénale présente donc un véritable caractère hybride à la fois pénal et civil. S'agissant de la réparation civile, la médiation pénale permet d'obtenir une réparation complète du préjudice subi sans avoir à agir devant le juge pénal ou devant le juge civil. La réparation civile apparaît comme la conséquence de l'accord conclu entre la victime et l'infracteur dans le cadre de la médiation pénale[1044]. La nature de la réparation civile est négociée entre la victime et l'infracteur sous la direction du médiateur, puis les modalités de réparation sont abordées lors de la phase finale du processus de médiation. La réparation civile peut consister en une indemnisation, matérielle ou symbolique. Si la réparation est financière et que la victime n'obtient pas la réparation intégrale de ses préjudices, elle pourra saisir le juge civil. En cas de réussite de la médiation sur la sanction pénale et sur la mesure civile, le procureur de la République ou le médiateur dresse un procès-verbal signé

[1042] C.pr.pen.art.40-2.
[1043] C.pr.pen.art.41-1.
[1044] WYWEKENS (A), *Entre médiation et justice pénale. L'activité judiciaire des maisons de justice du Rhône*, Archives de politique criminelle, n°91, 1997.

par lui-même et par les parties et une copie est remise aux parties. Pour les infractions les moins graves, la réparation par indemnisation peut s'effectuer par une assurance ou un fonds de garantie. En outre, afin de bénéficier plus rapidement du recouvrement de la réparation civile décidée lors de la médiation pénale, la victime peut, en présentant le procès-verbal de la médiation pénale, utiliser la procédure de l'injonction de payer[1045]. De par son caractère consensuel et réparateur, la médiation pénale apparaît comme la mesure la plus restaurative mise en œuvre dans le système judiciaire français actuel[1046]. La composition pénale est une autre mesure alternative aux poursuites qui consiste à proposer à l'infracteur une sanction pénale et à lui imposer une réparation civile du préjudice subi par la victime. La composition pénale ne peut être proposée que lorsque l'action publique n'a pas été mise en mouvement et que l'auteur des faits reconnaît avoir commis un ou plusieurs délits[1047]. La composition pénale est également applicable pour les mineurs d'au moins treize ans,[1048] mais est exclue pour les délits de presse, les délits politiques et les infractions d'homicide involontaire. L'aspect pénal de la composition pénale se traduit par des sanctions pénales qui sont proposées à l'infracteur comme une peine d'amende d'un montant qui ne peut excéder le montant maximum de l'amende encourue ou une peine d'emprisonnement inférieure ou égale à cinq ans et certaines contraventions citées à l'article 41-2 du code de procédure pénale. Dès lors que l'auteur des faits donne son accord à la sanction pénale, le procureur de la République saisit par requête le président du tribunal aux fins de validation de la composition. Le procureur de la République informe de cette saisine l'auteur des faits et, le cas échéant, la victime. Le président du tribunal peut procéder à l'audition de l'auteur des faits et de la victime, assistés de leur avocat.

Le droit de la victime à être entendue lors de l'homologation de la composition pénale manifeste l'importance de la prise en compte des intérêts de la victime dans la composition pénale. À la différence de la médiation pénale où la victime joue un rôle actif dans la détermination de la sanction pénale, lors d'une composition pénale, le procureur de la République sollicite uniquement l'avis de la victime excepté sur la qualification pénale des faits. L'aspect civil de la composition pénale renvoie, quant à lui, à la réparation dont peut bénéficier la victime identifiée et qui n'a pas déjà fait l'objet d'une réparation par l'infracteur. La proposition de la sanction pénale est d'office accompagnée d'une proposition de réparation civile qui doit être

---

[1045] C.pr.civ.art.1405 à 1425.

[1046] GIACOPELLI (M), *La médiation pénale en France, l'exemple de la médiation réparation*, RPDP, 2006, p.40.

[1047] C.pr.pén.art.41-2 et 41-3.

[1048] Loi n° 2007-293 du 5 mars 2007 réformant la protection de l'enfance, JORF n°55 du 6 mars 2007, p.4215, texte n°7; Ordonnance n°45-174 du 2 février 1945 relative à l'enfance délinquante, JORF du 4 février 1945, p.530.

effectuée dans un délai qui ne peut être supérieur à six mois, à défaut, la composition pénale ne peut pas être validée[1049]. Il appartient au parquet de déterminer les modalités de la réparation au regard des faits et de la nature du dommage. La réparation peut consister en une indemnisation ou en la remise en état d'un bien endommagé avec l'accord de la victime comme, par exemple, l'engagement de nettoyer un mur dégradé. La réparation sous forme de restitution à la victime des objets lui appartenant ne peut pas intervenir dans le cadre de la composition pénale puisqu'elle peut intervenir dès la phase de l'enquête[1050]. Contrairement à la médiation pénale, dans le cadre d'une composition pénale, lorsque l'infracteur accepte la sanction pénale, la réparation lui est imposée. La réparation civile est étroitement liée à la sanction pénale, ce qui manifeste le caractère restauratif de la composition pénale. En effet, lorsque l'auteur refuse d'être soumis à la composition pénale ou n'exécute pas intégralement ou partiellement la sanction pénale, la composition pénale est considérée comme inexécutée dans son ensemble, aussi bien sur la sanction pénale que sur la réparation[1051]. Dans ce dernier cas, l'action publique n'est pas éteinte et la victime ou le procureur de la République, peut toujours mettre en mouvement l'action publique. Toutefois, si l'auteur a accepté et a exécuté la sanction pénale, mais non la réparation, la composition pénale est tout de même considérée comme exécutée. Dans ce dernier cas, l'action publique est éteinte, mais la victime peut toujours obtenir une réparation en se constituant partie civile ou en faisant citer l'auteur devant le tribunal correctionnel ou le tribunal de police[1052] qui statuera uniquement sur ses intérêts civils[1053]. La médiation pénale et la composition pénale ne sont pas les seules mesures alternatives aux poursuites qui permettent à la victime de bénéficier d'une réparation civile sans exercer une action civile, il existe également la transaction-réparation.

2. La transaction-réparation

La transaction-réparation est une mesure alternative aux poursuites proposée à l'infracteur en vue de réparer le préjudice causé à la victime. L'accord de l'infracteur est indispensable pour exécuter la transaction-réparation. Cette mesure a pour objectif de résoudre les différends de nature pénale de moindre degré d'intensité, elle est généralement utilisée pour

---

[1049] C.pr.pen.art.41-2 al 18.

[1050] Circulaires du 11 juillet 2001, CRIM 2001-14 F1/11-07-2001, JUSD0130103C, Présentations des dispositions concernant la composition pénale issue de la loi du 23 juin 1999 renforçant l'efficacité de la procédure pénale et du décret du 29 janvier 2001, BO n°79.

[1051] C.pr.pen.art.41-2.

[1052] Circulaires du 11 juillet 2001, CRIM 2001-14 F1/11-07-2001, JUSD0130103C, Présentations des dispositions concernant la composition pénale issue de la loi du 23 juin 1999 renforçant l'efficacité de la procédure pénale et du décret du 29 janvier 2001, BO n°79.

[1053] C.pr.pen.art.42-1.al.9.

régler un différend avec une administration et évite les poursuites pénales tout en apportant une réponse adaptée aux comportements fautifs. Dans la plupart des cas, l'infracteur préfère accepter la proposition mettant fin au différend avec l'administration plutôt que l'administration agisse en contentieux[1054]. La transaction-réparation est une méthode de règlement discrète et rapide. La transaction pénale est prévue dans différents codes comme, par exemple, le code de procédure pénale[1055], le code rural et de la pêche maritime en matière de pêche[1056], le code des douanes[1057] ou encore dans le code de l'environnement[1058]. La transaction-réparation peut être proposée par le maire à un contrevenant qui est libre de donner son accord ou non[1059], et peut être également proposée à l'infracteur par une autorité administrative comme le préfet lorsque l'infracteur a commis un délit ou une contravention réprimée par le code de l'environnement[1060]. La transaction-réparation peut être proposée à l'auteur des faits lorsqu'une victime est non identifiée ou identifiée. En général, que cela soit en droit de l'environnement, en droit maritime ou en procédure pénale, si l'infracteur accepte la transaction, cette dernière doit être homologuée par le procureur de la République[1061] et si la personne n'accepte pas la transaction, la proposition est tout de même transmise au procureur de la République. Dans le cas où l'infracteur aurait accepté et exécuté la transaction pénale dans le délai imparti, l'action publique est éteinte[1062]. Le code de procédure pénale prévoit que lorsque l'infracteur a exécuté la transaction-réparation proposée par le maire, celui-ci doit prévenir le procureur de la République de l'exécution ou non de la transaction-réparation[1063]. Si la transaction-réparation consiste en un travail d'intérêt général, le maire exerce les attributions confiées au juge d'application des peines[1064]. En outre, si l'auteur de l'infraction a commis certains délits ou certaines contraventions citées à l'article 41-1-1 du code de procédure pénale, un officier de police judiciaire peut proposer à celui-ci, avec l'autorisation du procureur de la République, une transaction-réparation.

[1054] Circulaire du 22 octobre 2008 relative à l'exercice de la transaction pénale par les directeurs des établissements publics des parcs nationaux, BO n°21 du 15 novembre 2008. DE REDON (L), La transaction pénale étendue à l'ensemble du code de l'environnement, Revue énergie-environnement-infrastructures, mai 2015.

[1055] C.pr.pen.art.44-1.

[1056] C.rur.pêche.marit.art.L205-10.

[1057] C.douanes.art.350.

[1058] C.env.art.L.173-12.

[1059] C.pr.pen.art.44-1 et art.R.15-33-61.

[1060] C.env.art.L.173-12, art.R.173-1.

[1061] C.env.art.L.173-12, C.pr.pen.art.44-1 et R.15-33-63.

[1062] C.env.art.L.173-12.

[1063] C.pr.pén.art.R.15-33-66.

[1064] C.pén.art.131-23, 131-24, R.131-24, R.131-26 et R.131-28.

La proposition de transaction est déterminée en fonction des circonstances et de la gravité de l'infraction, de la personnalité, de la situation matérielle, familiale, sociale de son auteur ainsi que de ses ressources et de ses charges. La proposition transactionnelle peut prendre la forme d'une amende transactionnelle dont le montant ne peut excéder le tiers du montant de l'amende encourue ou de la réparation du dommage. Depuis la loi du 15 août 2014 relative à l'individualisation des peines et renforçant l'efficacité des sanctions pénales, dès lors que la transaction-réparation est proposée par un officier de police judiciaire, elle doit être homologuée par le président du tribunal de grande instance ou par un juge qui est désigné. Le juge doit homologuer la transaction-réparation après avoir entendu, s'il y a lieu, l'auteur de l'infraction assisté le cas échéant par son avocat. Si l'auteur exécute les obligations découlant de la transaction dans les délais impartis, l'action publique est éteinte. En cas de non-exécution de l'intégralité des obligations dans les délais impartis ou de refus d'homologation, le procureur de la République, sauf élément nouveau, met en œuvre les mesures prévues à l'article 41-1 du code de procédure pénale, une composition pénale ou il engage des poursuites. Dans la pratique, la transaction-réparation est peu utilisée, car elle est mal connue des maires ou des autorités administratives et le potentiel restauratif de la transaction-réparation reste inaperçu envers la victime et l'infracteur. Or, l'objectif de la transaction-réparation étant de responsabiliser l'infracteur et de réparer le préjudice subi par la victime, cette mesure s'insère dans un réel processus de restauration à l'égard de l'infraction et de la victime. La transaction-réparation poursuit les trois objectifs de la justice restaurative comme la punition pénale de l'acteur, la réparation de la victime et le rétablissement durable de la paix sociale. Au regard de l'aspect restauratif de cette mesure et de l'encombrement des tribunaux, il serait souhaitable que les autorités administratives utilisent davantage la transaction-réparation.

Ainsi, sans exercer une action civile devant le juge répressif, la victime peut obtenir une réparation du préjudice subi dans le cadre de mesures alternatives aux poursuites comme la médiation pénale, la composition pénale et la transaction-réparation. En outre, au stade préparatoire du procès pénal, le droit à la réparation de la victime est pris en compte même si celle-ci n'est pas encore constituée partie civile.

B. Le droit à la réparation du préjudice subi par la victime au stade préparatoire du procès pénal

Dans le but d'un traitement rapide de la réparation civile du préjudice subi par la victime, le législateur prend en compte la réparation du préjudice subi par la victime dès la phase préparatoire du procès pénal, même si celle-ci n'est pas encore constituée partie civile. En effet, lors de l'instruction, la réparation du préjudice subi par la victime est prise en compte par le biais d'un contrôle judiciaire assorti d'un cautionnement ou de sûretés, imposé au mis en examen[1065]. Dans le cadre d'un contrôle judiciaire, le mis en examen demeure libre, mais est soumis à une ou plusieurs obligations qui peuvent consister en la réparation financière du préjudice subi par la victime. Le manquement volontaire à ses obligations peut entraîner la prise d'un mandat d'arrêt ou d'amener par le juge d'instruction à l'encontre du mis en examen ou encore la prise d'un mandat de dépôt par le juge des libertés et de la détention en vue d'un placement en détention provisoire[1066]. Le contrôle judiciaire permet d'avoir une « emprise judiciaire » sur le mis en examen demeuré libre. La vocation d'origine du contrôle judiciaire est de surveiller le mis en examen et de préserver la sécurité publique. Le collège d'instruction composé de trois juges d'instruction ne peut ordonner un contrôle judiciaire que dans le cas où le mis en examen s'expose à une peine d'emprisonnement délictuelle ou criminelle[1067]. Le législateur a donné une vocation réparatrice au contrôle judiciaire par le biais du cautionnement et de la sûreté. Désormais, le juge d'instruction n'a plus seulement une mission de recherche de la vérité, mais également une mission d'évaluation des préjudices subis par la victime. Conformément à l'article 81-1 du code de procédure pénale, « le juge d'instruction peut d'office, sur réquisition du Parquet ou à la demande de la partie civile, procéder, conformément à la loi, à tout acte lui permettant d'apprécier la nature et l'importance des préjudices subis par la victime ou de recueillir des renseignements sur la personnalité de celle-ci ». Le contrôle judiciaire assorti d'un cautionnement se traduit par une consignation entre les mains du greffe d'une somme dont le montant et les délais de versement, en une ou plusieurs fois, sont fixés par le juge d'instruction ou le juge des libertés et de la détention, et est destinée à assurer le règlement d'une créance. La créance peut résulter de la réparation du dommage subi par la victime. La consignation doit être fixée en fonction des ressources et des charges de la personne mise en examen[1068]. Le cautionnement peut être l'unique obligation imposée dans le cadre d'un contrôle judiciaire. Le cautionnement est constitué de deux parties. La première partie garantit la représentation de l'auteur de l'infraction à tous les actes de procédure et à l'exécution du jugement. Puis, la seconde partie du cautionnement est dédiée au paiement de la réparation des dommages causés par l'infraction, des restitutions, de la dette alimentaire et au paiement des

[1065] C.pr.pen.art.138, n°11.

[1066] C.pr.pen.art.141-2; cass.crim.19 juin 1979, Bull.crim.n°214; cass.crim.22 janvier 1981, Bull.crim.n°33 : l'absence de versement de cautionnement est considérée un manquement volontaire pouvant entraîner un placement en détention provisoire; BONIS-GARÇON (E), *La détention provisoire pour manquement au contrôle judiciaire*, JCP, 2002, p.159.

[1067] C.pr.pen.art.138, al.1.

[1068] C.pr.pen.art.138.al.2; PERINET-MARQUET (H), *Le cautionnement pénal, un échec remédiable*, D.1981, p.149-156.

amendes[1069]. Le mis en examen peut être tenu à une dette alimentaire dans le cadre d'une obligation de verser des prestations, des subsides ou des contributions aux charges du mariage. En général, le mis en examen est tenu d'une dette alimentaire dans le cadre de violences conjugales ou d'abandon de famille. Le contrôle judiciaire assorti d'une caution privilégie la réparation des dommages, les restitutions et le paiement d'une dette alimentaire par rapport aux amendes. En effet, la chambre criminelle de la Cour de cassation a rappelé que « la seconde partie du cautionnement ne peut être affectée exclusivement au paiement des amendes, mais est destinée à garantir, en premier lieu, la réparation des dommages causés par l'infraction et les restitutions »[1070]. Le magistrat a pour rôle de déterminer les sommes affectées à chacune des deux parties du cautionnement. Il est libre de garantir en priorité le paiement de la première partie du cautionnement liée à la représentation plutôt que la deuxième partie du cautionnement. Or, les deux affectations du cautionnement sont indissociables.

L'obligation de verser un cautionnement ne peut pas être imposée dans le seul but de garantir la représentation[1071] ou dans le seul but de garantir le paiement des différentes dettes[1072]. Contrairement au cautionnement civil, le cautionnement pénal ne peut être que réel, il ne peut pas être personnel.

Le cautionnement réel consiste en des garanties prises sur des biens mobiliers ou immobiliers du débiteur par des hypothèques ou des gages. Les garanties sur les biens du débiteur permettront par la suite le dépôt de chèques, d'espèces ou des valeurs de caisse à titre de consignation[1073]. En cas de condamnation définitive de l'infracteur au paiement de dommages et intérêts, le procureur de la République est tenu d'informer la victime constituée partie civile de l'existence du cautionnement et de lui indiquer les formalités à accomplir pour obtenir le versement des sommes consignées[1074]. Toutefois, en cas de non-lieu, d'absolution ou d'acquittement, la deuxième partie du cautionnement qui n'a pas été versée à la victime de l'infraction ou au créancier d'une dette alimentaire est restituée au mis en cause[1075]. Si les sommes consignées dans le cadre du cautionnement ont déjà été versées à la victime, le mis en cause peut les récupérer par la répétition de l'indu[1076].

Comme le contrôle judiciaire assorti d'un cautionnement, le contrôle judiciaire assorti de sûretés vise à assurer le règlement d'une créance par le biais d'une consignation entre les mains du greffe d'une somme dont le montant et les délais de versement, en une ou plusieurs fois, sont fixés par le

[1069] C.pr.pen.art.142.
[1070] Cass.crim.9 juillet 2003.Bull.crim.n°133; AJ.Pénal, 2003, p.69-70, note COSTE (J).
[1071] Cass.crim.1er décembre 1981, Bull.crim.n°318.
[1072] Cass.crim.20 juin 1989, Bull.crim.n°266.
[1073] C.pr.pén.art.24.
[1074] C.pr.pen.art.R23-3.
[1075] C.pr.pen.art.142-3.
[1076] C.civ.art.1302.

juge d'instruction ou le juge des libertés et de la détention. La créance peut correspondre à la réparation du dommage subi par la victime. Cependant, à la différence du contrôle judiciaire assorti d'un cautionnement qui soustrait uniquement le mis en examen à un cautionnement réel, le contrôle judiciaire assorti de sûretés, soustrait le mis en examen à un cautionnement réel et personnel[1077]. Le contrôle judiciaire assorti de sûretés a été créé par la loi du 8 juillet 1983 afin de pallier les limites du contrôle judiciaire assorti d'un cautionnement réel en permettant le paiement des dettes envers la victime par cautionnement réel et personnel[1078]. Le cautionnement personnel est une garantie qui consiste en un engagement envers le créancier, d'un ou plusieurs tiers au paiement de la dette à la place du débiteur. Le cautionnement personnel permet à la victime de disposer, en tant que créancier, d'un gage général sur plusieurs patrimoines. Par ailleurs, les sûretés peuvent réparer le préjudice subi par la victime sans que cette dernière se soit encore constituée partie civile ou sans qu'elle soit identifiée[1079].

S'agissant de l'affectation et du montant des sûretés, les magistrats disposent d'une liberté de choix. Ils peuvent décider que les sûretés garantissent dans leur totalité le paiement de la réparation des dommages, des restitutions, de la dette alimentaire et le paiement des amendes. Les magistrats peuvent également décider que les sûretés garantissent soit les réparations, les restitutions, la dette alimentaire soit les seules amendes. Le montant du cautionnement personnel est décidé par le juge d'instruction ou par le juge des libertés et de la détention compte tenu des ressources et des charges de la personne mise en examen[1080]. En outre, le cautionnement peut être versé à la victime par provision ou sur le compte du Trésor public[1081]. Le versement provisionnel n'est possible que si le mis en examen y consent. Toutefois, en cas de refus du mis en examen, la victime peut tout de même l'obliger à verser la caution par provision en saisissant la juridiction civile en référé[1082]. Au stade préparatoire du procès pénal, le contrôle judiciaire est un moyen efficace pour garantir à la victime constituée partie civile ou non constituée partie civile, la réparation du préjudice subi.

Ainsi, devant les juridictions répressives, la victime peut bénéficier de la réparation du préjudice subi lorsqu'elle exerce une action civile ou sans qu'elle exerce une action civile dans le cadre des mesures alternatives aux

---

[1077] C.pr.pen.art.138.

[1078] Loi n°83-608 du 8 juillet 1983 renforçant la protection des victimes d'infractions, JORF du 9 juillet 1983, p.2122. COUVRAT (P), *La protection des victimes d'infractions. Essai d'un bilan*, RSC, 1983, p.571; PRADEL (J), *Un nouveau stade dans la protection des victimes d'infractions*, D.1983, p.241-252.

[1079] C.pr.pen.art.142.

[1080] C.pr.pen.art.138, n°11.

[1081] C.pr.pen.art.142.

[1082] PRADEL (J), *Procédure pénale*, Cujas, coll.Référence, 18ème éd, 2015.

poursuites. Le droit à réparation de la victime est également pris en compte au stade préparatoire du procès pénal dans le cadre du contrôle judiciaire. L'intérêt porté à la réparation de la victime à toutes les phases du procès pénal contribue à sa restauration. Progressivement, la victime est sujette à une nouvelle appréhension dans le procès pénal, au sens large du terme, car ses intérêts sont davantage pris en compte. Le droit à la réparation du préjudice subi par la victime n'est pas la seule caractéristique de la justice restaurative présente dans le procès pénal actuel, l'aide à la réparation dont peut bénéficier toute victime, constituée partie civile ou non, apparaît également comme une caractéristique de la justice restaurative.

PARAGRAPHE 2. L'aide à la réparation : une avancée vers la restauration de la victime

L'aide à la réparation permet à la victime de bénéficier plus rapidement de la réparation qui lui a été accordée par une autorité judiciaire répressive. L'aide à la réparation permet également à la victime de sortir plus rapidement de l'état de victime. Une fois que le jugement a été prononcé sur les intérêts civils, la victime peut obtenir la réparation qui lui a été accordée, en sollicitant l'aide du bureau de l'exécution des peines (BEX) lorsqu'il s'agit d'infractions mineures. S'agissant des infractions plus graves, la victime peut obtenir l'indemnisation qui lui est due par la solidarité nationale. Dans ce dernier cas, l'État se substitue au délinquant pour satisfaire les victimes et les aider.

L'aide apportée par l'État aux victimes se justifie par un devoir d'équité de l'État ou encore par la nécessité de la mise en place d'un système de solidarité et d'une justice sociale[1083]. L'indemnisation des victimes par l'État se justifie également par le respect de la tradition rousseauiste du « contrat social » qui consiste à ce que le peuple soit lié avec l'État par un contrat. Le peuple délègue l'autorité à l'État à condition que l'État assure la sécurité du peuple. L'aide financière apportée par l'État au peuple serait le devoir de l'État lorsque ce dernier a failli à son obligation de sécurité. L'aide financière de l'État apparaît dès lors comme un droit naturel de la victime[1084]. L'idée d'une indemnisation par l'État est apparue dès 1829. Elle fut formulée par Jeremy BENTHAM, défendue par Jean-Marc FERRY et approuvée par le mouvement de « défense sociale nouvelle »[1085]. Puis, la loi du 3 janvier 1977[1086] mit en place un système de solidarité nationale par la

---

[1083] COUVRAT (P), *L'application de la peine* in OTTENHOF (R) (Dir.), L'individualisation de la peine, Erès, coll.Criminologie et sciences de l'homme, 2001, p.261.
[1084] FOONER (M), *Les problèmes posés par l'indemnisation des victimes*, RIPC, 1967-1968, p.69.
[1085] D'HAUTEVIILLE (A), *Le nouveau droit des victimes*, RICPT, 1984, p.456.
[1086] Loi n°77-5 du 3 janvier 1977 garantissant l'indemnisation de certaines victimes de dommages corporels résultant d'une infraction, JORF du 4 janvier 1977, p.77.

commission d'indemnisation des victimes d'infractions (CIVI) et des fonds de garantie d'indemnisation (A). Deux autres organismes, tels que le Service d'aide au recouvrement des victimes d'infractions (SARVI) et l'Agence de gestion et de recouvrement des avoirs saisis et confisqués (L'AGRASC) aident également les victimes à bénéficier de la réparation qui leur a été octroyée par décision judiciaire (B).

A. La CIVI : une aide à la réparation au bénéfice de la victime

La CIVI a pour fonction d'indemniser la victime par la solidarité nationale en cas de carence de l'auteur des faits. Plus précisément, la CIVI a pour rôle de statuer sur les dommages alloués à la victime lorsque l'auteur est insolvable, inconnu ou lorsque l'auteur ne peut pas être poursuivi en raison d'une irresponsabilité pénale ou d'un obstacle au déclenchement de l'action publique. La CIVI accorde une réparation intégrale pour des faits volontaires ou non qui présentent le caractère matériel d'une infraction et qui ont entraîné la mort, une incapacité permanente ou une incapacité de travail temporaire égale ou supérieure à un mois[1087]. La CIVI accorde également une réparation intégrale en matière d'agressions sexuelles, atteintes sexuelles, esclavage ou traite des humains sans exiger une durée d'incapacité totale de travail[1088]. Par exception, la CIVI n'indemnise pas intégralement les victimes d'accidents de la circulation, les accidents de chasse, les faits de destruction d'animaux nuisibles, les actes de terrorisme ou encore les expositions à l'amiante. La CIVI indemnise également les victimes d'atteintes corporelles légères et d'atteintes aux biens, mais l'indemnisation n'est pas intégrale. Elles ne peuvent se voir octroyer une indemnisation que si elles disposent de ressources inférieures au plafond prévu à l'article 4 de la loi n°91-647 du 10 juillet 1991 relative à l'aide juridictionnelle partielle[1089]. En outre, ces victimes sont soumises à d'autres conditions. Les victimes d'atteintes corporelles légères ne peuvent être indemnisées que si l'atteinte corporelle a entraîné une incapacité totale de travail inférieure à un mois. Puis, les victimes d'atteintes aux biens ne peuvent être indemnisées qu'à la condition que l'atteinte résulte d'un vol, d'une escroquerie, d'un abus de confiance, d'une extorsion de fonds ou d'une destruction, d'une dégradation ou d'une détérioration d'un bien lui appartenant. Les victimes d'atteinte aux biens sont également soumises à une autre condition : elles doivent se

---

[1087] C.pr.pen.art.706-3.

[1088] C.pr.pen.art.706-3 qui vise les infractions des articles 222-22 à 222-30, 225-4-1 à 225-4-5, 227-25 à 227-27 du Code pénal.

[1089] C.pr.pen.art.706-14. Voir le site Internet : www.servicepublic.fr, rubrique : Victime d'infractions : indemnisation par le font de garantie. En janvier 2018, en ce qui concerne les victimes d'atteinte aux biens, l'indemnisation est plafonnée à 4.576 euros et en cas de destruction du véhicule par incendie volontaire à 4.576 euros. Puis, l'indemnisation est plafonnée à 4.576 euros pour les victimes d'atteintes corporelles légères.

trouver dans une situation matérielle ou psychologique de la victime grave du fait de l'atteinte.

En vue d'octroyer une indemnisation, la CIVI détermine tout d'abord l'existence du préjudice de la victime qui doit découler de faits constitutifs d'une infraction dont la matérialité a été reconnue par une décision pénale[1090]. Cette décision pénale doit avoir autorité de la chose jugée, sur l'existence du fait incriminé et sur la culpabilité de l'auteur[1091]. Toutefois, la CIVI peut déterminer par elle-même l'existence d'un préjudice subi par la victime et octroyer une indemnisation à celle-ci avant qu'une décision pénale définitive ne soit rendue, ce qui déroge au principe « le criminel tient le civil en l'état »[1092]. La CIVI bénéficie d'une certaine autonomie par rapport aux juridictions de droit commun. La CIVI prend en considération de manière objective l'existence de l'infraction indépendamment de la personne de son auteur, peu importe que l'auteur présumé de l'infraction ne puisse pas être poursuivi en raison d'une cause de non-imputabilité[1093]. Par exception, dans certains cas, la commission peut surseoir à statuer jusqu'à la décision définitive de la juridiction répressive. En effet, la commission peut surseoir à statuer lorsqu'il apparaît que la faute de la victime a été en relation causale avec le préjudice subi ou si la commission n'est pas en mesure de déterminer si les faits à l'origine du préjudice constituent une infraction pénale. De plus, la commission est tenue de surseoir sa décision si la victime en fait la demande[1094]. En cas de contradiction entre la juridiction répressive statuant sur les intérêts civils et la commission d'indemnisation, notamment dans le cas où la juridiction répressive a alloué des dommages-intérêts d'un montant supérieur à l'indemnité accordée par la commission, la victime peut demander à la commission un complément d'indemnité dans le délai d'un an après que la décision statuant sur les intérêts civils soit devenue définitive[1095]. La CIVI apprécie souverainement le montant de l'indemnisation complémentaire demandée par la victime sans être tenue par l'évaluation du préjudice faite par la juridiction répressive[1096]. Dans le cas contraire, si la juridiction répressive statuant sur les intérêts civils a évalué les dommages-intérêts pour une somme inférieure au montant de l'indemnité accordée par la CIVI, la victime n'a pas à rembourser la différence, car la décision de la CIVI est indépendante de celle des juridictions[1097]. La CIVI peut toujours allouer une indemnité supérieure à celle fixée par la juridiction

---

[1090] C.pr.pen.art.706-7.

[1091] Cass.civ.2e.17 décembre 1998, Bull.civ.n°305.

[1092] C.pr.pen.art.706-7 et art.4; Cass.civ.2e.15 décembre 1980, Bull.civ.n°80; cass.civ.2, 15 novembre 2001, Bull.civ, II, n°166.

[1093] Cass.civ.2e.30 novembre 2000, pourvoi n°99-19848.

[1094] C.pr.pen.art.706-7.

[1095] C.pr.pen.art.706-8.

[1096] Cass.civ2e, 25mai.1987, n°86-10674, Bull.civ.II.n°116.

[1097] CA.Paris, 1er juin 2007, Gaz.Pal, 30 octobre 2007, n°303, p.31.

pénale statuant sur les intérêts civils[1098]. La réparation des dommages résultant des atteintes à la personne ne peut pas englober les frais irrépétibles engagés par la victime devant la juridiction pénale[1099]. L'indemnisation octroyée par la CIVI à la victime ne peut être refusée ou son montant ne peut être réduit qu'en cas de faute de la victime[1100]. La faute de la victime ne se présume pas, elle doit être prouvée par celui qui l'invoque et doit avoir un lien direct avec l'infraction[1101]. Les CIVI apprécient souverainement la valeur et la portée des preuves[1102], sous le contrôle de la Cour de cassation.

La victime a commis une faute soit lorsqu'elle s'est associée à un acte illicite ou immoral soit lorsqu'elle a provoqué le dommage en contribuant à déclencher l'infraction[1103]. L'article 706-3 ne précise pas le moment au cours duquel la faute de la victime doit être appréciée. Peu importe que la faute soit commise antérieurement à la commission de l'infraction ou au moment de la commission de l'infraction, il suffit qu'il existe un lien de causalité entre la faute de la victime et l'infraction[1104]. En outre, les victimes bénéficiant d'une indemnisation par la CIVI doivent présenter certaines caractéristiques. Elles doivent être de nationalité française ou être étrangères et avoir subi l'infraction sur le territoire français[1105]. Les ayants droit de la victime décédée suite à l'infraction peuvent également obtenir une indemnisation par la CIVI, car cela fait désormais partie du patrimoine transmis[1106]. L'indemnisation accordée par la CIVI émane de différents fonds de garanties spécialisés selon les types d'infractions. Il existe plusieurs types de fonds de garantie d'indemnisation des victimes qui agissent pour des faits spécifiques comme, par exemple, le fonds de garantie des assurances obligatoire de dommages (FGAO) qui est le fonds de garantie pour les victimes d'accidents de la circulation en France et à l'international, et les victimes d'accidents de chasse.

En outre, il existe le fonds de garantie des victimes d'actes de terrorisme et autres infractions (FGTI), qui est issu de la fusion du régime d'indemnisation des victimes de dommages corporels graves résultant d'une

---

1098 C.pr.pen.art.706-7 et art.4; Cass.civ.2e.15 décembre 1980, Bull.civ.n°80; cass.civ.2, 15 novembre 2001, Bull.civ, II, n°166.
1099 Cass.civ.2e.1 juillet 1992, pourvoi n°91-20570.
1100 C.pr.pen.art.706-3; cass.civ.2e.27 octobre 1993, Bull.civ.n°300.
1101 Cass.civ2e.23 juin 1993, Bull.civ.n°228.
1102 Cass.civ.2e.1 avril 1987, Bull.civ.n°79.
1103 Cass.civ2e.1 juillet 1992, pourvoi n°91-20570.
1104 Cass.civ2e.18 juin 1997, pourvoi n°95-20.652.
1105 C.pr.pen.art.706-3.
1106 Avant, la Cour de cassation considérait que l'indemnité ne pouvait être demandée et obtenue que par la victime même. Les ayants droit, en cas de décès de la victime immédiate, ne pouvaient demander que l'indemnisation de leur préjudice personnel. L'action héréditaire était exclue : Cass.civ.1e.21 octobre 1987 (3 arrêts), Bull.civ.n°204. Or, la Cour de cassation a effectué un revirement de jurisprudence et a admis que les ayants droit, comme héritiers, ont droit à la réparation selon le droit commun : Cass.civ.6 janvier 2000, Bull. civ. II, n°3.

infraction et du fonds de garantie chargés de l'indemnisation des victimes de dommages corporels consécutifs à des actes de terrorisme et le fonds d'indemnisation des transfusés et hémophiles (FITH). Le FGTI indemnise également les victimes d'un incendie d'un véhicule terrestre à moteur, à hauteur d'un certain montant, lorsqu'une décision de justice est devenue définitive et même « lorsque l'auteur de l'infraction fait l'objet d'une obligation d'indemnisation de la victime dans le cadre d'une peine de sanction-réparation, d'un sursis avec mise à l'épreuve ou d'une décision d'aménagement de peine ou de libération conditionnelle [1107]». Il existe d'autres fonds d'indemnisation comme le fonds d'indemnisation des victimes de l'amiante (FIVA) et l'Office national d'indemnisation des accidents médicaux, des affections iatrogènes et des infections nosocomiales (ONIAM). Plus récemment, le législateur a institué un fonds d'indemnisation pour les victimes du « médiator » ou plus précisément de la molécule du benfluorex[1108]. Dès lors que la CIVI reçoit une demande d'indemnisation de la victime, elle étudie la demande.

En cas de refus de la demande d'indemnisation, la victime et le fonds de garantie approprié selon l'infraction peuvent faire appel selon les conditions de droit commun. La demande sera alors réexaminée par la cour d'appel dont dépend le tribunal de grande instance dans le ressort duquel siège la CIVI.

En cas d'acceptation, la CIVI transmet la demande d'indemnisation au fonds de garantie approprié selon l'infraction, qui est le plus couramment le FGTI. Ce dernier doit accepter ou refuser la demande d'indemnisation de la victime dans un délai de deux mois[1109]. Si le FGTI accepte la demande, il indique le montant de l'indemnisation qu'il propose. Dans le cas où le montant d'indemnisation conviendrait à la victime, un constat d'accord est alors transmis au président de la CIVI pour homologation. Puis, le fonds de garantie est chargé de verser les indemnisations à la victime dans le délai d'un mois à compter de la notification de la décision de la CIVI[1110]. Par ailleurs, lorsque le fonds de garantie ne conteste pas le droit à indemnisation de la victime et que le préjudice n'est pas en état d'être liquidé, il peut lui octroyer une provision[1111].

Dans ce cas, le fonds doit en aviser le président de la CIVI qui doit statuer dans le délai d'un mois à compter de la demande par une ordonnance portée à la connaissance du procureur de la République[1112]. Toutefois,

[1107] C.pr.pen.art.706-11.
[1108] D'HAUTEVILLE (A) (Dir.), *Synthèse sur la réparation du dommage : bilan de l'activité des fonds d'indemnisation-comparaison des fonds d'indemnisation*, Rapport scientifique de l'ERPC, Université de Montpellier 1, 2009.
[1109] C.pr.pen.art.706-5-1.
[1110] C.pr.pen.art.R.50-24.
[1111] C.pr.pen.art.706-5-1.
[1112] C.pr.pen.art.R.50-15.

lorsque le FGTI n'accepte pas la demande d'indemnisation de la victime ou si la victime conteste l'offre du FGTI, la procédure se poursuit devant la CIVI où a été déposée la demande[1113]. La procédure devant la CIVI est avantageuse puisqu'il s'agit d'un secours financier en faveur de la victime qui souhaite obtenir la réparation de son préjudice. Toutefois, la réduction budgétaire de la politique d'aide aux victimes a baissé le plafond pour bénéficier de l'indemnisation accordée par la CIVI et, par conséquent, les victimes profitent peu de cette aide à l'indemnisation. En outre, les victimes peuvent avoir le sentiment que l'auteur des faits demeure finalement impuni puisque c'est la solidarité nationale qui prend en charge leur indemnisation. Même si la CIVI et les fonds de garantie disposent d'un recours subrogatoire à l'encontre du condamné débiteur en vue de recouvrer les sommes avancées, la procédure est coûteuse et il y a peu de procédures judiciaires[1114]. La CIVI et les fonds de garantie ne sont pas les seuls à apporter une aide aux victimes en matière d'indemnisation. Deux autres organismes, le Service d'aide au recouvrement des victimes d'infractions (SARVI) et l'Agence de gestion et de recouvrement des avoirs saisis et confisqués (L'AGRASC) aident également les victimes à bénéficier de l'indemnisation qui leur a été octroyée par décision judiciaire.

B. L'aide à la réparation de la victime par le SARVI et l'AGRASC

1. Le SARVI

Le Service d'aide au recouvrement des victimes d'infractions (SARVI) a été créé par la loi du 1er juillet 2008[1115] et permet aux victimes de bénéficier d'une indemnisation ou d'une assistance dans le recouvrement de la somme due si le condamné est solvable, à la condition qu'elles n'aient pas pu obtenir une réparation auprès de la CIVI et qu'elles aient subi de légers préjudices corporels ou certains dommages aux biens. En outre, seules les victimes s'étant constituées parties civiles et ayant bénéficié d'une décision définitive leur accordant des dommages et intérêts en réparation du préjudice qu'elles ont subi du fait d'une infraction pénale peuvent saisir le SARVI[1116]. L'assistance apportée par le SARVI peut être également sollicitée par les victimes lorsque l'auteur de l'infraction fait l'objet d'une obligation d'indemnisation de la victime dans le cadre d'une peine de sanction-réparation, d'un sursis avec mis à l'épreuve ou d'une décision d'aménagement de peine ou de libération conditionnelle.

1113 Ibid5.

1114 MEKKI (M), *Les fonctions de la responsabilité civile à l'épreuve des fonds d'indemnisation des dommages corporels*, LPA, n°8, 12 janvier 2005.

1115 Loi n°2008-644 du 1er juillet 2008 créant de nouveaux droits pour les victimes et améliorant l'exécution des peines, JORF n°0153 du 2 juillet 2008, p.10610, texte n°2.

1116 C.pr.pen.art.706-15-1.

Cet organisme est géré par le fonds de garantie des victimes des actes de terrorisme et d'autres infractions (FGTI)[1117]. L'aide à la réparation par le SARVI peut être octroyée lorsqu'une indemnisation ou le remboursement des frais non payés par l'État n'a pas fait l'objet d'un paiement volontaire du condamné dans un délai de deux mois à compter du jour où la décision concernant les dommages et intérêts est devenue définitive[1118]. La saisine du SARVI ne doit pas excéder un délai d'un an à compter de la décision définitive concernant les dommages et intérêts. Le fonds accorde le paiement intégral si les sommes en question sont inférieures à 1.000 euros. Le cas échéant, il accorde une provision de 30% de la somme dans la limite de 3.000 euros[1119]. Comme il s'agit d'une procédure non judiciaire, elle est plus rapide que celle engagée devant la CIVI. Contrairement à la procédure engagée devant la CIVI, l'aide au recouvrement par le SARVI est conditionnée par l'existence d'une décision de justice. La SARVI ne peut pas octroyer une indemnisation à la victime lorsque l'auteur n'a pas été poursuivi ou ne peut pas l'être, ou encore lorsqu'une décision de relaxe ou d'acquittement a été rendue et n'accorde pas de dommages et intérêts. Le SARVI est subrogé dans ses droits à l'encontre du condamné débiteur. Lorsque la victime ne peut pas obtenir une aide au recouvrement par le SARVI, elle peut se diriger vers un autre organisme : l'agence de gestion et de recouvrement des avoirs saisis et confisqués.

2. L'AGRASC

L'Agence de gestion et de recouvrement des avoirs saisis et confisqués (AGRASC) est un organisme qui a été créé par la loi du 9 juillet 2010[1120] et qui vise à faciliter la réparation lorsqu'une victime a obtenu, par une décision de justice définitive, des dommages et intérêts en réparation du préjudice subi ainsi que des frais de procédure non remboursés par l'État, et qu'elle n'a pas pu obtenir une réparation par la CIVI ni une aide au recouvrement par le SARVI.

Plus précisément, l'AGRASC favorise le recouvrement des sommes obtenues par la victime en tant que réparation du préjudice causé, par l'utilisation d'une procédure de saisie pénale spéciale sur les avoirs ou une procédure de confiscation des biens du débiteur qui ne sont pas nécessairement liés à l'infraction[1121]. La procédure utilisée par l'AGRASC

[1117] Voir le site Internet : www.justice.gouv.fr, rubrique : Service d'aide au recouvrement des victimes ; Commission des lois de l'Assemblée Nationale-Audition du FGTI, 29 février 2012, voir le site Internet : www.assemblee-nationale.fr.

[1118] C.pr.pen.art.706-15-2.

[1119] C.Assur.art.L.422-7.

[1120] Loi n° 2010-768 du 9 juillet 2010 visant à faciliter la saisie et la confiscation en matière pénale, JORF n°0158 du 10 juillet 2010 p.12753, texte n° 1.

[1121] C.pr.pen.art.706-159 à art.706-164.

aux fins de recouvrement de la créance de la victime est plus adaptée pour les victimes d'infractions que les procédures civiles d'exécution qui sont longues et coûteuses[1122]. L'AGRASC est subrogée, à concurrence des sommes versées, dans les droits de la victime contre l'auteur de l'infraction dans le respect du rang des privilèges et des sûretés de droit civil.

Ainsi, comme le SARVI, l'AGRASC est un organisme d'aide à la réparation des victimes d'infractions alternatif à la CIVI et qui favorise une indemnisation plus rapide. Toutefois, la procédure d'aide au recouvrement des créances effectuée par l'AGRASC est peu sollicitée par la victime, car celle-ci manque d'informations quant à l'existence de cette procédure.

Conclusion du chapitre second

Le droit à la réparation et le droit à l'aide à la réparation du préjudice subi par la victime sont des droits de nature civile qui sont désormais consacrés dans le procès pénal au sens large du terme, comprenant tous les stades du procès pénal et la résolution des conflits par les mesures alternatives aux poursuites. La victime peut obtenir la réparation du préjudice subi en exerçant une action civile dans le procès pénal ou sans exercer une action civile dans le cadre de mesures alternatives aux poursuites. Même si la victime n'est pas encore constituée partie civile, le droit à réparation de la victime est également pris en compte au stade préparatoire du procès pénal dans le cadre du contrôle judiciaire. Toutefois, dès lors que la victime souhaite exercer une action civile dans le procès pénal afin d'obtenir la réparation du préjudice subi, l'action civile est soumise à des conditions strictes qui la rendent particulière puisqu'elle est liée aux faits répréhensibles dont la juridiction pénale est saisie. Dans le procès pénal, la réparation octroyée à la victime contribue à la restauration de la victime, car elle vise à replacer la victime dans l'état dans lequel elle était avant l'infraction et à la faire sortir de l'état de victime. De plus, l'action civile exercée par la victime devant les juridictions répressives permet à l'infracteur d'assumer sa responsabilité pénale en comprenant les conséquences de ses actes.

Outre le droit à la réparation dont peut bénéficier la victime devant les juridictions répressives, la victime peut également se faire aider en vue d'obtenir la réparation accordée par décision judiciaire par divers organismes tels que la CIVI, le SARVI ou encore l'AGRASC. Le lien entre les organismes d'aide à la réparation qui ont une fonction de nature civile et les juridictions répressives manifeste également l'intérêt porté à la restauration de la victime dans le procès pénal.

[1122] Circulaire du 3 février 2011, JUSD1103707C relative à la présentation de l'Agence de gestion et de recouvrement des avoirs saisis et confisqués (AGRASC) et de ses missions, BO n°2011-02.

Conclusion du titre premier

Depuis peu, une nouvelle forme de justice, nommée la justice restaurative, s'intègre dans le procès pénal et favorise une nouvelle appréhension de la victime. Cette nouvelle appréhension de la victime par la justice restaurative se manifeste par diverses mesures restauratives comme les mesures de résolution du conflit fondées sur l'accord de l'infracteur et de la victime, l'accompagnement des victimes tout au long du procès pénal ou encore le droit à la réparation et l'aide à la réparation du préjudice subi par la victime. Ces diverses mesures dont bénéficie la victime dans le procès pénal sont de réelles caractéristiques de la justice restaurative qui permettent d'appréhender la victime dans le procès pénal en tant que personne humaine, citoyenne et sujet de droit. L'intégration de la justice restaurative dans le procès pénal permet à la victime de ne plus être délaissée et de ne plus être considérée comme la simple preuve de l'existence de l'infraction. La justice restaurative oriente le procès pénal vers une nouvelle dimension qui n'est ni sociale, ni civile, mais restaurative et qui a pour but de rétablir l'harmonie sociale. Les mesures à visée restaurative intégrées dans le procès pénal rendent celui-ci plus proche des citoyens et plus attentif au rôle de chaque protagoniste de l'infraction.

Ainsi, une nouvelle appréhension de la victime dans le procès pénal apparaît par l'intégration de la justice restaurative dans le procès pénal. Toutefois, aux stades pré-sentenciel et post-sentenciel du procès pénal analysé au sens large du terme, la victime reste soumise à des déséquilibres procéduraux. En vue d'un meilleur équilibre procédural entre les parties, une nouvelle appréhension de la victime et une réformation de la procédure sont donc nécessaires dans certains cas (**Titre deuxième**).

TITRE SECOND

LA NOUVELLE APPRÉHENSION DE LA VICTIME SOUHAITÉE AU STADE PRE-SENTENCIEL ET POST-SENTENCIEL

Au stade pré-sentenciel, la victime dispose d'un rôle certain, mais ce rôle peut être amélioré au regard de l'équilibre procédural. Une nouvelle appréhension de la victime est donc souhaitée dans certains cas (**Chapitre premier**). Au stade post-sentenciel, la victime qui était auparavant complètement mise à l'écart, tend désormais à bénéficier d'un rôle et à être appréhendée en tant que partie à la procédure (**Chapitre second**).

CHAPITRE PREMIER

Le renforcement nécessaire de l'équilibre procédural au stade pré-sentenciel

« Dans le monde des hommes, les arguments de droit n'ont de poids que dans la mesure où les adversaires en présence disposent de moyens équivalents et si tel n'est pas le cas, les plus forts tirent tout le parti possible de leur puissance tandis que les plus faibles n'ont qu'à s'incliner »[1123]. Au stade pré-sententiel, le procès pénal interprété au sens large du terme renvoie à tout type de procédure pénale visant à résoudre un conflit. Certaines procédures pénales sont accélérées et se réfèrent à une mesure alternative aux poursuites sanctionnatrice et aux procédures pénales accélérées de jugement. Les procédures pénales accélérées visent à résoudre le conflit de manière rapide, parfois au détriment de la victime qui est mise à l'écart. Ce type de procédure pénale provoque un déséquilibre procédural entre les parties (**Section première**). En outre, malgré le fait que la victime dispose d'un rôle certain dans le procès pénal classique, elle subit certains déséquilibres procéduraux qui la mettent à l'écart. Une réformation procédurale est donc également nécessaire dans les procédures de jugement classique, autrement nommées le procès pénal classique (**Section seconde**).

SECTION PREMIÈRE. La mise à l'écart contestable de la victime dans les procédures pénales accélérées

Les procédures pénales accélérées manifestent un excès de rapidité qui provoque un déséquilibre procédural au détriment de la victime, que cela soit dans les procédures pénales accélérées en général ou dans le cas précis d'une mesure alternative aux poursuites sanctionnatrice telle que la composition pénale (Paragraphe 1). Les procédures accélérées de jugement manifestent

---

[1123] Thucydide, La guerre du Péloponnèse, cité par GUINCHARD (S), CHANAIS (C), DELICOSTOPOULOS (C), DELICOSTOPOULOS (I), DOUCHY-OUDOT (M), FERRAND (F), LAGARDE (X), MAGNIER (V), RUIZ-FABRI (H), SINOPOLI (L), *Droit processuel et droits fondamentaux du procès*, Dalloz, coll.Précis, 8e éd, 2015.

également un excès de rapidité entraînant un affaiblissement de l'équilibre procédural au détriment des parties (Paragraphe 2).

PARAGRAPHE 1. L'excès de rapidité des procédures pénales accélérées créateur de déséquilibre procédural et le cas particulier de la procédure alternative aux poursuites sanctionnatrice

L'excès de rapidité des procédures pénales accélérées entraîne un déséquilibre entre l'infracteur et la victime (A). Par ailleurs, l'excès de rapidité des procédures pénales accélérées est manifeste dans un type de procédure pénale accélérée tel que la procédure alternative aux poursuites sanctionnatrice qui se réfère à la composition pénale (B).

A. L'excès de rapidité des procédures pénales accélérées : un vecteur de déséquilibre procédural au détriment de la victime

La lenteur des institutions judiciaires et plus particulièrement de leurs branches pénales, est aujourd'hui considérée comme le dysfonctionnement le plus dangereux du système judiciaire français[1124]. Par conséquent, afin de contrer la lenteur de la justice pénale, le législateur a créé les procédures pénales accélérées.

L'expression de « procédures pénales accélérées » désigne « les procédures pénales simplifiées » destinées « à accélérer le traitement des affaires devant les juridictions »[1125]. Le terme de « procédures pénales accélérées » est utilisé par les Professeurs, Monsieur Serge GUINCHARD et Monsieur Jacques BUISSON[1126]. D'autres auteurs préfèrent utiliser le terme de « procédures sommaires »[1127], le terme de « procédures rapides »[1128] ou encore le terme de « procédures spécifiques »[1129].

[1124] BOLLE (P.-H), *Les lenteurs de la procédure pénale*, RSC, 1982, p.291; PRADEL (J), *La célérité de la procédure pénale en droit comparé*, RIDP, 1995, p.323.

[1125] Études de législation comparée n°146, *Les procédures pénales accélérées*, Sénat, 1er mai 2005.

[1126] GUINCHARD (S), BUISSON (J), *Procédure pénale*, LexisNexis, coll.Manuels, 10e éd, 2014.

[1127] MERLE (M), VITU (A), *Traité de droit criminel, Procédure pénale*, Vol.2, Cujas, 5e éd, 2001 : ces auteurs émettent une distinction entre « la procédure sommaire correctionnelle » et les « procédures sommaires contraventionnelles »; voir aussi « Les procédures sommaires » in CONTE (Ph), MAISTRE DU CHAMBON (P), *Procédure pénale*, Armand Colin, coll.Colin U, 5e éd, 2012.

[1128] PRADEL (J), *Procédure pénale*, Cujas, coll.Référence, 18e éd, 2015. Le Professeur PRADEL distingue « les procédures rapides avec audience publique automatique » des « procédures rapides avec audience publique exceptionnelle ».

[1129] RASSAT (M.-L), *La justice en France*, PUF, coll.Que sais-je ? 8e éd, 2007 : le professeur RASSAT adopte l'appellation de « procédure spécifique » pour la procédure correctionnelle et la procédure simplifiée en matière de contravention.

Contrairement à la procédure pénale ordinaire qui permet à l'autorité judiciaire de mener une enquête et de prendre le temps d'étudier l'affaire, les procédures pénales accélérées ne respectent pas toutes les étapes de la procédure pénale de jugement ou de sanction ordinaire. L'auteur Monsieur Pierre COUVRAT[1130] propose une définition complète des procédures pénales accélérées, qu'il appelle « procédures pénales sommaires », puisque le terme « sommaire » émane du latin « summarium » et signifie abréger. D'après cet auteur, les procédures sommaires en matière pénale sont des « procédures plus courtes et plus rapides que celles du droit commun, mais des procédures prévues par la loi et sauvegardant néanmoins les droits de la défense » venant « suppléer ou s'extraire d'une procédure de droit commun toujours concevable et jamais écartée totalement. Elles constituent des options à la disposition d'une des parties et notamment du parquet ». En droit positif, les procédures pénales accélérées se réfèrent à une procédure alternative aux poursuites sanctionnatrice et à des procédures accélérées de jugement. La procédure alternative aux poursuites sanctionnatrice se réfère à la composition pénale tandis que les procédures accélérées de jugement se réfèrent à la comparution immédiate, la comparution sur reconnaissance préalable de culpabilité, l'ordonnance pénale et la convocation par procès-verbal. Les procédures pénales accélérées ont été créées pour mettre en place une célérité de la procédure pénale. La célérité de la procédure renvoie à l'idée de promptitude dans l'exécution ou dans la rapidité à agir[1131].

La célérité se définit comme le juste temps de la procédure qui diffère d'un excès de lenteur ou d'un excès de rapidité. La célérité de la procédure se justifie par plusieurs manières. Tout d'abord, la célérité de la procédure pénale empêche le dépérissement des preuves et diminue le risque d'erreur judiciaire. La célérité de la procédure pénale apparaît donc comme une impérieuse nécessité pour l'efficacité de la justice[1132]. En outre, la célérité de la procédure se justifie par le fait que la réponse pénale ne doit pas être tardive sous peine d'être préjudiciable aussi bien pour la personne poursuivie que pour la victime. La personne poursuivie ne peut pas rester longtemps dans l'incertitude de son sort et la victime ne peut pas demeurer longtemps dans l'oubli. Le rétablissement de l'ordre ne doit pâtir d'aucun retard. Les procédures pénales accélérées permettent de réduire le temps entre la commission de l'infraction et la sanction. Par la création et la mise en place des procédures pénales accélérées, le législateur a souhaité faire face au sentiment d'impunité de certains infracteurs et restaurer la confiance des citoyens envers le système judiciaire. Depuis 1987, le Conseil constitutionnel se fonde implicitement sur le postulat que la célérité de la

---

[1130] COUVRAT (P), *Les procédures sommaires en matière pénale*, RID comp, Vol.46, n°2, 1994, p.695-702.

[1131] PRADEL (J), *La célérité de la procédure pénale en droit comparé*, RIDP, 1995, p.323.

[1132] GUINCHARD (S), *Le temps et la procédure*, D., 1996, p.132, selon GUINCHARD (S), « Parler du temps dans la procédure, c'est constater que les procédures sont trop longues ! ».

procédure est un motif d'intérêt général compte tenu de l'encombrement des juridictions. Ce motif d'intérêt général relève de la « bonne administration de la justice »[1133].

Le législateur justifie également la création de procédures pénales accélérées par le fait que certaines affaires peuvent être traitées différemment de celles traitées dans les procédures pénales ordinaires, car elles sont simples et en état d'être traitées rapidement. Les procédures pénales accélérées évitent de surcharger les cabinets d'instruction par des informations dont l'ouverture n'est pas nécessaire. Les procédures pénales accélérées apparaissent comme des procédures d'exception, car elles diffèrent par rapport au temps des procédures pénales ordinaires[1134]. Le Conseil constitutionnel admet que « le législateur puisse prévoir des règles de procédures différentes selon les faits, les situations et les personnes auxquelles elles s'appliquent (...) à la condition que ces différences ne procèdent pas de distinctions injustifiées et que soient assurées aux justiciables des garanties égales, notamment quant au respect des droits de la défense qui implique, en particulier, l'existence d'une procédure juste et équitable »[1135].

La différence est donc admise et rend légitime l'action du législateur d'ajuster des procédures pour permettre aux procès de durer en fonction des besoins de chaque affaire au titre de l'égalité des justiciables devant la justice. Les procédures pénales accélérées sont justifiées par la nécessité de la célérité de la procédure et par le droit de traiter différemment les affaires. Toutefois, en droit positif, les procédures pénales accélérées qui ont été consacrées par le législateur ne manifestent pas une célérité, mais un excès de rapidité, créateur de déséquilibre procédural entre les parties, aussi bien en défaveur de l'infracteur qu'en défaveur de la victime. Les procédures pénales accélérées mises en place en droit positif sont contraires au procès équitable puisqu'elles suppriment certaines étapes du jugement indispensables au respect des droits des parties ou accélèrent les étapes du jugement de manière démesurée. Dans une société démocratique, toute justice digne de ce nom devrait s'interdire de sacrifier les droits des

---

[1133] La notion est fréquemment employée par le Conseil Constitutionnel surtout depuis 1987, voir. Cons.const.décision.n°80-127, DC du 20 janvier 1981, JORF du 22 janvier 1981; ROBERT (J), *La bonne administration de la justice*, AJDA, n°spécial, 1995, p.117.

[1134] GUINCHARD (S), BUISSON (J), *Procédure pénale*, LexisNexis, coll.Manuels, 10e éd, 2014.

[1135] Cons.const.décision.n°2004-510, DC du 20 janvier 2005, JORF du 27 janvier 2005; Const.décision.n°2002-461, DC du 29 août 2002, JORF du 10 septembre 2002; CE 10 mai 1974, DENOYEZ et CHORQUES: note de TEDESCCHI (P), D.1975.p.393 (sur la possibilité d'adopter des tarifs différents pour le pont de l'île de Ré selon que les usagers résident sur l'île ou sur le continent); Cons.const.décision.n°89-266, DC du 9 janvier 1990, JORF du 11 janvier 1990.

justiciables sur l'autel de la célérité[1136]. Autrement dit, la célérité de la procédure ne doit pas se faire au détriment de la qualité de la procédure. La procédure pénale doit respecter un délai raisonnable pour sanctionner ou juger. Le délai raisonnable de la procédure est un droit protégé par l'article préliminaire du code de procédure pénale. La Convention européenne des droits de l'homme protège également le droit au délai raisonnable par l'article 5§3 et 6§1. Il est essentiel de concilier la célérité de la réponse pénale avec le temps indispensable pour respecter les droits des parties. En ne respectant pas un délai raisonnable pour sanctionner, les procédures pénales accélérées bafouent la présomption d'innocence et les droits de la défense de l'infracteur[1137]. En outre, les procédures pénales accélérées manifestent un traitement d'urgence où le principe du contradictoire est inexistant, la victime est écartée[1138]. En revanche, les procédures pénales accélérées préservent le droit d'agir de la victime sur ses intérêts civils.

Ainsi, les procédures pénales accélérées entraînent un déséquilibre procédural au détriment de l'infracteur et de la victime qu'il conviendrait d'éradiquer. Le législateur sacrifie les droits des parties privées en vue de rétablir de manière urgente le maintien de l'ordre public. Le cas particulier de la mesure alternative aux poursuites sanctionnatrice telle que la composition pénale le démontre.

B. La mesure alternative aux poursuites sanctionnatrice : un type de procédure pénale accélérée créatrice de déséquilibre procédural au détriment de la victime

La mesure alternative aux poursuites sanctionnatrice est un type de procédure pénale accéléré qui se réfère à la composition pénale. La mesure alternative aux poursuites sanctionnatrice est une procédure alternative au déclenchement ordinaire de l'action publique qui vise à sanctionner pénalement l'auteur des faits de manière accélérée, sans respecter les étapes des procédures de jugement ordinaire. Ce type de procédure est original puisque le procureur de la République dispose du droit de sanctionner et d'éteindre l'action publique tandis qu'en principe, seul un magistrat du siège dispose de ce droit. Par nature, les mesures alternatives aux poursuites sont des procédures réalisées avant tout déclenchement des poursuites et présentent des caractéristiques particulières opposées à celles des modes de poursuite c'est-à-dire qu'aucun juge du siège n'intervient, aucune sanction n'est infligée et l'action publique n'est pas éteinte. Le caractère original de la mesure alternative aux poursuites sanctionnatrice peut amener ce type de

---

1136 CAVROIS (M.-L), DALLE (H), JEAN (J.-P) (Dir), *La qualité de justice*, La documentation française, 2002.
1137 PRADEL (J), *La célérité de la procédure pénale en droit comparé*, RIDP, 1995, p.323.
1138 Ibid[2].

procédure à être qualifié de « quasi-poursuite »[1139] ou de « mode de poursuite non contentieux » qui témoigne d'une conception nouvelle de la poursuite[1140].

La mesure alternative aux poursuites sanctionnatrice, telle que la composition pénale, fait l'objet de nombreuses critiques puisque cette procédure sanctionne trop rapidement l'infracteur et écarte complètement la victime qui ne dispose d'aucun droit de participation. La composition pénale a été créée par une loi du 23 juin 1999 dans le but d'introduire une justice négociée dans la procédure pénale française[1141]. La rapidité de cette procédure alternative aux poursuites sanctionnatrice se fonde sur les aveux de l'auteur de l'infraction.

Cette procédure est une procédure négociée qui consiste à ce que le parquet propose à une personne physique qui reconnaît avoir commis un ou plusieurs délits punis à titre de peine principale d'une amende ou d'un emprisonnement n'excédant pas cinq ans, de ne pas mettre en œuvre les poursuites à son encontre si elle accepte d'exécuter une ou plusieurs prestations déterminées à l'article 41-2 du code de procédure pénale. Si la personne accepte, la proposition est soumise à un magistrat du siège qui valide ou non l'accord entre le parquet et l'infracteur[1142].

Le champ d'application des délits pouvant faire l'objet d'une composition pénale est vaste, la composition pénale peut, par exemple, s'appliquer pour des délits à caractère économique[1143]. Toutefois, la composition pénale ne concerne pas les délits de presse, les homicides involontaires et les délits politiques[1144]. La composition pénale peut également être proposée à une

---

[1139] BUREAU (A), *Etat des lieux d'un dispositif procédural atypique, la composition pénale,* Archives de politiques criminelles, n°27, A.Pédone, 2005; VOLFF (J), *La composition pénale : un essai manqué*, *Gaz.Pal,* 26-28 mars 2000, p.3. J.VOLFF qualifie la composition pénale de « chauve-souris juridique ». Voir aussi, SAAS (C), *De la composition pénale au plaider-coupable : le pouvoir de sanction du procureur*, *RSC,* 2004, p.827 et p.833; LAZERGES (C), *La dérive de la procédure pénale*, *RSC,* 2003, p.648; ALT MAES, *La contractualisation du droit pénal : mythe ou réalité ? RSC,* 2002, p.515; MERLE (M), VITU (A), *Traité de droit criminel*, *Procédure pénale*, Vol.2, Cujas, 5e éd, 2001. R.MERLE et A.VITU qualifient la composition pénale de mesure « alternative punitive ».

[1140] DALLEST (J), *Les différents modes de poursuite du parquet*, *A.J. Pénal, janvier* 2005, p.21.

[1141] PRADEL (J), *Une consécration du plea bargaining à la française : la composition pénale*, D.1999, p.379-382; CERE (J.-P), REMILLIEUX (P), *De la composition pénale à la comparution sur reconnaissance préalable de culpabilité : le « plaider-coupable à la française »*, AJ Pénal, n°2, 2003, p.45 à 52. PIN (X), *Le consentement en matière pénale*, Thèse de l'Université de Grenoble, Pierre Mendès-France, 1999.

[1142] C.pr.pen.art.41-2.

[1143] Loi n°2005-882 du 2 août 2005 en faveur des petites et moyennes entreprises, JORF n°0179 du 3 août 2005, p.12639, texte n°2.

[1144] PERROCHEAU (V), *La composition pénale et la comparution sur reconnaissance préalable de culpabilité : quelle limite à l'omnipotence du parquet ?* Droit et société, 2010, n°74, p.55-71.

personne qui reconnaît avoir commis une ou plusieurs contraventions[1145]. Dans ce cas, les mesures proposées dans le cadre de la composition pénale sont les mêmes que celles proposées à la personne qui a commis un délit, à l'exception de certaines différences prévues à l'article 41-3 du code de procédure pénale. En matière délictuelle et en matière contraventionnelle, le montant de l'amende ne peut excéder le montant maximum de l'amende encourue qui est fixé en fonction de la gravité des faits ainsi que des ressources et des charges de l'auteur de l'infraction. La composition pénale n'est pas uniquement proposée aux infracteurs majeurs, elle peut l'être aussi à l'égard des infracteurs mineurs[1146] et des infracteurs majeurs protégés[1147].

La composition pénale est soumise à une procédure stricte de plusieurs phases comprenant la proposition du parquet faite à l'auteur, la saisine du président du tribunal en vue de l'homologation de l'accord de la composition et le contrôle de l'exécution de la composition pénale. Dans une première phase de la procédure, la proposition de composition pénale est faite à l'auteur de l'infraction par le procureur de la République ou par une personne habilitée comme un délégué ou un médiateur[1148]. L'infracteur peut demander à disposer d'un délai de dix jours avant de faire connaître sa décision et peut se faire assister d'un avocat. Si l'infracteur demande à bénéficier de ce délai, il lui est indiqué la date et l'heure auxquelles il est invité à recomparaître pour faire connaître sa réponse. Il est informé que s'il ne se présente pas, il est considéré qu'il a refusé la composition pénale[1149]. L'accord de la victime sur la mesure pénale de la composition pénale n'est pas requis. La seconde phase de la procédure de composition pénale se réfère à l'audience de validation de la composition pénale par le juge du siège. Lors de cette phase, avant de prononcer sa décision, le président du tribunal de grande instance en cas de délit ou le juge du tribunal de police en cas de contravention, dispose de la faculté d'entendre l'infracteur sur l'aspect pénal et civil de la composition pénale[1150].

Lorsqu'elle est identifiée, la victime peut également être entendue lors de cette phase, mais uniquement sur l'aspect civil de la composition pénale. L'infracteur et la victime peuvent être assistés de leur avocat. Si le juge valide la composition pénale, les mesures proposées sont mises à exécution[1151]. Toutefois, dans le cas où le juge ne valide pas la proposition,

[1145] C.pr.pen.art.41-3.
[1146] Art.55.Loi n° 2007-308 du 5 mars 2007 portant réforme de la protection juridique des majeurs, JORF n°56 du 7 mars 2007, p.4325, texte n°12 : « art.55 : La procédure de composition pénale prévue par les articles 41-2, 41-3 du Code de procédure pénal peut être appliquée aux mineurs âgés d'au moins 13 ans lorsqu'elle apparaît adaptée à la personnalité de l'intéressé, dans les conditions prévues par le présent article ».
[1147] C.pr.pen.art.706-113.
[1148] C.pr.pen.art.41-2 et art.R15-33-38.
[1149] C.pr.pen.art.R15-33-39.
[1150] C.pr.pen.art.41-2, art.42-3.
[1151] C.pr.pen.art.41-2, art.R15-33-50, art.R.15-33-52 à R.15-33-56.

celle-ci devient caduque et cette décision n'est pas susceptible de recours. Dès lors que la composition pénale est validée et exécutée, l'action publique est éteinte. Or, en cas de défaut d'exécution intégrale de l'aspect pénal de la composition pénale ou en cas de non-acceptation de la mesure proposée, le procureur de la République met en mouvement l'action publique sauf s'il existe un élément nouveau[1152].

Ainsi, la composition pénale permet de sanctionner l'auteur de l'infraction rapidement, sans garantir les étapes d'une procédure de sanction ordinaire, ce qui bafoue les droits de l'infracteur. Cette procédure fondée sur l'aveu de l'infracteur bafoue, entre autres, le droit à la présomption d'innocence. En outre, la victime est complètement mise à l'écart sur l'aspect pénal de la composition pénale, il n'existe aucun débat contradictoire sur les preuves des faits dont le procureur de la République est saisi. La victime n'a pas vocation à être un acteur dans la procédure de composition pénale[1153].

Elle ne peut intervenir que sur l'aspect civil en donnant un avis, lorsque le procureur de la République propose à l'infracteur de réparer les dommages causés par l'infraction. L'accord de la victime sur la réparation du dommage qu'elle a subi n'est pas requis sauf lorsque la mesure proposée à l'infracteur porte sur la remise en état d'un bien endommagé par la commission de l'infraction. La mesure alternative aux poursuites sanctionnatrice telle que la composition pénale n'est pas l'unique procédure pénale accélérée à provoquer un déséquilibre procédural entre les parties et à mettre à l'écart la victime, ceci est également manifeste dans les procédures pénales accélérées de jugement.

PARAGRAPHE 2. Les procédures pénales accélérées de jugement créatrices de déséquilibre procédural en défaveur de la victime

Les procédures pénales accélérées de jugement sont des procédures qui accélèrent le déroulement de la procédure judiciaire en supprimant ou en dénaturant les étapes du procès pénal. La comparution sur reconnaissance préalable de culpabilité (CRPC) et l'ordonnance pénale sont deux procédures de jugement accéléré qui suppriment des étapes du procès pénal classique (A). En outre, deux autres procédures pénales accélérées de jugement, telles que la comparution immédiate et la convocation par procès-verbal, abrègent à outrance les étapes du procès pénal classique (B). Ces procédures pénales

---

[1152] C.pr.pen.art.41- ; Circulaires du 14 mai 2004, CRIM 2004-04/E8/14-05-2004, JUSD0430092C, Présentation des dispositions de procédure pénale immédiatement applicables de la loi n°2004-204 du 9 mars 2004 portant adaptation de la justice aux évolutions de la criminalité, BO n°94.

[1153] MOUHANNA (C), MILBURN (P), PERROCHEAU (V), *Controverses et compromis dans la mise en place de la composition pénale*, Archives de politique criminelle, n° 27, 2005, p.151-165.

accélérées de jugement portent atteinte à la qualité de la justice et mettent à l'écart la victime.

A. La mise à l'écart de la victime dans la procédure de l'ordonnance pénale et de CRPC

L'ordonnance pénale et la comparution sur reconnaissance préalable de culpabilité sont des procédures pénales accélérées de jugement impulsées par le procureur de la République qui suppriment certaines étapes du procès pénal classique. Dans ces deux types de procédures, le procureur de la République occupe une place prédominante et laisse au juge du siège une place minime. La phase préparatoire et la phase de jugement sont supprimées.

En effet, dans la CRPC, la place du juge du siège est réduite, car il dispose de l'unique fonction d'homologuer la proposition faite par le procureur de la République au prévenu et dans l'ordonnance pénale, il décide d'une sanction sans débat contradictoire ni audience. La suppression de la phase du jugement bafoue les droits de l'auteur de l'infraction et écarte la victime.

1. La mise à l'écart de la victime dans la procédure de l'ordonnance pénale

L'ordonnance pénale est une procédure pénale accélérée de jugement qui a été créée par la loi du 3 janvier 1972[1154] dans le but de simplifier le jugement de certaines infractions, de rendre une justice rapide et peu coûteuse. Dans la procédure de l'ordonnance pénale, le procureur de la République qui a choisi cette procédure renvoie le prévenu aux fins de jugement soit devant le tribunal correctionnel en cas de délit[1155] soit devant le tribunal de police en cas de contravention[1156]. Le prévenu est jugé sans comparaître et sans audience[1157]. À l'origine, la procédure de l'ordonnance pénale était réservée à la matière contraventionnelle et a été étendue par une loi du 9 septembre 2002 à certains délits cités à l'article 495 du code de procédure pénale[1158]. L'ordonnance pénale peut s'appliquer à toutes les

[1154] Loi n°72-5 du 3 janvier 1972 tendant à simplifier la procédure applicable en matière de contraventions, JORF du 5 janvier 1972, p.153. L'ordonnance pénale a été inventée à la fin du XIXe siècle par l'Allemagne qui l'a appliquée à tout l'Empire allemand y compris à l'Alsace-Lorraine, laquelle l'a conservée après son rattachement à la France en 1918; VOLFF (J), LORENTZ (J), *L'ordonnance pénale : une procédure simple, rapide et peu coûteuse*, JCP, 1968.

[1155] C.pr.pen.art.495.

[1156] C.pr.pen.524.

[1157] BOLLE (P.-H), *Les lenteurs de la procédure pénale*, RSC, 1982, p.291.

[1158] Loi n°2002-1138 du 9 septembre 2002 d'orientation et de programmation pour la justice, JORF du 10 septembre 2002, p.14934, texte 1. L'article 495 du code de procédure pénale cite 14 types de délits pouvant faire l'objet d'une ordonnance pénale à l'exception de certains cas.

contraventions de police même commises en état de récidive, à l'exception du cas où le prévenu, auteur d'une contravention de la cinquième classe, était âgé de moins de dix-huit ans au jour de l'infraction et du cas où la victime du dommage causé par la contravention a fait citer directement le prévenu avant que n'ait été rendue l'ordonnance pénale. Le président statue sans débat préalable par une ordonnance pénale portant relaxe ou condamnation à une amende ainsi que, le cas échéant, à une ou plusieurs peines complémentaires.

Devant le tribunal correctionnel, le montant maximal de l'amende pouvant être prononcé est de la moitié de celui de l'amende encourue sans pouvoir excéder 5.000 euros[1159]. La condamnation prononcée par le juge ne peut pas être une peine d'emprisonnement. Par exception aux principes généraux, l'ordonnance pénale n'a pas à être motivée[1160]. Dans cette procédure accélérée de jugement, la phase préparatoire et la phase du jugement du procès pénal classique sont supprimées. Or, ces phases sont incontournables pour garantir une bonne justice. Toutefois, lorsque le procureur de la République transmet au juge du siège le dossier avec ses réquisitions, ce dernier peut d'office, s'il estime qu'un débat contradictoire est nécessaire, renvoyer le dossier au ministère public aux fins de poursuites dans les formes de la procédure ordinaire[1161]. Dès lors que le juge du siège a décidé d'une sanction dans le cadre d'une ordonnance pénale, le prévenu ne peut pas interjeter appel contre l'ordonnance pénale, mais il peut former opposition en vue de bénéficier d'un procès public et contradictoire. En matière contraventionnelle et délictuelle, le prévenu peut former opposition dans un délai de trente jours à compter de la notification ou de la date à laquelle le procureur de la République a porté l'ordonnance à sa connaissance[1162]. L'ordonnance pénale à laquelle il n'a pas été fait opposition a les effets d'un jugement passé en force de chose jugée sur l'action publique, mais pas sur l'action civile en réparation des dommages causés par l'infraction[1163].

S'agissant plus précisément de la victime de l'infraction, celle-ci est exclue de toute action pénale dans la procédure de l'ordonnance pénale. Elle ne dispose d'aucun moyen pour faire valoir ses droits en matière de sécurité et ne peut pas émettre d'observations sur les preuves de l'infraction

---

Il s'agit du cas où le prévenu était âgé de moins de 18 ans au jour de l'infraction, du cas où la victime a fait directement citer le prévenu avant qu'ait été rendue l'ordonnance prévue à l'article 495-1 du présent code ; du cas où le délit a été commis en même temps qu'un délit ou qu'une contravention pour lequel la procédure d'ordonnance pénale n'est pas prévue et du cas où les faits ont été commis en état de récidive légale; VOLFF (J), *L'ordonnance pénale en matière correctionnelle*, D.2003, p.2777.

[1159] C.pr.pen.art.495-1.

[1160] C.pr.pen.art.526 al 2.

[1161] C.pr.pen.art.495-1 et 525.

[1162] C.pr.pen.art.527 en matière contraventionnelle; art.495-3 en matière délictuelle.

[1163] C.pr.pen.art.495-5 et art.528-1.

présentées au tribunal. En matière contraventionnelle, l'ordonnance pénale n'est même pas notifiée à la victime. Seuls les intérêts civils de la victime sont préservés par la possibilité d'obtenir une réparation civile avant et après l'extinction de l'action publique. Après l'extinction de l'action publique, le tribunal correctionnel et le tribunal de police sont tout de même compétents pour statuer sur les intérêts civils[1164]. Le tribunal saisi de l'action civile statue sans tenir compte de la décision prise par ordonnance pénale, que cela soit une relaxe ou une condamnation, ce qui constitue une exception au principe de l'autorité de la chose jugée au criminel sur le civil[1165].

En matière délictuelle, les intérêts civils de la victime sont davantage protégés. En effet, avant l'extinction de l'action publique, la victime constituée partie civile est informée qu'elle peut, au même titre que le prévenu, former opposition dans un délai de quarante-cinq jours à compter de cette notification, sur les dispositions civiles de l'ordonnance pénale[1166]. Puis, après l'extinction de l'action publique, lorsque la victime de l'infraction est identifiée et qu'elle n'a pu se constituer partie civile dans les conditions prévues à l'article 495-2-1 du code de procédure pénale ou lorsqu'il n'a pas été statué sur sa demande formulée conformément à l'article 420-1, elle est informée par le procureur de la République de son droit de citer l'auteur des faits à une audience du tribunal correctionnel statuant sur ses intérêts civils. Elle est également avisée de la date pour lui permettre de se constituer partie civile[1167]. Dans le cadre d'une ordonnance pénale, les intérêts civils de la victime devraient être aussi bien protégés en matière contraventionnelle qu'en matière délictuelle.

2. La mise à l'écart de la victime dans la procédure de la CRPC

Inspirée du « plea barganing anglo-saxon »[1168], la comparution sur reconnaissance préalable de culpabilité (CRPC) est une procédure pénale accélérée de jugement, autrement appelée procédure de jugement simplifié, fondée sur la reconnaissance des faits répréhensibles par la personne poursuivie[1169] en contrepartie d'une ou de plusieurs peines réduites[1170]. La

---

[1164] C.pr.pen.art.495-6 et art.528-2.

[1165] C.pr.pen.art.495-6 et art.528-2 : « l'ordonnance n'a pas autorité de la chose jugée à l'égard de l'action civile en réparation des dommages causés par l'infraction ».

[1166] C.pr.pen.art.495-3-1.

[1167] C.pr.pen.art.495-5-1.

[1168] PAPADOPOULOS (I), *Plaider coupable à la française. La pratique américaine, le texte français*, PUF, coll.Droit et justice, 2004; SPENCER (J.-R), *La procédure pénale anglaise*, PUF, Coll.Que sais-je ? 1998; KRIEGK (J.F), *L'américanisation de la justice, prisme d'un nouvel ordre symbolique en matière pénale*, Gaz.Pal, 8-9 avril 2005, p.2; DANET (J), *Le premier pas vers la réduction de l'office du juge*, Justices, n°177, 2004, p.10. D'après DANET (J): « la CRPC n'est pas un plaider coupable et la comparaison avec les procédures anglo-saxonnes trouve vite ses limites ».

[1169] ROUMIER (W), *Mise en œuvre de la loi du 9 mars 2004 portant adaptation de la justice aux évolutions de la criminalité*, Dr.pén, avril 2005, Focus.4.

CRPC s'applique à tous les délits, à l'exception des délits de presse, des délits d'homicide involontaire, des délits politiques, des délits dont la procédure de poursuite est prévue par une loi spéciale, des délits d'atteintes volontaires et involontaires à l'intégrité des personnes et d'agressions sexuelles prévus aux articles 222-9 à 222-31-2 du Code pénal lorsqu'ils sont punis d'une peine d'emprisonnement d'une durée supérieure à cinq ans. La CRPC n'est pas applicable aux mineurs[1171].

La CRPC permet, entre autres, d'organiser un traitement rapide d'un nombre important de délits qui ne sont pas d'une grande gravité, ce qui désengorge les audiences correctionnelles classiques[1172]. La CRPC constitue une réponse particulièrement adaptée aux petits délits dits de violence urbaine tels que des délits de menaces, de violences ou encore d'atteintes aux biens. La CRPC est également appropriée aux contentieux familiaux tels que le non-paiement de pension alimentaire, la non- représentation d'enfant et dans certains cas les violences conjugales, lorsque l'auteur de l'infraction manifeste la volonté de mettre un terme aux relations conflictuelles à l'origine de l'infraction[1173]. La CRPC peut présenter un intérêt dans des contentieux techniques et répétitifs concernant des faits simples[1174]. Le procureur de la République peut d'office ou à la demande de l'intéressé ou de son avocat, recourir à la CRPC[1175]. Le procureur de la République dispose de l'opportunité de décider du recours à la CRPC. Lors de la phase de comparution de l'auteur devant le procureur de la République, l'auteur peut

---

[1170] C.pr.pen.art.495-7 à 495-16.

[1171] C.pr.pen.art.495-5-1.

[1172] PRADEL (J), *Vers un « aggiornamento » des réponses de la procédure pénale à la criminalité. Apports de la loi n°2004-204, dite Perben II (1re partie)*, JCP, n°58, 2004; MOLINS (F), *Plaidoyer pour le « plaider coupable » : des vertus d'une peine négociée*, AJ pénal, 2003, p.61-63. Voir aussi les débats devant l'Assemblée nationale, séance du 21 mai 2003, JOAN 22 mai 2003. Monsieur Perben, alors Garde des Sceaux, avait précisé à l'occasion de la discussion de ce texte devant l'Assemblée nationale, que celui-ci contenait un ensemble de mesures : « dont l'objectif principal est de fluidifier le traitement des affaires du contentieux pénal » et que « l'instauration de la CRPC permettrait bien évidemment de dégager de précieux gains de temps dans le traitement des affaires correctionnelles ». LIGER (D), *Fonction de la justice : mieux juger ou traiter les flux policiers ?* Gaz.Pal, 12-13 mai 2004, p.5-19.

PRADEL (J), *Défense du plaidoyer de culpabilité*, JCP, n°58, 2004; DE LAMY (B), *La loi n°2004-204 du 9 mars 2004 portant adaptation de la justice aux évolutions de la criminalité*, D.2004; VALOTEAU (A), *Le jugement sur reconnaissance préalable de culpabilité : une autre procédure de jugement ou une autre manière de juger ?* Dr.Pén, mai 2006, chron.n°8.

[1173] Circulaires du 2 septembre 2004, CRIM-04-12-E8/02.09.04, JUS-D-04-30176C, Présentation des dispositions de la loi n°2004-204 du 9 mars 2004 portant adaptation de la justice aux évolutions de la criminalité relatives à la procédure de comparution sur reconnaissance préalable de culpabilité, BO n°95.

[1174] GARRAUD (J.-P), *Rapport n°2425 sur la proposition de loi (n°2413) adoptée par le Sénat, précisant le déroulement de l'audience d'homologation de la comparution sur reconnaissance préalable de culpabilité*, Assemblée nationale, 29 juin 2005, p.7.

[1175] C.pr.pen.art.495-7.

refuser ou accepter les propositions émises par le procureur de la République. À ce stade, la présence de la victime n'est pas autorisée. Ce n'est qu'une fois que l'auteur de l'infraction a accepté la proposition que la victime de l'infraction, si elle est identifiée, est informée de la procédure sans délai et par tout moyen[1176]. Dès lors que l'auteur des faits a accepté la proposition du procureur de la République, un juge du siège doit décider d'homologuer ou non la proposition du procureur de la République en contrôlant la légalité, la proportionnalité et l'opportunité de l'offre parquetière.

Lors de la phase d'homologation de la CRPC, le prévenu doit être auditionné en étant obligatoirement assisté d'un avocat[1177]. En outre, si la victime est identifiée, elle est invitée à comparaître sans y être tenue, uniquement pour se constituer partie civile et demander la réparation du préjudice subi[1178]. Dans la procédure de CRPC, la phase d'homologation est une phase de contrôle, il n'existe aucun débat entre les parties et le principe du contradictoire n'est pas respecté. Il n'existe pas une véritable phase du jugement au sens des procédures pénales de jugement classique, ce qui bafoue plus particulièrement les droits de la victime qui ne peut pas intervenir sur l'aspect pénal de la procédure de CRPC. La procédure de CRPC est une procédure de jugement accéléré qui écarte la victime et qui viole le droit du prévenu à la présomption d'innocence puisque cette procédure est fondée sur son aveu.

Lors de la phase d'homologation, si la victime n'a pu exercer son droit de se constituer partie civile, le procureur de la République doit l'informer de son droit de se constituer partie civile pour que celle-ci fasse citer l'auteur des faits devant le tribunal correctionnel qui statuera sur les demandes civiles.[1179] Après l'audience d'homologation de la CRPC, l'audience de renvoi sur intérêts civils permet à la victime d'avoir le temps d'évaluer son préjudice et de préparer les justificatifs[1180]. Toutefois, l'audience de renvoi sur intérêts civils ne permet pas non plus une confrontation entre l'auteur des faits et la victime[1181]. Monsieur Bruno REBSTOCK, ancien président de la commission pénale du Syndicat des avocats de France, a résumé la place de la victime dans la procédure de CRPC en affirmant que : « la victime plaignante est ici tenue à l'écart du débat, renvoyée aux seules motivations

---

1176 C.pr.pen.art.495-13. Cette information est généralement transmise par une convocation de la victime, c'est-à-dire son invitation à comparaître.

1177 C.pr.pen.art.495-9.

1178 C.pr.pen.art.495-13.

1179 C.pr.pen.art.495-13.

1180 VANDIER (C), *Incidences et revendication de la victime aux différentes étapes du procès pénal*, RPDP, 1er septembre 2005, p.605.

1181 ZOCCHETTO (F), *Juger vite, juger mieux ? Les procédures rapides de jugement de traitement des affaires pénales, état des lieux*, Rapport d'information n° 17, Sénat, 12 octobre 2005.

indemnitaires comme si l'avenir de cette vérité judiciaire en débat ne la concernait pas »[1182]. L'ordonnance pénale et la CRPC ne sont pas les seules procédures pénales accélérées de jugement à mettre à l'écart la victime. Le législateur a également mis en place deux autres types de procédures pénales accélérées de jugement telles que la comparution immédiate et la convocation par procès-verbal qui entraînent des déséquilibres procéduraux.

B. L'exclusion de la victime dans la procédure de comparution immédiate et de convocation par procès-verbal

La convocation par procès-verbal et la comparution immédiate sont deux procédures pénales accélérées de jugement qui peuvent être utilisées devant le tribunal correctionnel. À la différence de l'ordonnance pénale et de la CRPC qui suppriment la phase de jugement du procès pénal classique, la comparution immédiate et la convocation par procès-verbal (CPPV) préservent cette phase, mais en la dénaturant par sa rapidité. Par ces procédures pénales de jugement accéléré, « la société moderne privilégie l'instant présent et impose la tyrannie de l'urgence »[1183]. La rapidité de la CPPV et de la comparution immédiate entraîne entre autres l'exclusion injuste de la victime.

1. L'exclusion de la victime dans la procédure de comparution immédiate

La comparution immédiate constitue une procédure pénale accélérée de jugement, dérogatoire au droit commun. Cette procédure permet de juger le prévenu à bref délai à compter de son arrestation à condition que les charges soient suffisamment réunies à l'encontre du suspect et que l'affaire soit en état d'être jugée[1184]. À l'origine, inspiré de l'exemple anglais et de l'expérience pratique des juridictions françaises, le législateur a créé par la loi du 20 mai 1963, la comparution immédiate en réponse aux problèmes d'engorgement des tribunaux et à la montée du nombre de détentions provisoires. Lors de sa création, la comparution immédiate s'appliquait uniquement aux flagrants délits et elle fut étendue par la loi du 9 septembre 1986 aux infractions constatées dans le cadre d'une enquête préliminaire[1185].

[1182] REBSTOCK (B), *Juger en catimini*, Justice, n°183, 2005, p.28.

[1183] MAGENDIE (J.-C), *Célérité et qualité de la justice. La gestion du temps dans le procès*, Rapport remis au Garde des Sceaux, 15 juin 2004.

[1184] C.pr.pen.art.395.

[1185] Voir l'intervention de Monsieur MARCHAND à l'Assemblée nationale, 1re séance du 12 juin 1980, débats Assemblée nationale, séance du 12 juin 1980. La comparution immédiate a subi successivement des modifications en 1993 avec la loi du 4 janvier 1993, en 1994 avec la loi du 1er février 1994, en 1995 avec la loi du 8 février 1995 et surtout en 2000 avec la loi du 15 juin 2000, en 2002 avec la loi du 9 septembre 2002 et dans une moindre mesure en 2004 avec la loi du 9 mars 2004.

La comparution immédiate contribue à l'accélération des procédures en écourtant le temps entre la décision sur l'action publique et la décision judiciaire[1186]. En raison de sa nature particulière de procédure rapide, son champ d'application est assez limité. La comparution immédiate ne concerne ni les crimes ni les contraventions. La procédure de comparution immédiate n'est possible que pour les délits punis par une peine d'emprisonnement supérieure ou égale à deux ans hors flagrance, et à six mois en cas de délit flagrant[1187]. Le maximum des peines d'emprisonnement correctionnel étant de dix ans, la comparution immédiate vise un certain nombre de délits considérés graves comme, par exemple, le délit d'outrage et de rébellion, les violences, les vols aggravés, les conduites en état alcoolique, les infractions à la législation des étrangers, les agressions sexuelles ou encore les trafics de stupéfiants. Un certain nombre de délits sont exclus en raison de leur nature comme les délits de presse, les délits politiques, les délits commis par des mineurs et les infractions dont la procédure de poursuite est prévue par une loi spéciale[1188] telles que les délits forestiers, les délits de chasse, de pêche, de contributions indirectes, de fraude ou encore les délits de délinquance financière. En outre, la comparution immédiate ne peut s'appliquer qu'à des faits en état d'être jugés, à des affaires dites « simples ». Le critère de simplicité de l'affaire se définit comme l'inutilité d'investigations supplémentaires dans des cas où les faits paraissent clairement établis. À l'issue des investigations policières, souvent au terme de la durée d'une garde à vue, le procureur de la République peut décider de la comparution immédiate du prévenu qui doit être présenté le jour même ou au plus tard dans un délai de trois jours ouvrables devant le tribunal correctionnel saisi afin qu'il soit jugé sur-le-champ. Le ministère public bénéficie d'une entière autonomie concernant le choix de cette procédure. Les juridictions judiciaires ne sont pas compétentes pour examiner le bien-fondé du mode de poursuite utilisé par le parquet[1189]. Toutefois, le procureur de la République ne peut pas imposer cette procédure au prévenu, celui-ci doit consentir à être jugé le jour même et l'accord doit être recueilli en la présence de son avocat[1190]. Le prévenu doit être retenu jusqu'à sa comparution. Dans l'hypothèse où le prévenu consent à être jugé le jour même, le prévenu peut effectivement être jugé le jour même ou si l'audience n'est pas possible, le procureur de la République peut le faire traduire devant le juge des libertés et de la détention qui décide ou non de sa détention

[1186] NOLEN (J), *Les comparutions immédiates et le travail en temps réel : le point de vue du siège*, LPA, n°52, 14 mars 2001, p.31.
[1187] C.pr.pen.art.395.
[1188] C.pr.pén.art.397-6.
[1189] Cass.crim.20 novembre 1963, Bull.crim.n°326; Cass.crim.26 avril 1994, pourvoi n°93-84880, Bull.crim.n°149.
[1190] C.pr.pen.art.397.

jusqu'à la prochaine audience[1191]. Le juge des libertés et de la détention peut également décider de ne pas mettre le prévenu en détention, mais de le soumettre à une ou plusieurs obligations dans le cadre d'un contrôle judiciaire. Avant de prendre sa décision, le juge des libertés et de la détention peut faire procéder s'il y a lieu aux vérifications prévues par l'alinéa 7 de l'article 41 du code de procédure pénale. Ces vérifications consistent à vérifier la situation matérielle, familiale et sociale de l'intéressé. Elles sont confiées au service pénitentiaire d'insertion et de probation ou à toute personne habilitée. Ces vérifications sont obligatoires pour les majeurs de moins de 21 ans. L'ordonnance du juge des libertés et de la détention prescrivant la détention provisoire doit être motivée selon les modalités de l'article 137-3, d'après les faits de l'espèce conformément à l'article 144-1 et à l'article 144-6 du code de procédure pénale. Cette ordonnance n'est pas susceptible d'appel. Si le prévenu ne comparaît pas le troisième jour ouvrable, l'ordonnance cesse ses effets et il doit être mis d'office en liberté.

La comparution immédiate est une procédure rapide et moins coûteuse que la voie traditionnelle de la citation directe effectuée par le procureur de la République qui exige un exploit d'huissier signifié au prévenu. Il s'agit d'une procédure pénale de jugement accéléré qui ne respecte pas les étapes classiques de la procédure de jugement ordinaire, car la phase préparatoire est écartée et la sanction est immédiate. La comparution immédiate est perçue comme un véritable « TGV de la procédure pénale »[1192] et est parfois qualifiée de « justice d'abattage »[1193]. La rapidité exagérée de la procédure de comparution immédiate crée un déséquilibre procédural en défaveur de la victime. Seul le procureur de la République peut déclencher l'action publique. La victime est écartée, elle ne peut pas déclencher l'action publique comme elle peut le faire dans la procédure de jugement classique en se constituant partie civile ou en citant le prévenu devant le tribunal correctionnel. En outre, durant l'audience de comparution immédiate, la victime ne dispose que d'un seul moyen d'action, celui de demander la réparation civile de son préjudice et peut être assistée d'un avocat. La victime peut faire valoir son droit de réparation en déposant des conclusions à tout moment de la procédure jusqu'au prononcé du jugement[1194].

En principe, depuis la loi du 15 juin 2000, la victime doit être avisée par tout moyen, par toute lettre recommandée ou télécopie de la date de l'audience[1195]. Cependant, cette formalité n'est assortie d'aucune sanction en cas d'inobservation, ce qui restreint la portée du droit de la victime à être

---

[1191] C.pr.pen.art.396.

[1192] PRADEL (J), *Procédure pénale*, Cujas, coll.Référence, 18e éd, 2015.

[1193] ZOCCHETTO (F), *Juger vite, juger mieux ? Les procédures rapides de jugement de traitement des affaires pénales, état des lieux*, Rapport d'information n° 17, Sénat, 12 octobre 2005.

[1194] C.pr.pen.art.459.

[1195] C.pr.pen.art.393-1.

informée de la date d'audience. En pratique, peu de victimes exercent ce droit puisqu'elles sont informées tardivement et n'ont pas le temps d'évaluer leur préjudice et de réunir toutes les pièces justificatives. Lorsque la victime n'a pas eu le temps d'évaluer son préjudice et de fournir les pièces justificatives, elle peut tout de même demander au tribunal le renvoi sur les intérêts civils[1196]. Parfois la victime ne reçoit l'avis l'informant de l'audience de comparution immédiate qu'après l'audience. Dans ce cas, elle ne peut pas se présenter devant le tribunal et si elle souhaite obtenir la réparation de son préjudice, elle doit saisir le juge civil[1197].

Lors de l'audience de jugement par comparution immédiate, le prévenu et la victime peuvent poser des questions par l'intermédiaire du président, mais les pièces présentées par le prévenu ne peuvent pas être consultées par la victime avant l'audience. Or, d'après la Cour européenne des droits de l'homme, le contradictoire implique « la faculté pour les parties de prendre connaissance de toutes pièces ou observations présentées au juge en vue d'influencer sa décision et de les discuter »[1198].

Dans la procédure de comparution immédiate, le principe des contradictoires n'est pas respecté, car le législateur considère que ce principe est chronophage pour des affaires simples qui peuvent être immédiatement jugées. La violation du contradictoire et plus largement la violation du procès équitable, sont justifiées par l'urgence. L'urgence caractéristique des procédures de comparutions immédiates porte atteinte à la qualité du jugement et exclut la victime sur l'aspect pénal[1199]. En outre, dans cette procédure pénale accélérée de jugement, les intérêts civils de la victime ne sont pas assez pris en considération. La légitimité de la procédure de comparution immédiate serait davantage reconnue si un élément particulier justifiait une exigence de rapidité particulière selon la difficulté et la nature du litige[1200].

1196 BASTARD (B), MOUHANNA (C), *Une justice dans l'urgence. Le traitement en temps réel des affaires pénales,* Paris, PUF - Collection Droit et Justice, 2007.

1197 Ibid[2].

1198 CEDH, Affaire Vermeulen.c/Belgique, 20 février 1996, Req.n°19075/91.

1199 ZOCCHETTO (F), *Juger vite, juger mieux ? Les procédures rapides de jugement de traitement des affaires pénales, état des lieux*, Rapport d'information n° 17, Sénat, 12 octobre 2005, p.82.

1200 MAGENDIE (J.-C), *Célérité et qualité de la justice. La gestion du temps dans le procès,* Rapport remis au Garde des Sceaux, 15 juin 2004, p.17.

2. L'exclusion de la victime dans la procédure de convocation par procès-verbal

La convocation par procès-verbal (CPPV) est une forme de procédure pénale accélérée de jugement créée par la loi du 10 août 1983[1201] qui émane de la procédure du rendez-vous judiciaire créée par la loi du 6 août 1975[1202]. La CPPV consiste à ce que le procureur de la République invite une personne à comparaître en qualité de prévenu libre devant un tribunal correctionnel. La convocation par procès-verbal est un mode de saisine rapide du tribunal correctionnel qui permet de déroger à la formalité lente et coûteuse du recours à l'huissier de justice. Comme la comparution immédiate, la convocation par procès-verbal est une procédure accélérée de jugement qui concerne uniquement les délits. Elle ne s'applique pas aux crimes et aux contraventions[1203]. Malgré ces limites, la procédure de convocation par procès-verbal concerne un domaine matériel très vaste qui n'a cessé de s'intensifier au fil des réformes législatives et des interprétations jurisprudentielles plutôt favorables à l'extension de la répression rapide. La CPPV n'est enfermée dans aucune limite de peine et peut être utilisée pour des délits de faible gravité y compris ceux qui sont punis d'une peine d'amende et les délits de moyenne ou de forte gravité. La CPPV permet à la personne déférée d'être jugée en étant libre, sans être placée sous mandat de dépôt. Toutefois, dans l'attente du « rendez-vous judiciaire » qui se présente comme une audience ordinaire, le procureur de la République peut réduire la liberté du prévenu et le faire traduire devant le juge des libertés et de la détention afin qu'il le soumette à une ou plusieurs obligations dans le cadre d'un contrôle judiciaire ou le placer sous assignation à résidence avec surveillance électronique[1204]. La procédure de convocation par procès-verbal requiert que le parquet notifie au prévenu plusieurs formalités comme les faits, les textes d'incrimination et de répression applicables, le tribunal devant lequel il devra comparaître ainsi que les jours et les heures de l'audience. L'audience doit avoir lieu dans un délai qui ne peut être inférieur à dix jours à compter de la notification, sauf si le prévenu renonce expressément à ce délai minimum en présence de son avocat, ni supérieur à six mois[1205].

En cas d'absence du prévenu lors de l'audience, celui-ci est tout de même jugé contradictoirement puisqu'il a eu connaissance de la date de

[1201] Loi n°83-466 du 10 juin 1983 portant abrogation ou révision de certaines dispositions de la loi 8182 du 02-02-1981 et complétant certaines dispositions du code pénal et du code de procédure pénale, JORF du 11 juin 1983, p.1755.

[1202] Loi n°75-701 du 6 août 1975 modifiant et complétant certaines dispositions de procédure pénale, JORF du 7 août 1975, p.8035.

[1203] C.pr.pen.art.388; Cass.crim.25 mai 1978, Bull.crim.n°167.

[1204] C.pr.pen.art.394.

[1205] GUINCHARD (S), BUISSON (J), *Procédure pénale*, LexisNexis, coll.Manuels, 10e éd, 2014.

l'audience[1206]. Dès que le prévenu est avisé par le procureur de la République de la date de l'audience et de son droit d'être assisté d'un avocat de son choix ou commis d'office, il peut à tout moment consulter le dossier[1207]. La victime est également prévenue de la date de l'audience par tout moyen[1208]. Dans la procédure de CPPV, la phase préparatoire visant à la recherche des preuves est raccourcie, ce qui ne peut garantir une bonne justice. La phase du jugement est également raccourcie puisqu'aucun débat sur les preuves ne peut avoir lieu et la victime ne peut pas consulter le dossier avant l'audience. La CPPV est une procédure accélérée de jugement qui bafoue le principe du contradictoire et impose l'exclusion de la victime. La victime ne dispose d'aucun moyen d'action sur l'aspect pénal, elle peut uniquement demander la réparation du préjudice subi en se constituant partie civile par voie d'intervention[1209]. La procédure de CPPV vise certes un traitement rapide et efficace des affaires pénales dites « simples », mais elle ne doit pas s'effectuer au détriment des droits de la victime. N'importe quelle procédure pénale accélérée de jugement ou de procédure pénale de jugement ordinaire devrait assurer un équilibre procédural pour rendre une meilleure justice en prenant en compte les droits de chaque partie, à savoir le prévenu, la société et la victime.

Ainsi, les procédures pénales accélérées de jugement manifestent un excès de rapidité et entraînent un déséquilibre entre les droits des parties en faveur de la société. Dans ces procédures, la victime est mise à l'écart et les droits de défense de la personne poursuivie en pâtissent. L'ambition de juger vite est légitime, mais à quel prix ?

Outre les procédures pénales accélérées comme la procédure alternative aux poursuites sanctionnatrice ou encore les procédures pénales accélérées de jugement, la procédure pénale de jugement classique manifeste également un déséquilibre procédural des droits en défaveur de la victime qu'il serait souhaitable d'évincer au nom d'une justice plus équitable.

SECTION SECONDE. La réformation nécessaire de l'équilibre procédural entre les parties dans le procès pénal classique

Un déséquilibre procédural des droits entre l'auteur des faits et la victime est manifeste à tous les stades du procès pénal classique et lèse de manière illégitime la victime. Au stade préparatoire du procès pénal, malgré la concession d'une place importante à la victime, certaines inégalités procédurales entre les parties persistent en défaveur de la victime (Paragraphe 1). Des inégalités procédurales entre les parties sont également

---

1206 Cass.crim.6 mars 1990, pourvoi n°89-86339.Bull.crim.n°107.

1207 Ibid[1].

1208 C.pr.pen.art.393-1.

1209 C.pr.pen.art.419.

visibles au stade du jugement et entraînent l'exclusion de la victime (Paragraphe 2).

PARAGRAPHE 1. L'inégalité des armes en défaveur de la victime dans la phase préparatoire du procès pénal

Au stade préparatoire, le non-respect du principe de l'égalité des armes est manifeste entre les victimes elles-mêmes (A) et en cas de réouverture de l'instruction sur de nouvelles charges (B).

A. L'inégalité des armes entre les victimes elles-mêmes au stade de l'instruction

La phase préparatoire du procès pénal se réfère à l'enquête dite simple et à l'instruction. En première partie de la thèse, il a été constaté que la phase préparatoire et plus particulièrement l'instruction, est la phase du procès pénal qui garantit le plus de droits et de moyens d'action à la victime constituée partie civile. Or, au stade de l'instruction, une inégalité des armes avérée persiste entre la victime constituée partie civile et la victime qui n'est pas constituée partie civile. À ce stade, seule la partie civile est considérée comme une partie à la procédure qui peut bénéficier de droits et de moyens d'action. Par exemple, il existe une nette différence entre ces deux types de victimes en ce qui concerne le droit à être informé.

Seule la victime constituée partie civile doit être informée du droit de formuler une demande d'acte ou de présenter une requête en annulation durant le déroulement de l'information et, au plus tard, le vingtième jour suivant l'envoi de l'avis. En outre, seule la partie civile est avisée lors de sa première audition, du délai prévisible d'achèvement de l'information et de son droit de demander la clôture de la procédure à l'expiration du délai d'information ou à l'expiration du délai d'un an en matière correctionnelle ou de dix-huit mois en matière criminelle[1210]. Au fur et à mesure que l'instruction se déroule, tous les actes et les décisions intéressant la victime constituée partie civile lui sont notifiés[1211] comme, par exemple, toutes les décisions pour lesquelles elle peut exercer un recours[1212]. Le législateur a également prévu l'obligation pour le juge d'instruction de communiquer uniquement à la victime constituée partie civile tous les six mois l'état d'avancement de l'information, en matière criminelle et correctionnelle lorsqu'elle est victime d'un délit contre les personnes ou d'un délit contre les biens accompagné d'atteinte à la personne[1213]. Si la partie civile le demande,

---

[1210] C.pr.pen.art.89-1.
[1211] C.pr.pen.art.183.
[1212] C.pr.pen.art.186.
[1213] C.pr.pen.art.90-1.

l'information relative à l'évolution de la procédure intervient tous les quatre mois et celle-ci est convoquée, entendue à cette fin par le juge d'instruction. Puis, devant la chambre de l'instruction, seule la victime constituée partie civile est informée de la date de l'audience[1214].

Ainsi, seule la victime constituée partie civile détient un rôle dans la procédure et bénéficie du droit à l'information. La victime non constituée partie civile est uniquement informée par le juge d'instruction lorsque le mis en examen est placé sous contrôle judiciaire avec une interdiction de prendre contact avec la victime[1215]. La victime non constituée partie civile qui a déposé plainte bénéficie également d'une information lorsqu'une ordonnance de non-lieu a été rendue et est devenue définitive[1216]. L'instruction est la seule phase du procès pénal où le droit à être informé est exclusif à la victime constituée partie civile. Or, au stade de l'instruction, toutes les victimes, qu'elles soient constituées partie civile ou non, devraient pouvoir choisir d'être informées ou de ne pas être informées. L'inégalité des armes entre les victimes constituées partie civile et les victimes non constituées partie civile est également visible en matière de demandes d'actes.

Seule la victime constituée partie civile peut effectuer des demandes d'actes comme, par exemple, un transport sur les lieux, une audition, la production de tout acte qui paraît utile à la manifestation à la vérité[1217] ou encore une expertise[1218]. Par ailleurs, seule la victime constituée partie civile peut, après sa première audition devant le juge d'instruction, demander à consulter le dossier de la procédure et à faire des copies de toute pièce et de tout acte du dossier[1219]. En cas de contestation sur la portée des déclarations recueillies du mis en examen interrogé dans le cadre du premier interrogatoire de comparution ou de confrontation, seule la victime constituée partie civile peut demander au juge d'instruction à consulter l'enregistrement audiovisuel[1220]. La victime non constituée partie civile est écartée de la procédure et ne dispose d'aucun moyen d'action au stade de l'instruction. En outre, seule la victime constituée partie civile peut interjeter appel contre certaines décisions rendues par le juge d'instruction[1221].

Au stade de l'instruction, outre les inégalités existantes entre les droits, les moyens d'action de la victime non constituée partie civile et la victime constituée partie civile, il existe également des inégalités procédurales entre

---

[1214] C.pr.pen.art.197.
[1215] C.pr.pen.art.138-1.
[1216] C.pr.pen.art.183-1.
[1217] C.pr.pen.art.82-1.
[1218] C.pr.pen.art.156.
[1219] C.pr.pen.art.114.
[1220] C.pr.pen.art.116.
[1221] C.pr.pen.art.186.

la victime et le ministère public en cas de réouverture de l'instruction à la suite de nouvelles charges.

B. Le déséquilibre procédural avéré entre le ministère public et la victime en cas de réouverture de l'instruction sur charges nouvelles

D'après l'article 188 du code de procédure pénale, après une ordonnance de non-lieu prise par le juge d'instruction, ce dernier ne peut plus instruire à l'égard de la personne poursuivie sauf s'il survient de nouvelles charges. Seule l'ordonnance de non-lieu motivée en faits peut donner lieu à une réouverture de l'instruction, contrairement à une ordonnance de non-lieu motivée en droit. L'ordonnance de non-lieu motivée en droit est fondée sur un fait qui ne constitue pas une infraction pénale et qui n'est pas punissable ou sur un fait qui est amnistié ou prescrit.

Dans ce cas les charges nouvelles sont inopérantes, car l'action publique est éteinte[1222]. L'ordonnance motivée en droit a l'autorité de la chose jugée. En ce qui concerne l'ordonnance de non-lieu motivée en faits, celle-ci peut être prise par le juge d'instruction lorsque les charges étudiées n'ont pas permis d'apporter la preuve que les faits ont été commis et cette décision n'est justifiée qu'au regard de l'état de ses connaissances au moment où il statue. S'il survient des charges nouvelles après l'ordonnance de non-lieu motivée en faits, l'instruction peut reprendre tant que la prescription n'est pas acquise. L'ordonnance motivée en faits n'a pas l'autorité de la chose jugée[1223]. L'article 189 du code de procédure pénale énumère différents exemples de charges nouvelles, sans en donner une définition précise. Cette énumération n'est pas limitative[1224]. Le législateur fait uniquement référence aux déclarations des témoins, aux pièces et aux procès-verbaux qui n'ont pas pu être soumis à l'examen du juge d'instruction. La jurisprudence estime que l'expression « charges nouvelles » a un sens très général et s'applique à tous les indices qui, n'ayant pu être soumis au juge d'instruction avant l'ordonnance de non-lieu, sont de nature à prouver la culpabilité du mis en examen[1225]. Par exemple, la jurisprudence a déjà retenu en tant que charges nouvelles, des témoignages et des constatations au cours d'une poursuite sur une nouvelle infraction commise par le mis en cause[1226], une arrestation à l'étranger du mis en cause trouvé en possession des valeurs détournées[1227] ou encore des investigations montrant la fausseté de certains témoignages[1228].

[1222] Cass.crim.16 juillet 1932, Bull.crim.n°180.

[1223] Cass.crim.12 novembre 2008, pourvoi n°07-88222, Bull.crim.2008.n°227.

[1224] Cass.crim.9 novembre 1965, pourvoi n°65-90.418, Bull.crim.n°224.

[1225] Cass.crim.6 juillet 1963, Bull.crim.n°253. Il s'agit des éléments de preuve qui n'étaient pas connus ou dont la portée n'était pas connue et des éléments de preuve qui n'existaient pas au moment où le juge d'instruction a rendu l'ordonnance de non-lieu.

[1226] Cass.crim.17 janvier 1931, Bull.crim.n°11.

[1227] Cass.crim.9 janvier 1897, Bull.crim.n°8.

[1228] Cass.crim.30 avril 1931, Bull.crim.n°115.

En faisant référence à la notion de « charges nouvelles » et non à des « faits nouveaux », il doit s'agir de véritables indices de culpabilité tels que celui qui justifie une mise en examen[1229]. En outre, il ne faut pas non plus confondre une charge nouvelle et une infraction nouvelle[1230].

En cas de nouvelles charges après une ordonnance de non-lieu motivée en faits, l'article 190 du code de procédure pénale autorise uniquement le ministère public à demander à la chambre de l'instruction la réouverture de l'instruction. Seul le procureur général peut saisir la chambre de l'instruction et solliciter la réouverture de l'instruction. La victime ne peut donc pas solliciter la réouverture de l'instruction même en cas d'éléments nouveaux. Le législateur n'a pas prévu une limitation, mais une interdiction. Il existe donc une inégalité manifeste entre les droits du ministère public et ceux des victimes. En cas de connaissance de charges nouvelles, la victime peut uniquement s'adresser au parquet qui dispose de la faculté d'apprécier s'il y a lieu de requérir une réouverture de l'instruction[1231]. Le ministère public dispose donc d'un monopole en matière de réouverture de l'instruction sur charges nouvelles. La victime est laissée au bon vouloir du ministère public. En cas d'inaction du procureur général, la victime même constituée partie civile est désarmée et elle est exposée à l'éventualité de subir un déni de justice[1232]. La partie civile ne peut pas détourner cette interdiction en citant la personne qui a fait l'objet de l'instruction[1233].

La Cour de cassation a limité de façon drastique le domaine de la citation directe, afin de maintenir le monopole du ministère public consacré par l'article 190 du code de procédure pénale[1234]. La victime peut uniquement ouvrir une autre instruction en se constituant partie civile à l'encontre d'une

---

[1229] BLANCHOT (A), *Tribunal correctionnel-opposition itératif défaut*, JCP, JCl.Procédure pénale, 1er janvier 2007. Cass.crim.10 décembre 1943, Bull.crim.n°144 : La simple arrestation de la personne poursuivie ne constitue pas des charges nouvelles au sens de l'article 188; cass.crim.14 mars 1957, Bull.crim.n°252 : Des réquisitions nouvelles visant seulement une seconde plainte ne constituent pas des charges nouvelles ; cass.crim.17 janvier 1962, Bull.crim.n°38 : la confirmation par de nouveaux témoins, de faits déjà connus ne constituent pas des charges nouvelles.

[1230] Cass.crim.30 mars 1999, Bull.crim.n°58 : « L'usage de faux constitue une infraction instantanée, cette infraction se produit chaque fois qu'intervient un nouveau fait d'utilisation de la pièce fausse en vue du but, auquel elle est destinée ».

[1231] GUINCHARD (S), BUISSON (J), *Procédure pénale*, LexisNexis, coll.Manuels, 10e éd, 2014, p.823.

[1232] Cass.crim.11 janvier 2000, pourvoi n°99-82143, Bull.crim.n°11.

[1233] Cass.crim.22 janvier 1997, pourvoi n°96-80533, Bull.crim.n°26.

[1234] LAZERGUES (C), *Rapport sur le projet de loi renforçant la protection de la présomption d'innocence et les droits de la victime*, Rapport n°1468, Assemblée nationale, 11 mars 1999. Intervention d'Anne d'HAUTEVILLE mercredi 4 novembre 1998, « lorsqu'il y a véritablement des charges nouvelles, je ne vois pas pourquoi on ne reconnaîtrait pas à la victime le droit de demander au juge d'instruction de rouvrir l'information, de reprendre le dossier, quitte à consigner les frais du procès comme pour la constitution de partie civile initiale devant le juge d'instruction, et à prévoir des sanctions en cas d'abus ».

personne qui n'a pas été mise en cause dans la première plainte de constitution de partie civile et dans les poursuites[1235]. L'interdiction de la victime d'initier la réouverture de l'instruction sur charges nouvelles suscite de nombreuses critiques. Certains justifient l'interdiction de la victime d'initier la réouverture de l'instruction par la crainte que la victime menace sans cesse de poursuites le présumé innocent à l'occasion d'une même instruction, ce qui entraînerait des reprises incessantes d'une information qui ne serait jamais clôturée et cela porterait gravement atteinte aux libertés individuelles[1236]. Toutefois, cet argument est faux puisque la prescription empêche la réouverture perpétuelle de l'instruction.

Au début du XXe siècle, la cour d'appel de Paris ne partageait pas la position du législateur sur l'interdiction de la partie civile à initier la réouverture de l'instruction et estimait déjà dans une décision de 1928 que « l'indépendance et le parallélisme des deux mises en mouvement de l'action publique, soit à la requête du parquet, soit à celle de la partie civile étant consacrés lorsqu'il s'agit d'une plainte originaire, rien ne permet de dire que le droit de la partie civile de faire ouvrir une instruction se trouve épuisé par le fait qu'une ordonnance de non-lieu définitive est intervenue sur sa plainte originaire, si des charges nouvelles viennent à se révéler »[1237]. En 1929, la chambre criminelle trancha en sens inverse, mais les cours d'appel de France résistèrent. Dans un arrêt du 29 janvier 1931, la chambre mixte de la Cour de cassation trancha définitivement la question et affirma qu' « il appartient au seul magistrat du ministère public que la loi confie le soin d'apprécier s'il y a lieu de requérir la réouverture de l'instruction à raison de charges nouvelles »[1238]. La solution retenue par la jurisprudence témoigne d'une réticence face à l'augmentation des pouvoirs de la partie civile dans le procès pénal. Cette décision fut très critiquée par les défenseurs des droits de la partie civile de l'époque comme Louis HUGUENEY qui reprocha « à la Cour de cassation d'abandonner les principes de 1906 et son orientation démo-libérale, pour obéir à des tendances étatistes difficilement conciliables avec elle »[1239]. L'interdiction à l'égard de la victime d'initier la réouverture de l'instruction sur charges nouvelles empêche son accès à la justice. Encore de nos jours, le législateur suit cette jurisprudence du XXe siècle et refuse que la réouverture de l'instruction soit initiée par la victime. Or, le législateur devrait se conformer à la jurisprudence de la Cour européenne des droits de l'homme qui consacre le principe de l'égalité des armes entre les parties à une procédure[1240]. Ce principe vise à rendre la procédure équilibrée

---

[1235] Cass.crim.17 janvier 1997, pourvoi n°1997-001016, Bull.crim.1997.

[1236] GERMAIN (C), *La partie civile et la mise en mouvement de l'action publique : restrictions et sanctions*, Thèse de l'université de Dijon, 1933.

[1237] C.A.Paris, 20 novembre 1928, D.1929, II, p.49, note HUGUENEY (L).

[1238] Cass.ch.mixtes.29 janvier 1931.

[1239] HUGUENEY (L), Dr.pén.LexisNexis.1931, p.101.

[1240] Voir première partie de la thèse chapitre 1, section 1.

et à vérifier qu'une partie n'est pas en situation de net désavantage. Une partie est en situation de net désavantage lorsqu'elle ne dispose pas de moyens adéquats et suffisants pour faire valoir ses droits. L'interdiction faite à la victime d'initier la réouverture de l'instruction est un désavantage qui peut être qualifié d'inéquitable, de net désavantage. En outre, il semble incohérent d'accorder une égalité entre la victime et le ministère public dans la mise en mouvement de l'action publique et ne pas accorder de moyens d'action à la victime en matière de réouverture d'instruction.

Une réformation de la procédure pénale serait souhaitable afin d'accorder à la victime, passé un délai d'inaction du ministère public, le droit d'initier la réouverture de l'instruction en cas de nouvelles charges en saisissant la chambre de l'instruction. Puis, la chambre de l'instruction pourrait refuser la réouverture de l'instruction uniquement par une ordonnance motivée.

Ainsi, au stade de l'instruction, le principe de l'égalité des armes est globalement respecté entre les parties, mais certains déséquilibres injustifiés persistent entre les victimes elles-mêmes et entre le ministère public et la victime. Une réformation de la procédure pénale s'avère donc nécessaire afin d'éradiquer ces déséquilibres procéduraux. Au stade du jugement, la victime subit également certains déséquilibres procéduraux qui entraînent sa quasi-exclusion sur l'aspect pénal du procès.

PARAGRAPHE 2. La quasi-exclusion de la victime lors de la phase du jugement

Au stade du jugement, le principe de l'égalité des armes n'est pas respecté en défaveur de la victime puisque, contrairement aux autres parties, elle ne peut pas récuser un juré d'une Cour d'assises (A). En outre, la victime est mise à l'écart dans l'exercice des voies de recours (B).

A. L'impossibilité de la victime à récuser des jurés de Cour d'assises : une inégalité des armes manifeste entre les parties

Afin d'aboutir à la vérité et de garantir un équilibre procédural entre les parties, toutes les parties doivent disposer de moyens d'action pour agir durant le procès et faire valoir leurs droits. Conformément à l'alinéa 1 de l'article préliminaire du code de procédure pénale : « la procédure pénale doit être équitable et contradictoire et préserver l'équilibre des droits des parties ». Or, au stade du jugement, devant la Cour d'assises, il existe un déséquilibre manifeste entre les parties en matière de récusation des jurés. Contrairement au ministère public et à l'accusé, la victime ne dispose pas du droit de récuser un juré, composant le jury de Cour d'assises lorsque celui-ci manifeste une partialité.

Les jurés de Cour d'assises jugent exceptionnellement, mais ce ne sont pas des magistrats. Avant l'audience criminelle, il est procédé au tirage au sort des noms des personnes appelées à constituer le jury d'assises. À cet instant, l'accusé et le parquet peuvent récuser un juré. Le droit de récusation permet à la partie qui l'exerce de demander à la Cour qu'un juré s'abstienne de juger à cause de sa partialité. Les motifs de la récusation ne doivent pas être exposés[1241]. La récusation est de droit et résulte de la simple déclaration de l'accusé et du parquet. L'auteur DE GRAVEREND souligne qu' « un exposé des motifs entraînerait des débats et donc de longs retards à la confection du tableau des jurés »[1242]. L'absence de motivation permet également de ne pas mettre en cause l'honneur et les qualités de la personne récusée[1243]. L'accusé ne peut récuser plus de quatre jurés et le ministère public plus de trois jurés[1244]. La victime partie civile ne dispose pas de ce droit de récusation[1245]. Or, il est incohérent d'avoir accordé à la victime le droit de se constituer partie civile par action et de déclencher l'action publique faisant d'elle une véritable partie au procès et d'un autre côté de l'exclure au stade du jugement en refusant de lui accorder un droit de récusation des jurés.

En outre, comme l'accusé bénéficie du droit de récuser un juré qu'il considère susceptible d'aborder l'affaire de façon partiale et qui serait défavorable à sa cause, il conviendrait, au nom du principe de l'égalité des armes, d'accorder à la victime constituée partie civile le droit de récuser un juré qu'elle considérerait trop favorable à l'accusé et qui lui serait défavorable au regard de ses intérêts[1246]. Les intérêts civils de la victime constituée partie civile devraient pouvoir être défendus par la victime en récusant un juré puisque les jurés ont, certes, uniquement la fonction de juger la culpabilité de l'accusé et non sa responsabilité civile, mais la décision des jurés a une influence sur la décision de la Cour d'assises quant à la responsabilité civile de l'accusé. En effet, l'action civile peut survivre à l'acquittement de l'accusé, mais en cas de condamnation pénale de l'accusé, une condamnation civile est nécessairement imposée. La victime a donc un intérêt civil sur la décision prise par les jurés[1247]. Le droit à récusation octroyé à la victime constituée partie civile permettrait à celle-ci de renforcer

---

1241 C.pr.pen.art.297.

1242 BECHET, DE GRAVEREND (J.-M) (Directeur des affaires criminelles et des grâces au ministère de la Justice), Traité de la législation criminelle en France, 1823, cité in MEYER (B), *Récusation des jurés : comment vider un droit de sa substance ou la lui rendre*, AJ pénal, 2006, p.238.

1243 Code d'instruction criminelle expliqué par ROGRON (J.-A) (avocat aux Conseils du Roi et à la Cour de cassation), Videcoq, 3e éd., 1859, cité in MEYER (B), *Récusation des jurés : comment vider un droit de sa substance ou la lui rendre*, AJ pénal, 2006, p.238.

1244 C.pr.pen.art.298.

1245 Cass.crim.8 décembre 1881.Bull.crim.n° 256; cass.crim.23 mai 1884.Bull.crim.n° 177; cass.crim.29 janvier 1886, Bull.crim.n°36.

1246 HUYETTE (M), *Quelles réformes pour la cour d'assises ?* D.2009, p.2437.

1247 BOTTON (A), *Examen à la proposition d'octroi à la victime d'un droit de récusation des jurés d'assises*, D.2010, p.517.

ses droits déjà existants sur l'action civile. L'octroi à la victime du droit de récuser les jurés permettrait également à celle-ci de défendre sa sécurité. La décision des jurés sur la culpabilité ou non de l'accusé a une influence déterminante sur la sécurité de la victime puisque si les jurés décident que l'accusé n'est pas coupable, celui-ci est acquitté, laissé en liberté et peut présenter un danger pour la victime. Au nom du principe de l'égalité des armes qui aspire à un équilibre procédural, la procédure devrait être réformée en matière de récusation des jurés[1248]. Cette réformation de la procédure favoriserait une reconnaissance de la participation de la victime en tant que partie au procès pénal. En 2009, le « comité LÉGER » a déjà rendu un rapport préconisant l'octroi d'un droit de récusation des jurés d'assises à la partie civile afin de renforcer l'équilibre de toutes les parties à la procédure, mais cette proposition n'a pas été retenue par le législateur[1249]. D'après les rapporteurs du « comité LÉGER », la reconnaissance du droit de récusation au profit de la victime permettrait de rétablir un équilibre, de faire en sorte que celle-ci se considère comme une véritable partie et n'éprouve pas le sentiment, dès le début de la phase du jugement du procès pénal, d'être mise hors du jeu judiciaire[1250].

Toutefois, si la victime bénéficiait d'un droit de récusation des jurés, il ne serait pas approprié, au regard du rôle de chaque partie dans le procès pénal, de lui accorder une influence trop importante sur la décision relative à l'action publique. À ces fins, le droit de récusation devrait être octroyé à la victime de manière restreinte en lui imposant de motiver sa récusation. Le président de la Cour d'assises devrait contrôler cette motivation et décider d'accepter ou non la récusation du juré désigné. L'octroi d'un droit de récusation des jurés à la victime serait soumis à une motivation précise, qui se référerait à des causes de partialité définies. Les causes de partialité pourraient être définies selon la méthode de récusation des juges portée sur la distinction entre l'impartialité objective et l'impartialité subjective, retenue par la jurisprudence de la Cour européenne des droits de l'homme dans l'arrêt Piersack contre Belgique du 1er octobre 1982[1251].

La démarche subjective consiste « à essayer de déterminer ce que tel juge pensait dans son for intérieur en telle circonstance » et la démarche objective consiste « à se demander si, indépendamment de la conduite du juge, certains faits vérifiables autorisent à suspecter l'impartialité de ce dernier »[1252]. Cette dernière démarche amène « à s'assurer que le juge offre

[1248] Ibid[1].

[1249] LEGER (Ph), *La justice pénale*, Rapport remis au Président de la République le 1er septembre 2009.

[1250] Ibid[3], p.40.

[1251] CEDH, Affaire Piersack.c/Belgique, 1er octobre 1982, Req.n°8692/79.

[1252] CEDH, Affaire Padovani.c/Italie, 26 février 1993, Req.n°13396/87.

des garanties suffisantes pour exclure tout doute légitime »[1253]. Au stade du jugement, la victime n'est pas uniquement mise à l'écart en étant privée d'un droit de récusation des jurés de Cour d'assises, elle l'est également dans l'exercice des voies de recours.

B. La mise à l'écart de la victime dans l'exercice des voies de recours

Il existe deux catégories de voies de recours contre les décisions prononcées par des juridictions de jugement, à savoir les voies de recours ordinaires et les voies de recours extraordinaires. Les voies ordinaires se réfèrent à l'appel, l'opposition et les voies extraordinaires se réfèrent au pourvoi en cassation et à la révision qui permettent la saisine de la Cour de cassation dans le but de faire sanctionner exclusivement une violation de la loi. Au stade du jugement, la voie de recours de l'appel manifeste une réelle inégalité procédurale en défaveur de la victime. Puis, lorsqu'une juridiction d'instruction ou une juridiction de jugement prend une décision de correctionnalisation des faits, la victime est également exclue puisqu'elle ne dispose d'aucun droit de recours.

1. Le déséquilibre procédural manifeste en matière d'appel en défaveur de la victime

Toute décision peut être entachée d'erreurs de fait et de droit. Il est donc nécessaire de donner aux parties les moyens de lutter contre ces risques, en leur permettant de faire rejuger leur procès, de faire modifier la décision rendue en première instance[1254]. L'appel permet un nouvel examen de l'affaire au fond devant une cour d'appel qui présente un double degré de juridiction.

Le principe du double degré de juridiction garantit un procès équitable. Ce principe du double degré de juridiction est affirmé par la jurisprudence de la Cour européenne des droits de l'homme (CEDH), par le protocole n°7 du 22 novembre 1984 de la Convention européenne de sauvegarde des droits de l'homme (CESDH)[1255] et par l'article 14-5 du pacte international relatif aux droits civils et politiques signé à New York en 1996. Dans l'arrêt Delcourt contre Belgique de 1970, la CEDH souligne que conformément à l'article 6 de la CESDH qui consacre le procès équitable, le principe de l'égalité des

---

[1253] CEDH, Affaire Castillo Algar.c/Espagne, 28 octobre 1998, Req.n°28194/95; CEDH. Affaire Morel.c/France, 6 juin 2000, Req.n°34130/96.

[1254] BOULOC (B), *Procédure pénale*, Dalloz, coll.Précis Dalloz, 25e éd, novembre 2015, p.935.

[1255] Article 2-1 du protocole n°7 à la CEDH du 22 novembre 1984 ratifié par la France le 17 février 1986, entré en vigueur le 1er novembre 1988. Toutefois, la France a émis une réserve : l'examen par une juridiction supérieure peut se limiter à un contrôle de l'application de la loi, tel que le recours en cassation.

armes s'applique aux voies de recours[1256]. Contrairement à la position de la CEDH, en droit interne, il existe des inégalités quant à l'exercice du droit d'appel accordé entre les parties, le condamné, la victime constituée partie civile et le ministère public. En effet, les dispositions actuelles du code de procédure pénale empêchent la victime constituée partie civile, d'interjeter appel à l'encontre des arrêts et des jugements rendus en dernier ressort en matière criminelle, correctionnelle et contraventionnelle sur les dispositions pénales de la décision attaquée. La partie civile ne peut uniquement interjeter appel sur ses intérêts civils et la victime non constituée partie civile ne peut ni interjeter appel sur le volet pénal, ni sur le volet civil de la décision[1257]. Devant toutes les juridictions pénales, il est prévu que seuls le prévenu, les administrations publiques lorsqu'elles exercent l'action publique, le procureur de la République ou le procureur général peuvent interjeter appel sur le volet pénal et civil de la décision attaquée. Ils disposent d'un droit d'appel général. Toutefois, la faculté reconnue à la partie civile d'interjeter appel sur les dispositions civiles du jugement pénal peut permettre, dans certains cas, d'obtenir un réexamen indirect des dispositions pénales de la décision rendue par la juridiction de jugement répressive en démontrant, après une décision de relaxe ou d'acquittement, que l'infraction était bien constituée afin que le prévenu ou l'accusé soit condamné au versement de dommages et intérêts[1258].

Dans ce cas, il ne s'agit pas d'un véritable examen des dispositions pénales de la décision. Les partisans de l'interdiction faite à la partie civile d'interjeter un appel général justifient cette interdiction en se fondant sur l'essence de la sanction pénale. La sanction pénale a une fonction sociale, elle doit être rendue à l'égard de la société et non à l'égard d'intérêts privés. D'après eux, la victime n'a pas à se prononcer sur la nature ou sur le quantum de la peine prononcée. Toutefois, au nom de la protection de sa personne et de sa contribution à la recherche de la vérité, il serait légitime que la victime puisse, elle aussi, faire appel sur les dispositions pénales de la décision attaquée. Seule la victime pourrait défendre au mieux ses intérêts relatifs à sa sécurité et non le ministère public qui défend la société dans son

---

[1256] CEDH, Affaire Delcourt.c/Belgique, 17 janvier 1970, Req.n°2689/65. L'arrêt Delcourt a été confirmé par d'autres décisions comme, CEDH, Affaire Sutter.c/Suisse, 22 janvier 1984, Req.n°8209/78; CEDH, Affaire Monnell et Morris.c/Royaume-Uni, 2 mars 1987, Req.n°9562/81 - 9818/82; CEDH, Affaire Helmers.c/Suède, 29 octobre 1991, Req.n°11826/85. Toutefois, ces décisions apportent certaines restrictions : une audition contradictoire ne s'impose donc pas lorsque l'affaire peut être correctement tranchée sur la foi des éléments versés au dossier et non contredits par les parties, lorsque la présence de l'appelant et du défendeur n'est pas utile pour l'issue de l'affaire.

[1257] C.pr.pen.art.567 en matière contraventionnelle, art.497 en matière correctionnelle et art.380-2 en matière criminelle.

[1258] Cass.crim.18 juin 1991, pourvoi n°90-85.886, Bull.crim.n°262, RSC 1992, obs.BRAUNSWEIG (A); cass.crim.18 janvier 2005, pourvoi n°04-85.078, Bull.crim.n°18; cass.crim.10 mai 2012, pourvoi n°11-81.437; cass.crim.12 février 2013, pourvoi n°12-82945.

ensemble. En outre, l'interdiction imposée à la partie civile d'interjeter appel sur le volet pénal porte atteinte au principe de l'égalité des armes. Ce déséquilibre procédural entre les parties manifeste un « net désavantage »[1259]. Afin de remédier à ce déséquilibre procédural entre le condamné et la victime, il conviendrait d'autoriser la partie civile à interjeter appel sur les dispositions pénales de la décision rendue en première instance tout en imposant des restrictions à cet appel, en autorisant uniquement l'appel fondé sur un motif juridique ou sur une nouvelle preuve à charge qui devrait être examinée par le juge.

Par ailleurs, l'interdiction faite à l'égard de la partie civile d'interjeter un appel général manifeste une incohérence au niveau des droits de la partie civile au cours du procès pénal. En effet, la victime dispose de la faculté de se constituer partie civile par voie d'action visant à déclencher l'action publique, mais ne peut pas interjeter appel sur les dispositions pénales d'une décision rendue en première instance. Une jurisprudence constante permet à la victime de se constituer partie civile sans demander une réparation, uniquement dans le but de corroborer l'action publique, dans un but répressif. La demande de réparation par une constitution de partie civile apparaît comme une faculté que la partie civile est libre de ne pas user[1260]. L'incohérence des droits de la victime constituée partie civile dans le procès pénal se manifeste également par le droit d'appel de la partie civile contre une ordonnance de non-lieu qui met fin à l'action publique[1261] et l'interdiction faite à la victime d'interjeter appel contre les dispositions pénales d'une décision au stade du jugement.

Afin d'éradiquer cette incohérence, il conviendrait d'appliquer au stade de l'appel des décisions des juridictions de jugements, le dispositif existant au stade de l'appel des décisions des juridictions d'instruction. Lorsqu'un juge d'instruction rend une ordonnance de non-lieu et que la partie civile décide de faire appel, l'appel n'est pas limité à ses seuls intérêts civils, cela entraîne un nouvel examen de l'affaire par la chambre de l'instruction. Cette dernière rend par la suite une décision de nature pénale en confirmant le non-lieu ou en renvoyant l'affaire devant une juridiction pénale de jugement. En interjetant appel sur la nature pénale de la décision attaquée, la partie civile ne prend pas la place du ministère public, mais demande légitimement à la juridiction pénale de statuer. L'octroi à la victime d'un droit d'appel sur les dispositions pénales d'une décision rendue au stade du jugement restaurerait une cohérence de la procédure pénale à l'égard de la victime.

Or, le Conseil constitutionnel persiste à affirmer que l'interdiction de l'appel par une partie civile d'un jugement de relaxe ou d'un acquittement

---

[1259] CEDH, Affaire Neumeister.c/Autriche, 27 juin 1968, Req.n°1936/63; CEDH, Affaire Delcourt.c/Belgique, 17 janvier 1970, Req.n°2689/65.

[1260] Cass.crim.19 octobre 1982, pourvoi n°81-93636, Bull.crim.n°222; Cass.crim.10 février 1987, pourvoi n°85-95939, Bull.crim.n°64.

[1261] C.pr.pen.art.186.

sur le volet répressif est conforme à la constitution. Dans une décision du 31 janvier 2014, le Conseil constitutionnel déclare conforme à la constitution l'article 497, alinéa 3 du code de procédure pénale qui limite le droit d'appel des parties civiles aux seuls intérêts civils en cas de relaxe prononcée en matière correctionnelle[1262]. La question prioritaire de constitutionnalité soulevait que l'article 497, alinéa 3 méconnaissait le principe d'égalité de tous devant la justice et le droit à un recours effectif. D'après le Conseil constitutionnel, « Ni le droit à l'égalité ni le droit de la protection des droits de la défense (art 6 et 16 de la DDHC de 1789) ne garantissent à la partie civile le droit de faire appel sur l'action publique », « la partie civile n'est pas dans une situation identique à celle de la personne poursuivie ou du ministère public ». Autrement dit, pour le Conseil constitutionnel, la partie civile ne peut prétendre aux mêmes prérogatives que le ministère public sur l'action publique. Contrairement à la position du Conseil constitutionnel, plusieurs propositions ont été adoptées par l'Assemblée nationale[1263] en vue d'octroyer à la partie civile un droit d'appel des décisions rendues en première instance, sur l'action publique. Ces propositions n'ont finalement pas abouti, car elles n'ont pas été adoptées par le Sénat.

Les politiciens sont donc conscients, au regard du principe de l'égalité des armes, qu'il est nécessaire d'accorder un droit d'appel général à la victime.

Ainsi, au stade du jugement, la victime ne peut toujours pas pleinement exercer par la voie de l'appel, un pouvoir de contestation contre les décisions rendues en première instance, ce qui est un obstacle à l'égalité des armes et à la cohérence de la procédure pénale. En outre, la victime est mise à l'écart au stade du jugement, car elle ne peut pas contester une décision de correctionnalisation par l'exercice d'une voie de recours.

2. L'impossibilité de la victime de contester une décision de correctionnalisation par l'exercice d'une voie de recours

Il existe plusieurs types de compétence, à savoir la compétence territoriale, personnelle et matérielle. S'agissant plus précisément de la compétence matérielle, celle-ci fait l'objet de controverses quant au non-respect du procès équitable à l'égard des parties. La compétence matérielle se réfère à la compétence d'une juridiction par rapport à la qualification de l'infraction[1264]. Or, une pratique prétorienne relative à la correctionnalisation de l'infraction porte atteinte au principe de compétence matérielle des juridictions. La pratique de la correctionnalisation était, à l'origine, une

---

[1262] Cons.const.décision.n°2013-363, QPC du 31 janvier 2014, JORF du 2 février 2014.

[1263] Proposition de loi n°3057 visant à permettre aux parties civiles d'interjeter appel en matière pénale, des décisions de relaxe et d'acquittement, enregistrée à l'Assemblée nationale le 20 décembre 2010.

[1264] C.pr.pen.art.231, 381 et 521.

pratique illégale consistant à convertir un crime en un délit. Cette pratique favorise une justice plus rapide, moins coûteuse, et vise à ne pas encombrer les Cours d'assises. La correctionnalisation modifie le fonctionnement normal de la classification tripartite des infractions, telle qu'elle a été prévue par la loi. Au stade de l'instruction, la pratique de la correctionnalisation judiciaire est depuis longtemps courante. Le magistrat instructeur retient, conformément au réquisitoire introductif du ministère public ou non, soit en cours d'instruction, soit lors du règlement, une qualification correctionnelle pour des faits susceptibles d'avoir une qualification criminelle. Il peut s'agir de l'occultation délibérée d'une circonstance aggravante ou encore d'un élément constitutif d'une infraction. La pratique de la correctionnalisation est souvent utilisée en matière de viol[1265]. En cas de correctionnalisation des faits, la victime ne dispose pas des droits prévus pour la réelle qualification de l'infraction. Une décision de correctionnalisation présente un intérêt certain pour la victime qui, dans ce cas, obtient une réparation moins importante que si la qualification criminelle avait été retenue.

Sous l'ancienne législation, la partie civile pouvait soulever l'incompétence matérielle devant les juridictions de jugement. En effet, devant le tribunal correctionnel, la partie civile pouvait contester la compétence matérielle lorsque le tribunal rendait une décision sur sa compétence matérielle séparément d'une décision sur le fond[1266]. Toutefois, lorsque le tribunal correctionnel rendait une unique décision sur sa compétence matérielle et sur le fond, la partie civile ne pouvait contester la compétence matérielle qu'à la condition que le ministère public interjette appel[1267]. Dans ces différents cas, la partie civile pouvait contester la décision portant sur la compétence matérielle en saisissant la cour d'appel par voie d'exception de compétence. Si la cour d'appel accueillait l'exception d'incompétence, elle pouvait redresser la qualification[1268] et se déclarer incompétente sur l'action civile[1269]. Dans ce cas, elle renvoyait la partie civile devant la juridiction civile pour qu'il soit statué sur ses intérêts civils[1270].

Or, depuis la loi du 9 mars 2004, la partie civile ne peut plus contester la correctionnalisation des faits[1271] devant les juridictions de jugement, mais uniquement devant les juridictions d'instruction. La loi du 9 mars 2004 a légalisé la pratique de la correctionnalisation judiciaire en édictant le

---

[1265] Le viol est prévu à l'article 222-23 du Code pénal.
[1266] Cass.crim.12 mai 1981, Bull.crim.n°150, cass.crim.21 décembre 1982, Bull.crim.n°300, Cass.crim.17 mars 1993, Bull.crim.n°124.
[1267] Cass.crim.17 juin 1992, Bull.crim.n°241.
[1268] Cass.crim.7 janvier 1865; cass.crim1er mars 1960, Bull.crim.n°565.
[1269] Cass.crim.16 avril 1932, D.1933, p.319.
[1270] Cass.crim.7 février 1960, Bull.crim.n°62.
[1271] Loi n° 2004-204 du 9 mars 2004 portant adaptation de la justice aux évolutions de la criminalité dite « Loi Perben II », JORF n°59 du 10 mars 2004, p.4567, texte n° 1.

principe selon lequel, à défaut de contestation au moment du règlement de l'information, les parties sont considérées comme ayant accepté la correctionnalisation[1272]. D'après l'article 469 du code de procédure pénale, lorsque le tribunal correctionnel est saisi par le renvoi du juge d'instruction ou de la chambre de l'instruction, il ne peut pas renvoyer d'office ou à la demande des parties l'affaire devant la juridiction compétente, si la victime était constituée partie civile et était assistée d'un avocat lorsque le renvoi devant la juridiction de jugement a été ordonné[1273]. Toutefois, lorsque la victime ne s'est constituée partie civile qu'après la clôture de l'instruction, elle pourra soulever l'incompétence matérielle devant la juridiction de jugement. L'article 469 du code de procédure pénale fait l'objet de nombreuses critiques et de questions prioritaires de constitutionnalité.

L'interdiction faite à la victime assistée d'un avocat qui s'est constituée partie civile avant la clôture de l'information de soulever l'incompétence matérielle du tribunal correctionnel, après que le renvoi de l'affaire devant le tribunal correctionnel ait été ordonné, prive la victime de son droit d'accès effectif à un juge, un droit garanti par la Constitution et par l'article 16 de la Déclaration des droits de l'homme et du citoyen du 26 août 1789[1274].

Conclusion du chapitre premier

Le procès pénal souffre aujourd'hui de divers déséquilibres procéduraux qui nuisent aux droits de la victime. Dans le cadre des procédures pénales accélérées et dans le cadre du procès pénal classique, certaines inégalités procédurales persistent et mettent à l'écart la victime. S'agissant des procédures pénales accélérées, que cela soit la procédure alternative aux poursuites sanctionnatrice ou les procédures pénales accélérées de jugement, celles-ci manifestent une trop grande rapidité qui entraîne la suppression ou le raccourcissement à outrance d'étapes cruciales du procès pénal. La célérité des procédures pénales accélérées ne doit pas justifier la mise à l'écart de la victime. La célérité de la procédure pénale doit se concilier avec le respect des droits de chaque partie, à savoir l'infracteur, la victime et la société. Les procédures pénales accélérées telles que la composition pénale, la comparution sur reconnaissance préalable de culpabilité, la comparution immédiate, la convocation par procès-verbal et l'ordonnance pénale privent la victime de moyen d'action sur l'aspect pénal de l'affaire. Dans le cadre de ces procédures, seuls les intérêts civils de la victime sont préservés. Dans un état de droit, la justice ne peut pas être rendue de manière expéditive au détriment des droits des parties. Dans ces procédures dites rapides, un débat

---

1272 C.pr.pen.art.186-3.
1273 C.pr.art.469.
1274 Cass.crim.4 avril 2013, pourvoi n°12-85185, Bull.crim.n°1678.

contradictoire sur les preuves et sur les intérêts de chacun devrait être garanti tout en étant écourté pour atteindre l'objectif de célérité.

Dans le procès pénal classique, l'équilibre entre les droits des parties n'est également pas toujours respecté au stade préparatoire et au stade du jugement. Dans la phase préparatoire du procès pénal, malgré le fait que cette phase soit la phase qui garantisse le plus de droits à la victime, certains déséquilibres procéduraux persistent. Il existe une distinction entre les victimes constituées partie civile et les victimes non constituées partie civile, qui crée une inégalité des armes entre les victimes elles-mêmes. En outre, lors de la phase préparatoire, la victime est exclue et endure d'un déséquilibre procédural puisqu'elle ne peut toujours pas initier la réouverture de l'instruction sur charges nouvelles.

Au stade du jugement, la victime est mise à l'écart puisque, contrairement aux autres parties, elle ne peut pas récuser des jurés de Cour d'assises, contester une décision sur l'aspect pénal par la voie de l'appel ou encore contester une décision de correctionnalisation par la voie de l'appel. Ces déséquilibres procéduraux manifestes au stade préparatoire et au stade du jugement du procès pénal, devraient être éradiqués et une réformation de la procédure pénale s'impose au nom du respect du principe de l'égalité des armes et d'une meilleure cohérence de la procédure pénale. Au sens large du procès pénal, au stade post-sentenciel, autrement dit au stade de l'application des peines, la victime subit également certains déséquilibres procéduraux, mais cette phase fait l'objet d'une réformation progressive vers une nouvelle appréhension de la victime (**Chapitre second**).

CHAPITRE SECOND

L'avènement progressif d'une place de la victime au stade post-sentenciel

Le procès pénal doit être interprété au sens large du terme, en admettant qu'il continue après la déclaration de la sentence, au stade de l'application des peines. Au stade post-sentenciel, certains contentieux peuvent survenir et concerner aussi bien le condamné, la société que la victime. Désormais, les intérêts de la victime sont pris en compte au stade de l'application des peines et la victime bénéficie de droits (**Section première**). En outre, depuis peu, la victime bénéficie de moyens d'action pour faire valoir ses droits, mais reste encore exclue dans certains cas où sa sécurité est menacée. Le rôle de la victime est donc mitigé et certaines améliorations devraient être effectuées (**Section seconde**).

SECTION PREMIÈRE. L'intégration de la victime au stade post-sentenciel

Désormais, les intérêts de la victime sont pris en compte au stade post-sentenciel, ce qui garantit une continuité avec la sentence qui est fixée en prenant en compte les intérêts de la victime (Paragraphe 1). Au stade de l'application des peines, la victime bénéficie également de droits subjectifs (Paragraphe 2).

PARAGRAPHE 1. La prise en compte des intérêts de la victime dans la sentence et au stade post-sentenciel

Afin de mieux comprendre les raisons de la prise en compte des intérêts de la victime dans la phase de l'application des peines et la place que la victime peut occuper dans cette phase, il est tout d'abord nécessaire d'analyser les raisons qui justifient que les intérêts de la victime soient pris en compte dans la fixation de la peine (A). Au stade de l'exécution des peines, la prise en compte des intérêts de la victime est manifeste par la reconnaissance d'un droit d'intervention (B).

A. La prise en compte des intérêts de la victime dans la fixation de la sentence

La peine vise à rappeler la loi, défendre la société, éduquer et punir le condamné[1275]. La peine a pour fonction traditionnelle la rétribution, la réhabilitation ou l'intimidation, sa détermination relève de la seule autorité étatique qu'incarne la justice[1276]. La rétribution signifie se faire « attribuer en retour »[1277]. La rétribution diffère de la vengeance privée et invite le juge à ne pas prononcer une peine qui infligerait au condamné une souffrance dépassant la gravité du mal causé.

La rétribution est donc liée au principe de proportionnalité des peines, un principe consacré par le Conseil constitutionnel qui s'impose au législateur comme au juge. La gravité du dommage causé à la victime constitue un indice du degré de dangerosité de l'auteur. En matière pénale, la fixation de la peine est individualisée en fonction de l'infraction commise, des circonstances de l'infraction, de la personnalité de l'auteur, de sa situation matérielle, familiale et sociale[1278]. En matière contraventionnelle, l'emprisonnement ne peut pas être ordonné, seules les peines citées à l'article 131-12 du Code pénal peuvent être ordonnées ainsi que des peines complémentaires prévues à l'article 131-16 et à l'article 131-17 du Code pénal. En matière délictuelle, les peines principales sont prévues à l'article 131-3 du Code pénal et peuvent par exemple consister en un emprisonnement, un travail d'intérêt général ou une amende. En matière criminelle, les peines principales prévues à l'article 131-1 du Code pénal peuvent consister en une réclusion ou une détention criminelle. Des peines complémentaires prévues à l'article 131-10 du Code pénal peuvent également être ordonnées en matière délictuelle et criminelle. Le préjudice subi par la victime est en principe indifférent dans la fixation de la peine, il sert uniquement à évaluer les obligations résultant de la responsabilité civile.

1275 GARAPON (A), GROS (F), PECH (T), *Et ce sera justice. Punir en démocratie*, Odile Jacob, 2001.

1276 VERIN (J), *La victime et le système pénal*, RSC, 1980, p.763-771; GROS (F), *Les quatre foyers de sens de la peine* in GARAPON (A), GROS (F), PECH (T), Et ce sera justice, punir en démocratie, Odile Jacob, coll.science Hum, 2001, p.11-138; CARIO (R), *Justice restaurative. Principes et promesses*, L'Harmattan, coll.Sciences criminelles, 2e éd, 2010, p.27-49 ; VANHAMME (F), *La rationalité de la peine. Enquête au tribunal correctionnel*, Bruylant, coll.Galets rouges, 2009.

1277 PONCELA (P), *Droit de la peine*, PUF, coll.Thémis, 2e éd, 2001, p.65.

1278 C.pr.pen.art.132-1.

Les vœux émis par la victime quant à la nature et au quantum de la peine sont juridiquement inopérants[1279]. La peine ne doit pas être rendue en fonction de la souffrance de la victime. Dans la fixation de la peine, la victime ne dispose pas d'un rôle actif, mais elle peut exercer une influence indirecte par la prise en compte générale de ses intérêts dans le choix de la peine[1280] et plus précisément lorsque la réparation financière du préjudice subi ou sa protection est un critère de détermination de la peine. Depuis la loi du 15 août 2014, la prise en compte générale des intérêts de la victime est prévue à l'article 130-1 du Code pénal qui dispose : « afin d'assurer la protection de la société, de prévenir la commission de nouvelles infractions et de restaurer l'équilibre social, dans le respect des intérêts de la victime, la peine a pour fonction de sanctionner l'auteur de l'infraction et de favoriser son amendement, son insertion ou sa réinsertion ».

La circulaire du 18 décembre 2000 avait déjà souligné la nécessité de prendre en compte les intérêts de la victime dans l'individualisation de la peine du condamné en affirmant que « l'intérêt des victimes, tant en ce qui concerne les intérêts patrimoniaux de celle-ci que ses intérêts moraux et sa sécurité, doit être pris en compte au stade de la fixation de la peine »[1281]. En pratique, la prise en compte des intérêts de la victime dans la fixation du jugement est accentuée lorsque le procès est médiatique[1282]. La prise en compte des intérêts de la victime dans la fixation de la peine permet une reconnaissance de la victime en tant que sujet de droit. La peine a un sens lorsqu'elle prend en compte tous les protagonistes de l'infraction pénale. En outre, la prise en compte des intérêts de la victime dans la peine se manifeste par la motivation de la peine[1283]. Le principe de motivation des décisions de justice est un principe à valeur constitutionnelle[1284] et est reconnu au niveau européen[1285]. Lorsque les juges de la Cour d'assises[1286], du tribunal

---

[1279] D'HAUTEVILLE (A), *Les droits des victimes* In CABRILLAC (R), FRISSON-ROCHE (M.-A), REVET (T)(Dir.), Libertés et droits fondamentaux, Dalloz, 2001, 7e éd, p.591-609, CHEVALLIER (J.-Y), *La victime et la peine : le point de vue du juriste*, RPDP, 2004, p.815-820.

[1280] NOIREL (J), *L'influence de la personnalité de la victime sur la répression exercée à l'encontre de l'agent*, RIDP, 1959, p.181-215 ; GIRAUD (F), *Les actions civiles au tribunal correctionnel : conséquences civiles et répressives*, RSC, 1995, p.549-566.

[1281] Circulaires du 18 décembre 2000, CRIM 2000-15 F1/18-12-2000, JUSD0030216C, Présentations des dispositions de la loi du 15 juin 2000 renforçant la protection de la présomption d'innocence et les droits des victimes concernant l'application des peines et du décret du 13 décembre 2000 relatif à l'application des peines, BO n°80.

[1282] DALLEST (J), *Le traitement judiciaire du procès sensible, enjeux collectifs et contraintes individuelles*, AJ Pénal, 2006, p.105.

[1283] GIUDICELLI-DELAGE (G), *La motivation des décisions de justice*, Thèse de l'Université de Poitiers, 1979, p.7.

[1284] Cons.const.n°98-408 DC du 22 janv.1999 : JORF du 24 janv.1999.

[1285] CEDH, Affaire Hiro Balani.c/Espagne, 9 décembre 1994, Req.n°18064/91 ; CEDH, Affaire Ruiz-Torija.c/Espagne, 9 décembre 1994, Req.n°18390/91.

correctionnel[1287], du tribunal de police[1288] statuent sur l'action publique, ils doivent motiver leurs décisions. En pratique, le principe de motivation des décisions de justice est fréquemment bafoué. Face à une surcharge de travail croissante, il n'est pas rare que les magistrats ou les assistants de justice travaillant pour eux, recopient l'ordonnance de renvoi du juge d'instruction en guise de motivation[1289]. L'obligation de motivation peut paraître nuancée puisque le législateur n'enjoint pas au juge d'expliquer à la victime en quoi ses intérêts ont été intégrés à leur décision[1290].

S'agissant de l'influence indirecte de la victime sur le choix de la peine lorsque sa protection est un critère de détermination de la peine, celle-ci est manifeste par la création législative d'une peine correctionnelle qui consiste à interdire à l'auteur de l'infraction, pour une durée de trois ans au plus, d'entrer en relation avec certaines personnes spécialement désignées par la juridiction, dont la victime[1291]. Toute violation de la peine d'interdiction d'entrer en relation avec la victime donne lieu soit à l'exécution d'une peine d'emprisonnement préalablement définie par la juridiction de jugement[1292], soit au prononcé d'une nouvelle peine de deux ans d'emprisonnement et de 30.000 euros d'amende[1293]. La peine d'interdiction d'entrer en relation avec la victime peut également être prise à titre de peine complémentaire[1294].

Ainsi, les intérêts de la victime sont pris en compte dans la fixation de la peine, mais un rôle actif de la victime dans le choix de la peine suscite un vif débat et divise la doctrine. Une partie de la doctrine, comme l'auteur Monsieur Maurice CUSSON, prône une intégration de la victime dans la fixation sur la peine. D'après lui[1295], la victime devrait pouvoir intervenir dans le choix de la peine selon deux modalités. Elle devrait pouvoir communiquer aux magistrats tout élément pertinent leur permettant de mesurer la peine et elle devrait pouvoir requérir une peine. Le juge ne serait pas lié par ses réquisitions, mais devrait les entendre au même titre que

---

[1286] C.pr.pen.art.365-1 ; MATSOPOULOU (H), *La motivation des arrêts de la cour d'assises et les exigences du procès équitable*, JCP G, 2010; GUERY, *Peut-on motiver l'intime conviction ?* JCP G, 2011, p.53.

[1287] C.pr.pen.art.485.

[1288] C.pr.pen.art.543.

[1289] CEDH, Affaire Baucher.c/France, 24 juillet 2007, Req.n°53640/00; GUINCHARD (S), CHANAIS (C), DELICOSTOPOULOS (C), DELICOSTOPOULOS (I), DOUCHY-OUDOT (M), FERRAND (F), LAGARDE (X), MAGNIER (V), RUIZ-FABRI (H), SINOPOLI (L), *Droit processuel et droits fondamentaux du procès*, Dalloz, coll.Précis, 8e éd, 2015.

[1290] LEBLOIS-HAPPE (J), *Le libre choix de la peine par le juge : un principe défendu bec et ongles par la chambre criminelle*, Dr.Pénal, 2003, chron.n°11; DREYER (E), *Droit pénal spécial*, Ellipses, coll.Cours magistral, 3e éd, 2016, p.593.

[1291] C.pr.pen.art.131-6, 14°.

[1292] C.pr.pen.art.131-9.

[1293] C.pr.pen.art.434-41.

[1294] C.pr.pen.art.132-45, 13°.

[1295] CUSSON (M), *Pourquoi punir ?* Paris, Dalloz, coll.Criminologie et droits de l'homme, 1987.

celles du ministère public. À l'inverse, de nombreux auteurs rejettent toute idée de participation de la victime à la fixation de la sanction, car la peine serait prononcée pour le compte de la société et non pour le compte de la victime[1296]. La peine sanctionne l'auteur à la suite d'une infraction pénale qui a créé un désordre social, un trouble à la société et vise avant tout à rétablir la paix sociale. D'après le philosophe HEGEL : « la peine ne vise pas à réparer ce qui est irréparable, mais vise plutôt à effacer la violation d'un droit »[1297]. L'auteur Monsieur Antoine GARAPON affirme, quant à lui, qu'« ériger la souffrance de la victime en élément de détermination de la peine rend le choix de la peine plus difficile, voire impossible, dans la mesure où la souffrance est une donnée subjective, non quantifiable »[1298].

De plus, la participation de la victime au choix de la peine peut être source de réparation comme de victimisation secondaire[1299]. La position exprimée par cette seconde partie de la doctrine semble être celle qui détermine le mieux la place de la victime par rapport à l'essence et à la fonction de la peine. La peine doit être par essence rendue au nom de l'État pour l'intérêt général et non au nom de particuliers. Il est donc légitime que la victime ne joue pas un rôle actif dans la fixation de la peine. Toutefois, il paraît justifié, au regard de la sécurité de la victime et de la réparation du préjudice subi, que le juge prenne en compte les intérêts de celle-ci dans la fixation de la peine. Outre la prise en compte des intérêts de la victime dans la fixation de la peine, ceux-ci sont également pris en compte au stade post-sentenciel pour les mêmes raisons, à savoir la réparation du préjudice subi et la sécurité de la victime.

B. La prise en compte des intérêts de la victime au stade post-sentenciel

Le terme « sentenciel » renvoie à celui de « sentence », lequel est traditionnellement utilisé dans son sens large, pour désigner un verdict, un jugement, une condamnation[1300]. Le domaine post-sentenciel concerne le

---

[1296] GARAPON (A), GROS (F), PECH (T), *Et ce sera justice. Punir en démocratie*, Odile Jacob, 2001, p.258-263; DALLE (H), *Juger plus et juger mieux*, In SOULEZ LARIVIERE (D) et DALLE (H) (Dir.), Notre justice. Le livre vérité de la justice française, Robert Laffont, 2002, p.231-247.

[1297] LABARRIERE (P.-J), *Hegel : une philosophie du droit*, Communications, Persée, 1977, Volume 26, n°1, p.159-167.

[1298] GARAPON (A), GROS (F), PECH (T), *Et ce sera justice. Punir en démocratie*, Odile Jacob, 2001.

[1299] KILLIAS (M), *La L.A.V.I. comme fruit de recherches sur les attentes et les difficultés des victimes d'infractions criminelles*, Revue pénale suisse, 1993, n°4, p.397-412.

[1300] CORNU (G), Association Henri Capitant, *Vocabulaire juridique*, PUF, coll.Quadrige dicos poche, 11e éd, 2016 : De fait, il semble que le domaine du « post-sentenciel » recouvre, par définition, tout ce qui se passe après le jugement, après la phase « sentencielle » ce qui englobe de facto l'exécution des peines.

stade qui suit la sentence, c'est-à-dire l'exécution de la peine et ses effets[1301]. Depuis le XXe siècle, les intérêts du condamné et de la victime sont de plus en plus pris en compte au stade de l'exécution de la peine. Désormais, le principe d'individualisation de la peine impose d'adapter les modalités d'exécution de la peine prononcée par la juridiction de jugement aux évolutions de la personnalité du condamné en vue de favoriser sa réinsertion sociale, tout en prenant en compte les intérêts de la victime. L'auteur Monsieur Robert CARIO estime que la mise à l'écart de la victime lors de l'exécution des peines est préférable, car « le maintien de façon active dans l'exécution des peines est dangereux, cela retarde le travail de restauration et sa faculté à se réinsérer en tant que citoyen »[1302].

Toutefois, à l'inverse, l'auteur Monsieur Stéphane MAITRE considère avec justesse qu'« à partir du moment où l'on admet une place de la victime dans le procès pénal, on doit l'admettre d'un bout à l'autre du procès pénal (...) Au-delà d'un souci de cohérence juridique, c'est la condition d'une justice mieux éclairée et finalement apaisée »[1303]. En effet, les intérêts de la victime étant pris en compte au stade du jugement, ils doivent l'être aussi au stade de l'application des peines. D'après l'auteure Madame Muriel GIACOPELLI, « au stade de l'exécution des peines, le législateur doit faire entrer le paramètre victime dans l'équation juridictionnelle à la fois organique et décisionnelle »[1304].

En droit positif, au stade de l'application des peines, le législateur a bien intégré la victime dans l'équation organique et décisionnelle. L'intégration de la victime dans l'équation organique est manifeste par l'intégration de représentants d'une association d'aide aux victimes et d'une association de réinsertion dans la composition de la chambre de l'application des peines[1305]. Les associations de victimes ont un rôle puisque leur avis est sollicité pour les aménagements de peine ou les mesures de sûretés[1306]. L'intégration de la victime dans l'équation décisionnelle est quant à elle explicitement consacrée par l'article 707 du code de procédure pénale qui dispose que « l'exécution de la peine privative de liberté doit se concilier avec la protection de la société, la sanction du condamné et les intérêts de la victime avec la nécessité de préparer l'insertion ou la réinsertion de la personne détenue afin de lui permettre de mener une vie responsable et de prévenir la

---

[1301] HERZOG-EVANS (M), *Droit de l'exécution des peines 2016-2017*, Dalloz, coll.Dalloz action, 2016.

[1302] CARIO (R), *La place de la victime dans l'exécution des peines*, D.n°3, 2002, p.145-151.

[1303] MAITRE (S), *Plaidoyer pour la participation de la victime dans la procédure d'application des peines*, Etudes et Analyses de l'Institut pour la justice, n°13, Février 2011.

[1304] GIACOPELLI (M), *Victimes et application des peines*, RPDP, 2007, p.789; MALABA (V), DE LAMY (B), GIACOPELLI (M) (Dir.), *La Réforme du code pénal et du code de procédure pénale, Opinio Doctorum*, Dalloz, coll.Thèmes et commentaires, 2009.

[1305] C.pr.pen.art.D49-9.

[1306] HERZOG-EVANS (M), *Les victimes et l'exécution des peines. En finir avec le déni et l'idéologie*, AJ.Pénal 2008, p.356.

commission de nouvelles infractions »[1307]. D'une manière générale, le législateur a imposé au juge de considérer les intérêts de la victime ou de la partie civile avant toute décision entraînant la cessation de l'incarcération temporaire ou définitive d'une personne condamnée à une peine d'emprisonnement avant la date d'échéance de cette peine au regard des conséquences que celle-ci peut entraîner[1308]. Ces décisions se réfèrent aux aménagements de peine. Les aménagements de peines prennent la forme d'un régime de semi-liberté, d'un placement à l'extérieur,[1309] d'un placement sous surveillance électronique[1310], d'un fractionnement de peine[1311], d'un sursis simple[1312], d'un sursis assorti d'une mise à l'épreuve[1313], d'un sursis assorti d'une obligation d'accomplir un travail d'intérêt général[1314], la libération conditionnelle[1315]. Les aménagements de peine visent à éviter les sorties sèches de prison, à favoriser une meilleure gestion des flux en milieu carcéral en permettant à ceux qui sont déjà incarcérés de terminer l'exécution de leur peine hors les murs de la prison. Toutefois, ces aménagements de peine peuvent entraîner un contentieux en cas de non-respect des obligations du condamné et peuvent porter atteinte à la protection de la victime. L'avènement de ce contentieux a entraîné la création d'un juge judiciaire spécialisé dans le contentieux de l'exécution des peines, le juge d'application des peines[1316].

L'instance en exécution des peines peut être considérée comme un nouveau procès disposant d'un objet procédural propre au sein duquel la victime n'est pas une partie à l'instance, mais elle bénéficie d'un droit d'intervention. À l'échelle européenne, la consultation de la victime dans le procès pénal est prévue par une décision-cadre européenne en date du 15 mars 2001[1317] qui retient une définition large de la procédure pénale en admettant que celle-ci concerne l'étape avant, pendant, après le procès pénal et prévoit que chaque État doit garantir la possibilité aux victimes d'être entendues au cours de la procédure. Ainsi, en droit européen, la victime doit pouvoir être entendue même lors de l'application des peines. Cette décision-cadre appréhende la victime comme un consultant potentiel au stade de l'application de la peine qui ne dispose pas d'un droit à être obligatoirement

---

[1307] PRADEL (J), *Droit pénal général*. Cujas, coll.Référence, 21e éd, 2016.

[1308] C.pen.art.712-16-1.

[1309] C.pen.art.132-25.

[1310] C.pen.art.132-26-1.

[1311] C.pen.art.132-27.

[1312] C.pr.pen.art.132-29.

[1313] C.pr.pen.art.132-40.

[1314] C.pr.pen.art.132-54.

[1315] C.pr.pen.art.729.

[1316] CERE (J.-P), *L'influence du droit européen sur le droit de l'exécution des peines*, RPDP, 2005, p.263.

[1317] Art.3.Décision-cadre 2001/220/JAI relative au statut des victimes dans le cadre de procédures pénales, adoptée par le conseil de l'UE le 15 mars 2001.

entendue[1318]. Influencé par le droit européen, le législateur français a reconnu, par une loi du 12 décembre 2005[1319], le droit à la victime constituée partie civile, un droit d'intervention par l'intermédiaire de son avocat devant le juge d'application des peines ou le tribunal d'application des peines en premier ressort ou en appel. Le rôle d'intervention de la partie civile est uniquement permis pour une demande de libération conditionnelle concernant des personnes condamnées à une peine d'emprisonnement égale ou supérieure à cinq ans ou à une peine de réclusion.

Le rôle d'intervention de la victime consiste à ce que l'avocat de la partie civile assiste au débat contradictoire devant le juge de l'application des peines, le tribunal de l'application des peines ou la chambre de l'application des peines de la cour d'appel statuant en appel et émette des observations par oral ou par écrit avant les réquisitions du ministère public[1320]. La partie civile bénéficie également d'un droit d'intervention puisque son avocat peut assister aux débats contradictoires devant le tribunal de l'application des peines et la chambre de l'application des peines et émettre des observations à l'oral ou à l'écrit concernant une demande de relèvement de la période de sûreté ou de suspension de peine pour raison médicale qui ne relève pas de la compétence du juge de l'application des peines[1321]. La chambre criminelle de la Cour de cassation souligne que seul le conseil de la victime peut être présent à l'audience et non la victime elle-même[1322].

Dans les deux cas où la partie civile bénéficie d'un droit d'intervention, lorsque son avocat a fait connaître qu'il souhaitait assister au débat contradictoire, il doit être informé de la date de l'audience au plus tard dix jours avant le débat par lettre recommandée, par télécopie, ou par un envoi adressé par un moyen de télécommunication électronique[1323]. En accordant un droit d'intervention à la victime, le législateur conçoit la victime comme une aide à la justice. Les observations de l'avocat de la partie civile permettent au juge d'individualiser la peine et de fournir aux autorités toutes les informations utiles quant aux répercussions de l'infraction sur elle et ses proches ou encore quant au non-respect des obligations incombées au condamné, plus particulièrement celles relatives à la protection de la victime. Cependant, l'avocat de la partie civile ne peut formuler aucune demande. Le droit d'intervention de la partie civile par l'intermédiaire de son avocat est une avancée notable dans la reconnaissance de son rôle au stade de

---

1318 MELANGES en l'honneur de Reynald OTTENHOF, *Le champ pénal*, Dalloz, coll.Etudes, mélanges, travaux, 2006.

1319 Loi du 12 décembre 2005, n°2005-1549. Loi n° 2005-1549 du 12 décembre 2005 relative au traitement de la récidive des infractions pénales, JORF n°289 du 13 décembre 2005, p.19152, texte n°1.

1320 C.pr.pen.art.730.

1321 C.pr.pen.art.D.49-74.

1322 Cass.crim.24 juin 2008, pourvoi n°07-87511.

1323 Ibid[2].

l'exécution des peines, mais ce droit reste retreint puisqu'il exclut les victimes qui ne se sont pas constituées partie civile et il se limite à certaines décisions[1324]. En outre, l'avocat de la partie civile ne peut même pas consulter le dossier ou en obtenir une copie avant d'exercer son droit d'intervention. Au stade de l'application des peines, la victime bénéficie donc d'un droit d'intervention limité, mais elle bénéficie de droits subjectifs.

PARAGRAPHE 2. Les droits subjectifs de la victime lors de l'application des peines

Dans la phase de l'application des peines, la victime bénéficie de droits subjectifs comme le droit à l'indemnisation, le droit à l'information et à la non-information, le droit à la sécurité et à la tranquillité. Le droit à l'information et le droit à la sécurité et la tranquillité sont des droits fondamentaux dans le processus de réparation extrapatrimoniale.

A. Le droit à l'information et à la non-information de la victime

Au stade de l'application des peines, la victime bénéficie d'un droit à l'information et d'un droit à la non-information des décisions prises envers le condamné.

1. L'accès facultatif à l'information de la victime

Le législateur français impose à l'autorité judiciaire de veiller à l'information et à la garantie des droits des victimes durant la phase d'exécution des peines[1325]. Au stade de l'exécution des peines, la victime bénéficie d'un droit à l'information pour plusieurs décisions. Par exemple, la victime bénéficie d'un droit à l'information par le procureur de la République ou le procureur général, lorsqu'il ramène à exécution une peine d'emprisonnement dans le cas prévu par les deuxième et troisième alinéas de l'article 723-15-2 et de l'article 723-16[1326] du code de procédure pénale. La victime peut également bénéficier d'un droit à l'information relatif à l'indemnisation qui lui est due. Le juge de l'application des peines peut aviser la victime de toute décision prévoyant son indemnisation dans le cadre d'un sursis avec mise à l'épreuve, d'une contrainte pénale, d'un sursis avec obligation d'accomplir un travail d'intérêt général, d'un suivi-judiciaire ou d'une mesure d'aménagement de peine et du droit qu'elle peut informer ce

---

[1324] HERZOG-EVANS (M), *Les dispositions relatives à la récidive dans la loi n°2005-1549 du 12 décembre 2005*, D.2006, p.189.

[1325] C.pr.pen.art.707 ; COUVRAT (P), *Dispositions générales et nouvelle organisation judiciaire de l'application des peines*, RSC, 2004, p.682.

[1326] C.pr.art.D.49-71.

magistrat en cas de violation par le condamné de ses obligations[1327]. Puis, si la victime a obtenu une condamnation à des dommages et intérêts, elle est avisée du droit de demander le versement des sommes susceptibles de figurer dans le compte nominatif du détenu et affectées à l'indemnisation des parties civiles[1328]. En outre, la victime dispose d'un droit à l'information relatif à sa sécurité. Si elle en a fait la demande, la victime ou la partie civile bénéficie du droit d'être informée lorsque la personne a été condamnée pour une infraction visée à l'article 706-47 du code de procédure pénale et qu'elle fait l'objet d'une décision de libération de la personne, avant la date d'échéance de la peine. La victime ou la partie civile peut préciser dans sa demande qu'elle souhaite être informée par l'intermédiaire de son avocat[1329].

En outre, la victime ou la partie civile bénéficie du droit d'être informée lorsque les juridictions de l'application des peines assortissent toute décision entraînant la cessation temporaire ou définitive de l'incarcération d'une interdiction d'entrer en relation avec la victime ou la partie civile et, le cas échéant, de paraître à proximité de son domicile et de son lieu de travail. Le prononcé de cette interdiction est obligatoire, sauf décision contraire spécialement motivée, lorsque la personne a été condamnée pour l'une des infractions visées à l'article 706-47 du code de procédure pénale. L'avis adressé à la victime ou à la partie civile l'informant de cette interdiction précise les conséquences susceptibles de résulter pour le condamné du non-respect de cette interdiction[1330]. La délivrance de l'information relative à l'interdiction d'entrer en contact avec la victime est obligatoire sauf si le juge de l'application des peines ou le tribunal d'application des peines décide que la personnalité de la victime ou de la partie civile le justifie ou si la cessation provisoire de l'incarcération n'excède pas la durée maximale autorisée pour les permissions de sortie, à savoir dix jours.

Toutefois, lorsque les mesures d'aménagement de peine ne sont pas assorties d'une interdiction d'entrer en relation avec la victime ou la partie civile et de paraître à proximité de son domicile et de son lieu de travail, la victime ou la partie civile ne bénéficie que d'un éventuel droit à l'information. En effet, le juge de l'application des peines peut informer la victime de la mise à exécution d'une peine d'emprisonnement faisant l'objet d'une mesure d'aménagement[1331]. Puis, si les juridictions de l'application des peines l'estiment opportun, pour une décision entraînant la cessation temporaire ou définitive de l'incarcération d'une personne condamnée à une peine privative de liberté avant la date d'échéance de cette peine, elles peuvent informer la victime ou la partie civile, directement ou par l'intermédiaire de son avocat, de son droit de présenter des observations par

1327 C.pr.pen.art.D.49-69.
1328 C.pr.pén.art.D.49-71 et art.D.325.
1329 C.pr.pen.art.712-16-2 et art.D.49-65-1.
1330 C.pr.pen.art.712-16-2.
1331 C.pr.pen.art.707, art.D.49-70.

écrit dans un délai de quinze jours à compter de la notification de cette information[1332]. La décision d'informer la victime est laissée à la libre appréciation des juridictions d'application des peines, la victime ne peut donc pas se plaindre d'un manque d'information[1333]. Or, au regard de la sécurité de certaines victimes et du risque de récidive, il est nécessaire que la victime obtienne automatiquement, dès qu'elle en émet le souhait, des informations sur les conditions de sortie du condamné. Le juge de l'application des peines peut obstruer l'accès au droit à l'information de la victime et ne devrait pas pouvoir apprécier la transmission d'une information à la victime relative à un aménagement de peine du condamné. Outre un droit à l'information facultatif dont bénéficie la victime, cette dernière dispose d'un droit à l'oubli au stade de l'application des peines.

2. La consécration d'un droit à l'oubli au bénéfice de la victime

Conformément à la décision-cadre européenne du 15 mars 2001[1334], le droit à l'oubli est consacré, au stade de l'application des peines, par le législateur français depuis la loi du 15 août 2014[1335]. Le droit à l'oubli permet à la victime de ne pas se remémorer un souvenir traumatisant. Désormais, lorsque la personne condamnée à une peine privative de liberté n'est pas immédiatement incarcérée à la suite du jugement, la victime peut demander à ne pas être informée de la mise à exécution de cette peine[1336]. En outre, lorsque la victime a fait valoir son droit à l'oubli, les juridictions d'application des peines peuvent ne pas transmettre l'information d'une décision portant sur la libération temporaire ou définitive du condamné[1337], sur la fin de mise à l'épreuve du condamné[1338] ou lorsque le condamné à une peine d'emprisonnement assortie du sursis avec mise à l'épreuve doit satisfaire à l'obligation de s'abstenir de paraître dans un lieu, une zone spécialement désignée afin d'éviter un contact avec la victime ou la partie civile et/ou de s'abstenir d'entrer en relation avec celle-ci[1339]. La victime fait valoir son droit à l'oubli par une requête au procureur de la République ou au procureur général de la juridiction ayant prononcé la peine, qui contient la

[1332] C.pr.pen.art.712-16-1.
[1333] ROYER (G), *La victime et la peine. Contribution à la théorie du procès pénal post-sententium*, D.2007.
[1334] Décision-cadre du conseil du 15 mars 2001 relative « au statut des victimes dans le cadre de procédures pénales », n°2001/220/JAI, Art.4.4, J.O n°L.082 du 22 mars 2001. Décision-cadre 2001/220/JAI relative au statut des victimes dans le cadre de procédures pénales, adoptée par le conseil de l'UE le 15 mars 2001.
[1335] Loi n°2014-896 du 15 août 2014_relative à l'individualisation des peines et renforçant l'efficacité des sanctions pénales, JORF n°0189 du 17 août 2014, p.13647, texte n°1.
[1336] C.pr.pen.art.D.49-73.
[1337] C.pr.pén.art.712-16-2 al.3; GRIFFON-YARZA (L), *Guide de l'exécution des peines 2017*, LexisNexis, coll.Guides, 2016.
[1338] C.pr.pen.art.D.49-72.
[1339] C.pr.pen.art.745.

demande de ne pas être informée des modalités d'exécution de la peine[1340]. La requête de la victime peut être faite à tout moment et est transmise par le ministère public au juge de l'application des peines, qui la classe dans la cote « victime » du dossier individuel du condamné. Le législateur permet à la victime de changer d'avis en décidant au moment du prononcé de la peine d'être informée et en cours d'exécution de la peine de faire valoir son droit à l'oubli.

Ainsi, au stade de l'application des peines, le droit à l'information ou à la non-information de la victime est accordé à la victime, ce qui lui permet de ne pas être mise à l'écart et de suivre le cours de l'exécution de la peine du condamné. En outre, la victime bénéficie d'un droit à la sécurité et d'un droit à la réparation.

B. Le droit à la sécurité et à la réparation : des droits essentiels de la victime au stade de l'application des peines

1. Le droit à la sécurité de la victime

Au stade de l'application des peines, la victime bénéficie d'un droit à la sécurité. Les juridictions de l'application des peines, peuvent assortir toute décision entraînant la cessation temporaire ou définitive de l'incarcération d'une interdiction d'entrer en relation avec la victime ou la partie civile, et le cas échéant, de paraître à proximité de son domicile et de son lieu de travail lorsqu'il existe un risque que le condamné puisse se retrouver en présence de la victime ou de la partie civile et qu'au regard de la nature des faits ou de la personnalité de l'intéressé, il apparaît qu'une telle rencontre semble devoir être évitée[1341]. Cette mesure de protection vis-à-vis de la victime peut être également prise pour une mesure de suspension et de fractionnement de peines privatives de liberté[1342], de sortie en fin de peine pour le temps des réductions de peine accordées[1343], de permission de sortie[1344], de placement à l'extérieur[1345], de semi-liberté[1346] ou encore de libération conditionnelle[1347]. La mesure de protection de la victime est laissée à la libre appréciation du juge de l'application des peines. Ce type de mesure peut s'avérer indispensable en cas de violences intrafamiliales, de violences entre voisins ou encore de crimes contre les personnes (meurtre, assassinat, viol). En cas de réel danger, la victime peut présenter au juge les preuves se rapportant aux éventuelles pressions ou menaces démontrant le risque qu'elle encourt

---

[1340] Ibid[1].
[1341] C.pr.pen.art.712-16-2.
[1342] C.pr.pen.art.720-1.
[1343] C.pr.pen.art.721-2.
[1344] C.pr.pen.art.723-4.
[1345] Ibid[4].
[1346] Ibid[4].
[1347] C.pr.pen.art.731.

en cas de mise en liberté. Afin de guider les juges de l'application des peines dans la prise de décision d'une mesure de protection, une circulaire du 11 avril 2005[1348] précise qu'il ne faut pas uniquement prendre en compte le risque de récidive, mais aussi la nature des faits, la personnalité du condamné et celle de la victime. En interdisant de « recevoir, de rencontrer ou d'entrer en relation avec la victime de quelque manière que ce soit », la mesure de protection vise à éviter tout contact physique, tout contact épistolaire ou établi grâce à un moyen moderne de communication comme le téléphone et Internet. Par ailleurs, lorsque la personne a été condamnée pour les infractions considérées comme les plus graves, citées à l'article 706-47 du code de procédure pénale, la mesure d'aménagement de peine accordée au condamné doit être obligatoirement assortie d'une interdiction faite au condamné de rencontrer, recevoir ou d'entrer en contact avec sa victime. Les infractions concernées sont, par exemple, les crimes de torture et actes de barbarie, le délit et crime de proxénétisme à l'égard d'un mineur, les délits de recours à la prostitution d'un mineur, les délits et crimes de traite des êtres humains à l'égard d'un mineur.

2. Le droit à réparation de la victime

Dans la phase d'exécution des peines, même si la victime n'est pas constituée partie civile, celle-ci bénéficie d'un droit à réparation du préjudice subi par l'octroi d'une indemnisation ou par tout autre moyen adapté[1349]. La juridiction de condamnation ou les juridictions de l'application des peines peuvent imposer spécialement au condamné la réparation de tout ou partie, en fonction de ses facultés contributives, des dommages causés par l'infraction, même en l'absence de décision sur l'action civile[1350]. L'octroi ou le maintien de la quasi-intégralité des mesures d'aménagement de peine est conditionné par le recouvrement de l'indemnisation qui est dû à la victime. Par exemple, durant l'exécution de la peine par le condamné, le juge peut accorder une réduction de peine supplémentaire si ce dernier manifeste « des efforts sérieux de réadaptation sociale », « en s'efforçant d'indemniser la victime »[1351]. Le service pénitentiaire d'insertion et de probation (SPIP) et le bureau d'exécution des peines (BEX) sont deux organes qui permettent d'aider la victime à obtenir l'indemnisation qui lui est due au stade de l'exécution des peines.

[1348] Circulaire du 11 avril 2005, DAGG 2005-09 E8/11-04-2005, JUSD0530064C, Présentation des dispositions résultant de la loi n°2004-204 du 9 mars 2004 portant adaptation de la justice aux évolutions de la criminalité relatives au prononcé, à l'exécution et à l'application des peines, B.O. n°38.

[1349] C.pr.pen.art.707.

[1350] C.pr.pen.art.132-45.

[1351] C.pr.pen.art.721-1.

Le BEX est un service du greffe qui vise à accélérer la mise à exécution des peines[1352]. Une fois que la juridiction de jugement s'est prononcée sur la peine à l'égard du condamné et a déterminé le montant des dommages et intérêts alloués à la victime, le juge invite la victime à se présenter au BEX. Les représentants des barreaux, des associations d'aide aux victimes et de l'administration pénitentiaire sont associés à l'action du BEX. Le BEX a pour rôle d'informer les victimes sur les conditions d'exécution de la peine et de faciliter l'indemnisation en orientant les victimes vers le service d'indemnisation adapté, comme la Commission d'indemnisation des victimes d'infractions ou le service d'aide au recouvrement des victimes d'infractions.

S'agissant du SPIP, celui-ci est un organe de l'administration pénitentiaire au niveau départemental, chargé de veiller au respect des obligations imposées au condamné lors du jugement ou par le juge de l'application des peines. Le SPIP vérifie, entre autres, l'indemnisation des victimes de l'infraction pénale, peu importe que le condamné soit incarcéré en milieu ouvert dans le cadre de mesures judiciaires de mise à l'épreuve, de semi-liberté ou encore de travail d'intérêt général. Le SPIP est chargé d'informer les condamnés qu'ils ont la possibilité de faire des versements volontaires pour indemniser les victimes en s'adressant au service de la comptabilité de l'établissement pénitentiaire. Les juridictions de l'application des peines peuvent consulter le service de comptabilité de l'établissement pénitentiaire, pour connaître le montant du compte nominatif réservé à l'indemnisation des victimes[1353]. Le pourcentage des sommes attribuées à la victime est déterminé selon le salaire du condamné en détention[1354]. Lorsque le détenu perçoit un salaire entre deux cents et quatre cents euros par mois il est attribué à la victime 20%, lorsque le détenu perçoit un salaire entre quatre cents et six cents euros, il est attribué à la victime 25% et au-delà de six cents euros, il est attribué à la victime 30%. Le pourcentage attribué à la victime en vue de sa réparation reste un pourcentage bas et la victime doit attendre longtemps pour être totalement indemnisée. La victime doit alors se tourner vers un autre mode d'indemnisation, comme le fonds de garantie. Dans ce cas, le SPIP peut jouer un rôle d'intermédiaire avec le fonds de garantie afin d'aider à la négociation d'un échéancier qui est fixé en fonction des revenus du condamné.

Au stade de l'application des peines, les intérêts de la victime sont pris en compte et la victime participe à l'instance en application des peines par le biais d'observations. Puis, la victime n'est pas mise à l'écart, car elle

---

[1352] CLEMENT (G), VINCENTINI (J.-P), *Les bureaux de l'exécution des peines*, RSC, 2009, p.139.

[1353] GRIFFON-YARZA (L), *Guide de l'exécution des peines 2017*, LexisNexis, coll.Guides, 2016.

[1354] C.pr.pen.art.D.320-1.

bénéficie d'un droit à l'information, d'un droit à la sécurité et d'un droit à la réparation. En outre, depuis peu, la victime dispose de prérogatives révolutionnaires pour faire valoir les droits qui lui ont été accordés au stade de l'application des peines. Une nouvelle appréhension de la victime est manifeste à ce stade, mais le rôle qui lui est désormais attribué reste mitigé puisqu'elle ne dispose toujours pas de moyens d'action dans certains cas qui menacent sa sécurité.

SECTION SECONDE. Le rôle mitigé de la victime au stade post-sentenciel

Depuis peu, le législateur reconnaît au stade de l'application des peines une nouvelle place à la victime qui manifeste une révolution dans l'idéologie traditionnelle du droit de l'exécution des peines (Paragraphe 1). Toutefois, dans certains cas qui menacent sa sécurité, la victime reste injustement mise à l'écart (Paragraphe 2).

PARAGRAPHE 1. La nouvelle place révolutionnaire accordée à la victime au stade de l'application des peines

La nouvelle place accordée à la victime au stade de l'application des peines se manifeste par l'octroi de nouvelles prérogatives (A) et une meilleure prise en compte de sa protection par la rétention de sûreté (B).

A. L'émergence de moyens d'action octroyés à la victime au stade post-sentenciel

Autrefois, lorsque le condamné ne respectait pas ses obligations, la victime pouvait uniquement le signaler au juge de l'application des peines ou au procureur de la République[1355] sans pouvoir saisir le juge de l'application des peines. Puis, le décret du 13 novembre 2007[1356] permit à la victime ou à la partie civile de saisir indirectement le juge de l'application des peines par l'intermédiaire du Juge délégué aux victimes (JUDEVI) en cas de non-respect des obligations incombant au condamné relatives à la sécurité de la victime, à l'indemnisation de la victime, à la contribution aux charges familiales et au versement des pensions alimentaires[1357].

La victime pouvait uniquement saisir le JUDEVI qui décidait par la suite de l'opportunité de saisir ou non le juge de l'application des peines. Le décret prévoyait que « toute personne reconnue victime d'une infraction par

[1355] C.pr.pen.art.D.49-68.

[1356] Décret n° 2007-1605 du 13 novembre 2007 instituant le juge délégué aux victimes, JORF n°265 du 15 novembre 2007, p.18712, texte n°12.

[1357] C.pen.art.135-45.

l'institution judiciaire » pouvait saisir le JUDEVI. La victime pouvait, entre autres, être reconnue en tant que telle par le parquet lorsque celui-ci mettait en œuvre une mesure alternative aux poursuites ou engageait les poursuites devant une juridiction de jugement. La victime disposait donc d'un moyen d'action par l'intermédiaire du JUDEVI et pouvait demander la révocation, le retrait ou la suspension d'une mesure d'aménagement de peine. Cependant, ce moyen d'action dont disposait la victime a été supprimé par le Conseil d'État dans une décision du 28 décembre 2009, en raison de l'excès de pouvoir manifeste de l'autorité du JUDEVI[1358]. Le JUDEVI apparaissait comme une courroie de transmission, puisque la victime devait tout d'abord le saisir pour que celui-ci saisisse le juge de l'application des peines. Le Conseil d'État a estimé que les prérogatives reconnues au JUDEVI en matière d'exécution des peines étaient susceptibles d'avoir une incidence sur les modalités d'exécution des peines et ne sont pas de simples modalités d'application des règles fixées par le législateur. Seul le législateur peut accorder ces prérogatives à un magistrat. La décision du Conseil d'État entraîna de vives critiques qui conduisirent le législateur à, finalement, accorder à la victime par la loi du 15 août 2014 un moyen d'action pour faire valoir ses droits[1359]. Désormais, l'alinéa 4 de l'article 707 du code de procédure pénale permet à la victime d'agir en saisissant directement les juridictions de l'application des peines lorsqu'il existe une atteinte à ses intérêts et en formulant des demandes. Les intérêts de la victime se réfèrent à tous ses droits subjectifs tels que le droit à l'information et à la non-information, le droit à la réparation du préjudice subi ou le droit à sa sécurité. Désormais, en cas d'atteinte à un de ses intérêts prévus à l'article 707 du code de procédure pénale, la victime peut saisir le juge de l'application des peines d'une demande de retrait, de révocation ou encore de suspension de la mesure d'aménagement de peine octroyée au condamné. La loi du 15 août 2014 révèle une grande avancée dans le rôle de la victime au stade de l'application des peines. Dès lors que la victime saisit le juge de l'application des peines pour non-respect des obligations du condamné, le juge de l'application des peines peut délivrer un mandat d'amener contre le condamné, placé sous son contrôle[1360]. Si le condamné est en fuite ou réside à l'étranger, le juge de l'application des peines peut délivrer un mandat d'arrêt. La délivrance d'un mandat d'arrêt suspend, jusqu'à son exécution, le délai d'exécution de la peine ou des mesures d'aménagement de peine. La personne est conduite dans les meilleurs délais, et au plus tard dans les vingt-quatre heures de son arrestation, devant le procureur de la République du tribunal de grande instance dans le ressort duquel siège le juge de

[1358] CE.28 décembre 2009, n°304802, AJDA, 2010 : Suppression des articles D.47-6-4 à D.47-6-11 du code de procédure pénale.

[1359] Loi n°2014-896 du 15 août 2014_relative à l'individualisation des peines et renforçant l'efficacité des sanctions pénales, JORF n°0189 du 17 août 2014, p.13647, texte n°1.

[1360] C.pr.pen.art.712-17.

l'application des peines compétent. La rétention du condamné ne peut pas durer plus de vingt-quatre heures. Après avoir vérifié son identité et lui avoir notifié le mandat, ce magistrat le présente devant le juge de l'application des peines. Ce dernier statuera par la suite sur la demande de la victime et décidera de la suspension de la mesure[1361], de l'incarcération provisoire du condamné[1362], de la révocation ou du retrait de la mesure d'aménagement de peine[1363], du retrait en tout ou partie de la possibilité de réduction de peine et pourra ordonner la réincarcération du condamné[1364].

S'agissant plus précisément du droit à la sécurité de la victime pendant l'application des peines, outre son droit de saisir le juge de l'application des peines en cas de non-respect des obligations du condamné liées à la sécurité de la victime, cette dernière peut également saisir le juge de l'application en vue d'obtenir une protection contre d'éventuelles représailles. Dès lors que la victime saisit le juge de l'application des peines dans ce cas, elle doit faire état d'éléments objectifs comme de menaces, de pressions ou présenter toute preuve du risque de danger à son encontre, envers ses proches ou envers toute autre personne dont elle aurait connaissance du danger existant à son égard. Le juge de l'application des peines ne statue pas en fonction de l'intérêt moral de la victime ou du traumatisme subi, mais en fonction de sa sécurité au moment de la libération potentielle du condamné. Dans ce cas, l'intérêt de la victime sert à l'intérêt général.

Ainsi, depuis la loi du 15 août 2014, même si la victime n'est pas reconnue comme une partie au stade de l'application des peines, elle a fait l'objet d'une nouvelle appréhension et bénéficie désormais d'une place. Au stade de l'application des peines, la protection de la victime est également renforcée par la rétention de sûreté.

B. Le renforcement de la protection de la victime au stade post-sentenciel par la rétention de sûreté

La rétention de sûreté est une mesure de sûreté prise à l'encontre du condamné en vue de protéger la victime et la société dès lors que cela est nécessaire. Les conditions de sûreté sont strictes et la procédure de décision de placement du condamné en rétention de sûreté exclut tout arbitraire.

1. Les conditions strictes de la rétention de sûreté

Traditionnellement, la peine imposée au condamné a pour finalité d'« apprendre (au délinquant) à ne plus commettre d'infractions, à refaire autant que possible un homme ou une femme qui ne perturbera pas le bon

[1361] C.pr.pen.art.712-18.
[1362] C.pr.pen.art.712-19.
[1363] C.pr.pen.art.712-20.
[1364] C.pr.pen.art.721-2.

fonctionnement de la vie en société (...) »[1365]. Cependant, en pratique, la peine ne permet pas toujours le retour du condamné à un état non dangereux. Une fois remis en liberté, le condamné peut à nouveau passer à l'acte. Dans ce cas, après l'exécution de la peine, une rétention de sûreté s'impose. La rétention de sûreté, créée par la loi du 25 février 2008, consiste à retenir un individu dangereux pour la société dans un centre socio-médico-judiciaire lorsque la durée de son incarcération est arrivée à terme. La rétention de sûreté est une mesure de sûreté qui permet de protéger la victime et la société de la dangerosité du condamné en continuant à priver ce dernier de sa liberté[1366]. La rétention de sûreté ne peut être prononcée que si la Cour d'assises a expressément prévu dans sa décision de condamnation que la personne pouvait faire l'objet à la fin de sa peine d'un réexamen de sa situation en vue d'une éventuelle rétention de sûreté. En général, une décision de rétention de sûreté est prise lorsque la peine est assortie d'une période de sûreté, cela manifeste un indice supplémentaire de la dangerosité du condamné. La période de sûreté est une période pendant laquelle le condamné ne peut obtenir des mesures d'aménagement de peine comme le placement à l'extérieur, la semi-liberté ou encore une libération conditionnelle[1367].

Comme le souligne le Conseil constitutionnel dans une décision du 21 février 2008, la rétention de sûreté est une mesure de sûreté et non une peine. Elle peut donc être ordonnée à titre exceptionnel et sous des conditions strictes lorsque le condamné a commis les crimes les plus graves[1368]. La rétention de sûreté peut être ordonnée à l'égard d'un condamné uniquement sous plusieurs conditions cumulatives relatives à la durée de la peine prononcée, la nature de l'infraction commise et la dangerosité du condamné.

S'agissant des conditions se référant à la durée de la peine prononcée et à la nature de l'infraction[1369], la rétention de sûreté ne peut être prononcée que pour une durée d'un an renouvelable à l'encontre d'un individu qui a été condamné à une peine supérieure ou égale à 15 ans de réclusion criminelle pour les crimes commis sur une victime mineure, d'assassinat ou de meurtre, de torture ou actes de barbarie, de viol, d'enlèvement ou de séquestration. Il en est de même pour les crimes commis sur une victime majeure, d'assassinat ou de meurtre aggravé, prévus par les articles 221-2, 221-3, 221-4, 222-2, 222-3, 222-4, 222-5, 222-6, 222-24, 222-25, 222-26, 224-2,

---

1365 MERLE (R), VITU (A), *Traité de droit criminel. Problèmes généraux de la science criminelle*. Droit pénal général, Cujas, 7e éd, 2000, p.930.

1366 C.pr.pen.art.706-53-13 à 706-53-22.

1367 C.pr.pen.art.132-23.

1368 Cons.const.décision.n°2008-562, DC du 21 février 2008, JORF du 26 février 2008. Dans cette décision, le Conseil constitutionnel a admis que les lois de rétention de sûreté étaient des lois pénales de formes et par nature s'appliquent immédiatement au procès en cours, même à raison d'infractions antérieures.

1369 C.pr.pen.art.706-53-13.

224-3 et 224-5-2 du Code pénal ou lorsqu'ils sont commis en récidive, de meurtre, de torture ou d'actes de barbarie, de viol, d'enlèvement ou de séquestration. Les circonstances aggravantes se réfèrent aux moyens employés, aux effets obtenus, à la qualité des protagonistes, à la pluralité d'infractions ou encore à l'état de récidive. Les conditions de la rétention de sûreté relevant du quantum de la peine peuvent faire l'objet de critiques puisque même si une personne a été condamnée à une peine inférieure à quinze ans d'emprisonnement, sa dangerosité peut persister et s'accroître. Il conviendrait de supprimer tout seuil minimum d'emprisonnement en ne retenant que la qualification du crime et la dangerosité de l'individu. Un amendement visant à élargir le domaine de la rétention de sûreté a été déposé devant l'Assemblée nationale en 2008 dans ce sens, mais il a été rejeté[1370].

En ce qui concerne la troisième condition cumulative exigée pour la rétention de sûreté, le condamné doit présenter une dangerosité caractérisée par une probabilité très élevée de récidive due à un trouble grave de la personnalité[1371].

La dangerosité caractérisée par la probabilité très élevée de récidive diffère de la probabilité d'un simple risque de récidive. L'exigence d'une probabilité de récidive très élevée permet de réduire le champ d'application de la rétention de sûreté aux criminels sexuels ou violents les plus dangereux. La rétention de sûreté ne peut être envisagée qu'en cas d'existence d'un risque de récidive dépassant un certain seuil et dans le cas où les autres mesures de sûreté ne sont pas suffisantes pour prévenir ce risque. La situation, la dangerosité et le risque de récidive du condamné sont des facteurs qui sont examinés au moins un an avant la date prévue pour sa libération, par une commission pluridisciplinaire des mesures de sûreté[1372]. Afin d'apprécier le risque de récidive et la dangerosité du condamné, la commission pluridisciplinaire des mesures de sûreté analyse tout d'abord la gravité du trouble de la personnalité du condamné. À cette fin, le condamné est placé, pour une durée d'au moins six semaines, dans un centre national d'évaluation situé à Fresnes.

À la fin de la période d'observation, le centre doit rendre un rapport accompagné d'une expertise médicale effectuée par deux experts[1373]. Dans le cas où la commission pluridisciplinaire des mesures de sûreté donne un avis motivé favorable à la rétention de sûreté, elle transmet son avis au procureur général qui doit alors saisir la juridiction régionale de la rétention de sûreté pour prononcer le placement définitif en rétention au moins trois mois avant

---

[1370] POISSON (J.-F), *Le projet de loi relatif à la rétention de sûreté et à la déclaration d'irresponsabilité pour cause de trouble mental*, Assemblée nationale, Compte rendu de la séance du mercredi 9 janvier 2008.

[1371] C.pr.pen.art.706-53-13.al.1.

[1372] C.pr.pen.art.706-53-14.

[1373] C.pr.pen.art.706-53-14; BURGELIN (J) (Dir.), *Santé, justice et dangerosités : pour une meilleure prévention de la récidive*, Rapport remis au ministère de la Justice en juin 2005.

la libération du condamné[1374]. La commission pluridisciplinaire ne peut proposer une rétention de sûreté que si les obligations résultant de l'inscription dans le fichier judiciaire national automatisé des auteurs d'infractions sexuelles ou violentes et les obligations résultant d'une injonction de soins ou d'un placement sous surveillance électronique mobile paraissent insuffisantes pour prévenir la commission des crimes mentionnés à l'article 706-53-13 du code de procédure pénale. La rétention de sûreté doit constituer l'unique moyen de prévenir la commission de ces crimes.

La commission pluridisciplinaire apprécie le risque de récidive du condamné selon une étude de probabilité fondée sur des statistiques et sur une étude criminologique. Puis, elle apprécie la dangerosité en se fondant sur une expertise médicale, car la dangerosité du condamné est perçue comme une pathologie. La rétention de sûreté est une mesure qui vise des criminels présumés malades.

Le caractère dangereux de la personnalité pathologique du condamné doit se manifester par un déni de la réalité où le condamné n'aurait pas conscience du caractère effroyable de l'infraction commise. La dangerosité du condamné se manifeste également par le refus du condamné à se soigner. La notion de dangerosité ne fait l'objet d'aucune définition légale ou jurisprudentielle. Étymologiquement, le terme de « dangerosité » vient du mot « danger » qui dérive du latin populaire « dominatium » et renvoie à l'idée de pouvoir, de domination. Ce mot latin émane de « dominus » qui fait référence au « maître », à celui qui détient le pouvoir. Il s'inscrit dans le cadre d'une situation de dépendance, un rapport de force entre deux individus. La notion sous-entend une menace, un risque de péril que certaines personnes vont faire courir à d'autres tant pour leur personne que pour leurs biens. Le criminologue GAROFALO, un des promoteurs du positivisme, définissait la dangerosité comme la « perversité constante et agissante d'un délinquant et la qualité de mal que l'on peut redouter de sa part »[1375]. La rétention de sûreté vise les personnes « les plus dangereuses, atteintes de troubles du comportement qu'une majorité de psychiatres et de criminologues tendent à ranger parmi les psychopathes »[1376]. Le pourcentage des criminels ayant terminé leur incarcération et à qui la rétention de sûreté est imposée, est minime. La rétention de sûreté permet d'éviter un passage à l'acte, de neutraliser le condamné dangereux en continuant à le priver de sa liberté dans le cadre d'une mesure purement préventive. La rétention de sûreté permet de maintenir le condamné dans un état de non-dangerosité. Grâce à la rétention de sûreté, la victime et la société sont protégées. En

[1374] C.pr.pen.art.706-53-15.

[1375] MERLE (R), VITU (A), Traité de droit criminel. Problèmes généraux de la science criminelle. Droit pénal général, Cujas, 7e éd, 2000, p.89.

[1376] LECERF (J.-R), Rapport sur le projet de loi relatif à la rétention de sûreté et à la déclaration d'irresponsabilité pénale pour cause de trouble mental, Rapport n°174, Sénat, 23 janvier 2008.

outre, la décision de placement du condamné en rétention de sûreté n'est pas discrétionnaire puisqu'elle est soumise à une procédure stricte qui exclut l'arbitraire.

2. La procédure stricte de placement du condamné en rétention de sûreté : une procédure exclusive de tout arbitraire

Dès lors que la juridiction régionale de la rétention de sûreté territorialement compétente a été saisie par le procureur général, elle peut, par une décision motivée, suivre ou non l'avis de la commission pluridisciplinaire des mesures de sûretés et placer le condamné en rétention de sûreté[1377] dans un centre judiciaire de sûreté au moins trois mois avant la date prévue pour la libération du condamné. Dans le centre de sûreté, il est proposé au condamné de façon permanente une prise en charge médicale, sociale et psychologique destinée à permettre la fin de cette mesure[1378]. Lors de l'audience devant la juridiction régionale de la rétention de sûreté, le condamné peut solliciter une contre-expertise de plein droit et un débat contradictoire public doit être mis en place au cours duquel le condamné doit être assisté d'un avocat.

La juridiction ne peut prononcer une rétention de sûreté qu'après avoir vérifié que la personne condamnée ait effectivement été mise en mesure de bénéficier pendant l'exécution de sa peine d'une prise en charge médicale, sociale et psychologique adaptée au trouble de la personnalité dont elle souffre[1379]. Le non-respect d'obligations médicales dans le cadre d'une surveillance de sûreté peut également entraîner une rétention de sûreté[1380]. Une fois que la juridiction régionale de la rétention de sûreté a pris une décision favorable à la décision de rétention de sûreté, le condamné dispose d'un droit au recours et peut interjeter appel devant cette même juridiction composée de trois conseillers à la Cour de cassation désignés par son premier président. La décision de la juridiction régionale de la rétention de sûreté est également susceptible d'un pourvoi en cassation. La décision définitive de rétention est immédiatement exécutoire à l'issue de la peine du condamné. Après un délai de trois mois à compter de la décision définitive, la personne retenue peut demander à la juridiction régionale qu'il soit mis fin à la mesure. La décision de la rétention initiale est valable pour une durée d'un an, mais peut être éventuellement renouvelée pour la même durée, après un avis favorable de la commission pluridisciplinaire des mesures de sûreté et par une décision de la juridiction régionale de la rétention de sûreté[1381]. Si la mesure de rétention de sûreté a été renouvelée, au bout des

---

[1377] C.pr.pen.art.706-53-15.
[1378] C.pr.pen.art.706-53-13.
[1379] C.pr.pen.art.706-53-13
[1380] C.pr.pen.art.706-53-19 al.6.
[1381] C.pr.pen.art.706-53-16.

deux ans, la rétention prend fin, mais si l'individu présente des risques de commettre les infractions mentionnées à l'article 706-53-13 du code de procédure pénale, la juridiction régionale, peut selon la même procédure, le placer sous surveillance de sûreté pendant une durée de deux ans avec une injonction de soin.

Malgré des conditions précisément définies du champ d'application de la rétention de sûreté ainsi qu'une procédure stricte exclusive de tout arbitraire, la mesure de rétention de sûreté suscite de vives critiques. Certains auteurs estiment que la rétention de sûreté est une peine lorsqu'elle est prononcée pour manquement aux obligations de la surveillance de sûreté. Or, ce manquement ne doit pas être assimilé à une infraction, seule une infraction prévue par la loi justifie une peine après un jugement devant une juridiction de jugement. La rétention de sûreté est une mesure de sûreté, car elle vise une fin préventive et non une fin punitive comme une peine. La mesure de rétention de sûreté n'est pas une peine puisqu'elle ne sanctionne pas une faute, elle ne repose pas sur la culpabilité de la personne. La rétention de sûreté vise à éviter un risque de récidive du condamné lorsque ce risque s'avère élevé. Cette mesure de sûreté permet d'enfermer des multirécidivistes comme, par exemple, Francis Evrard, un pédophile multirécidiviste.

D'autres auteurs sollicitent la suppression de la rétention de sûreté, car cette mesure porterait atteinte au condamné qui, une fois qu'il a purgé sa peine, se retrouve privé de liberté à nouveau sur le seul fondement de sa potentielle dangerosité. Cet argument n'est également pas justifié puisque la rétention de sûreté est une mesure provisoire, non arbitraire, qui s'applique dans des conditions strictes et par une procédure respectueuse des droits de l'intéressé. Le droit à la vie, à l'intégrité physique de la victime et de la société doivent prévaloir sur le droit à la liberté d'aller et venir du condamné. La rétention de sûreté apparaît comme une défense sociale fondée sur une logique de neutralisation[1382]. Toutefois, la notion de danger pourrait être davantage définie par le législateur.

Ainsi, au stade de l'application des peines, la victime bénéficie, par la rétention de sûreté, d'une protection effective et de réelles prérogatives pour faire valoir ses droits devant le juge de l'application des peines. Désormais, la victime dispose d'une place au stade de l'exécution des peines. Toutefois, certaines lacunes persistent puisqu'elle reste dépourvue de tout moyen d'action lorsqu'une peine n'est pas mise à exécution ou lorsque la nature de la peine décidée par le jugement change en cours d'exécution de la peine par un aménagement de peine.

[1382] GOUJON (P), GAUTHIER (C), *Les mesures de sûreté concernant les personnes dangereuses*, Rapport d'information n°420, Sénat, 22 juin 2006.

PARAGRAPHE 2. La mise à l'écart persistante de la victime au stade de l'application des peines

Au stade de l'application des peines, la victime reste impuissante face à l'inexécution d'une peine prononcée par une juridiction de jugement (A). En outre, elle ne peut toujours pas contester, lorsque le condamné a commis les infractions les plus graves, le changement de la nature d'une peine prononcée par une juridiction de jugement par un aménagement de peine (B).

A. L'impossibilité contestable de la victime à agir contre l'inexécution d'une peine prononcée par un jugement

Une justice effective et rapide garantit une bonne justice. L'effectivité de la justice implique que la norme législative et que les décisions prononcées par les juridictions de jugement soient concrètement appliquées. Seules les décisions définitives prononcées par les juridictions de jugement peuvent être mises à exécution[1383]. L'exécution des peines se fait dans le respect des intérêts de la société et des droits de la victime, mais aussi dans le respect des intérêts du condamné en vue de sa réinsertion[1384]. Le criminologue Cesare BECCARIA souligne l'importance de l'exécution effective des peines en affirmant que « ce n'est point par la rigueur des supplices qu'on prévient le plus sûrement les crimes, c'est par la certitude de la punition.

La perspective d'un châtiment modéré, mais auquel on est sûr de ne pouvoir échapper, fera toujours une impression plus vive que la crainte vague d'un supplice terrible, dont l'espoir de l'impunité anéantit presque toute l'horreur »[1385]. Les décisions de justice non exécutées ne peuvent pas afficher l'image d'une société protégée et d'une justice forte. Plusieurs études et certains rapports parlementaires mettent en exergue qu'un nombre important de condamnations pénales demeurent trop souvent inexécutées, ce qui affaiblit la fonction punitive de la sanction pénale[1386]. L'inexécution des peines provoque un sentiment d'impunité au condamné et le dommage à l'égard de la victime et de la société n'est pas réparé. Parfois, la condamnation est exécutée, mais tardivement, ce qui entraîne, comme le

---

[1383] DESDEVISES (M.-C), *Le pouvoir d'appréciation du parquet dans la mise à exécution de la sanction*, in Mélanges offerts à Pierre COUVRAT, La sanction du droit, PUF, 2001, p.431.
[1384] PANSIER (J.-F), *La peine et le droit*, PUF, coll.Que sais-je ? 7e éd, 1994.
[1385] BECCARIA (C), *Traité des délits et des peines*, Flammarion, coll.GF, 2006.
[1386] CIOTTI (E) (Dir.), *Renforcer l'efficacité de l'exécution des peines*, Rapport remis au Président de la République en juin 2011; Rapport de l'inspection générale des services judiciaires, *Évaluation du nombre de peines d'emprisonnement ferme en attente d'exécution*, rapport remis au Ministère de la Justice en mars 2009. BERNAT DE CELIS (J), *La difficulté de faire exécuter les peines d'emprisonnement correctionnel à Paris*, RSC, 1988, p.469.

montre l'étude de Monsieur Jean-Luc WARSMANN, une incompréhension chez la victime et cela manifeste un laxisme de la justice[1387].

D'après Monsieur Étienne BLANC, « toute condamnation pénale sans exécution rapide et effective de la peine est veinée »[1388]. L'exécution des peines ne poursuit pas seulement une finalité répressive, mais revêt également une finalité préventive afin d'empêcher l'auteur de commettre à nouveau un comportement dommageable et de faire d'autres victimes. En dehors des grâces et amnisties dont le condamné peut bénéficier, la plupart des peines non exécutées sont celles prononcées à l'encontre d'un condamné libre et non détenu lors de l'audience. Lorsque le condamné est absent à son procès, sans motif, la peine doit lui être signifiée à personne afin de devenir exécutoire. Dans ce dernier cas, de nombreuses peines ne sont pas exécutées, car elles n'ont pas pu être signifiées à personne en raison d'une méconnaissance de l'adresse du condamné. Afin de renforcer la présence des condamnés au procès, le président peut ordonner, depuis la loi du 9 mars 2004, la présentation de l'accusé par la force publique, si ce dernier n'est pas placé en détention provisoire et ne comparaît pas de lui-même[1389]. En outre, les peines de prison ne sont parfois pas exécutées, car les prisons manquent de place.

Comme le soulignent Monsieur Xavier BEBIN et l'avocat Maître Bertrand NOUEL, « ce n'est pas la politique pénale qu'il faut adapter à l'immobilier, c'est le nombre de places de prison qu'il faut adapter aux décisions prononcées par les tribunaux »[1390]. L'autorité compétente pour exécuter les peines est le ministère public. Le rôle du ministère public est prévu à l'article 707-1 du Code de procédure pénale selon lequel « le ministère public et les parties poursuivent l'exécution de la sentence, chacun en ce qui le concerne ». Le ministère public est représenté par le procureur de la République ou son substitut et également le procureur général lorsque la condamnation a été prononcée par une cour d'appel. D'autres dispositions législatives comme l'article 32 du Code de procédure pénale prévoit que le ministère public « assure l'exécution des décisions de justice » ou encore l'article D.48 du Code de procédure pénale qui prévoit que « le ministère public est chargé de l'exécution des sentences pénales prononcées par les juridictions répressives ». En cas de nécessité, le ministère public dispose du pouvoir de requérir la force publique pour mettre à exécution l'ensemble des

---

[1387] WARSMANN (J.-L), *Rapport d'information sur la mise en application de la loi n°2004-204 du 9 mars 2004 portant adaptation de la justice aux évolutions de la criminalité*, Rapport n°2378, Assemblée nationale, 15 juin 2005.

[1388] BLANC (E) (Dir.), *Les carences de l'exécution des peines et l'évaluation de l'application Cassiopée*, Rapport n°3177, Assemblée nationale, 16 février 2011, p.7.

[1389] C.pr.pen.320-1 ; GUINCHARD (S), BUISSON (J), *Procédure pénale*, LexisNexis, coll.Manuels, 10e éd, 2014.

[1390] BEBIN (X), NOUEL (B), *Judiciaire, pénitentiaire : quelles réformes pour la justice ?* Etudes et Analyses de l'Institut pour la justice, 2011.

peines[1391]. En pratique, le parquet requiert plus particulièrement la force publique pour la mise à exécution des peines privatives de liberté. En principe, l'article 707 du Code de procédure pénale prévoit que les peines prononcées par les juridictions pénales doivent, sauf circonstances insurmontables, être mises à exécution de façon effective et dans les meilleurs délais. Toutefois, le parquet ne doit respecter aucun délai précis pour faire exécuter la peine. Seule la prescription de la peine limite l'action du parquet puisqu'elle lui permet uniquement d'exécuter la peine dans un délai fixé selon la nature de l'infraction et ayant comme point de départ le jour où la décision de la condamnation a été rendue de manière définitive. Depuis la loi du 27 février 2017, le délai de prescription de l'exécution de la peine a été allongé en matière criminelle et en matière correctionnelle. Désormais, le délai de prescription pour l'exécution d'une peine criminelle est de vingt ans[1392], de six ans pour une peine correctionnelle[1393] et de trois ans pour une peine de police[1394]. Certaines infractions ne sont pas soumises à ces prescriptions de peine comme, par exemple, les crimes contre l'humanité qui sont imprescriptibles[1395] ou encore les infractions liées à la sécurité du pays comme les infractions de terrorisme qui sont soumises à des prescriptions d'exécution de peine plus longue[1396]. Certains auteurs comme Monsieur Philippe CONTE estiment que la peine est réservée au domaine de l'ordre public. Seul le ministère public agissant au nom de la société serait en mesure d'exécuter la peine[1397]. Toutefois, lorsque la peine n'est pas exécutée et que le condamné a commis des infractions graves telles qu'un viol ou des actes de torture et de barbarie, la victime devrait pouvoir saisir le juge de l'application des peines pour faire exécuter la peine à la place du procureur de la République, en vue de garantir sa protection et la réparation du préjudice subi. La victime dispose d'un véritable intérêt à faire exécuter la peine prononcée puisqu'une peine non exécutée peut la mettre physiquement et psychiquement en danger. L'auteur et avocat Stéphane MAITRE souligne, par ailleurs, que la peine concerne l'avenir de la victime et qu'une peine qui a été prononcée et effectivement appliquée, est une condition essentielle de sa reconstruction. Il n'y a aucune raison qui justifie de privilégier l'avenir du condamné par rapport à l'avenir de sa victime ou des victimes potentielles[1398]. De nos jours, la victime est donc toujours mise

[1391] C.pr.pen.art.42 et art.709.
[1392] C.pen.art.133-2.
[1393] C. pen.art.133-3.
[1394] C. pen.art.133-4.
[1395] C.pen.art.312-5.
[1396] C.pr.pen.art.706-25-1 et art.706-31.
[1397] CONTE (Ph), *La participation de la victime dans le processus pénal, de l'équilibre procédural à la confusion des genres*, RPDP, n°3, Juillet-septembre 2009, p.521.
[1398] MAITRE (S), *Plaidoyer pour la participation de la victime dans la procédure d'application des peines*, Etudes et Analyses de l'Institut pour la justice, n°13, Février 2011.

à l'écart et ne peut pas agir pour faire exécuter la peine prononcée. La victime est également dépourvue de tout moyen d'action en matière d'aménagements de peine qui changent la nature d'une peine prononcée par une juridiction de jugement.

B. L'impossibilité discutable pour la victime de contester le changement de la nature de la peine par des aménagements de peine

L'exécution d'une peine doit être perçue comme la conséquence de son prononcé, « tout serait simple si l'exécution n'était que le reflet du prononcé de la peine »[1399]. Or, la nature de la peine prononcée par une juridiction de jugement peut changer en cours d'exécution de la peine par des aménagements de peine qui changent la durée de l'exécution de la peine par des réductions de peine ou le mode d'exécution de la peine par le régime de la semi-liberté. Les aménagements de peines permettent à la peine d'être exécutée, mais différemment de ce qui a été décidé par la juridiction de jugement. L'article 707 du code de procédure pénale permet à toute personne condamnée et incarcérée pour l'exécution d'une peine privative de liberté, de bénéficier à chaque fois que cela est possible, d'un aménagement de peine qui permettrait un retour progressif à la liberté tel qu'une mesure de semi-liberté,[1400] de placement à l'extérieur assorti de certaines obligations,[1401] de placement sous surveillance électronique,[1402] de libération conditionnelle[1403] ou de la libération sous contrainte[1404]. Les peines d'emprisonnement peuvent être aménagées avant leur mise à exécution[1405] ou en cours d'exécution si la personnalité, la situation matérielle, familiale et sociale du condamné le permettent. Certains aménagements de peine permettent d'éviter totalement l'exécution d'une peine d'emprisonnement comme le sursis simple[1406], le sursis avec mise à l'épreuve[1407] et le sursis assorti d'un travail d'intérêt général[1408]. Le juge de l'application des peines et le tribunal de l'application des peines sont les autorités compétentes pour fixer les modalités de l'exécution des peines privatives de liberté ou de certaines peines restrictives de liberté. Les juridictions de l'application des peines peuvent moduler, raccourcir, supprimer les peines en fonction de l'attitude du délinquant et de l'infraction qu'il a commise. Les juridictions de jugement disposent

1399 COUVRAT (P), *L'application de la peine* in OTTENHOF (R) (Dir.), L'individualisation de la peine, Erès, coll.Criminologie et sciences de l'homme, 2001, p.261.
1400 C.pr.pen.art.723-1.
1401 C.pen.art.132-25.
1402 C.pén.art.132-26-1.
1403 C.pr.pen.art.729 à 733.
1404 C.pr.pen.art.720.
1405 C.pr.pen.art.723-15.
1406 C.pr.pen.art.735 à 736.
1407 C.pr.en.art.739 à 747.
1408 C.pr.pen.art.747-1 à 742-2.

également de la compétence pour aménager immédiatement sous certaines conditions, toute peine d'une durée inférieure ou égale à deux ans[1409]. L'aménagement des peines est perçu par le législateur comme un moyen d'individualisation de la peine en vue d'une meilleure réinsertion du condamné dans la société et est, par conséquent, un moyen de lutter contre la récidive. L'individualisation des peines apparaît comme une raison légitime au regard des droits du condamné. Or, les aménagements de peine ne répondent pas seulement à ces fondements et visent également un objectif officieux pratique, à savoir la déflation de la population carcérale. L'objectif est de réduire la surpopulation carcérale grâce à « une nouvelle vision de la privation de liberté avec la prison hors les murs »[1410].

Cet objectif est contestable puisqu'il s'agit d'un objectif matériel qui ne tient pas compte de la lutte contre la récidive, de la protection de la société et de la protection des victimes. Bien que les aménagements des peines permettent l'individualisation de la peine, ils apparaissent contraires au principe de l'autorité de la chose jugée qui rend définitif un jugement. L'autorité de la chose jugée signifie qu'un jugement définitif ne peut plus être modifié. D'après certains auteurs, comme Monsieur Philippe CONTE et Monsieur Patrick MAISTRE DU CHAMBON, « le principe de l'autorité de la chose jugée s'accommoderait mal d'une remise en cause de la peine prononcée par la juridiction de jugement une fois qu'elle est devenue irrévocable »[1411]. D'après l'auteur Monsieur Xavier BEBIN, l'aménagement de peine est perçu comme une inexécution partielle de la peine, car la sanction prononcée ne correspond pas à celle réellement exécutée[1412] et compromettrait le principe de l'autorité de la chose jugée. Même si les aménagements de peine résultent d'une décision de justice prise par le juge de l'application des peines, la peine exécutée diffère de la peine prononcée. La peine devrait être exécutée conformément à la décision prononcée par la juridiction de jugement. Dès lors qu'une décision judiciaire prononce une condamnation pénale comme une peine privative de liberté telle que l'emprisonnement et qu'elle fait l'objet de modifications par une décision de semi-liberté, la peine initiale n'est plus exécutée. En changeant la substance de la peine initiale, les aménagements de peine dénaturent la peine initiale. D'après le dictionnaire le Littré, « dénaturer un fait, c'est lui donner une autre nature, un autre caractère, en ajoutant, retranchant, changeant les circonstances, tel que le caractère en soit tout à fait altéré »[1413]. Les aménagements de peine altèrent considérablement l'efficacité de la sanction

[1409] C.pr.pen.art.132-25.

[1410] Interview de Rachida Dati, Le monde, 29 juillet 2008.

[1411] CONTE (P), LARGUIER (J), MAISTRE DU CHAMBON (P), *Droit pénal général*, Dalloz, coll.Mémentos, 22e éd, 2014.

[1412] BEBIN (X), *L'inexécution des peines de prison*, Etudes et Analyses de l'Institut pour la justice, 2009.

[1413] Dictionnaire de la langue française écrit par l'auteur Littré Emile.

pénale en réduisant ses effets dissuasifs[1414] et neutralisants[1415]. En droit positif, la victime ne bénéficie pas d'un droit de contestation à l'égard des décisions d'aménagements de peine prises par le juge de l'application des peines. Le législateur estime que la victime peut intervenir dans la phase de l'application des peines, mais elle n'est pas considérée comme une partie à part entière.

Jusqu'ici, la Cour européenne des droits de l'homme n'a pas consacré l'application de l'article 6§1 de la Convention européenne des droits de l'homme prévoyant le procès équitable qui fonde l'équilibre des parties, aux demandes de mise en liberté provisoire ou aux questions relatives aux modalités d'exécution d'une peine privative de liberté[1416]. Toutefois, conformément au droit au recours effectif consacré à l'article 13 de la Convention européenne des droits de l'homme, la Cour européenne des droits de l'homme devrait reconnaître à la victime un droit de contestation des décisions même dans la phase post-sentencielle. Ce droit de contestation devrait être strictement encadré pour ne pas que toutes les victimes l'exercent de manière automatique et abusive. Dans la phase post-sentencielle, le droit à la sécurité justifierait le droit de la victime à contester certaines décisions du juge de l'application des peines visant à placer dans un régime de semi-liberté un condamné qui a commis les infractions les plus graves.

Ainsi, la place de la victime au stade post-sentenciel est mitigée, car la victime dispose, certes, de nouvelles prérogatives lui permettant de saisir directement le juge de l'application des peines pour faire valoir son droit à la sécurité et son droit à la réparation, mais elle reste impuissante pour bénéficier d'une protection effective puisqu'elle ne peut ni agir lorsqu'une peine n'est pas exécutée, ni contester le changement de la nature d'une peine par des aménagements de peine.

Conclusion du chapitre second

Au stade post-sentenciel, la victime est restée pendant longtemps exclue puisqu'il était considéré qu'une fois le jugement prononcé, l'exécution de la peine du condamné concernait uniquement le condamné et non la victime. Or, depuis peu, la victime bénéficie d'un droit de regard sur le déroulement de l'exécution de la peine du condamné, justifié par son droit à la sécurité et son droit à la réparation. Le droit de regard de la victime consiste à être informée et à intervenir par le biais d'observations. En outre, depuis peu, une

---

[1414] BEBIN (X), *La sanction pénale est-elle dissuasive ?* Etudes et Analyses de l'Institut pour la justice, 2009.

[1415] BEBIN (X), *La prison est-elle criminogène ?* Etudes et Analyses de l'Institut pour la justice, 2009.

[1416] CEDH, Affaire Boulois.c/Luxembourg, 14 décembre 2010, Req.n°37575/04.

révolution législative est intervenue par la loi du 15 août 2014 et permet à la victime de disposer de moyens d'action pour faire valoir son droit à la réparation et à la sécurité en saisissant directement le juge de l'application des peines. La victime n'est toujours pas reconnue comme une partie à part entière au stade post-sentenciel, mais elle n'est plus exclue et dispose désormais d'une place. En outre, la protection de la sécurité de la victime a été renforcée par la rétention de sûreté qui vise à retenir un condamné dangereux après l'exécution de sa peine. La victime a donc fait l'objet d'une nouvelle appréhension au stade post-sentenciel. Toutefois, certaines lacunes relatives à la sécurité de la victime persistent puisque la victime ne dispose d'aucun moyen d'action en cas d'inexécution d'une peine ou en cas de changement de la nature d'une peine par des aménagements de peine. Dans ces derniers cas, une réformation de la procédure est donc nécessaire, car la victime est toujours impuissante pour qu'une protection effective lui soit garantie et peut se sentir perpétuellement en danger.

Conclusion du titre second

Au stade pré-sentenciel, la victime occupe désormais une place à part entière qui lui permet d'être partie au procès pénal. Toutefois, certains déséquilibres procéduraux non justifiés persistent entre les parties, en défaveur de la victime. Ces déséquilibres procéduraux sont manifestes dans les procédures pénales accélérées et dans le procès pénal classique. Dans le procès pénal classique, des déséquilibres procéduraux ont été constatés au stade de l'instruction entre les victimes elles-mêmes et par l'interdiction faite à la victime d'initier la réouverture de l'instruction sur charges nouvelles. Au stade du jugement, des déséquilibres procéduraux sont également visibles par l'interdiction faite à la victime de récuser les jurés de cour d'assises, d'interjeter appel d'une décision sur l'aspect pénal et de contester une décision de correctionnalisation par l'exercice d'une voie de recours. Une nouvelle appréhension de la victime est, dans ces cas, souhaitée et une réformation de la procédure est nécessaire afin d'éradiquer ces déséquilibres et ces incohérences.

Au stade post-sentenciel, une nouvelle appréhension de la victime apparaît progressivement par l'octroi d'un droit de regard à la victime qui lui permet d'intervenir et d'être informée sur la réparation du préjudice subi et sur sa sécurité. Puis, depuis la loi du 15 août 2014, la victime bénéficie de moyens d'action visant à saisir directement le juge de l'application des peines pour faire valoir son droit à la réparation et son droit à la sécurité. Toutefois, certains déséquilibres procéduraux persistent puisque la victime ne peut ni agir lorsqu'une peine est inexécutée ni contester le changement de la nature d'une peine par des aménagements de peine. Dans ces cas, la victime peut rester perpétuellement en danger. La place de la victime au stade post-sentenciel a été améliorée, mais une réformation procédurale est nécessaire pour protéger pleinement la victime. Cette réformation procédurale contribuerait à cet élan vers une nouvelle appréhension de la victime au stade post-sentenciel. Au sens large du procès pénal, une nouvelle appréhension de la victime est donc souhaitée au stade pré-sentenciel et post-sentenciel.

Conclusion de la partie seconde

En droit positif, la nouvelle appréhension de la victime dans le procès pénal peut être constatée par l'intégration, dans le procès pénal, d'une nouvelle forme de justice nommée la justice restaurative. Les diverses mesures de justice restaurative intégrées dans le procès pénal sont les mesures de résolution du conflit par l'accord de l'infracteur et de la victime, l'accompagnement des victimes tout au long du procès pénal ou encore le droit à la réparation et l'aide à la réparation du préjudice subi par la victime. La justice restaurative est une forme de justice qui appréhende la victime en tant que personne humaine, citoyenne et sujet de droit. La victime n'est plus perçue comme le simple résultat de l'infraction. La justice restaurative permet à chacun des protagonistes de l'infraction tels que l'auteur, la victime et la société de bénéficier d'un rôle dans le procès pénal. Toutefois, au stade pré-sentenciel, dans le cadre des procédures pénales accélérées et dans le cadre du procès pénal classique, certains déséquilibres procéduraux non conformes au principe de l'égalité des armes persistent. Dans le cadre des procédures pénales accélérées, la victime ne bénéficie même pas d'une place en tant que participant à la procédure pénale, elle est exclue. Puis, dans le cadre du procès pénal classique, la victime est injustement mise à l'écart dans certains cas comme, par exemple, en cas de réouverture de l'instruction sur charges nouvelles ou dans l'exercice des voies de recours contre un jugement.

Une réformation de la procédure pré-sentencielle et une nouvelle appréhension de la victime sont donc souhaitées dans ces cas afin de rétablir un équilibre procédural conforme au procès équitable. Au stade post-sentenciel, une nouvelle appréhension de la victime a progressivement émergé et vise à consacrer une place à la victime par la concession de droits tels qu'un droit à la sécurité et à la réparation du préjudice subi puis par la concession de moyens d'action. Toutefois, comme au stade pré-sentenciel, des déséquilibres procéduraux persistent au stade post-sentenciel et mettent à l'écart la victime. Ces déséquilibres procéduraux sont nuisibles à la sécurité de la victime. Par conséquent, une réformation de la procédure post-sentencielle et une nouvelle appréhension de la victime dans ces cas sont également souhaitées.

CONCLUSION GÉNÉRALE

De nos jours, la place de la victime dans le procès pénal est réelle et affirmée. Seule la victime constituée partie civile bénéficie d'une place dans le procès pénal. La victime constituée partie civile n'est pas mise à l'écart et dispose d'une place modérée par l'exercice de droits et de moyens d'action adaptés à son statut. Elle ne dispose pas de moyens d'action qui outrepassent son rôle de participant au procès pénal, mais elle dispose de moyens d'action qui permettent de faire valoir ses droits et d'instaurer un équilibre procédural entre les parties, conformément au procès équitable que tout État de droit est tenu de respecter. Les moyens d'action dont dispose la victime constituée partie civile dans le procès pénal sont donc modérés et contrecarrés par les moyens d'action des autres parties telles que la société et la personne poursuivie, ce qui empêche l'exercice de toute vengeance. La victime constituée partie civile est devenue une véritable partie au procès pénal et concurrence les autres parties en tant que participant au procès pénal dans l'unique but d'aboutir à la vérité judiciaire.

Depuis peu, une nouvelle appréhension de la victime dans le procès pénal est notable. La victime tend à être traitée d'une nouvelle manière par la justice restaurative. La justice restaurative est une nouvelle forme de justice qui appréhende différemment le conflit pénal par la conciliation entre l'auteur de l'infraction et la victime. Dans ce type de justice, les intérêts de chaque protagoniste de l'infraction et la réparation du préjudice causé sont davantage pris en considération. La réparation civile et l'aide à la réparation dont peut bénéficier la victime constituée partie civile dans le procès pénal sont des facettes particulièrement manifestes de la justice restaurative. Cet élan apparent vers une nouvelle appréhension de la victime dans le procès pénal serait également nécessaire afin d'améliorer l'équilibre procédural entre les parties dans les procédures pénales accélérées et le procès pénal classique. Dans les procédures pénales accélérées, la victime ne devrait pas être évincée de la résolution du conflit, elle devrait garder son statut de partie afin de participer à la procédure pour faire valoir ses droits et qu'un équilibre procédural entre les parties conforme au procès équitable, subsiste.

Puis, dans le procès pénal classique, la victime subit certains déséquilibres face aux autres parties au procès qui la mettent à l'écart dans le déroulement de la procédure comme, par exemple, l'impossibilité de récuser des jurés en cours d'assises. En outre, les déséquilibres procéduraux subis par la victime manifestent des incohérences procédurales et idéologiques puisque d'un côté, le législateur a concédé à la victime un véritable rôle de participant sur l'aspect pénal du procès notamment par la constitution de partie civile et d'un autre côté, il refuse que la victime agisse sur l'aspect pénal du procès en ne lui permettant pas d'initier la réouverture de l'instruction sur charges nouvelles ou encore d'interjeter appel sur l'aspect pénal d'une décision.

Une réformation est donc souhaitée afin d'éradiquer ces incohérences et ces déséquilibres procéduraux en vue de maintenir le statut de victime en tant que partie tout au long du procès pénal.

En outre, en tant que continuité du procès pénal, la phase post-sentencielle manifeste une nouvelle appréhension de la victime puisqu'une place lui a été octroyée, mais certaines améliorations restent nécessaires en vue de protéger plus efficacement la sécurité de la victime.

Ainsi, en dépit de certaines améliorations souhaitées des droits et des moyens d'action de la victime dans les différentes phases du procès pénal, l'analyse de la place actuelle de la victime dans le procès pénal conduit à affirmer que la victime n'est plus la grande oubliée du procès pénal, mais qu'elle est désormais une partie participante distincte dans le procès pénal.

BIBLIOGRAPHIE

I. OUVRAGES GÉNÉRAUX, SPECIALISES ET COLLECTIFS

OUVRAGES GÉNÉRAUX

BECCARIA (C), *Traité des délits et des peines*, Flammarion, coll.GF, 2006.

BECHET, DE GRAVEREND (J.-M) (Directeur des affaires criminelles et des grâces au ministère de la Justice), *Traité de la législation criminelle en France*, 1823, cité in MEYER (B), Récusation des jurés : comment vider un droit de sa substance ou la lui rendre, AJ pénal, 2006, p.238.

BENTHAM (J), *Traités de législation civile et pénale*, Dalloz, coll.Bibliothèque Dalloz, 2010.

BONFILS (Ph), CIMAMONTI (S), GASSIN (R), *Criminologie*, Dalloz, coll.Précis, 7ème éd, 2011.

BOULOC (B), *Procédure pénale*, Dalloz, coll.Précis Dalloz, 25ème éd, novembre 2015.

BRUN (P), *Responsabilité civile extra-contractuelle*, LexisNexis, coll.Manuels, 4ème éd, 2016.

CADIET (L), JEULAND (E), *Droit judiciaire privé*, LexisNexis, coll.Manuels, 9ème éd, 2016.

CARBASSE (J.-M), *Introduction historique au droit pénal*, PUF, coll.Droit fondamental, 6ème éd, 2015.

CARBASSE (J.M), *Histoire du droit pénal et de la justice criminelle*, Paris, PUF, coll.Droit fondamental, 3ème éd, 2014.

CHAMBON (P), GUERY (C), *Droit et pratique de l'instruction préparatoire 2015/2016*, Dalloz, coll.Dalloz action, 9ème éd, 2015.

CONTE (P), LARGUIER (J), MAISTRE DU CHAMBON (P), *Droit pénal général*, Dalloz, coll.Mémentos, 22ème éd, 2014.

CONTE (Ph), MAISTRE DU CHAMBON (P), *Procédure pénale*, Armand Colin, coll.Colin U, 5ème éd, 2012.

CORNU (G), Association Henri Capitant, *Vocabulaire juridique*, PUF, coll.Quadrige dicos poche, 11ème éd, 2016.

CROCQ (J.-C), *Le guide des infractions, Le guide pénal 2017*, Dalloz, coll.Guides Dalloz, 18ème éd, 2016.

DESPORTES (F), LE GUNEHEC (F), *Droit pénal général*, Economica-Corpus, coll.Droit pénal et procédure pénale.

DREYER (E), *Droit pénal spécial*, Ellipses, coll.Cours magistral, 3ème éd, 2016.

ENCINAS DE MUNAGORRI (R), Introduction générale au droit, Flammarion, coll.Champs, 4ème éd, 2015, p.277.

FERRIERE, *Dictionnaire de droit et de pratique*, cité in GARNOT (B) (Dir.), Les victimes des oubliées de l'histoire ? Presse universitaire de Rennes, 2000.

FLOUR (J), AUBERT (J.-L), SAVAUX (E), *Droit civil, les obligations, le fait juridique*, Tome 2, Armand Colin, Coll.U Droit, 14ème éd, 2011.

GAFFIOT (F), FLOBERT (P), *Le dictionnaire Le GAFFIOT de poche, Dictionnaire Latin-Français 2001*, Hachette éducation, coll.Dictionnaire langues anciennes, 2001.

GARAUD (R), *Traité d'instruction criminelle et de procédure pénale de 1906 à 1929*, Sirey, vol.1, n°318, cité in GARNOT (B) (Dir.), Les victimes des oubliées de l'histoire ? Presse universitaire de Rennes, 2000.

GARE (Th), *Le droit des personnes*, Dalloz, coll. « connaissance du droit », 2ème éd, 2003.

GARE (T), GINESTET (C), *Droit pénal, procédure pénale*, Dalloz, coll.Hypercours, 9ème éd, 2016.

GUINCHARD (S), BUISSON (J), *Procédure pénale*, LexisNexis, coll.Manuels, 10ème éd, 2014.

GUINCHARD (S), DEBARD (T), *Lexique des termes juridiques 2015-2016*, Dalloz, coll.Lexiques, 23ème éd, 2015.

GUINCHARD (S), FERRAND (F) et CHAINAIS (C), *Procédure civile*, Dalloz, coll.Hypercours, 4ème éd, 2015.

GOUTTENOIRE (A), *Les grands arrêts de la Cour européenne des droits de l'homme*, PUF, coll.Thémis, 2015.

GRIFFON-YARZA (L), *Guide de l'exécution des peines 2017*, LexisNexis, coll.Guides, 2016.

HEGEL (J, W, F), *Les principes de la philosophie du droit,* PUF, coll.Quadrige, 2013.

HELIE (F), *Traité de l'instruction criminelle*, 1866, cité in GARNOT (B) (Dir.), Les victimes des oubliées de l'histoire ? Presse universitaire de Rennes, 2000.

HERZOG-EVANS (M), *Droit de l'exécution des peines 2016-2017*, Dalloz, coll.Dalloz action, 2016.

HUET (A), KOERING-JOULIN (R), *Droit pénal international*, PUF, coll.Thémis, 3ème éd, 2005.

LACRETELLE (P.-L), Dissertation sur le ministère public, Paris, 1784, p.252 cité in GARNOT (B) (Dir.), Les victimes des oubliées de l'histoire ? Presse universitaire de Rennes, 2000.

LAINGUI (A), LEBIGRE (A), *Histoire du droit pénal*, Paris, Cujas, coll.Synthèse, 2000.

LAMBERT-FAIVRE (Y), PORCHY-SIMON (S), *Droit du dommage corporel, Systèmes d'indemnisation*, Dalloz, coll.Précis, 8ème éd, 2015.

LARGUIER (J), CONTE (Ph), *Procédure pénale*, Dalloz, coll.Mémentos, 24ème éd, 2016.

LEGIER (G), TRANCHANT (L), EGEA (V), *Droit civil. Les obligations*, Dalloz, coll.Mémentos, 21ème éd, 2014.

MALAURIE (Ph), AYNES (L), STOFFEL-MUNCK (Ph), *Les obligations*, LGDJ, coll.Droit civil, 6ème éd, 2013.

MALINVAUD (Ph), FENOUILLET (D), MEKKI (M), *Droit des obligations*, LexisNexis, Coll.Manuels, 13ème éd, 2014.
MARAIS (A), *Droit des personnes*, Dalloz, coll.Cours, 2ème éd, 2014.
MAYAUX (L), *Les grandes questions du droit des assurances*, LGDJ, 2011.
MAYAUD (Y), *Droit pénal général*, PUF, coll.Droit fondamental, 5ème éd, 2015.
MERLE (R), VITU (A), *Traité de droit criminel. Problèmes généraux de la science criminelle. Droit pénal généra*l, Cujas, 7e éd, 2000.
MERLE (M), VITU (A), *Traité de droit criminel*, *Procédure pénale*, Vol.2, Cujas, 5ème éd, 2001.
OPPETIT (B), *Philosophie du droit*, Dalloz, coll.Précis Dalloz, 1999.
PANSIER (J.-F), *La peine et le droit*, PUF, coll.Que sais-je ? 7ème éd, 1994.
PETTITI (L.-E), DECAUX (E), IMBERT (P.-H), *La Convention européenne des droits de l'homme. Commentaire article par article*, Economica, 2ème éd, 1999.
PINATEL (J), BOUZAT (P), *Traité de droit pénal et de criminologie*, Dalloz, Vol.3, 1963.
PONCELA (P), *Droit de la peine*, PUF, coll.Thémis, 2ème éd, 2001.
PRADEL (J), *L'instruction préparatoire*, Cujas, 1991.
PRADEL (J), *Procédure pénale*, Cujas, coll.Référence, 18ème éd, 2015.
PRADEL (J), *Droit pénal général.* Cujas, coll.Référence, 21ème éd, 2016.
PRADEL (J), VARINARD (A), *Les grands arrêts de procédure pénale*, Dalloz, coll.Grands arrêts, 9ème éd, 2016.
PRADEL (J), CORSTENS (G), *Droit pénal européen*, Dalloz, coll.Précis, 3ème éd, 2009.
RASSAT (M.-L), *Traité de procédure pénale*, PUF, 2001.
RENUCCI (J.-F), *Droit européen des droits de l'homme*, L.G.D.J, coll.Manuels, 6ème éd, 2015.
ROGRON (J.-A) (avocat aux Conseils du Roi et à la cour de cassation), *Le code d'instruction criminelle*, Videcoq, 3ème éd., 1859, cité in MEYER (B), Récusation des jurés : comment vider un droit de sa substance ou la lui rendre, AJ pénal, 2006, p.238.
SPENCER (J.-R), *La procédure pénale anglaise*, PUF, Coll.Que sais-je ? 1998.
SUDRE (F), *Droit européen et international des droits de l'homme*, PUF, coll.Droit fondamental, 12ème éd, 2015.
TERRE (F), SIMLER (P), LEQUETTE (Y), *Droit civil. Les obligations*, Ed.Dalloz, coll.Précis, 13ème éd, 2013.
VERGES (E), *Procédure civile*, Presses universitaires de Grenoble, coll.Droit, 2007.
VERNY (E), *Procédure pénale*, Dalloz, coll.Cours, 2016.
VINEY (G), JOURDAIN (P), *Les effets de la responsabilité*, LGDJ, coll.Traités, 3ème éd, 2011.
VINEY (G), *Introduction à la responsabilité*, LGDJ, coll.Traités, 3ème éd, 2008.
VINEY (G), JOURDAIN (P), GHESTIN (J), *Les conditions de responsabilité*, LGDJ, coll.Traités, 4ème éd, 2013.

OUVRAGES SPÉCIALISÉS

ANGEVIN (H), LE GALL (H.-C), *La pratique de la cour d'assises*, LexisNexis, coll.Droit et professionnels, 5ème éd, 2012.

AUDET (J), KATZ (J.-F), *Précis de victimologie générale*, Dunod, coll.Psychothérapies, 2ème éd, 2006.
BASTARD (B), MOUHANNA (C), *Une justice dans l'urgence. Le traitement en temps réel des affaires pénales,* Paris, PUF - Collection Droit et Justice, 2007.
BONAFE-SCHIMTT (J.P), *La médiation : une justice plus douce*, Syros alternatives, coll.alternatives sociale, 1992.
BONFILS (Ph), GOUTTENOIRE (A), *Droit des mineurs*, Dalloz, coll.Précis, 2ème éd, 2014.
BORE (J), BORE (L), *La cassation en matière pénale 2012-2013*, Dalloz, coll.Dalloz action 3ème éd, 2010.
BRAITHWAITE (J), *Restorative Justice and responsive regulation,* Oxford University Press, 2002.
CARDET (C), *Le contrôle judiciaire socio-éducatif,* L'Harmattan, coll.Sciences criminelles, 2000.
CARIO (R), *La médiation pénale*, L'Harmattan, coll.sciences criminelles, 1998.
CARIO (R), *Victimologie. Les textes essentiels*, L'Harmattan, coll.Sciences criminelles, Vol.2, 2003.
CARIO (R), *Victimes : du traumatisme à la restauration,* L'Harmattan, coll.Sciences criminelles, 2002.
CARIO (R), *Justice restaurative. Principes et promesses*, L'Harmattan, coll.Sciences criminelles, 2ème éd, 2010.
CARIO (R), *Victimologie. De l'effraction du lien intersubjectif à la restauration sociale*, L'Harmattan, coll.Sciences criminelles, Vol.1, 4ème éd, 2012.
CUSSON (M), *Pourquoi punir ?* Paris, Dalloz, coll.Criminologie et droits de l'homme, 1987.
DANET (J), *La justice pénale entre rituel et management*, Presses universitaires de Rennes, coll.L'univers des normes, 2010.
DENISARD (J.-B), *Procureur au Châtelet de Paris*, Collection de décisions nouvelles et des notions relatives à la jurisprudence actuelle, Paris, 1757, T.2, p.62, cité in GARNOT (B) (Dir.), Les victimes des oubliées de l'histoire ? Presse universitaire de Rennes, 2000.
DE ROCHEGONDE (Th), ELIACHEFF (E), SOULEZ-LARIVIERE (D), *Le temps des victimes*, Albin Michel, coll.Che vuoi ? 2007.
DEL VECCHTIO (D), *La justice - la vérité. Essai de philosophie juridique et de morale*, Paris, Dalloz, coll.Philosophie du droit, 1955.
DOMAT (J), *Les lois civiles dans leur ordre naturel*, cité in ENCINAS DE MUNAGORRI (R), Introduction général au droit, Flammarion, coll.Champs, 4ème éd, 2015, p.277.
ELIACHEFF (C), SOULEZ-LARIVIERE (D), *Le temps des victimes*, Albin Michel, coll.Essais Doc, 2007.
ESMEIN (A), *Histoire de la procédure criminelle en France,* Panthéon-Assas Paris II, coll.Introuvables, 2010.
FAGET (J), *La médiation. Essai de politique pénale*, Erès, coll.Trajets, 1997.
FATTAH (E.-A), *The interchangeable roles of victim and victimizer*, The European Institute for crime and prevention, Helsinki, 1994.
FATTAH (E.-A), *La victime est-elle coupable ? Le rôle de la victime dans le meurtre en vue de vol*, Les Presses de l'université de Montréal, 1971.

GARAPON (A), GROS (F), PECH (T), *Et ce sera justice. Punir en démocratie*, Odile Jacob, 2001.

GARAPON (A), *La raison du moindre Etat. Le néolibéralisme et la justice*, Odile Jacob, coll.Science Hum, 2010.

GARFINKEL (H), *Recherches en ethnométhodologie*, PUF, coll.Quadrige, 2007.

GARNOT (B), *Les victimes des oubliées de l'histoire ?* Presse universitaire de Rennes, Coll.Histoire, 2000.

GARNOT (B), *Histoire de la justice. France, XVIème-XXIème siècle*, Gallimard, coll.Folio-histoire, 2009.

GERNET (J), *Anthropologie de la Grèce antique*, Flammarion, coll.Champs, 1999.

GIRARD (R), *La Violence et le sacré*, Fayard/Pluriel, coll.Pluriel, 2011.

GUERY (C), *La détention provisoire*, Dalloz, coll.Dalloz référence, 2001.

GUILLAUME-HOFNUNG (M), *La médiation*, PUF, coll.Que sais-je ? 2015.

HUMBERT (S), LUDWICZAK (F), *Juste victime dans le procès pénal*, L'Harmattan, coll.Droit, société et risque, 2015.

JEULAND (E), *Droit processuel. Une science de la reconstruction des liens de droit*, LGDJ, coll.Manuels, 2007.

KUTY (F), *Justice pénale et procès équitable. Notions générales, garanties d'une bonne administration de la justice*, Larcier, Vol.1, 2006.

LABARRIERE (P.-J), *Hegel : une philosophie du droit*, Communications, Persée, 1977, Volume 26, n°1, p.159-167.

LACLOS (Y), *Injuste justice ?* LexisNexis, coll.Essais, 2013.

LEBRUN DE LA ROCHETTE (C), *Le procès civil et criminel*, Candy, 1643.

LLEWELLYN (J), HOWSE (R), *La justice réparatrice, cadre de réflexion*, Ottawa, 1999, cité in CARIO, (R) (Dir.), Victimes : du traumatisme à la restauration, Œuvre de justice et victimes, Vol.2, L'harmattan, coll.Sciences criminelles, 2003.

LOPEZ (G), *La victimologie*, Dalloz, Coll.Connaissance du droit, 2ème éd, 2014.

LOPEZ (G), PORTELLI (S), CLEMENT (S), *Les droits des victimes. Droits, auditions, expertise, clinique*, Dalloz, Coll.Etats de droits, 2ème éd, 2007.

MARSHALL (T), *Restaurative Justice, an overwiew*, cité in CARIO, (R) (Dir.), Victimes : du traumatisme à la restauration, Œuvre de justice et victimes, Vol.2, L'harmattan, coll.Sciences criminelles, 2003.

MASLOW (A), *Vers une psychologie de l'être*; Fayard, coll.L'expérience psychique, 1972.

NEGRIER-DORMONT (L), TZITZIS (S), *Criminologie de l'acte et philosophie pénale : De l'ontologie criminelle des anciens à la victimologie des modernes*, LexisNexis, coll.Manuels, 1994.

PAPADOPOULOS (I), *Plaider-coupable à la française. La pratique américaine, le texte français*, PUF, coll.Droit et justice, 2004.

QUILLERE-MAJZOUB (F), *La défense du droit à un procès équitable*, Bruxelles, Bruylant, coll.H.c, 2000.

RASSAT (M.-L), *La justice en France*, PUF, coll.Que sais-je ? 8ème éd, 2007.

RICOEUR (P), *Le juste, la justice et son échec*, Herne, 2006.

ROGERS (C), *L'approche centrée sur la personne*, Ambre Editions, coll.Développement P, 2013.

ROUBIER (P), *Théorie générale du droit*, Dalloz, coll.Bibliothèque Dalloz, 2005.

ROSOLATO (G), *Le Sacrifice : repères psychanalytiques*, PUF, coll.Bibliothèque de psychanalyse, 2002.
RUMEN (J.-P), *Travaux d'un psychiatre-psychanalyste*, L'Harmattan, coll.Psychanalyse et civilisations, 2007.
SALAS (D), *Du procès pénal*, Paris, PUF, coll.Quadrige, 2010.
TERRE (F), *Le procès*, Sirey, coll.Archives de philosophie du droit, Tome 39, 2012.
VANHAMME (F), *La rationalité de la peine. Enquête au tribunal correctionnel*, Bruylant, coll.Galets rouges, 2009.
VERDIER (R), *Vengeance. Le face à face victime/agresseur, une relation à inventer*, Autrement, coll.Revue Autrement Mutations, janvier 2004.
VON HENTIG (H), *The criminal and his victim*, New York Yale University Press, 1948.
YAGIL (L), *Internet et les droits de la personne*, Du Cerf, 2006.
ZEHR (H), *The little book of restorative, Good Books Publication, 2002, p.37 et Rétributive justice, restorative justice, New Perspective on crime and justice-occasionnal Papers Séries*, 1985 cité in CARIO, (R) (Dir.), Victimes : du traumatisme à la restauration, Œuvre de justice et victimes, Vol.2, L'harmattan, coll.Sciences criminelles, 2003.
ZEHR (H), *La justice restaurative. Pour sortir des impasses de la logique punitive*, Labor et Fides, coll.Le champ éthique, Genève, 2012.

OUVRAGES COLLECTIFS

ABRAHAM (R), *Article 25*, in PETTITI (L.-E), DECAUX (E) et IMBERT (P.-H), La Convention européenne des droits de l'homme. *Commentaire article par article,* Economica, 2ème ed, 1999, p.257.
AMBROISE-CASTEROT (C), *Des contradictions dans le contradictoire en matière d'expertise pénale* in Mélanges en l'honneur de Jean François BURGELIN, Principe de justice, Dalloz, 2008, p.27.
ASSOCIATION FRANCAISE POUR L'HISTOIRE DE LA JUSTICE, *La justice en l'an mil*, la documentation française, 2015.
ASSOCIATION HENRI CAPITANT, *La Vérité et le Droit : journées canadiennes*, Paris, Economica, coll.Travaux de l'association Henri Capitant des amis de la culture juridique française, 1989.
BESSOLES (P), MORMONT (C) (Dir.), *Victimologie et criminologie. Approches cliniques*, Champ social, coll.Victimologie et criminologie, 2004.
BONFILS (Ph), *La nature juridique de l'action civile, la participation de la victime au procès pénal, une action innommée ?* In Mélanges offerts à Jean PRADEL, Le droit pénal à l'aube du troisième millénaire, Cujas, 2006.
BONNARD (H), *La participation de la victime d'infraction* in Mélanges offerts à Georges LEVASSEUR, Droit pénal, Droit européen, Litec, 1992, p.296.
BROUCHOT, *L'arrêt Laurent-Atthalin, sa génèse et ses conséquences* in Mélanges offerts à Maurice PATIN, Essai d'une théorie de la preuve devant la juridiction administrative, Paris, Cujas, 1966.
CADIET (L) (Dir.), *Dictionnaire de la justice*, PUF, coll.Grands dictionnaires, Paris, PUF, 2004.

CALMETTES (J), *Le rôle des services d'aide aux victimes dans la mise en œuvre des politiques publiques d'aide aux victimes*, in BERNARD (A), CARIO (R) (Dir.), Les politiques publiques interministérielles d'aide aux victimes, L'Harmattan, coll.Sciences criminelles, 2001, p.109-116.

CARIO (R), *Les rencontres restauratives post-sentencielles*, in CARIO (R), MBANZOULOU (P), La justice restaurative une utopie qui marche ? L'Harmattan, coll.controverses, 2010.

CARIO (R), *Terrorisme et droit des victimes*, in SOS ATTENTATS, DOUCET (G) (Dir), Terrorisme, victimes et responsabilité pénale internationale, Calmann-Lévy, coll.Sciences et techniques, 2003.

CARIO (R), MBANZOULOU (P) (Dir.), *La victime est-elle coupable ? Autour de l'œuvre d'EZZAT Abdel FATTAH*, L'Harmattan, coll.Sciences criminelles, 2004.

CARIO (R), MBANZOULOU (P) (Dir.), *La justice une utopie qui marche ?* L'Harmattan, coll.Controverses, 2010.

CAVROIS (M.-L), DALLE (H), JEAN (J.-P) (Dir), *La qualité de justice*, La documentation française, 2002.

CARIO (R), SALAS (D) (Dir.), *Œuvre de justice et victimes*, L'Harmattan, coll.Sciences criminelles, Vol.1, 2001.

COUVRAT (P), *L'application de la peine* in OTTENHOF (R) (Dir.), L'individualisation de la peine, Erès, coll.Criminologie et sciences de l'homme, 2001, p.261.

DANET (J), GRUNVALD (S), HERZOG-EVANS (M) et LE GALL (Y) (Dir.), *Prescription, amnistie et grâce en France*, Dalloz, coll.Thème et commentaires, 2008.

DARBEDA (P), *Des réductions de peines au crédit de réduction de peine institué par la loi du 9 mars 2004* in Mélanges en l'honneur de Reynald OTTENHOFF, Le champ pénal, Dalloz, coll.Etudes, mélanges, travaux, 2006.

DALLE (H), *Juger plus et juger mieux*, In SOULEZ LARIVIERE (D) et DALLE (H) (Dir.), Notre justice. Le livre vérité de la justice française, Robert Laffont, 2002, p.231-247.

DAMIANI (C), *L'aide psychologique aux victimes* in CARIO (R) et SALAS (D), Œuvre de justice et victimes, Vol.1, L'Harmattan, coll.Sciences Criminelles, 2003.

DESDEVISES (M.-C), *Le pouvoir d'appréciation du parquet dans la mise à exécution de la sanction*, in Mélanges offerts à Pierre COUVRAT, La sanction du droit, PUF, 2001, p.431.

D'HAUTEVILLE (A), *Les droits des victimes* In CABRILLAC (R), FRISSON-ROCHE (M.-A), REVET (T)(Dir.), Libertés et droits fondamentaux, Dalloz, 2001, 7ème éd, p.591-609

DOMENECH (J.-L), *L'INAVEM et les associations d'aide aux victimes*, In R.CARIO (Dir.), Victimes : du traumatisme à la restauration, L'Harmattan, coll.Sciences criminelles, Vol 2, 2003.

DUMOUCHEL (P) (Dir.), *Comprendre pour agir : violences, victimes et vengeances*, Paris : L'Harmattan, coll.Dike, 2000.

FAVREAU (B), *Aux sources du procès équitable ; une certaine idée de la qualité de la justice*, in Ordre des avocats à la Cour d'appel de Bordeaux, Le procès équitable et la protection juridictionnelle du citoyen (Actes du colloque organisé à l'école nationale de la magistrature à Bordeaux le 29 septembre 2000, Bruxelles), Bruylant, 2001.

FOURNIER (S), *La peine de sanction réparation : un hybride disgracieux (ou les dangers d'un mélange de genre)* in Mélanges en l'honneur du professeur Jacques Henri ROBERT, LexisNexis, coll.N/A, 2012, p.288.

GARAPON (A), *Une Justice pour la victime*, in GARAPON (A), GROS (F), PECH (T), Et ce sera Justice, punir en démocratie, Odile Jacob, coll.Science Hum, 2001.

GARNOT (B) (Dir.), *Les victimes, des oubliées de l'histoire ?* Rennes, Presses universitaires de Rennes, 2000.

GASSIN (R), *Remarques sur l'interprétation jurisprudentielle de l'article 470-1 du code de procédure pénale* in Mélanges en l'honneur du professeur Jean LARGUIER, Droit pénal, procédure pénale, Presse universitaire de Grenoble, 1993, p.149.

GUILBERTEAU (A), *De la femme victime de violences à la citoyenne blessée*, in CARIO (R) (Dir.), Victimes du traumatisme à la restauration. Œuvre de justice et victimes, Vol.2, L'Harmattan, coll.Sciences criminelles, 2003.

GUINCHARD (S), CHANAIS (C), DELICOSTOPOULOS (C), DELICOSTOPOULOS (I), DOUCHY-OUDOT (M), FERRAND (F), LAGARDE (X), MAGNIER (V), RUIZ-FABRI (H), SINOPOLI (L), *Droit processuel et droits fondamentaux du procès*, Dalloz, coll.Précis, 8ème éd, 2015.

GROS (F), *Les quatre foyers de sens de la peine* in GARAPON (A), GROS (F), PECH (T), Et ce sera justice, punir en démocratie, Odile Jacob, coll.science Hum, 2001.

GOLCUKLU (F), *Le procès équitable et l'administration des preuves dans la jurisprudence européenne des droits de l'homme* in Mélanges offerts à Jacques VELU, Présence du droit public et des droits de l'homme, Bruxelles, Emile Bruylant, 1992.

HALPERIN (H.-L), La défense de la victime en France aux XIXème et XXème siècles in GARNOT (B) (Dir.), Les victimes des oubliées de l'histoire ? Presse universitaire de Rennes, 2000, p.59-66.

HINCKER (L), *L'association, truchement social ?* In MARTIN (P), LIENHARD (C), HELLBRUNN (R), Peut-on aider les victimes ? Erès, coll.Accord et à cri, 1985.

HUSS (A) et GERARD (D), *Vérité et justice (la vérité et le procès)* in ASSOCIATION HENRI CAPITANT, *La Vérité et le Droit : journées canadiennes*, Paris, Economica, coll.Travaux de l'association Henri Capitant des amis de la culture juridique française, 1989.

IMBS (P) (Dir.), *Dictionnaire de la langue du XIXème et XXème siècle (1789-1960)*, Paris, Du CNRS, 1977.

JACCOUD (M) (Dir.), *Justice réparatrice et médiation pénale : convergences ou divergences ?* L'Harmattan, coll.Sciences criminelles, 2010.

KATZ (J.-F), *Les principes de l'accueil SVP* in AUDET (J), KATZ (J.-F), Précis de victimologie générale, Dunod, coll.Psychothérapies, 2èmeéd, 2006, p.512-513.

KEM (F), *La place des victimes dans les enquêtes de police judiciaire effectuées par la Gendarmerie*, In BERNARD (A) et CARIO (R) (Dir.), Les politiques publiques interministérielles d'aide aux victimes, L'Harmattan, coll.Sciences criminelles, 2001, p.137-152.

LAVIT (E), *L'intérêt de la professionnalisation des intervenants de l'aide aux victimes*, in BERNARD (A), CARIO (R) (Dir.), Les politiques interministérielles d'aide aux victimes, L'Harmattan, coll.Sciences criminelles, 2001, p.47-50.

LAZERGUES (C), *De la judiciarisation à la juridictionnalisation de l'exécution des peines*, in Mélanges offerts à Pierre COUVRAT, La sanction du droit, Paris : PUF, 2001, p.489 et s.

LE PETIT ROBERT 2016, *Dictionnaire de la langue française*, Le Robert, coll.Les dictionnaires généralistes, 2015.

LE JAN (R), *Les transactions et compromis judiciaires autour de l'an MIL* in ASSOCIATION FRANCAISE POUR L'HISTOIRE DE LA JUSTICE, *La justice en l'an mil*, la documentation française, 2015, p.67-79.

MALABAT (V), DE LAMY (B), GIACOPELLI (M) (Dir.), *La Réforme du code pénal et du code de procédure pénale, Opinio Doctorum*, Dalloz, coll.Thèmes et commentaires, 2009.

MBOUZOULOU (P), *La médiation pénale en France à l'aune de la loi du 9 juillet 2010* in R.CARIO, MBANZOULOU (P), La justice restaurative. Une utopie qui marche ? L'Harmattan, coll.Controverses, 2010.

MÉLANGES en l'honneur de Reynald OTTENHOF, *Le champ pénal*, Dalloz, coll.Etudes, mélanges, travaux, 2006.

MÉLANGES en l'honneur de Pierre COUVRAT, *La sanction du droit*, PUF, coll.Sinai, 2001.

METTOUX (P), *Les politiques publiques d'aide aux victimes*, in CARIO (R), SALAS (D), Victimes : du traumatisme à la restauration, Œuvre de Justice et victimes, Vol.2, L'Harmattan, coll.Sciences criminelles, 2001, p.11.

MINISTÈRE DE LA JUSTICE (Dir.), *Le guide des droits des victimes*, Gallimard, 1982.

ORDRE DES AVOCATS A LA COUR D'APPEL DE BORDEAUX, *Le procès équitable et la protection juridictionnelle du citoyen* (Actes du colloque organisé à l'école nationale de la magistrature à Bordeaux le 29 septembre 2000, Bruxelles), Bruylant, 2001.

PARIZOT (R), *Vers une action pénale partagée ?* In GIUDICELLI-DELAGE (G), La victime sur la scène pénale en Europe, PUF, coll.Les voies du droit, 2015.

PIN (X), *La vulnérabilité en matière pénale*, in COHET-CORDET (F) (Dir.), Vulnérabilité et droit. Le développement de la vulnérabilité et ses enjeux en droit, Presse universitaire de Grenoble, coll.Ecole doctorale droit, sciences politiques, relations internationales, 2000, p.120.

REY-DEBOVE (J), REY (A), *Le nouveau Petit Robert 2009, Dictionnaire alphabétique et analogique de la langue française*, LR, coll.PR1, 2008.

RUDE-ANTOINE (E) (Dir.), *Le procès, enjeu de droit, enjeu de vérité*, Paris, PUF, coll.Centre Universitaire de Recherches Administratives et Politiques de Picardie - CURAPP, 2007.

RUIZ FABRI (H), MARTIN-CHENUT (K), DELLA MORTE (G), LAMBERT ABDELGAWAD (E), *La clémence saisie par le droit, Amnistie, prescription et grâce en droit international comparé*, Société de législation comparée, coll.Unité mixte de recherche de droit comparé de Paris (Université de Paris I, CNRS/UMR, 8103), 2007.

SALAS (D), *Les enfants d'Orphée. Anciennes et nouvelles victimes* in VERDIER (R) (Dir.), Vengeance. Le face à face victime/agresseur, n°228, Paris, Autrement, coll.Mutations, 2004.

STRICKLER (Y) (Dir.), *La place de la victime dans le procès pénal*, Bruxelles, Bruylant, 2009, p.68.

SUDRE (F) (Dir.), *Les grands arrêts de la Cour européenne des Droits de l'homme*, PUF, coll.Thémis, 7ème éd, 2015.

THOMAS (D), *Le concept de procès pénal* in Mélanges offerts à Pierre COUVRAT, La sanction du droit, Paris : PUF, 2001, p.559.

THOMAS (D), *L'évolution de la procédure pénale française contemporaine : la tentation sécuritaire*, in Mélanges en l'honneur du Professeur Reynald OTTENHOF, Le champ du droit, Dalloz, coll.Etudes mélanges travaux, 2006, p.53-55.

VEAUX-FOURNERIE (P), *L'obligation de consignation imposée à la partie civile*, in Mélanges en l'honneur du doyen Pierre BOUZAT, A.Pédone, 1980, p.436.

VERON (M), *L'abus de confiance, son extension dans l'espace et dans le temps*, in Les droits et le Droit, Mélanges offerts à Bernard BOULOC, Dalloz 2007.

WALGRAVE (L), *La justice restaurative et la justice pénale : un duo ou un duel*, in CARIO (R). Victimes : du traumatisme à la restauration, Œuvre de Justice et victimes, Vol.2, L'Harmattan, coll.sciences criminelles, 2002, p.287.

II. THÈSES ET MÉMOIRES

AISSAOUI (K), *La victime d'infraction pénale, de la réparation à la restauration*, Thèse de l'université de Jean-Moulin Lyon III, 2013.

AL-FAWAREH (M), *La victime devant la justice pénale. Comparaison de la procédure pénale française et de quelques procédures pénales arabes*, Thèse de l'université de Poitiers, 2004.

ALAPHILIPPE (F), *L'option entre la voie civile et la voie pénale pour l'exercice de l'action civile (contribution à la théorie de l'action civile)*, Thèse de l'université de Poitiers, 1972.

BONFILS (P), *La nature juridique de l'action civile*, Thèse de l'université d'Aix-en-Provence, 2000.

CHOLET (D), *La célérité de la procédure en droit processuel*, Thèse de l'université de Poitiers, 2003.

CLEMENT (E), *Les caractères de l'influence de la victime en droit pénal*, Thèse de l'université de Rennes, 2013.

CORIOLAND (S), *La place de la victime dans le procès pénal*, Thèse de l'université de Strasbourg, 2009.

DESPREZ (F), *Rituel judiciaire et procès pénal*, Thèse de l'université de Montpellier 1, 2008.

GERMAIN (C), *La partie civile et la mise en mouvement de l'action publique : restrictions et sanctions*, Thèse de l'université de Dijon, 1933.

GIUDICELLI-DELAGE (G), *La motivation des décisions de justice*, Thèse de l'université de Poitiers, 1979.

JOSEPH-RATINEAU (Y), *La privatisation de la répression pénale*, Thèse de l'université de Paul Cézanne-Aix-Marseille, 2013.

LEMASSON (A.-T), *La victime devant la justice pénale internationale*, Thèse de l'université de Limoges, 2010.

LEROY (J), *La constitution de partie civile à des fins vindicatives. Défense et illustration de l'article 2 du code de procédure pénale*, Thèse de l'université de Paris Est XII, 1990.

MIHMAN (A), *Contribution à l'étude du temps dans la procédure pénale : pour une approche unitaire du temps de la réponse pénale*, Thèse de l'université de Paris Sud XI, 2007.

NGUYEN (D), *Le statut des victimes dans la pratique des juridictions pénales internationales*, Thèse de l'université de Jean Moulin Lyon III, 2014.

PIGNOUX (N), *La réparation des victimes d'infractions pénales*, Thèse de l'université de Pau et des Pays de l'Adour, 2007.

PIN (X), *Le consentement en matière pénale*, Thèse de l'Université de Grenoble, Pierre Mendès France, 19999.

PORCARA (E), *Le témoignage oral dans la procédure pénale*, Thèse de l'université de Montpellier, 2010.

ROSSI (C), *Le double visage des proches des victimes d'homicide : approche comparée en droit pénal et victimologie*, Thèse de l'université de Pau et des pays de l'Adour, 2008.

ROTH (S), *Clandestinité et prescription de l'action publique*, Thèse de l'université de Strasbourg, 2013.

SAMBIAN (M), *Le respect de l'égalité des armes à l'égard de la victime dans le procès pénal*, Thèse de l'université de Montpellier I, 2000.

SEGAUD (J), *Essai sur l'action publique*, Thèse de l'université de Reims, 2010.

SENETE, *De l'assistance judiciaire en matière civile et des réformes qu'elle pourrait comporter*, Thèse Paris, 1898, p.7-53, citée in GARNOT (B) (Dir.), Les victimes des oubliées de l'histoire ? Presse universitaire de Rennes, 2000.

TADROUS (S), *La place de la victime dans le procès pénal*, Thèse de l'université de Montpellier 1, 2014.

III. ARTICLES, CHRONIQUES

ALT-MAES (F), *Le concept de victime en droit civil et en droit pénal*, RSC, 1994, p.35.

ALT MAES, *La contractualisation du droit pénal mythe ou réalité ? RSC,* 2002, p.515.

AMBROISE-CASTEROT (C), *L'action civile*, Répertoire de droit pénal et de procédure pénale, septembre 2012.

AMBROISE-CASTEROT (C), *Recherche et administration des preuves en procédure pénale : la quête du Graal de la Vérité*, AJ Pénal, 2005, p.261.

ANCEL (M), *La défense sociale devant le problème de la victime*, RSC, 1978, p.179.

AVENA-ROBARDET (V), *Lutter efficacement contre les violences conjugales*, AJ Famille, 2010, p.298.

BARTHELEMY (J), BORE (L), *Le principe constitutionnel d'égalité devant la justice depuis le 1er mars 2010*, D.2011, p.275.

BARBERGER (C), *Les personnes vulnérables*, In Actes du XIIIème Congrès de l'association française de droit pénal, Le nouveau Code pénal : deux années d'application, RPDP, 1996, n° 3, p.179- 191.

BASTARD (B), MOUHANNA (C), *L'urgence comme politique pénale ? Le traitement en temps réel des affaires pénales, Archives de politique criminelle, n°28, 2006.*

BEBIN (X), *L'inexécution des peines de prison*, Etudes et Analyses de l'Institut pour la justice, 2009.

BEBIN (X), *La sanction pénale est-elle dissuasive ?* Etudes et Analyses de l'Institut pour la justice, 2009.

BEBIN (X), *La prison est-elle criminogène ?* Etudes et Analyses de l'Institut pour la justice, 2009.

BEBIN (X), NOUEL (B), *Judiciaire, pénitentiaire : quelles réformes pour la justice?* Etudes et Analyses de l'Institut pour la justice, 2011.

BECET (J.-M), *La communication des documents au public,* Encyclopédie, répertoire de contentieux, Dalloz, 2013.

BERISTAIN (A), *La justice et l'assistance aux victimes. A propos de l'élaboration d'une Déclaration par les Nations Unies*, RICPT, 1987, p.331-341.

BERNAT DE CELIS (J), *La difficulté de faire exécuter les peines d'emprisonnement correctionnel à Paris*, RSC, 1988, p.469.

BIBAL (F), *Incapacité temporaire partielle : la grande oubliée*, Gaz.Pal, 12-13 juillet 2006, p.23-24.

BLANCHOT (A), *Autorité des décisions de non-lieu-reprise de l'information sur charges nouvelles*, Procédures, 1998, p.5.

BLANCHOT (A), *Tribunal correctionnel-opposition-itératif défaut*, JCP, JCl.Procédure pénale, 1er janvier 2007.

BOLZE (C), *Le refus d'informer, une sanction exceptionnelle en procédure pénale*, RSC, 1982, p.311.

BOLLE (P.-H), *Les lenteurs de la procédure pénale*, RSC, 1982, p.291.

BONFILS (Ph), *Les dispositions relatives aux mineurs de la loi n°2004-204 dite Perben II*, JCP G, 2004.

BONFILS (Ph), *L'action civile. Essai sur la nature juridique d'une institution*, RIDC, 2001, Vol.53, n°2, p. 514-515.

BONIS-GARCON (E), *La détention provisoire pour manquement au contrôle judiciaire*, JCP, 2002, p.159.

BOSSAN (J), *La visioconférence dans le procès pénal : un outil à maîtriser*, RSC, 2012, p.801.

BOTTON (A), *Examen à la proposition d'octroi à la victime d'un droit de récusation des jurés d'assises*, D.2010, p.517.

BOULAN (F), *Le double visage de l'action civile exercée devant la juridiction répressive*, JCP, 1973.

BRUN (A), GALLAND (H), *Droit du travail*, RIDC, 1979, Vol.31, n°1, p.218-220.

BUREAU (A), *Etat des lieux d'un dispositif procédural atypique, la composition pénale,* Archives de politiques criminelles, n°27, A.Pédone, 2005.

CADIET (L), *L'accès à la justice*, D, 2017, p.522.

CARIO (R), *La prescription de l'action publique. Au-delà du victimaire et du sécuritaire : le souci de la restauration des personnes*, D.2007, p.178.

CARIO (R), *Qui a peur des victimes ?*, AJ.pénal, n°12, décembre 2004, p.434-437.

CARIO (R), *L'impact des théories victimologiques sur le(s) droit(s) des personnes victimes d'infraction en France*, Revue.francophone de victimologie, Mars.2015.
CARIO (R), *Victimes d'infractions*, Rép.pén, n°143, 2007.
CARIO (R), *La place de la victime dans l'exécution des peines*, D.n°3, 2002, p.145-151.
CARIO (R), *Les droits des victimes d'infraction, problèmes politiques et sociaux*, Paris, la documentation française, n°943, décembre 2007.
CERE (J.-P), *L'influence du droit européen sur le droit de l'exécution des peines*, RPDP, 2005, p.263.
CERE (J.-P), REMILLIEUX (P), *De la composition pénale à la comparution sur reconnaissance préalable de culpabilité : le « plaider-coupable à la française »*, AJ Pénal, n°2, 2003, p.45 à 52.
CERVEAU (B), *Aide juridictionnelle et assurance de protection juridique : la mise en œuvre du principe de subsidiarité*, Gaz.Pal, n°94, 4 avril 2009.
CHARIOT (P), TEDLAOUTI (M), DEBOUT (M), *L'incapacité totale de travail et la victime de violences*, A.J, 2006, n°7-8, p.300-303.
CHARIOT (P), BOUROKBA (N), *L'incapacité totale de travail, le médecin et la victime*, Médecine Légale et Société, n°5, 2002.
CHEVALLIER (J.-Y), *La victime et la peine : le point de vue du juriste*, RPDP, 2004, p.815-820.
CLEMENT (G), VINCENTINI (J.-P), *Les bureaux de l'exécution des peines*, RSC, 2009, p.139.
CLEMENT (S), *Songes d'une pure vérité : à propos des détecteurs de mensonges*, RICPT, 2004.
COHEN-JONATHAN (V.-G), *L'égalité des armes selon la Cour européenne des droits de l'homme*, LPA, n°238, 28 novembre 2002, p.21.
COLLET-ASKRI (L), T*esting or not testing? La chambre criminelle valide ce mode de preuve, fût-il déloyal*, D.2003, p.1309 et s.
COLLIN (B), *Trois ans de justice réparatrice dans nos prisons*, Just News (magasine d'information du SPF Justice), n°15 novembre 2003, p.14.
CONTE (Ph), *Responsabilité du fait personnel*, Rép.civ, Dalloz, mai 2002.
CONTE (Ph), *La participation de la victime dans le processus pénal, de l'équilibre procédural à l'a confusion des genres*, RPDP, n°3, Juillet-septembre 2009, p.521.
COSTAZ (C), *Le droit à l'oubli*, Gaz.Pal, 1996.
COUVRAT (P), *La protection des victimes d'infractions. Essai d'un bilan*, RSC, 1983, p.571.
COUVRAT (P), *Les procédures sommaires en matière pénale*, RID comp, Vol.46, n°2, 1994, p.695-702.
COUVRAT (P), *Dispositions générales et nouvelle organisation judiciaire de l'application des peines*, RSC, 2004, p.682.
COULON (J.-M), GRUMBACH (T), *L'égalité devant la justice*, Justices, n°1, 2000.
DALLEST (J), *Le traitement judiciaire du procès sensible, enjeux collectifs et contraintes individuelles*, AJ Pénal, 2006, p.105.
DALLEST (J), *Les différents modes de poursuite du parquet, A.J. Pénal, janvier* 2005, p.21.

DANDONNEAU (V), *Retour sur une expérimentation européenne de médiation pénale post-sententielle*, AJ Pénal, n°5, mai 2011, p.225 et s.
DANET (J), *Le premier pas vers la réduction de l'office du juge*, Justices, n°177, 2004, p.10.
DANET (J), *La prescription de l'action publique : un enjeu de politique criminelle*, Archives de politique criminelle, n°28, 2006.
DANJAUME (G), *Le principe de la liberté de la preuve en procédure pénale*, D.1996, p.154.
DANTI-JUAN (M), *Syndicat Action civile*, Rép.civ, Dalloz, n°71, 2009.
DE BOUILLANE DE LACOSTE (O), *L'application des règles du droit civil en cas de relaxe*, Gaz.Pal, 1987.
DEBOVE (F), *La justice pénale instantanée, entre miracles et mirages*, Dr.pén, n° 11, Novembre 2006, étude 19.
DE GOUTTE (R), *Le juge français et la CEDH : avancée et réticences*, RIDC, Vol.51 n°1, Janvier-mars 1999, p.7-20.
DE LAMY (B), *La loi n°2004-204 du 9 mars 2004 portant adaptation de la justice aux évolutions de la criminalité*, D.2004.
DEL VECCHTO (G), *La justice, la vérité : Essais de philosophie juridique et morale*, RIDC, n°4, 1955, p.900-901.
DE POULPIQUET (J), *Le droit de mettre en mouvement l'action publique : conséquence de l'action civile ou droit autonome ?* RSC, 1975, p.37.
DE REDON (L), La transaction pénale étendue à l'ensemble du code de l'environnement, Revue énergie-environnement-infrastructures, mai 2015.
DETRAZ (S), *La juridiction pénale saisie de la seule action civile : une situation en voie de généralisation*, Procédures, décembre 2008, n°12.
D'HAUTEVIILLE (A), *Le nouveau droit des victimes*, RICPT, 1984, p.456.
D'HAUTEVILLE (A), *Les droits des victimes dans la loi du 15 juin 2000*, RSC, 2001, p.107.
DIDIER (J.-P), MELIN-SOUCRAMANIEN (F), *Le principe de l'égalité des armes*, RRJ, 1993.
DI MARINO (G), *Le ministère public et la victime*, RPDP, juillet-septembre 2001.
DONDERO (B), *La justice prédictive : la fin de l'aléa judiciaire ?* D, 2017, p.532.
DONNIER (A), *Prescription et clandestinité : la troublante constance de la cour de cassation*, D.2005.
DONNIER (M), *Les infractions continues*, RSC, 1957, p.749.
DORIAT (F), PETON (P), COUDANE (H), PY (B), FOURMENT (F), *L'incapacité totale de travail en matière pénale : pour une approche médico-légale*, Médecine et Droit, 2004, p.27-30.
DREYER (E), *La causalité directe de l'infraction*, JCP G, n° 6, Juin 2007.
DUVERT (C), BELLIVIER (F), *Regards pluridisciplinaires sur les victimes. Les victimes : définitions et enjeux*, Archives de politique criminelle, 2006/1, n°28, p.3-10.
ETRILLARD (C), *L'enregistrement audiovisuel des auditions de mineurs en France*, RICPT, 2004.
FAGET (J), *La double vie de la médiation*, Droit et Société, n°29, 1995, p.25-35.
FATTAH (E.-A), *La victimologie : qui-est-elle, et quel est son avenir ?* RICPT, 1967, p.116.

FATTAH (E.-A), *Vers une typologie criminologique des victimes*, RIDC 1967-1968, p.162.
FAVOREU (L), RENOUX (T), *Le contentieux constitutionnel des actes administratifs*, Rep.Contentieux administratif, 1992.
FOHRER-DEDEURWAERDER (E), *Procédure applicable aux infractions de nature sexuelle et à la protection des mineurs victimes*, JCP, 2009, n°184.
FOONER (M), *Les problèmes posés par l'indemnisation des victimes*, RIPC, 1967-1968, p.69.
FOSSIER (T), *Démocratie sanitaire et personnes vulnérables*, JCP G, 2003, n°135, p. 931.
GARAPON (A), *Les enjeux de la justice prédictive*, JCP, 2017, n°31.
GARAPON (A), SALAS (D), *La victime plutôt que le droit, Qu'est-ce que le sarkozysme ?* Esprits, novembre 2007, p.264.
GAYET (C), *Application du principe de la loyauté de la preuve en matière de trafic d'influence*, Actualité juridique, 18 février 2008.
GIACOPELLI (M), *La médiation pénale en France, l'exemple de la médiation réparation*, RPDP, 2006, p.40.
GIACOPELLI (M), *Libres propos sur la sanction-réparation*, D.2007, p.1551.
GIACOPELLI (M), *Victimes et application des peines*, RPDP, 2007, p.789.
GIRAUD (F), *Les actions civiles au tribunal correctionnel : conséquences civiles et répressives*, RSC, 1995, p.549-566.
GOSSEYE (P), *La mise en œuvre de la médiation pénale par l'Association béarnaise de contrôle judiciaire de Pau*, AJ Pénal, 2011, p.221.
GOUTTENOIRE (A), *Enfance*, RPDP, 2004, n° 150, p.15.
GOUTTENOIRE (A), *La prise en compte des violences dans le cadre de l'autorité parentale*, AJ.Fam, 2011, p.458.
GRANIER (J), *Quelques réflexions sur l'action civile*, JCP, n°1386, 1957.
GUENEHC (P), *La loi du 24 aout 1993, un rééquilibrage de la procédure pénale*, JCP, 1993, p.501.
GUERY, *Peut-on motiver l'intime conviction ?* JCP G, 2011, p.53.
GUERY (C), CROZIER (J.-L), *L'Expertise en matière pénale et les droits de la défense*, RPDP, n°7, 2010.
GUILLAUME (M), *Question prioritaire de constitutionnalité et convention européenne des droits de l'homme*, Nouveaux cahiers du conseil constitutionnel, n°32, 2011/07, p.67 et s.
GUINCHARD (S), *Le temps et la procédure*, D., 1996, p.132.
GUINCHARD (S), *Vers une démocratie procédurale*, Justices, 1999, n°1, p.91-130.
GUINCHARD (S), *L'action de groupe en procédure civile française*, RIDC, 1990, Vol.2, n°2, p.599-635.
GUINCHARD (S), *Une classe action à la française*, D.2005, p.2180.
HAUSER (J), *Des incapables aux personnes vulnérables*, Dr.Fam, 2007, Etude 14.
HEMMERUCH (M), CLASSINE (M), *Faites entrer la victime*, Le Passe-muraille, Publication GENEPI, novembre/décembre 2011, n°33, p.37.
HERZOG-EVANS (M), *Les victimes et l'exécution des peines. En finir avec le déni et l'idéologie*, AJ.Pénal 2008, p.356.
HERZOG-EVANS (M), *Les dispositions relatives à la récidive dans la loi n°2005-1549 du 12 décembre 2005*, D.2006, p.189.
HEUYER (G), *Narco-analyse et narco-diagnostic*, RSC, 1950, p.7et s.

HUDSON (J), GALAWAY (B), *Victims, Offenders and alternatives sanctions*, Lexington Books, 1980, p.103, in M.C.DESDEVISES, RICPTS, vol.58, n°1, 2005.

HUYETTE (M), *Quelles réformes pour la cour d'assises ?* D.2009, p.2437.

JEAN-PIERRE (D), MELIN-SOUCRAMANIEN (F), *Le principe de l'égalité des armes*, Presse universitaire d'Aix-Marseille, RRJ, 1993-2, p.489.

KILLIAS (M), *La L.A.V.I. comme fruit de recherches sur les attentes et les difficultés des victimes d'infractions criminelles*, Revue pénale suisse, 1993, n°4, p.397-412.

KRIEGK (J.F), *L'américanisation de la justice, prisme d'un nouvel ordre symbolique en matière pénale*, Gaz.Pal, 8-9 avril 2005, p.2.

LACROIX (C), *L'accès à la chambre criminelle de la cour de cassation par les parties civiles : de la nécessité de modifier l'article 575 du code de procédure pénale*, Dr.pén, 2007, Etude 2.

LAMON (B), *La profession d'avocat et la justice prédictive : un bel outil pour le développement du droit*, D, 2017, p.808.

LAPLANCHE (J), *Réparation et rétribution : une perspective psychanalytique*, *Archives de philosophie du droit, T. 28, Philosophie pénale*, Paris, 1983, p.109-123.

LAVRIC (S), *Presse : suspension et interruption infructueuses de la prescription*, JCP G, 5 novembre 2009.

LAZERGUES (C), *Le renforcement des droits des victimes par la loi n°2000-516 du 15 juin 2000*, Archives de politique criminelle n°24, 2002, A.Pédone.

LAZERGES (C), *La dérive de la procédure pénale*, *RSC*, 2003, p.648.

LEBEHOT (T), *Le cadre juridique de la médiation pénal*, AJ Pénal, 2011, p.216.

LEBLOIS-HAPPE (J), *Le libre choix de la peine par le juge : un principe défendu bec et ongles par la chambre criminelle*, Dr.Pénal, 2003, chron.n°11.

LECUYER (G), *La clandestinité de l'infraction comme justification du retard de la prescription de l'action publique*, Dr.pén, 2005, chron.14.

LEMOULAND (J.-J), VIGNEAU (D), *Droit des couples*, D.p.1786.

LIGER (D), *Fonction de la justice : mieux juger ou traiter les flux policiers ?* Gaz.Pal, 12-13 mai 2004, p.5-19.

MAISTRE DU CHAMBON (P), *La régularité des provocations policières : l'évolution de la jurisprudence*, JCP, n°3422, 1989.

MAITRE (S), *Plaidoyer pour la participation de la victime dans la procédure d'application des peines*, Etudes et Analyses de l'Institut pour la justice, n°13, Février 2011.

MAIZY (M.-B), CHOPIN (M), *La loi du 9 juillet 2010 et l'ordonnance de protection, une réponse adaptée aux violences intrafamiliales ?* AJ.Fam, 2010, p.514.

MARSAT (C), *Le refus d'informer ne peut être qu'exceptionnel*, Dr.Pénal, avril 2000, chron.14, p.8.

MARZANO (M), *Qu'est-ce qu'une victime ?* Archives de politique criminelle, n°28, 2006, p.11.

MATSOPOULOU (H), *La motivation des arrêts de la cour d'assises et les exigences du procès équitable*, JCP G, 2010.

MATSOPOULOU (H), *Commentaire de la loi n°2007-291 du 5 mars 2007 tendant à renforcer l'équilibre de la procédure pénale*, Dr. Pénal, 2007, Etude n°6.

MAUDET (G), *Le polygraphe et son utilisation en justice*, RICPT, 1959.
MAUREL (E), *Le recours à la médiation pénale par le procureur de la République*, AJ Pénal, n°5, mai 2011.
MAYER (D), CHASSAING (J.-F), *Y a-t-il une place pour l'hypnose en procédure pénale ?* D.2001, p.1340.
MAYER (D), *Le nouvel éclairage donné au viol par la réforme du 23 décembre 1980*, D.1981, p.283.
MEKKI (M), *Les fonctions de la responsabilité civile à l'épreuve des fonds d'indemnisation des dommages corporels*, LPA, n°8, 12 janvier 2005.
MEYER (B), *Récusation des jurés : comment vider un droit de sa substance ou la lui rendre*, AJ.pénal, 2006, p.238.
MILBURN (P), *La médiation pénale en France : quelle place pour les victimes ?* Les cahiers de la justice, n°1, 2006, p.113-126.
MOLINS (F), *Plaidoyer pour le « plaider coupable » : des vertus d'une peine négociée*, AJ pénal, 2003, p.61-63.
MOLINS (F), *Ministère public*, Répertoire de droit pénal et de procédure pénale, 2014.
MOUHANNA (C), MILBURN (P), PERROCHEAU (V), *Controverses et compromis dans la mise en place de la composition pénale*, Archives de politique criminelle, n° 27, 2005, p.151-165.
NEIRINCK (C), *L'enfant, être vulnérable*, RDSS, 2007, p. 5.
NOIREL (J), *L'influence de la personnalité de la victime sur la répression exercée à l'encontre de l'agent*, RIDP, 1959, p.181-215.
NOLEN (J), *Les comparutions immédiates et le travail en temps réel : le point de vue du siège*, LPA, n°52, 14 mars 2001, p.31.
PERINET-MARQUET (H), *Le cautionnement pénal, un échec remédiable*, D.1981, p.149-156.
PERROCHEAU (V), *La composition pénale et la comparution sur reconnaissance préalable de culpabilité : quelle limite à l'omnipotence du parquet ?* Droit et société, 2010, n°74, p.55-71.
PHILOPOULOS (D), HAMONET (C), *Méthodologie de l'estimation du besoin en tierce personne en pratique médico-légale*, Gaz.Pal, 12-13juillet 2006.
PINATEL (J), *Les aspects interpersonnels de la conduite criminelle*, RSC, 1961, p.392.
PRADEL (J), *La protection du témoin contre les pressions. Aspects du droit pénal Français*, RICPT, 1996, p.160-168.
PRADEL (J), *Un nouveau stade dans la protection des victimes d'infractions*, D.1983, p.241-252.
PRADEL (J), *La rapidité de l'instance pénale. Aspect de droit comparé*, RPDP, 1995.
PRADEL (J), *La célérité de la procédure pénale en droit comparé*, RIDP, 1995, p.323.
PRADEL (J), *Une consécration du plea bargaining à la française : la composition pénale*, D.1999, p.379-382.
PRADEL (J), *Défense du plaidoyer de culpabilité*, JCP, n°58, 2004.
PRADEL (J), *Vers un « aggiornamento » des réponses de la procédure pénale à la criminalité. Apports de la loi n°2004-204, dite Perben II (1ère partie)*, JCP, n°58, 2004.

REBSTOCK (B), *Juger en catimini*, Justice, n°183, 2005, p.28.

RENUCCI (J.-F), *L'expertise pénale et Convention européenne de sauvegarde des droits de l'homme*, JCP G, 2000, p.227.

RENUCCI (J.-F), *Infractions d'affaire et prescription de l'action publique*, D.1997, p.23.

RENUCCI (J.-F), *Le droit pénal des mineurs entre son passé et son avenir*, RSC, 2000, p.79.

ROBERT (A.-G), *Loi n°2010-769 du 9 juillet 2010 relative aux violences faites spécifiquement aux femmes, aux violences au sein des couples et aux incidences de ces dernières sur les enfants*, RSC, 2010, p.911-922.

ROBERT (J), *La bonne administration de la justice*, AJDA, n°spécial, 1995, p.117.

ROCA (C), *De la dissociation entre la réparation et la répression dans l'action civile exercée devant la juridiction répressive*, D.1991, p.85.

ROLLAND (R), *La protection du mineur victime d'infraction sexuelle (Loi n°98-468 du 17 juin 1998)*, RDSS, 1998.

ROUMIER (W), *Mise en œuvre de la loi du 9 mars 2004 portant adaptation de la justice aux évolutions de la criminalité*, Dr.pén, avril 2005, Focus.4.

ROSENBERG (M), *Les mots sont des fenêtres, La communication non violente au quotidien*, La découverte, 2005, cité in CARIO, (R) (Dir.), Victimes : du traumatisme à la restauration, Œuvre de justice et victimes, Vol.2, L'harmattan, coll.Sciences criminelles, 2003.

ROYER (G), *La victime et la peine. Contribution à la théorie du procès pénal post-sententium*, D.2007.

SAAS (C), *De la composition pénale au plaider-coupable : le pouvoir de sanction du procureur, RSC,* 2004, p.827.

SANCHEZ (M), *Vers une meilleure définition de la partie lésée par l'infraction : à propos de deux arrêts rendus par l'assemblée plénière le 9 mai 2008*, Dr.pén.2008.

SUDRE (F), *Chronique Droit de la CEDH*, JCP, 1996.

SUSINI (J), *Un nouveau chapitre de police scientifique : la détection objective du mensonge*, RICPT, 1960, n°4.

TURLAN (J), *Amis et amis charnels d'après des actes du parlement au XIVème siècle*, RHD, Vol.47, 1969, p.645-698.

ULLEMANN (M), *De la peine de substitution à la peine de réparation*, Dr.pen, 1990, Chron.n°1.

VALOTEAU (A), *Le jugement sur reconnaissance préalable de culpabilité : une autre procédure de jugement ou une autre manière de juger ?* Dr.Pén, mai 2006, chron.n°8.

VANDIER (C), *Incidences et revendication de la victime aux différentes étapes du procès pénal*, RPDP, 1 septembre 2005, p.605.

VERDIER (R), *La vengeance dans les sociétés extra-occidentales*, RIDC, 1982, Vol.34, n°4, p.1327-1329.

VERGES (E), *Un corpus juris des droits des victimes : le droit européen entre synthèse et innovations*, RSC, 2013.

VERGES (E), *La communication du dossier de l'instruction à la partie civile qui se défend seule*, RPDP, décembre 2005, p.969.

VERIN (J), *La victime et le système pénal*, RSC, 1980, p.763-771.

VERON (M), *Clandestinité et prescription,* Dr.pén, 1998, chron.16.

VINEY (G), *La réparation du dommage corporel : le juste prix*, Gaz.Pal, 11-13 février 2007.
VIDAL (J), *Observations sur la nature juridique de l'action civile*, RSC, 1963, p.481.
VOLFF (J), *La composition pénale : un essai manqué*, *Gaz.Pal,* 26-28 mars 2000, p.3.
VOLFF (J), *L'ordonnance pénale en matière correctionnelle*, D.2003, p.2777.
VOLFF (J), LORENTZ (J), *L'ordonnance pénale : une procédure simple, rapide et peu coûteuse*, JCP, 1968.
VOLFF (J), LORENTZ (J), *La procédure simplifiée ou l'adaptation de la procédure d'ordonnance pénale au droit français*, Gaz.Pal, 1972, p.274.
VOUIN (R), *L'unique action civile*, D.1973, p.265.
WALGRAVE (L), *La justice restaurative et les victimes*, vol.4, Le journal international de Victimologie, juillet 2003.
WALGRAVE (L), *La justice restaurative : à la recherche d'une théorie, d'un programme,* Criminologie, Vol.32, n° 1, 1999, p. 6 s.
WIEDERKLER (V.-G), *Droits de la défense et procédure civile*, D.1978, p.36.
WYWEKENS (A), *Entre médiation et justice pénale. L'activité judiciaire des maisons de justice du Rhône*, Archives de politique criminelle, n°91, 1997.
YOUNG (R), Criminal Law Review, Juillet 1989, p.472-493, in DESDEVISES (M.-C), RICPTS, vol.58.n°1, 2005.
ZEHR (H), *The little book of restorative*, Good Books Publication, 2002, p.37.
ZEHR (H), *Rétributive justice, restorative justice*, New Perspective on crime and justice-occasionnal Papers Séries, 1985.

IV. RAPPORTS, COMPTE-RENDUS

AGOSTINI (F), *Les droits de la partie civile dans le procès pénal* in Rapport annuel de l'année 2000, Cour de Cassation.
BLANC (E) (Dir.), *Les carences de l'exécution des peines et l'évaluation de l'application Cassiopée*, Rapport n°3177, Assemblée Nationale, 16 février 2011.
BOUCHER (P), CHARVET (D), FRAGONARD (B), GRUMBACH (T), OVAERE (F), FOMBEUR (P), *La réforme de l'accès au droit et à la justice*, Rapport remis au Ministère de la justice en mai 2001.
BUFFET (F.-N), *Rapport n°636 (2015-2016), fait au nom de la commission des lois sur la proposition de loi adoptée par l'assemblée nationale portant réforme de la prescription en matière pénale*, Sénat, 25 mai 2016.
BURGELIN (J) (Dir.), *Santé, justice et dangerosités : pour une meilleure prévention de la récidive*, Rapport remis au Ministère de la justice en juin 2005.
CIOTTI (E) (Dir.), *Renforcer l'efficacité de l'exécution des peines*, Rapport remis au Président de la République en juin 2011.
CHARTRE de services d'aide aux victimes de l'Institut nationale d'aide aux victimes et de médiation.
Compte rendu de la 1ère et de la 2ème séance du 21 mai 2003, Assemblée nationale, JORF, 22 mai 2003.
Compte-rendu des séances du 21 juin 1991, Assemblée nationale.

D'HAUTEVILLE (A) (Dir.), *Synthèse sur la réparation du dommage : bilan de l'activité des fonds d'indemnisation-comparaison des fonds d'indemnisation*, Rapport scientifique de l'ERPC, Université de Montpellier 1, 2009.

DINTILHAC (J.-P), *Rapport sur l'élaboration d'une nomenclature des préjudices corporels*, remis au Ministère de la justice le 28 octobre 2005.

Etudes de législation comparée n°146, *Les procédures pénales accélérées*, Sénat, 1er mai 2005.

GARRAUD (J.-P), *Rapport n°2425 sur la proposition de loi (n°2413) adoptée par le Sénat, précisant le déroulement de l'audience d'homologation de la comparution sur reconnaissance préalable de culpabilité*, Assemblée nationale, 29 juin 2005.

GOUJON (P), GAUTHIER (C), *Les mesures de sûreté concernant les personnes dangereuses*, Rapport d'information n°420, Sénat, 22 juin 2006.

GORTAIS (J), *L'aide psychologique aux victimes*, Rapport remis au Ministère de la justice en 1992.

GILBAULT (F), *L'expertise en matière pénale et les droits de la défense*, Séance du 27 mars 2006, Académie des sciences morales et politiques.

GUYOMAR (M), *Conclusions,* Conseil d'Etat, Assemblée du contentieux, Séance du 1er juillet 2011 et lecture du 19 juillet 2011.

HAENEL (H), *Le classement sans suite*, Rapport d'information n°513, Sénat, 18 juin 1998.

LAMBERT-FAIVRE (Y), CNAV, *Rapport sur l'indemnisation du dommage corporel*, remis au Ministère de la Justice en juillet 2003.

LAZERGUES (C), *Rapport sur le projet de loi renforçant la protection de la présomption d'innocence et les droits de la victime*, Rapport n°1468, Assemblée nationale, 11 mars 1999.

LECERF (J.-R), *Rapport sur le projet de loi relatif à la rétention de sûreté et à la déclaration d'irresponsabilité pénale pour cause de trouble mentale*, Rapport n°174, Sénat, 23 janvier 2008.

LEGER (Ph), *La justice pénale*, Rapport remis au Président de la République le 1er septembre 2009.

LIENHARD (C), CNAV, *La prise en charge des victimes d'accidents collectifs*, Rapport remis au Ministère de la Justice, octobre 2003.

LIENEMANN (M.-M), MAGLIANO (H), CALMETTES (J), *Pour une nouvelle politique publique d'aide aux victimes*, Groupe interministériel d'aide aux victimes, Rapport remis au Premier ministre en mars 1999.

MAGENDIE (J.-C), *Célérité et qualité de la justice. La gestion du temps dans le procès*, Rapport remis au Garde des Sceaux, 15 juin 2004.

MARCHAND (M), Compte-rendu de la 2ème séance du 12 juin 1980, Assemblée nationale.

MILLIEZ (P), *La politique d'aide aux victimes d'infractions pénales*, Rapport remis au Garde des Sceaux, Juin 1982.

Rapport de la commission pour la prévention du crime et justice pénale, Conseil économique et social, 16-25 avril 2002.

Rapport annuel de l'année 2009, Cour de Cassation, *Les personnes vulnérables dans la jurisprudence de la Cour de cassation.*

Rapport d'activité 2012 de l' l'Institut nationale d'aide aux victimes et de médiation.

Rapport de l'inspection générale des services judiciaires, *Evaluation du nombre de peines d'emprisonnement ferme en attente d'exécution*, rapport remis au Ministère de la Justice en mars 2009.

POISSON (J.-F), *Le projet de loi relatif à la rétention de sûreté et à la déclaration d'irresponsabilité pour cause de trouble mental*, Assemblée nationale, Compte rendu de la séance du mercredi 9 janvier 2008.

WARSMANN (J.-L), *Le projet de loi n°784 portant adaptation de la justice aux évolutions de la criminalité*, Rapport n°856, Assemblée nationale, 14 mai 2003.

WARSMANN (J.-L), *Rapport d'information sur la mise en application de la loi n°2004-204 du 9 mars 2004 portant adaptation de la justice aux évolutions de la criminalité*, Rapport n°2378, Assemblée nationale, 15 juin 2005.

ZOCCHETTO (F), *Juger vite, juger mieux ? Les procédures rapides de jugement de traitement des affaires pénales, état des lieux*, Rapport d'information n° 17, Sénat, 12 octobre 2005.

V. TEXTES OFFICIELS NATIONAUX

A. LOIS ET PROPOSITIONS DE LOI

1. LOIS

Loi du 29 juillet 1881 sur la liberté de la presse, JORF du 30 juillet 1881, p.4201.

Loi du 1er juillet 1901 relative au contrat d'association, JORF du 2 juillet 1901, p.4025.

Loi du 12 mars 1920 sur l'extension de la capacité des syndicats professionnels à exercer l'action civile.

Loi du 17 décembre 1926 portant code disciplinaire et pénal de la marine marchande JORF n°0295 du 19 décembre 1926, p.13252.

Loi n°64-1326 du 26 décembre 1964 tendant à constater l'imprescriptibilité des crimes contre l'humanité, JORF du 29 déc.1964, p.11788.

Loi n° 71-1130 du 31 décembre 1971 portant réforme de certaines professions judiciaires et juridiques, JORF du 5 janvier 1972.

Loi n°72-5 du 3 janvier 1972 tendant à simplifier la procédure applicable en matière de contraventions, JORF du 5 janvier 1972, p.153.

Loi n°75-5 du 3 janvier 1975 relative aux licenciements pour cause économique, JORF du 4 janvier 1975 p.202.

Loi n°75-701 du 6 août 1975 modifiant et complétant certaines dispositions de procédure pénale, JORF du 7 août 1975, p.8035.

Loi n°77-5 du 3 janvier 1977 garantissant l'indemnisation de certaines victimes de dommages corporels résultant d'une infraction, JORF du 4 janvier 1977, p.77.

Loi n°83-466 du 10 juin 1983 portant abrogation ou révision de certaines dispositions de la loi 8182 du 02-02-1981 et complétant certaines dispositions du code pénal et du code de procédure pénale, JORF du 11 juin 1983, p.1755.

Loi n°83-608 du 8 juillet 1983 renforçant la protection des victimes d'infractions, JORF du 9 juillet 1983, p.2122.

Loi n°89-487 du 10 juillet 1989 relative à la prévention des mauvais traitements à l'égard des mineurs et à la protection de l'enfance, JORF n°0163 du 14 juillet 1989, p.8869.

Loi n°91-647 du 10 juillet 1991 relative à l'aide juridique, JORF *n*°0162 du 13 *juillet 1991*, p.9170.

Loi n°93-2 du 4 janvier 1993 portant réforme de la procédure pénale, JORF n°3 du 4 janvier 1993 p.215.

Loi n° 94-89 du 1 février 1994 instituant une peine incompressible et relative au nouveau code pénal et à certaines dispositions de procédure pénale, JORF n°27 du 2 février 1994, p.1803.

Loi n° 95-125 du 8 février 1995 relative à l'organisation des juridictions et à la procédure civile, pénale et administrative, JORF n°34 du 9 février 1995, p.2175.

Loi n°98-1163 du 18 décembre 1998 relative à l'accès au droit et à la résolution amiable des conflits, JORF n°296 du 22 décembre 1998, p.19343.

Loi n°99-515 du 23 juin 1999 renforçant l'efficacité de la procédure pénale, JORF n°144 du 24 juin 1999, p.9247.

Loi n°2000-196 du 6 mars 2000 instituant un Défenseur des enfants, JORF n°56 du 7 mars 2000, p.3536, texte n°1.

Loi n°2000-321 du 12 avril 2000 relative aux droits des citoyens dans leurs relations avec les administrations, JORF n°88 du 13 avril 2000, p.5646.

Loi n°2000-516 du 15 juin 2000 renforçant la protection de la présomption d'innocence et les droits des victimes, *JORF* n° 138 du 16 juin 2000, p.9038.

Loi n°2002-1138 du 9 septembre 2002 d'orientation et de programmation pour la justice, JORF du 10 septembre 2002, p.14934, texte 1.

Loi n°2004-204 du 9 mars 2004 portant adaptation de la justice aux évolutions de la criminalité dite « Loi Perben II », JORF n°59 du 10 mars 2004, p.4567, texte n° 1.

Loi n°2005-1549 du 12 décembre 2005 relative au traitement de la récidive des infractions pénales, JORF n°289 du 13 décembre 2005, p.19152, texte n°1.

Loi n°2005-47 du 26 janvier 2005 relative aux compétences du tribunal d'instance, de la juridiction de proximité et du tribunal de grande instance, JORF n°22 du 27 janvier 2005 page 1409, texte n° 1.

Loi n°2005-882 du 2 août 2005 en faveur des petites et moyennes entreprises, JORF n°0179 du 3 août 2005, p.12639, texte n°2.

Loi n°2006-396 du 31 mars 2006 pour l'égalité des chances, JORF n°79 du 2 avril 2006, p.4950, texte n° 1.

Loi n°2007-210 du 19 février 2007 portant réforme de l'assurance de protection juridique (1), JORF n°44 du 21 février 2007, p.3051, texte n°2.

Loi n°2007-308 du 5 mars 2007 portant réforme de la protection juridique des majeurs, JORF n°56 du 7 mars 2007, p.4325, texte n°12.

Loi n°2007-293 du 5 mars 2007 réformant la protection de l'enfance, JORF n°55 du 6 mars 2007, p.4215, texte n°7.

Loi n°2007-297 du 5 mars 2007 relative à la prévention de la délinquance, JORF n°0056 du 7 mars 2007, p.4297, texte n°1.

Loi n°2007-1631 du 20 novembre 2007, relative à la maîtrise de l'immigration, à l'intégration et à l'asile, JORF n°270 du 21 novembre 2007 p.18993, texte n° 1.

Loi n°2008-644 du 1er juillet 2008 créant de nouveaux droits pour les victimes et améliorant l'exécution des peines, JORF n°0153 du 2 juillet 2008, p.10610, texte n°2.

Loi n° 2010-769 du 9 juillet 2010 relative aux violences faites spécifiquement aux femmes, aux violences au sein des couples et aux incidences de ces dernières sur les enfants, JORF n°0158 du 10 juillet 2010, p.12762, texte n°2.

Loi n°2010-768 du 9 juillet 2010 visant à faciliter la saisie et la confiscation en matière pénale, JORF n°0158 du 10 juillet 2010 p.12753, texte n° 1.

Loi organique n°2011-333 du 29 mars 2011 relative au Défenseur des droits, JORF n°0075 du 30 mars 2011, p.5497, texte 1.

Loi n°2011-392 du 14 avril 2011 relative à la garde à vue (1), JORF n°0089 du 15 avril 2011 page 6610, texte n°1.

Loi n°2014-535 du 27 mai 2014 portant transposition de la directive 2012/13/UE du Parlement européen et du Conseil, du 22 mai 2012, relative au droit à l'information dans le cadre des procédures pénales, JORF n°0123 du 28 mai 2014, p.8864, texte n° 2.

Loi n°2014-873 du 4 août 2014 pour l'égalité réelle entre les femmes et les hommes, JORF n°0179 du 5 août 2014, p.12949, texte n° 4.

Loi n°2014-896 du 15 août 2014_relative à l'individualisation des peines et renforçant l'efficacité des sanctions pénales, JORF n°0189 du 17 août 2014, p.13647, texte n°1.

Loi n°2015-993 du 17 août 2015 portant adaptation de la procédure pénale au droit de l'Union européenne, JORF n°0189 du 18 août 2015, p.14331, texte n° 2.

Loi n°2016-1321 du 7 octobre 2016 pour une République numérique (1), JORF n°0235 du 8 octobre 2016, texte n°1.

Loi n°2016-1547 du 18 novembre 2016 de modernisation de la justice du XXIe siècle (1), JORF n°0269 du 19 novembre 2016, texte n°1.

Loi n°2017-242 du 27 février 2017 portant réforme de la prescription de l'action publique en matière pénale, JORF n°0050 du 28 février 2017, texte n°2.

2. PROPOSITIONS DE LOI

Proposition de loi n°3057 visant à permettre aux parties civiles d'interjeter appel en matière pénale, des décisions de relaxe et d'acquittement, enregistrée à l'Assemblée nationale le 20 décembre 2010.

Proposition de loi n°3583 pour la reconnaissance des droits des victimes dans la procédure pénale, enregistrée à l'Assemblée nationale le 22 juin 2011.

Proposition de loi n°4307 visant à améliorer les droits des victimes dans le cadre de la procédure pénale, enregistrée à l'assemblée nationale le 7 février 2012.

B. DÉCRETS, ARRÊTÉS, ORDONNANCES, CIRCULAIRES

1. DÉCRETS

Décret du 18 juin 1811 contenant règlement pour l'administration de la justice en matière criminelle, de police et de simple police, JORF du 21 août 1944, p.441.

Décret du 5 octobre 1920 relatif au règlement de l'administration publique sur les frais de justice en matière criminelle, correctionnelle et de simple police.

Décret n°99-706 du 3 août 1999 relatif au Conseil national de l'aide aux victimes, JORF n°183 du 10 août 1999, p.12057.

Décret n°2002-222 du 20 février 2002 modifiant le décret n°64-754 du 25 juillet 1964 relatif à l'organisation du ministère de la Justice et portant création du

service de l'accès au droit et à la justice et de la politique de la ville, JORF n°44 du 21 février 2002, p.3361.
Décret n°2002-1064 du 7 août 2002 relatif au service public de la diffusion du droit par l'internet, JORF du 9 août 2002 page 13655, texte n° 5.
Décret n°2014-1364 du 13 décembre 2004 modifiant le code de procédure pénale (troisième partie : Décrets) et relatif à l'application des peines, JORF n°291 du 15 décembre 2004, p.21247, texte n°1.
Décret n°2007-1388 du 26 septembre 2007 pris pour l'application de la loi n° 2007-297 du 5 mars 2007 relative à la prévention de la délinquance et modifiant le code pénal et le code de procédure pénale, JORF n°225 du 28 septembre 2007, p.15850.
Décret n°2007-1605 du 13 novembre 2007 instituant le juge délégué aux victimes, JORF n°265 du 15 novembre 2007, p.18712, texte n°12.
Décret n°2008-689 du 9 juillet 2008 relatif à l'organisation du ministère de la justice, JORF n°0161 du 11 juillet 2008, texte n°19.
Décret n°2008-1324 du 15 décembre 2008 relatif à la prise en charge au titre de l'aide juridictionnelle des frais non couverts par un dispositif de protection juridique, JORF n°0293 du 17 décembre 2008, p.19229, texte n°14.
Décret n°2010-1106 du 21 septembre 2010 modifiant le décret n°99-706 du 3 août 1999 relatif au conseil national des victimes, JORF n°0221 du 23 septembre 2010, p.17279.
Décret n°2012-681 du 7 mai 2012 relatif aux bureaux d'aide aux victimes, JORF n°0108 du 8 mai 2012, p.8264, texte n°32.
Décret n°2016-214 du 26 février 2016 relatif aux droits des victimes, JORF n°0050 du 28 février 2016, texte n° 14.
Décret n°2016-241 du 3 mars 2016 relatif aux attributions déléguées à la secrétaire d'Etat chargée de l'aide aux victimes, JORF n°0054 du 4 mars 2016.

2. ARRÊTÉS, INSTRUCTIONS ET NOTES D'ORIENTATION

Arrêté du 22 avril 2015 portant création d'un traitement de données à caractère personnel destiné à assurer, en cas de grave danger, l'effectivité de la protection des personnes victimes de violences dans le cadre du dispositif de téléprotection, JORF du 30 avril 2015, p.7510, texte n°14.
Instructions du 17 juin 2015 relatives au déploiement du dispositif de téléprotection grave danger (TGD) dans les départements, Ministère de l'intérieur.
Note d'orientation du 3 juin 1992 sur la médiation en matière pénale, Ministère de la justice.

3. ORDONNANCES

Ordonnance de 1670 d'ISAMBERT, DUCRUSY et TAILLANDIER; Recueil des anciennes lois françaises T.18, p.380, cité in GARNOT (B) (Dir.), Les victimes des oubliées de l'histoire ? Presse universitaire de Rennes, 2000.
Ordonnance n°45-174 du 2 février 1945 relative à l'enfance délinquante, JORF du 4 février 1945, p.530.
Ordonnance n°58-1270 du 22 décembre 1958 portant loi organique relative au statut de la magistrature, JORF du 23 décembre 1958, p.11551.

4. CIRCULAIRES

Circulaire du 29 septembre 1999, PRMX9903764C relative à la politique pénale d'aide aux victimes d'infractions pénales, JORF n°227 du 30 septembre 1999, p.14487.

Circulaires du 18 décembre 2000, CRIM 2000-15 F1/18-12-2000, JUSD0030216C, Présentations des dispositions de la loi du 15 juin 2000 renforçant la protection de la présomption d'innocence et les droits des victimes concernant l'application des peines et du décret du 13 décembre 2000 relatif à l'application des peines, BO n°80.

Circulaires du 31 mai 2000, CRIM 2000-02 F1/31-05-2000, JUS.D00-30115 C relative à la première présentation de la loi sur la présomption d'innocence et les droits des victimes, BO n°78.

Circulaire du 14 mai 2001, CRIM-01-07/F1/14-05-01, JUS-D-01-30065C, Présentations des dispositions de la loi du 15 juin 2000 renforçant la protection de la présomption d'innocence et les droits des victimes relatives aux victimes, BO n°82.

Circulaires du 11 juillet 2001, CRIM 2001-14 F1/11-07-2001, JUSD0130103C, Présentations des dispositions concernant la composition pénale issue de la loi du 23 juin 1999 renforçant l'efficacité de la procédure pénale et du décret du 29 janvier 2001, BO n°79.

Circulaire du 16 mars 2004, CRIM 2004-03 E5/16-03-04, JUSD0430045C relative à la politique pénale en matière de réponses alternatives aux poursuites et de recours aux délégués du procureur de la République, BO n°93.

Circulaires du 14 mai 2004, CRIM 2004-04/E8/14-05-2004, JUSD0430092C, Présentation des dispositions de procédure pénale immédiatement applicables de la loi n°2004-204 du 9 mars 2004 portant adaptation de la justice aux évolutions de la criminalité, BO n°94.

Circulaires du 2 septembre 2004, CRIM-04-12-E8/02.09.04, JUS-D-04-30176C, Présentation des dispositions de la loi n°2004-204 du 9 mars 2004 portant adaptation de la justice aux évolutions de la criminalité relatives à la procédure de comparution sur reconnaissance préalable de culpabilité, BO n°95.

Circulaire du 11 avril 2005, DAGG 2005-09 E8/11-04-2005, JUSD0530064C, Présentation des dispositions résultant de la loi n°2004-204 du 9 mars 2004 portant adaptation de la justice aux évolutions de la criminalité relatives au prononcé, à l'exécution et à l'application des peines, B.O. n°38.

Circulaire du 2 mai 2005, DACG 2005-10 G4/02-05-2005, JUSD0530075C relative à l'amélioration du traitement judiciaire des procédures relatives aux infractions de nature sexuelle, BO n°38.

Circulaire du 20 mai 2005, CAB 20-05-2005, JUSA0500157C, Présentation des dispositifs relatifs à l'accueil des victimes dans le cadre du procès pénal, BO n°38.

Circulaire du 1er août 2006, INT/K/06/30043/J relative à l'extension du dispositif des travailleurs sociaux en commissariat et les services de gendarmerie.

Circulaire de la DACS n°2007-05 du 22 février 2007 relative à l'amélioration des conditions d'exercice du recours subrogatoire des tiers payeurs en cas d'indemnisation du dommage corporel, BO 30 avril 2007.

Circulaire de la DACG n°2007-10-E8 du 22 juin 2007 relative à la présentation des dispositions relative à la règle « le criminel tient le civil en état », aux plaintes avec constitution de partie civile et au déroulement de l'instruction préparatoire résultant de la loi n°2007-291 du 5 mars 2007 tendant à renforcer l'équilibre de la procédure pénale et du décret 2007 n°2007-699 du 3 mai 2007 relatif au renforcement de l'équilibre de la procédure pénale et à la prévention de la délinquance, BO n°2007/4.

Circulaire du SADJPV du 9 octobre 2007, JUS.J-0790006C relative aux droits des victimes dans le procès pénal et à leur mise en œuvre, BO n°2007/11.

Circulaire du 22 octobre 2008 relative à l'exercice de la transaction pénale par les directeurs des établissements publics des parcs nationaux, BO n°21 du 15 novembre 2008.

Circulaire du 26 mai 2011 relative à la création du portail unique des informations publiques de l'Etat « data.gouv.fr » par la mission « Etalab » et l'application des dispositions régissant le droit de réutilisation des informations publiques, JORF n°0123 du 27 mai 2011.

Circulaire du 3 février 2011, JUSD1103707C relative à la présentation de l'Agence de gestion et de recouvrement des avoirs saisis et confisqués (AGRASC) et de ses missions, BO n°2011-02.

Circulaire du 24 novembre 2014, JUSD1427761C sur l'orientation de politique pénale en matière de lutte contre les violences au sein du couple et relative au dispositif de téléassistance pour la protection des personnes en grave danger, BO n°2014-12.

Circulaire du 20 avril 2016, JUSD1610817C, de présentation des dispositions des articles 10-2 à 10-5 du code de procédure pénale résultant de la loi n°2015-993 du 17 août 2015 portant adaptation de la procédure pénale au droit de l'Union européenne, BO n°2016-04.

Circulaire du 28 février 2017, JUSD1706599C présentant les dispositions de la loi n° 2017-242 du 27 février 2017 portant réforme de la prescription en matière pénale, BO n°2017-03.

VI. TEXTES EUROPÉENS ET INTERNATIONAUX

Convention Internationale des Droits de l'Enfant du 20 novembre 1989, adoptée par l'Assemblée Générale des Nations unies le 20 novembre 1989.

Convention interaméricaine sur la disparition forcée des personnes, adoptée par la commission interaméricaine des droits de l'homme le 9 juin 1994.

Convention internationale pour la protection de toutes les personnes contre les disparitions forcées, adoptée par l'Organisation des Nations unies le 20 décembre 2006.

Convention européenne de sauvegarde des droits de l'homme et des libertés fondamentales adoptée par les Etats membres du Conseil de l'Europe le 4 novembre 1950.

Décision-cadre 2001/220/JAI relative au statut des victimes dans le cadre de procédures pénales, adoptée par le conseil de l'UE le 15 mars 2001.

Déclaration universelle des droits de l'Homme, adoptée par l'assemblée générale des Nations Unies le 10 décembre 1948.

Directive européenne n°87/344/CEE portant coordination des dispositions législatives, réglementaires et administratives concernant l'assurance protection-juridique, adoptée par le conseil le 22 juin 1987.

Directive n°2011/99/UE relative à la décision de protection européenne fondée sur l'idée de reconnaissance mutuelle des décisions, adoptée par le Parlement européen et le conseil le 13 décembre 2011.
Directive 2011/92/UE relative à la lutte contre les abus sexuels et l'exploitation sexuelle des enfants, ainsi que la pédopornographie et remplaçant la décision-cadre 2004/68/JAI du Conseil, adoptée par le Parlement européen et le Conseil le 13 décembre 2011.
Directive 2012/29/UE établissant des normes minimales concernant les droits, le soutien et la protection des victimes de la criminalité et remplaçant la décision-cadre 2001/220/JAI du Conseil, adoptée par le Parlement européen et par le Conseil le 25 octobre 2012.
Recommandation R(85)11 sur la position de la victime dans le cadre du droit pénal et de la procédure pénale, adoptée par le comité des ministres du Conseil de l'Europe le 28 juin 1985.
Recommandation R (99) 19 sur la médiation en matière pénale, adoptée par le comité des ministres du Conseil de l'Europe le 15 septembre 1999.
Recommandation R(2006)8 adoptée par le comité des ministres du Conseil de l'Europe le 14 juin 2006.
Résolution n°40/34, Déclaration des principes fondamentaux de justice relatifs aux victimes de la criminalité et aux victimes d'abus de pouvoir, adoptée par l'Assemblée Générale des Nations Unies, le 29 novembre 1985.
Résolution E/2002/30, Principes fondamentaux des nations unies concernant le recours à des programmes de justice réparatrice en matière pénale, adoptée par l'Assemblée Générale de l'Organisation des Nations Unies le 31 janvier 2002.
Pacte international relatif aux droits civils et politiques, adopté par l'Assemblée Générale des Nations unies le 16 décembre 1966.

VII. JURISPRUDENCE NATIONALE ET NOTES

JURISPRUDENCE JUDICIAIRE

A. TRIBUNAUX

T.corr.Arrêt de la Tournelle, 17 mars 1674.
T.corr.Hazebrouck, 14 juin 1977, JCP, 1981, note LESTANG (R).
T.corr.Seine, 23 février 1949.
TGI.Seine, 9 février 1965.
TGI.Paris, 12 janvier 2010, Halimi.c/G.Ponson.

B. COURS D'APPEL

Chambre d'accusation de Saint-Denis de la Réunion, 23 décembre 1982, Gaz.Pal, 1982, note DOUCET (J.-P).
Chambre d'accusation de Toulouse, 5 janvier 1982, JCP 1982, note MAISTRE DU CHAMBON (Ph).
CA.Paris, 20 novembre 1928, D.1929, II, p.49, note HUGUENEY (L).
CA.Paris, 1er juin 2007, Gaz.Pal, 30 octobre 2007, n°303, p.31.
CA.Paris, 28 juin 1996, Gaz.Pal, 1996, II, p.484.
CA.Nancy, 2 septembre 1991, n°051153.

CA.Chambéry, 14 octobre 1965, JCP G, 1966.
CA.Paris, 9 juillet 1991.

C. COUR DE CASSATION

1. CHAMBRE CRIMINELLE

Cass.crim.17 août 1809, Bull.crim.n°141.
Cass.crim.9 mai 1822, Bull.crim.n°72.
Cass.crim.29 février 1828, Bull.crim.n°59.
Cass.crim.7 janvier 1865.
Cass.crim.16 mars 1866, Bull.crim.n°72.
Cass.crim.11 août 1881, Bull.crim.n°198.
Cass.crim.8 décembre 1881, Bull.crim.n°256.
Cass.crim.11 mai 1882, Bull.crim.n°117.
Cass.crim.23 mai 1884, Bull.crim.n°177.
Cass.crim.29 janvier 1886, Bull.crim.n°36.
Cass.crim.5 janvier 1895, Bull.crim.n°14.
Cass.crim.9 janvier 1897, Bull.crim.n°8.
Cass.crim.3 avril 1903, Bull.crim.n°147.
Cass.crim.30 juin 1904, Bull.crim.n°288.
Cass.crim.8 décembre 1906, Placet, dit Laurent Atthalin, Bull.crim.n°443.
Cass.crim.17 janvier 1911, Bull.crim.n°15.
Cass.crim.18 octobre 1913, Bull.crim.n°449.
Cass.crim.17 février 1927, Bull.crim.n°58.
Cass.crim.20 janvier 1927, Bull.crim.n°137.
Cass.crim.16 novembre 1929, D.1929, T.I, note FREJAVILLE.
Cass.crim.16 avril 1932, Bull.crim.n°10.
Cass.crim.30 avril 1931, Bull.crim.n°115.
Cass.crim.17 janvier 1931, Bull.crim.n°11.
Cass.crim.21 avril 1932, Bull.crim.n°109.
Cass.crim.16 juillet 1932, Bull.crim.n°180.
Cass.crim.5 juin 1937, Bull.crim.n°134.
Cass.crim.10 décembre 1943, Bull.crim.n°144.
Cass.crim.2 août 1951, Bull.crim.n°239.
Cass.crim.6 juin 1952, Bull.crim.n°142.
Cass.crim.22 janvier 1953, Bull.crim.n°24, D.1953, note LAAP.
Cass.crim.20 février 1953.
Cass.crim.25 février 1954, Bull.crim.n°320.
Cass.crim.23 décembre 1955, Bull.crim.n°106
Cass.crim.23 décembre 1955, Bull.crim.n°605,
Cass.crim.7 mars 1956, Bull.crim.n°230.
Cass.crim.20 décembre 1956, Bull.crim.n°864.
Cass.crim.14 mars 1957, Bull.crim.n°252
Cass.crim.15 mai 1957, Bull.crim.n°410.
Cass.crim.25 novembre 1958, Bull.crim.n°690.
Cass.crim.17 décembre 1958.
Cass.crim.11 mars 1959, Bull.crim.n°163.
Cass.crim.7 février 1960, Bull.crim.n°62.

Cass.crim.1 mars 1960, Bull.crim.n°565.
Cass.crim.25 janvier 1961, Bull.crim.n°44.
Cass.crim.30 novembre 1961.Bull.crim.n°491.
Cass.crim.13 décembre 1961, Bull.crim.n°20.
Cass.crim.6 janvier 1962, Bull.crim.n°1.
Cass.crim.17 janvier 1962, Bull.crim.n°38.
Cass.crim.8 mars 1962.
Cass.crim.9 octobre 1962, Bull.crim.n°236.
Cass.crim.6 juillet 1963, Bull.crim.n°253.
Cass.crim.20 novembre 1963, Bull.crim.n°326.
Cass.crim.23 janvier 1964, pourvoi n°62-92.440, Bull.crim.n°27.
Cass.crim.1er décembre 1964, Bull.crim.n°318.
Cass.crim.9 novembre 1965, pourvoi n°65-90.418, Bull.crim.n°224.
Cass.crim.28 juin 1966, pourvoi n°65-93.378, Bull.crim.n°177.
Cass.crim.23 février 1966, Bull.crim.n°65.
Cass.crim.25 octobre 1966, n°236.
Cass.crim.24 février 1966, Bull.crim.n°73.
Cass.crim.20 octobre 1966, Bull.crim.n°235.
Cass.crim.7 avril 1967, Bull.crim.n°107.
Cass.crim.24 juillet 1967, Bull.crim.n°228.
Cass.crim.26 octobre 1967, pourvoi n°67-91.098, JCP 1968, note VERDIER (J.-M).
Cass.crim.24 juillet 1967, Bull.crim.n°228.
Cass.crim.26 mars 1968, Bull.crim.n°101.
Cass.crim.27 avril 1968, Bull.crim.n°127.
Cass.crim.27 février 1968, Bull.crim.n°63.
Cass.crim.21 février 1968, Bull.crim.n°56, D, 1968, obs.PRADEL (J).
Cass.crim.16 octobre 1968, pourvoi n°56-03578, Bull.crim.n°256.
Cass.crim.20 novembre 1968, pourvoi n°6890799, Bull.crim.n°306.
Cass.crim.11 décembre 1968, pourvoi n°68-92.858, Bull.crim.n°339.
Cass.crim.26 février 1969, pourvoi n°6891.352, Bull.crim.n°97.
Cass.crim.12 mars 1969, Bull.crim.n°71, RSC, 1970, obs.ROBERT (J.-H).
Cass.crim.13 mars 1969, Bull.crim.n°21.
Cass.crim.4 novembre 1969, pourvoi n°6893.573, Bull.crim.n°281.
Cass.crim.23 décembre 1969, pourvoi n°69-91612, Bull.crim.n°362.
Cass.crim.17 mars 1970, pourvoi n°69-92.475, Bull.crim.n°110.
Cass.crim.16 juin 1970, Bull.crim.n°204.
Cass.crim.18 mai 1971, Bull.crim.n°160.
Cass.crim.8 juin 1971, pourvoi n°69-9262, Bull.crim.n°248.
Cass.crim.8 juin 1971, pourvoi n°69-92.311, Bull.crim.n°182, D, 1971, note MAURY.
Cass.crim.2 mars 1972, Bull.crim.n°71.
Cass.crim.20 mars 1972, Bull.crim.n°111.
Cass.crim.2 mai 1972, Bull.crim.n°148.
Cass.crim.5 décembre 1972, Bull.crim.n°375.
Cass.crim.9 janvier 1973, Bull.crim.n°9.
Cass.crim.11 janvier 1973, Bull.crim.n°16.
Cass.crim.1er mars 1973, Bull.crim.n°105, JCP G, 1973, II, note VINEY.
Cass.crim.26 juin 1973, pourvoi n°72-93614, Bull.crim.n°299.

Cass.crim.17 juillet 1973, Bull.crim.n°329.
Cass.crim.13 novembre 1973, Bull.crim.n°413.
Cass.crim.28 février 1974, Bull.crim.n°89.
Cass.crim.23 juillet 1974, pourvoi n°73-93383, Bull.crim.n°263.
Cass.crim.28 octobre 1974, Bull.crim.n°304.
Cass.crim.9 janvier 1975, Bull.crim.n°8.
Cass.crim.18 juin 1975, Bull.crim.n°157.
Cass.crim.28 juillet 1975, Bull.crim.n°193.
Cass.crim.28 octobre 1975, pourvoi n°74-93.413, Bull.crim.n°228.
Cass.crim.20 mai 1976, Bull.crim.n°171.
Cass.crim.15 décembre 1976, pourvoi n°76-90.325.
Cass.crim.16 décembre 1976, Bull.crim.n°371, JCP, 1977, note SOYR (J.-C) et DECOCQ (A).
Cass.crim.3 mars 1977, Bull.crim.n°86.
Cass.crim.11 mai 1977, Bull.crim.268.
Cass.crim.5 juillet 1977, Bull.crim.n°252.
Cass.crim.23 novembre 1977, Bull.crim.n°366, Dr.pen.1992, note.MARON (A).
Cass.crim.12 décembre 1977, Bull.crim.n°394.
Cass.crim.25 mai 1978, Bull.crim.n°167.
Cass.crim.9 janvier 1979, Bull.crim.n°14.
Cass.crim.10 janvier 1979, Bull.crim.n°18.
Cass.crim.6 mars 1979, Bull.crim.n°97, RSC, 1979, obs.ROBERT (J).
Cass.crim.24 avril 1979, pourvoi n°7892033, Bull.crim.n°136.
Cass.crim.15 mai 1979.Bull.crim.n°185.
Cass.crim.8 mai 1979, Bull.crim.n°165.
Cass.crim.19 juin 1979, Bull.crim.n°214.
Cass.crim.2 octobre 1979, Bull.crim.n°265.
Cass.crim.15 octobre 1979, Bull.crim.n°287.
Cass.crim.27 novembre 1979, Bull.crim.n°336.
Cass.crim.22 juillet 1980, Bull.crim.n°242.
Cass.crim.28 juillet 1980, Bull.crim.n°156.
Cass.crim.2 décembre 1980, Bull.crim.n°66.
Cass.crim.22 janvier 1981, Bull.crim.n°33.
Cass.crim.12 mai 1981, Bull.crim.n°150,
Cass.crim.16 février 1981, pourvoi n°80-92.338, Bull.crim.n°58
Cass.crim.18 mars 1981, Bull.crim.n°99.
Cass.crim.1er décembre 1981, Bull.crim.n°318.
Cass.crim.3 décembre 1981, Bull.crim.n°323.
Cass.crim.21 décembre 1982, Bull.crim.n°300.
Cass.crim.4 février 1982.Bull.crim.n°41.
Cass.crim.19 octobre 1982, pourvoi n°81-93636, Bull.crim.n°222.
Cass.crim.17 janvier 1983, Bull.crim.n°19, JCP G, 1984, note JEANDIDIER (W).
Cass.crim.25 janvier 1983, Bull.crim.n°3.
Cass.crim.15 février 1983, Bull.crim.n°54.
Cass.crim.13 avril 1983, Bull.crim.n°99.
Cass.crim.14 juin 1983, Bull.crim.n°179.
Cass.crim.25 octobre 1983, Bull.crim.n°267, R.S.C, 1984, obs.ROBERT (J).
Cass.crim.13 décembre 1983, pourvoi n°83-91925, Bull.crim.n°338.

Cass.crim.19 décembre 1983, Bull.crim.n°343, D.1984, note MAISTRE - CHAMBON (P).
Cass.crim.11 janvier 1984, Bull.crim.n°17.
Cass.crim.9 juillet 1984, Bull.crim.n°257.
Cass.crim.27 novembre 1984, Bull.crim.n°367.
Cass.crim.29 novembre 1984, Bull.crim.n°245.
Cass.crim.10 mai 1984, Bull.crim.n°165, JCP, 1985, note ROCA (C).
Cass.crim.30 janvier 1985, Bull.crim.n°52.
Cass.crim.30 octobre 1985, Bull.crim.n°337, JCP, 1987, II, note CONTE (Ph).
Cass.crim.26 novembre 1985, Bull.crim.n°378.
Cass.crim.11 mars 1986, pourvoi n°85-93.024, Bull.crim.n°103.
Cass.crim.19 mars 1986, Bull.crim.n°111.
Cass.crim.2 mai 1986, Bull.crim.n°176.
Cass.crim.17 juin 1986, Bull.crim.n°208, D, 1987, obs.PRADEL (J).
Cass.crim.10 février 1987, pourvoi n°85-95939, Bull.crim.n°64.
Cass.crim.11 mars 1987, Bull.crim.n°121.
Cass.crim.19 novembre 1987, pourvoi n°86-91592, Bull.crim.n°420.
Cass.crim.2 février 1988, Bull.crim.n°50.
Cass.crim.23 juin 1988, pourvoi n°8494.923, Bull.crim.n°289.
Cass.crim.18 octobre 1988, Bull.crim.n°349.
Cass.crim.15 novembre 1988, Bull.crim.n°387.
Cass.crim.7 décembre 1988, Bull.crim.n°414.
Cass.crim.9 février 1989, Société Ford France et Latil-Janet, pourvoi n°87-81359, Bull.crim.n°63.
Cass.crim.21 mars 1989, pourvoi n°88-80816, Bull.crim.n°137.
Cass.crim.6 juin 1989, pourvoi n°88-84.365, Bull.crim.n°238.
Cass.crim.20 juin 1989, Bull.crim.n°266.
Cass.crim.22 juin 1989, Bull.crim.n°145.
Cass.crim.30 octobre 1989, Bull.crim.n°384, D, 1990, obs.PRADEL (J).
Cass.crim.4 janvier 1990, Bull.crim.n°7.
Cass.crim.5 mars 1990, pourvoi n°89-80.536, Bull.crim.n°103.
Cass.crim.6 mars 1990, pourvoi n°88-81.385, Bull.crim.n°104.
Cass.crim.6 mars 1990, pourvoi n°89-86339, Bull.crim.n°107.
Cass.crim.6 mai 1990, Bull.crim.n°223.
Cass.crim.10 mai 1990, Bull.crim.n°182.
Cass.crim.15 mai 1990, Bull.crim.n°193.
Cass.crim.6 juin 1990, pourvoi n°89-83.703, Bull.crim.n°224.
Cass.crim.21 août 1990, pourvoi n°90-84.352.
Cass.crim.25 septembre 1990, pourvoi n°90-84371.
Cass.crim.29 octobre 1990, pourvoi n°87-81568, Bull.crim.n°360.
Cass.crim.8 janvier 1991, pourvoi n°90-80593, Bull.crim.n°13.
Cass.crim.26 février 1991, Bull.crim.n°98.
Cass.crim.4 mars 1991, pourvoi n°90-80321, Bull.crim.n°106.
Cass.crim.27 mai 1991, pourvoi n°90-80267, Bull.crim.n°222, RTD com.1992, note BOUZAT
(P).
Cass.crim.18 juin 1991, pourvoi n°90-85.886, Bull.crim.n°262, RSC 1992, obs.BRAUNSWEIG (A).

Cass.crim.21 novembre 1991, Bull.crim.n°423.
Cass.crim.30 janvier 1992, Bull.crim.n°44.
Cass.crim.11 mars 1992, pourvoi n°91-82162, Bull.crim.n°109.
Cass.crim.22 avril 1992, pourvoi n°90-85.125, Bull.crim.n°169, D.1995, obs.MATSOPOULOU (H).
Cass.crim.12 mai 1992, pourvoi n°92-81-080, Bull.crim.n°186, D.1992, n°427, note MAYER (D).
Cass.crim.17 juin 1992, Bull.crim.n°241.
Cass.crim.23 juillet 1992, pourvoi n°92-82.721, Bull.crim.n°274, D.1993, obs.PRADEL (J).
Cass.crim.10 novembre 1992, pourvoi n°91-86.973, Bull.crim.n°365.
Cass.crim.13 janvier 1993, Bull.crim.n°18.
Cass.crim.3 mars 1993, Bull.crim.n°97.
Cass.crim.17 mars 1993, Bull.crim.n°124.
Cass.crim.28 avril 1993, Bull.crim.n°158.
Cass.crim.24 mai 1993, Bull.crim.n°187.
Cass.crim.5 juillet 1993, Bull.crim.n°210, D, 1994, note MASCALIN.
Cass.crim.20 octobre 1993, pourvoi n°93-80.338.
Cass.crim.18 janvier 1994, Bull.crim.n°25.
Cass.crim.12 avril 1994, Bull.crim.n°146.
Cass.crim.26 avril 1994, pourvoi n°93-84880, Bull.crim.n°149.
Cass.crim.8 juin 1994, pourvoi n°93-83.548, Bull.crim.n°229.
Cass.crim.11 juillet 1994, pourvoi n°94-82199, Bull.crim.n°274.
Cass.crim.3 novembre 1994, pourvoi n°94-84.753, Bull.crim.n°352.
Cass.crim.3 novembre 1994, Bull.crim.n°78.
Cass.crim.30 novembre 1994, Bull. crim.n°389.
Cass.crim.14 décembre 1994, pourvoi n°9480.262, Bull.crim.n°408.
Cass.crim.11 avril 1995, pourvoi n°95-81.925.
Cass.crim.26 septembre 1995, pourvoi n°94-84008, Bull.crim.n°288, RSC, 1996, note OTTENHOFF (R).
Cass.crim.5 décembre 1995, pourvoi n°95-84887.
Cass.crim.25 juillet 1995, RSC, 1996, note DINTILHAC (J.-P).
Cass.crim.3 novembre 1995, Bull.crim.56-357, note SAVATIER (R)
Cass.crim.18 octobre 1995, n°94-83.119, Bull.crim.n°312.
Cass.crim.9 novembre 1995, Bull.crim.n°345, D, 1996.obs.PRADEL (J).
Cass.crim.4 janvier 1995.Bull.crim n°3.
Cass.crim.27 février 1996, pourvoi n°07-87633.
Cass.crim.24 janvier 1996, pourvoi n°96 80.226, Bull.crim.n°47.
Cass.crim.20 mars1996, pourvoi n°95-81.168, Bull.crim.n°119.
Cass.crim.3 avril 1996, pourvoi n° 95-83.366, Bull.crim.n°437.
Cass.crim.7 mai 1996, pourvoi n°94-84.855, Bull.crim.n°194.
Cass.crim.7 mai 1996, pourvoi n°95-83992, Bull.crim.n°196.
Cass.crim.19 juin 1996, pourvoi n°95-82.631.
Cass.crim.9 juillet.1996, Bull.crim.n°287.
Cass.crim.5 novembre 1996, pourvoi n°95-82.994, Bull.crim.n°391.
Cass.crim.10 décembre 1996, Bull.crim.n°445.
Cass.crim.17 janvier 1997, pourvoi n°1997-001016, Bull.crim.n°26.
Cass.crim.22 janvier 1997, pourvoi n°96-80533, Bull.crim.n°26.

Cass.crim.23 janvier 1997, pourvoi n°96-84822, Bull.crim.n°32.
Cass.crim.6 mai 1997, pourvoi n°96-83.512, Bull.crim.n°170, D.1998, p.223, note CERF (A).
Cass.crim.15 mai 1997, pourvoi n°96-81.496, Bull.crim.n°185.
Cass.crim.21 janvier 1998, pourvoi n°97-80506, Bull.crim.n°25.
Cass.crim.3 février 1998, pourvoi n°97-80.847, Bull.crim.n°41.
Cass.crim.4 février 1998, pourvoi n°97-84324, Bull.crim.n°43.
Cass.crim.23 juin 1998, pourvoi n°98-81849, Bull.crim.n°203.
Cass.crim.21 juillet 1998, pourvoi n°97-84.800, Bull.crim.n°217.
Cass.crim.15 mars 1998, Bull.crim.n°110.
Cass.crim.5 septembre 1998, Bull.crim.n°250.
Cass.crim.9 novembre 1998, Bull.crim.n°291.
Cass.crim.30 mars 1999, pourvoi n°98-81301, Bull.crim.n°58.
Cass.crim.30 mars 1999, pourvoi n°97-83464, Bull.crim.n°59.
Cass.crim.16 février 1999, pourvoi n°98-80.535, Bull.crim.n°25.
Cass.crim.5 mai 1999, pourvoi 97-83117, Bull.crim.n°87.
Cass.crim.30 juin 1999, Bull.crim.n°115, RSC, 1999, note OTTENHOFF (R).
Cass.crim.30 juin 1999, pourvoi n°97-86318, Bull.crim.n°172, Dr.Pen.1999, n°156, obs.MARON (A).
Cass.crim.21 septembre 1999, Bull.crim.n°188.
Cass.crim.5 octobre 1999, pourvoi n°98-87.593, Bull.crim.n°203, RSC 2000, obs.GIUDICELLI.
Cass.crim.19 octobre 1999, n°98-87.630, Bull.crim.n°221, D.2000, p.824, note CASTAIGNEDE (J).
Cass.crim.23 novembre 1999, pourvoi n°99-80794, Bull.crim.n°268.
Cass.crim.30 novembre 1999, pourvoi n°99-84100, Bull.crim.n°277.
Cass.crim.11 janvier 2000, pourvoi n°98-86269, Bull.crim.n°12.
Cass.crim.11 janvier 2000, pourvoi n°99-81143, Bull.crim.n°10.
Cass.crim.11 janvier 2000, n°99-82143, Bull.crim.n°11.
Cass.crim.15 février 2000, pourvoir.n°99-84.869.
Cass.crim.23 février 2000, Bull.crim.n°78.
Cass.crim.28 mars 2000, pourvoi n°99-84075, Bull.crim.n°138.
Cass.crim.7 juin 2000, Bull.crim.n°214.
Cass.crim.7 juin 2000, pourvoi n°99-82788, Bull.crim.n°219.
Cass.crim.11 avril 2000, Bull.crim.n°108.
Cass.crim.27 septembre 2000, pourvoi n°00-82.229, Bull.crim.n°283.
Cass.crim.17 octobre 2000, pourvoi n°99-86.157, Bull.crim.n°297.
Cass.crim.6 décembre 2000, Bull.crim.n°364, Dr.pen.2001, note.MARON (A).
Cass.crim.12 décembre 2000, pourvoi n°00-83.852, Bull.crim.n°369.
Cass.crim.13 décembre 2000, Bull.crim.n°269.
Cass.crim.11 janvier 2001, pourvoi n°00-80748, Bull.crim.n°5.
Cass.crim.29 mai 2001, Bull.crim.n°134.
Cass.crim.26 septembre 2001, pourvoi n°00-86.525, Bull.crim.n°193.
Cass.crim.3 octobre 2001.
Cass.crim.26 février 2002, Bull.crim.n°44.
Cass.crim.27 février 2002, Bull.crim.n°47, RSC, 2002, obs.GIUDICELLI (A).
Cass.crim.15 mars 2002, Bull.crim.n°115.
Cass.crim.30 avril 2002, Bull.crim.n°89, D, 2003, note PRADEL (J).

Cass.crim.7 mai 2002, Bull.crim.n°102.
Cass.crim.11 mai 2002, pourvoi n°01-85.559, Bull.crim.n°131, RSC 2002, p.879, obs.RENUCCI (J.-F).
Cass.crim.14 mai 2002, pourvoi n°01-85.999, Bull.crim.n°53, AJ pénal, 2014, obs.VERLY (N).
Cass.crim.28 mai 2002, pourvoi n°02-80-275.
Cass.crim.4 décembre 2002, pourvoi n°02-82.334.
Cass.crim.17 décembre 2002, pourvoi n°02-81.424, Bull.crim.n°234.
Cass.crim.11 juin 2003, pourvoi n°02-83.576, Bull.crim.n°119.
Cass.crim.9 juillet 2003.Bull.crim.n°133, AJ Pénal, 2003, note COSTE (J).
Cass.crim.17 septembre 2003, Bull.crim.n°165.
Cass.crim.23 septembre 2003, pourvoi n°03-81056, Bull.crim.n°168.
Cass.crim.21 octobre 2003, pourvoi n°02-85.836, Bull.crim.n°196.
Cass.crim.6 janvier 2004, pourvoi n°02-88.468.
Cass.crim.27 avril 2004, RSC, 2004, note COMMARET (D.-N).
Cass.crim.3 juin 2004, pourvoi n°03-87.092.
Cass.crim.23 juin 2004, pourvoi n°03-82371, Bull.crim.n°173.
Cass.crim.30 juin 2004, pourvoi n°03-85019, Bull.crim.n°178.
Cass.crim.6 octobre 2004, pourvoi n°03-86.381, Bull.crim.n°234, Dr.pén.2005, note VERON (M).
Cass.crim.18 janvier 2005, n°04-85.078, Bull.crim.n°18.
Cass.crim.8 mars 2005, pourvoi n°04-83.410.
Cass.crim.9 mars 2005, pourvoi n°04-81.597, Bull.crim.n°81.
Cass.crim.15 mars 2005, Bull.crim.n°90.
Cass.crim.24 mai 2005, pourvoi n°04-86432, Bull.crim.n°432.
Cass.crim.31 mai 2005, pourvoi n°04-86231, Bull.crim.n°166.
Cass.crim.8 juin 2005, Bull.crim.n°173.
Cass.crim.29 juin 2005, pourvoi n°04-82734, Bull.crim.n°201.
Cass.crim.4 mai 2006, Bull.crim.n°121.
Cass.crim.11 mai 2006, pourvoi n°05-84.837, Bull.crim.n°131.
Cass.crim.6 septembre 2006, pourvoi n°06-80.972, Bull.crim.n°213, AJ pénal 2006, obs.GIRAULT (R).
Cass.crim.10 octobre 2006, pourvoi n°06-81.883, Bull.crim.n°246.
Cass.crim.20 février 2007, pourvoi n°06-89.229, Procédures, n°8-9 août 2007, note BUISSON (J).
Cass.crim.26 février 2007, Bull.crim.n°49, Rev.sociétés 2007, note BOULOC (B).
Cass.crim.27 février 2007, Bull.crim.n°63.
Cass.crim.28 février 2007, pourvoi n°06-84.266.
Cass.crim.3 mai 2007, pourvoi n° 06-83440.
Cass.crim.16 janvier 2008, pourvoi n°07-87.633, Bull.crim.n°14.
Cass.crim.29 janvier 2008, pourvoi n°06-89.245.
Cass.crim.9 mai 2008, pourvoi n°05-87.379.
Cass.crim.20 mai 2008, pourvoi n°06-88.261.
Cass.crim.24 juin 2008, pourvoi n°07-87511.
Cass.crim.12 novembre 2008, pourvoi n°07-88222, Bull.crim.n°227.
Cass.crim.17 décembre 2008, pourvoi n°08-82085, Bull.crim.n°259.
Cass.crim.29 septembre 2009, pourvoi n°09-81424.
Cass.crim.10 novembre 2009, pourvoi n°09-820228.

Cass.crim.8 décembre 2009, pourvoi n°09-82.120, Bull.crim.n°206.
Cass.crim.6 octobre 2010, AJ pénal, 2011, obs.PRADEL (J).
Cass.crim.19 octobre 2010, Bull.crim.n°1.
Cass.crim.3 novembre 2010, n°09-87.375, Bull.crim.n°170.
Cass.crim.9 novembre 2010, pourvoi n°09-88272.
Cass.crim.11 janvier 2011, Bull.crim.n°43.
Cass.crim.15 février 2011, pourvoi n°10-87.468.
Cass.crim.15 mars 2011, pourvoi n°10-81983.
Cass.crim.11 avril 2012, pourvoi n°11-83.007, Bull.crim.n°91, D.2012, obs.DREYER (E).
Cass.crim.10 mai 2012, pourvoi n°11-81.437.
Cass.crim.20 novembre 2012, pourvoi n°12-85.997.
Cass.crim.12 février 2013, pourvoi n°12-82945.
Cass.crim.4 avril 2013, pourvoi n°12-85185, Bull.crim.n°1678.
Cass.crim.11 décembre 2013, pourvoi n°12-83.254.
Cass.crim.18 février 2014, pourvoi n°12-87.629.
Cass.crim.19 mars 2014, n°12-87.416, Bull.crim.n°86, D.2012.912, note LASSERRE-CAPDEVILLE, Procédures 2014, n°5, note CHAVENT-LECLERE.
Cass.crim.29 avril 2014, pourvoi n°13-80.693, Bull.crim.n°114.

2. CHAMBRE CIVILE

Cass.civ.2e.28 octobre 1954, Bull.civ.n°328, J.C.P, 1955, II, note R.SAVATIER (R).
Cass.civ.7 mars 1958, Bull.crim.n°253.
Cass.civ.1e.16 janvier 1962, Bull.civ.n°33.
Cass.civ.1e.26 juillet 1972, pourvoi n°7193.387, Bull.civ.n°56.
Cass.civ.3e.12 février 1974, Bull.civ.n°72.
Cass.civ.2e.15 décembre 1980, Bull.civ.n°80.
Cass.civ.2e, 4 février 1982, pourvoi n°80-17139, JCP.1982, note BARBIERI (J.-F).
Cass.civ.2e.8 novembre 1984, Bull.civ.n°165.
Cass.civ.2e.1 avril 1987, Bull.civ.n°79.
Cass.civ.2e.25 mai 1987, pourvoi n°86-10674, Bull.civ.II.n°116.
Cass.civ.1e.21 octobre 1987 (3 arrêts), Bull.civ.n°204.
Cass.civ.2e.1 juillet 1992, pourvoi n°91-20570.
Cass.civ.2e.23 juin 1993, Bull.civ.n°228.
Cass.civ.2e.27 octobre 1993, Bull.civ.n°300.
Cass.civ.1e.5 janvier 1995, Bull.civ.n°10, R.T.D.civ, 1995, obs.JOURDAIN (P).
Cass.civ.1e.16 avril 1996, Bull.civ.n°186.
Cass.civ.2e.18 juin 1997, pourvoi n°95-20.652.
Cass.civ.2e.17 décembre 1998, Bull.civ.n°305.
Cass.civ.1e.18 mars 1998, Bull.civ.n°95.
Cass.civ.1e.6 janvier 2000, Bull.civ.n°3.
Cass.civ.1e.20 avril 2000, Bull.civ.n°63.
Cass.civ.2e.30 novembre 2000, pourvoi n°99-19848.
Cass.civ.1e.20 décembre 2000, pourvoi n°98-13875, Bull.crim.n°341.
Cass.civ.2e.15 novembre 2001, Bull.civ.n°166.
Cass.civ.1e.12 juillet 2001, pourvoi n°98-21.337.

Cass.civ.1e. 26 septembre 2002, Bull.civ.n°195.
Cass.civ1e.13 novembre 2003, pourvoi n°00-19403.
Cass.civ.1e.9 novembre 2004, Bull.civ.n°264.
Cass.civ.1e.21 février 2006, pourvoi n°03-19994, Bull.crim.n°96.

3. CHAMBRE MIXTE

Cass.ch.mixtes.29 janvier 1931.
Cass.ch.mixte.30 avril 1976, pourvoi n°74-90.280, RSC.1976, note ROBERT (J.-H).

4. ASSEMBLÉE PLÉNIÈRE

Cass.ass.plén.12 janvier 1979, pourvoi n°77-90911, Bull.civ.criminel Cour de Cassation Assemblée plénière n° 20.
Cass.ass.plén.15 novembre 1985, pourvoi n°8412.601.
Cass.ass.plén.2 décembre 2005, pourvoi n°96-81.553, Bull.civ.criminel Cour de cassation n°3.
Cass.ass.plén.9 mai 2008, pourvoi n°05-87.379.

5. CHAMBRE RÉUNIES

Cass.ch.réunies.5 avril 1913, Syndicat national de défense de la viticulture française c/Perreau.
Cass.ch.Réun.24 avril 1961, Bull.crim.n°222.

JURISPRUDENCE ADMINISTRATIVE

CE 10 mai 1974, n°8803288148, publié au recueil Lebon, arrêt Denoyez et Chorques.
CE.17 décembre 1997, n°181611, publié au recueil Lebon.
CE.10 janvier 2001, n°211878213462, publié au recueil Lebon, arrêt Madame Coren.
CE.28 décembre 2009, n°304802, publié au recueil Lebon.

JURISPRUDENCE DU CONSEIL CONSTITUTIONNEL

A. DÉCISIONS DC

Cons.const.décision.n°89-260, DC du 29 juillet 1969.
Cons.const.décision.n°75-56, DC du 23 juillet 1975, JORF du 24 juillet 1975.
Cons.const.décision.n°80-127, DC du 20 janvier 1981, JORF du 22 janvier 1981.
Cons.const.décision.n°86-224, DC du 23 janvier 1987, JORF du 25 janvier 1997.
Cons.const.décision.n°89-266, DC du 9 janvier 1990, JORF du 11 janvier 1990.
Cons.const.décision.n°93-325, DC du 13 août 1993, JORF du 18 août 1993.
Cons.const.décision.n°93-335, DC du 21 janvier 1994, JORF du 26 janvier 1994.
Cons.const.décision.n°95-360, DC du 2 février 1995, JORF du 7 février 1995.
Cons.const.décision.n°97-389, DC du 22 avril 1997, JORF du 25 avril 1997.
Cons.const.décision.n°98-408, DC du 22 janvier 1999, JORF du 24 janvier 1999.
Cons.constit.décision.n°99-416, DC du 23 juillet 1999, JORF du 28 juillet 1999, AJDA 1999, note J.-E. SCHOETTI (J.-E).

Cons.const.décision.n°99-421, DC du 16 décembre 1999, JORF du 22 décembre 1999.
Const.décision.n°2002-461, DC du 29 août 2002, JORF du 10 septembre 2002.
Cons.const.décision.n°2004-492, DC du 02 mars 2004, JORF du 10 mars 2004.
Cons.const.décision.n°2004-510, DC du 20 janvier 2005, JORF du 27 janvier 2005.
Cons.const.décision.n°2008-562, DC du 21 février 2008, JORF du 26 février 2008.

B. DÉCISIONS QPC

Cons.const.décision.n°2013-363, QPC du 31 janvier 2014, JORF du 2 février 2014.
Cons.const.décision.n°2015-479, QPC du 31 juillet 2015, JORF du 2 août 2015.
Cons.const.décision.n°2010-15/23, QPC du 23 juillet 2010, JORF 24 juillet 2010.

VIII. JURISPRUDENCE EUROPÉENNE

Commission européenne des droits de l'homme

Com.EDH, Affaire Swabowicz.c/Suède, 30 juin 1959, Req.n°434/59.
Com.EDH, Affaire Ofner et Hopfinger.c/Autriche, 23 novembre 1962, Req.n°524/59 et Req.n°617/59.
Com.EDH, Affaire Plischke.c/Autriche, 28 septembre 1964, Req.n°1936/63.

Cour européenne des droits de l'homme

CEDH, Affaire De Becker.c/Belgique, 27 mars 1962, Req.n°n°214/56.
CEDH, Affaire Neumeister.c/Autriche, 27 juin 1968, Req.n°1936/63.
CEDH, Affaire Delcourt.c/Belgique, 17 janvier 1970, Req.n°2689/65.
CEDH, Affaire Golder.c/Royaume-Uni, 21 février 1975, Req.n°4451/70.
CEDH, Affaire Airey.c/Irlande, 9 octobre 1979, Req.n°6289/73.
CEDH, Affaire Deweer.c/Belgique, 27 février 1980, Req.n°6903/75.
CEDH, Affaire Artico.c/Italie, 13 mai 1980, Req.n°6694/74.
CEDH, Affaire X.c/Royaume-Uni, 10 juillet 1980, Req.n°8158/78.
CEDH, Affaire Piersack.c/Belgique, 1er octobre 1982, Req.n°8692/79.
CEDH, Affaire Silver et autres c/Royaume-Uni, 25 mars 1983, Req.n°5947/72, 6205/73, 7052/75, 7061/75, 7107/75.
CEDH, Affaire H.c/Royaume-Uni, 4 juillet 1983, Req.n°10000/82.
CEDH, Affaire Pretto et autres.c/Italie, 8 décembre 1983, Req.n°7984/77.
CEDH, Affaire Sutter.c/Suisse, 22 janvier 1984, Req.n°8209/78.
CEDH, Affaire Sanchez-Reisse.c/Suisse, 21 octobre 1986, Req.n°9862/82.
CEDH, Affaire Johnston et autres.c/Irlande, 18 décembre 1986, Req.n°9697/82.
CEDH, Affaire Monnell et Morris.c/Royaume-Uni, 2 mars 1987, Req.n°9562/81 - 9818/82.
CEDH, Affaire Feldbrugge.c/Pays-Bas, 27 juillet 1987, Req.n°8562/79.
CEDH, Affaire Barbera, Messegue, Jabardo.c./Espagne, 6 décembre 1988, Req.n°10590/83.
CEDH, Affaire Lamy.c/Belgique, 30 mars 1989, Req.n°10444/83.
CEDH, Affaire Kamasinski.c/ Autriche, 19 décembre 1989, Req.n°9783/82.
CEDH, Affaire Ange Garcia.c/France, 10 janvier 1991, Req.n°14119/88.
CEDH, Affaire Helmers.c/Suède, 29 octobre 1991, Req.n°11826/85.

CEDH, Affaire Borgers.c/Belgique, 30 octobre 1991, Req.n°12005/86.
CEDH, Affaire Tomasi.c/France, 27 août 1992, Req.n°12850/87.
CEDH, Affaire Dobbertin.c/France, 25 février 1993, Req.n°13089/87.
CEDH, Affaire Padovani.c/Italie, 26 février 1993, Req.n°13396/87.
CEDH, Affaire Dombo Beheer.B.V.c/Pays-Bas, 27 octobre 1993, Req.n°14448/88.
CEDH, Affaire Hentrich.c/France, 22 septembre 1994, Req.n°13616/88.
CEDH, Affaire Hiro Balani.c/Espagne, 9 décembre 1994, Req.n°18064/91.
CEDH, Affaire Ruiz-Torija.c/Espagne, 9 décembre 1994, Req.n°18390/91.
CEDH, Affaire Diennet.c/France, 26 septembre 1995, Req.n°18160/91.
CEDH, Affaire Acquaviva.c/France, 21 novembre 1995, Req.n°19248/91.
CEDH, Affaire C.R.c/Royaume-Uni, 22 novembre 1995, Req.n°20190/92.
CEDH, Affaire S.W.c/Royaume-Uni, 22 novembre 1995, Req.n°20166/92.
CEDH, Affaire Bellet.c/France, 4 décembre 1995, Req.n°23805/94.
CEDH, Affaire Lobo Machado.c/Portugal, 20 février 1996, Req.n°15764/89.
CEDH, Affaire Vermeulen.c/Belgique, 20 février 1996, Req.n°19075/91.
CEDH, Affaire Bulut.c/Autriche, 22 février 1996, Req.n°17358/90.
CEDH, Affaire Remli.c/France, 23 avril 1996, Req.n°16839/90.
CEDH, Affaire Nsona.c/Pays-Bas, 28 novembre 1996. Req.n°23366/94.
CEDH, Affaire De Haes et Gijsels.c/Belgique, 24 février 1997, Req.n°19983/92.
CEDH, Affaire Findlay.c/Royaume-Uni, 25 février 1997, Req.n°22107/93.
CEDH, Affaire Foucher.c/France, 18 mars 1997, Req.n°22209/93.
CEDH, Affaire Van Mechelen et autres.c/Pays-Bas du 23 avril 1997, Req.n° 21363/93, 21364/93, 21427/93 et 22056/93.
CEDH, Affaire Werner.c/Autriche, 24 novembre 1997, Req.n°21835/93.
CEDH, Affaire Helle.c/Finlande, 19 décembre 1997, Req.n°157/1996/776/977.
CEDH, Affaire Reinhardt et Slimane Kaïd.c/France, 31 mars 1998, Req.n°22921/93 et Req.n°23043/93.
CEDH, Affaire Contrada.c/Italie du 24 août 1998, Req.n°27143/95.
CEDH, Affaire Aït-Mouhoub c/France, 28 octobre 1998, Req.n°22924/93.
CEDH, Affaire Castillo Algar.c/Espagne, 28 octobre 1998, Req.n°28194/95.
CEDH, Affaire Werner.c/Autriche, 24 novembre 1998, Req.n°21835/93.
CEDH, Affaire Lagrange.c/France, 24 août 1999, Req.n°39485/98.
CEDH, Affaire Selmouni.c/ France CEDH, 28 juillet 1999, Req.n°25803/94.
CEDH. Affaire Morel.c//France, 6 juin 2000, Req.n°34130/96.
CEDH, Affaire Prince Hans-Adam II de Liechtenstein.c/Allemagne, 12 juillet 2001, Req.n°42527/98.
CEDH, Affaire G.B.c/France, 2 octobre 2001, Req.n°44069/898.
CEDH, Affaire Fogarty.c/Royaume-Uni, 21 novembre 2001, Req.n°37112/97.
CEDH, Affaire Didier.c/France, 27 août 2002, Req.n°58188/00.
CEDH, Affaire Kleyn et autres.c/Pays-Bas, 6 mai 2003, Req.n°39343/98, 396551/98, 43147/98 et 46664/99.
CEDH, Affaire Perez.c/France, 12 février 2004, Req.n°47287/99.
CEDH, Affaire Quemar.c/France, 1er Février 2005, Req.n°30979/96.
CEDH, Affaire Schwarkmann.c/France, 8 février 2005, Req.n°52621/99.
CEDH, Affaire Brudnicka et autres.c/Pologne, 3 mars 2005, Req.n°54723/00.
CEDH, Affaire Menet.c/France, 14 juin 2005, Req.n°3955/02.
CEDH, Affaire Marcello Viola.c/Italie du 5 octobre 2006, Req.n°45106/04.
CEDH, Affaire Sacilor-Lormines.c/France, 9 novembre 2006, Req.n°65411/01.

CEDH, Affaire Baucher.c/France, 24 juillet 2007, Req.n°53640/00.
CEDH, Affaire Asciutto.c/Italie du 13 janvier 2009, Req.n°35795/02.
CEDH, Affaire Sandra Jankovic.c/Croatie, 2 mars 2009, Req.n°38478/05.
CEDH, Affaire Ligue du monde islamique et organisation islamique mondiale de secours islamique.c/France, 15 janvier 2009, Req.n°36497/05.
CEDH, Affaire Medvedyev et autres.c/France, 29 mars 2010, Req.n°3394/03.
CEDH, Affaire Opuz.c/Turquie, 9 juillet 2010 Req.n°33401/02.
CEDH, Affaire Moulin.c/France, 23 novembre 2010, Req.n°37104/06.
CEDH, Affaire Boulois.c/Luxembourg, 14 décembre 2010, Req.n°37575/04.
CEDH, Affaire Stübing.c/Allemagne, 12 mars 2012, Req.n°43547/08.

IX. PRESSES CONSULTÉS ET SITES INTERNET

A. PRESSE

Le Monde
Le Monde, Interview de Rachida Dati, 29 juillet 2008.
Le point.
Libération.

B. SITES INTERNET

www.legifrance.gouv.fr
www.courdecassation.fr
www.inavem.org
www.Thyma.fr.
www.conseil-constitutionnel.fr
www.assemblee-nationale.fr.
www.senat.fr
www.cainr.info
www.justice.gouv.fr
www.avocatcite.org
www.huissier-justice.fr
www.net-iris.fr
wwww.ladocumentationfrançaise.fr
www.Gallica.Bnf.fr.
www.allo119.gouv.fr.
www.defenseurdesdroits.fr.
www.justicerestaurative.org.
www.inavem.org.
www.linternaute.com.
www.fenvac.com et www.fivaa.crom.
www.euvictimservices.com.
www.servicepublic.fr

TABLE DES MATIÈRES

Questions juridiques aux éditions L'Harmattan

Dernières parutions

QU'EST-CE QUE LE DROIT ?
Théorie syncrétique et échelle de juridicité
Barraud Boris
La définition du droit ici est d'abord lexicographique et scientifique. La théorie syncrétique réunit toutes les définitions du droit en vigueur, loin d'être concurrentes elles s'associent. Ne s'opposant plus, elles se complètent. La seconde partie interroge les dimensions du droit en mesurant le niveau de force juridique par l'application des critères de juridicité. Cette nouvelle forme de rationalité de la pensée juridique permet au juriste de s'ouvrir à tout type de normes sociales tout en sauvegardant l'autonomie conceptuelle du droit.
(Coll. Le Droit aujourd'hui, 25.50 euros, 242 p.)
ISBN : 978-2-343-13423-9, ISBN EBOOK : 978-2-14-005340-5

LA RECHERCHE DE L'ÉQUILIBRE CONTRACTUEL DANS LE CAUTIONNEMENT
Regards croisés entre le droit français et le droit OHADA
Dibangue Guy - Préface de Pascal Rubellin
Le cautionnement est actuellement la sûreté qu'exigent de préférence les banques des emprunteurs. Si le législateur français semble surprotéger la caution par rapport au créancier, c'est l'inverse qui a été retenu par le législateur OHADA. Dans les deux cas, c'est le déséquilibre entre la protection raisonnable de la caution et la préservation des intérêts des créanciers. Suivant les récentes évolutions législatives en France et en droit OHADA, cette thèse vise l'équilibre contractuel du cautionnement dans une démarche de modernisation et de rationalisation de cette sûreté.
(Coll. Droit aujourd'hui, 42.00 euros, 456 p.)
ISBN : 978-2-343-13159-7, ISBN EBOOK : 978-2-14-005369-6

LE DROIT ANIMAL
Morales Frénoy Cathy
Plus qu'un droit protecteur, le droit animal réglemente les différentes utilisations de l'animal par l'Homme. Il est un corpus juridique transversal, issu du droit international, européen et national, qui régit les rapports entre l'homme et l'animal sans toujours offrir une protection juridique souvent souhaitée. Ce guide juridique offre à tout lecteur une étude complète de cette nouvelle discipline.
(Coll. Bibliothèques de droit, 45.00 euros, 470 p.)
ISBN : 978-2-343-12873-3, ISBN EBOOK : 978-2-14-005223-1

QUESTIONS D'ACTUALITÉ EN ÉTHIQUE ANIMALE
Pelé Marie, Sueur Cédric
L'éthique animale qui désigne l'étude de notre responsabilité morale à l'égard des animaux, n'est pas une prise de position mais un questionnement en perpétuelle évolution avec notre culture et notre temps. Cet ouvrage présente plusieurs éléments de réponses aux récentes questions posées par la société sur notre rapport aux animaux. Experts et étudiants abordent onze questions d'actualité en éthique animale. Leurs échanges sont retranscrits.
(Coll. Le Droit aujourd'hui, 24.00 euros, 236 p.)
ISBN : 978-2-343-13489-5, ISBN EBOOK : 978-2-14-005382-5

JE PARLE AUX ANIMAUX
Peter Friedman
Samantha Khury écoute les animaux et leur parle. Grâce à ce dialogue, elle parvient à comprendre leur comportement et à trouver les mots qui les guérissent. Non seulement Samantha Khury comprend le langage de nos fidèles compagnons, mais, en plus, ceux-ci lui confient leurs malheurs. Des propriétaires d'animaux domestiques, des gardiens de zoo et des entraîneurs de chevaux qui l'ont consultée en sont convaincus. Nous la voyons au travail, à l'écoute d'un chat dépressif, d'un perroquet déplumé en manque d'amour ou d'une jument qui a besoin de liberté... « Dans cette Théma Arte sur les rapports entre les hommes et les animaux, *Je parle aux animaux* est le plus intéressant. Sans doute parce qu'il pose la question de la communication avec nos compagnons à quatre pattes. Peter Friedman livre des séquences étonnantes. » (*TéléObs*). « Ce documentaire étonnant parvient à nous convaincre que la frontière entre les espèces est bien mince. Quand on dit que l'homme n'est qu'un animal ! » (*Le Figaro*)
(20 euros)
ISBN : 978-2-336-31591-1

TRAITÉ DE DROIT CONSTITUTIONNEL CONGOLAIS
Esambo Kangashe Jean-Louis
Préface de El hadj Mbodji - Postface de Dodzi Kokoroko
Dans sa conception, son évolution et sa pratique, le droit constitutionnel a toujours eu du mal à s'affranchir de crises politiques. Droit de crises ou de gestion de crise, le droit constitutionnel est avant tout au service des normes, dont le respect par tous contribue au fonctionnement régulier des institutions. Placés dans le contexte congolais, les trois versants du droit constitutionnel, à savoir le droit normatif, celui institutionnel et la branche consacrée aux libertés n'ont pas toujours été en cohérence avec le constitutionnalisme.
(Coll. Études africaines, 39.00 euros, 410 p.)
ISBN : 978-2-343-12352-3, ISBN EBOOK : 978-2-14-005341-2

SUR LE CHEMIN DES SAISIES
L'huissier de justice d'hier à demain
Berthé Ibrahim
Qu'est-ce qu'un huissier de justice ? D'où vient-il ? À quoi sert-il ? Cet ouvrage tente de répondre à ces interrogations et, à travers l'histoire, de peindre les différentes facettes de ce personnage spécifique du rouage de l'appareil judiciaire dans le temps et dans l'espace, des rives de la Seine en France jusqu'au bord du fleuve Djoliba au Mali.
(25.00 euros, 270 p.)
ISBN : 978-2-343-13501-4, ISBN EBOOK : 978-2-14-005261-3

LES TECHNIQUES D'ENQUÊTE CRIMINELLE
Typologie des crimes et constatations médico-légales
Moutassi Jean-Pierre
L'adoption de la loi de Juillet 2005 portant sur la procédure pénale démontre la volonté du gouvernement camerounais à promouvoir un état de droit. Voici un outil fondamental pour les praticiens du droit criminel : un outil de formation pour les jeunes fonctionnaires, ainsi que pour leurs aînés qui n'auraient pas eu l'occasion de vivre l'expérience des enquêtes judiciaires.
(Harmattan Cameroun, 45.00 euros, 498 p.)
ISBN : 978-2-343-13126-9, ISBN EBOOK : 978-2-14-005224-8

LES CLÉS DES ENJEUX FINANCIERS DU DIVORCE
Rond Patrice - Préface de Laurent Hincker
L'amour s'est consumé, l'argent part en fumée ! À une époque où toujours plus de couples se séparent, la finance du divorce inquiète. Comprendre ses arcanes financières, c'est pouvoir anticiper en cas de conflit au sein du couple. Comment rétablir un budget ou encore évaluer une prestation compensatoire ? À l'aide d'exemples chiffrés, l'auteur indique comment recenser et évaluer les revenus et patrimoines, et présente des méthodologies pratiques pour établir les droits

respectifs des époux. L'ouvrage rend compréhensibles les procédures financières qui ont lieu dans le divorce.
(17.00 euros, 156 p.)
ISBN : 978-2-343-11633-4, ISBN EBOOK : 978-2-14-004942-2

LUTTER EFFICACEMENT CONTRE LA FRAUDE
Enjeux stratégiques et opérationnels
Sous la direction de Catherine Véret Jost et Nicolas Dufour
Lutter efficacement contre la fraude pour recycler 50 à 100 milliards d'euros par an dans la croissance économique en France, voici l'enjeu de cet ouvrage qui explicite les leviers d'actions pour y parvenir, avec des retours d'expériences de professionnels et d'académiques. Il s'adresse à tous ceux qui ont la volonté de relever ce défi.
(Coll. Perspectives organisationnelles, 38.50 euros, 392 p.)
ISBN : 978-2-343-13167-2, ISBN EBOOK : 978-2-14-005143-2

L'ENFANT EN PRISON
Sous la direction de Catherine Ménabé et Mathieu Martinelle
Depuis 1946, les femmes détenues ont la possibilité de garder à leurs côtés, en prison, leur enfant jusqu'à ses 18 mois, voire 2 ans. Si la situation est peu étudiée, et souvent méconnue, elle mérite de profondes réflexions. Quelles sont les conditions de vie de ces jeunes enfants au sein du milieu pénitentiaire ? Comment est assuré leur développement psychomoteur et affectif malgré les contraintes carcérales ? Comment l'univers carcéral s'adapte à la présence d'enfants, non écroués mais, de fait, privés de liberté ?
(Coll. Bibliothèques de droit, 27.00 euros, 274 p.)
ISBN : 978-2-343-13051-4, ISBN EBOOK : 978-2-14-005015-2

LES TRENTE ANS DE LA LOI LITTORAL
Sous la direction de Jean-Luc Pissaloux et Anne Rainaud
La loi Littoral a maintenant plus de trente ans. Loi d'avant-garde, elle vise à concilier la protection du littoral avec le développement économique. Souvent contestée comme trop protectrice, empêchant l'urbanisation, elle est aussi considérée comme un « laisser-construire » dans les zones saturées. Ses concepts sont difficiles à interpréter et appliquer. Les défis climatiques auxquels est confronté le littoral ont impliqué la participation de géographes. La protection des cordons littoraux s'avère aujourd'hui une nécessité.
(Coll. Grale, 39.00 euros, 418 p.)
ISBN : 978-2-343-13140-5, ISBN EBOOK : 978-2-14-004988-0

CICÉRON, PÈRE DE LA CODIFICATION DU DROIT CIVIL
Gilardeau Eric
Confronté à la crise subie par la République, Cicéron cherchait une réponse au chaos des lois et aux contradictions du droit civil. Il en élabora une véritable codification. Du «De oratore» au «De officiis», il critiqua la science du droit et la soumit à la loi naturelle, avant d'instituer une méthode de codification protectrice des droits civils, dont se rapprocheront les codes civils français et autrichien. Il faut attendre les réformes du Code civil allemand de 2001 et du Code civil français de 2016 pour rejoindre Cicéron sur le rôle de la bonne foi et de l'imprévision en matière contractuelle.
(Coll. Logiques Juridiques, 26.00 euros, 248 p.)
ISBN : 978-2-343-13327-0, ISBN EBOOK : 978-2-14-004994-1

DROIT DES SOCIÉTÉS COMMERCIALES OHADA
Akam Akam André, Voudwe Bakreo
Ce livre vise à exposer, expliquer, systématiser et critiquer les règles qui régissent la constitution, le fonctionnement et la disparition des sociétés commerciales. Il montre que le droit des sociétés commerciales OHADA vise la promotion, la protection et la société judiciaire des investissements, autant qu'il tend à protéger les intérêts particuliers. En outre, il met en exergue la richesse, la

variété et la modernité du droit des sociétés de l'OHADA, ainsi que l'abondance et la qualité des travaux de recherche des auteurs africains et d'ailleurs qui s'intéressent au droit OHADA.
(Coll. Dynamiques du droit OHADA, 55.00 euros, 752 p.)
ISBN : 978-2-343-12819-1, ISBN EBOOK : 978-2-14-005077-0

LA PROTECTION CONTRE LES ATTEINTES AUX DROITS SUR LES SIGNES DISTINCTIFS DANS L'ESPACE OAPI
Badou Charles
Les signes distinctifs confèrent à leur propriétaire un droit exclusif d'exploitation. Celui-ci bénéficie de règles dérogatoires au droit commun, qui ont pour vocation première d'assurer aux signes distinctifs une protection contre les atteintes dont ils peuvent être l'objet. Mais l'efficacité de la protection est toute relative. La protection contre les atteintes aux signes distinctifs exige donc de nouvelles solutions qui, prenant en compte la particularité du droit de la propriété industrielle, protègeront efficacement les signes distinctifs contre les violations des droits exclusifs de leur propriétaire.
(Coll. Études africaines, 42.00 euros, 468 p.)
ISBN : 978-2-343-11816-1, ISBN EBOOK : 978-2-14-005019-0

DROIT DU TRAVAIL SÉNÉGALAIS
Tagum Fombeno Henri-Joël - Préface de Isaac Yankhoba Ndiaye
L'auteur questionne le droit du travail sénégalais, analyse les textes récents et leurs apports au droit du travail, met en lumière les imperfections de la législation et les difficultés d'interprétation qu'elles suscitent dans la pratique. La compréhension de la matière est rendue aisée avec les illustrations et exemples pratiques, souvent utilisés par l'auteur et issus de son expérience professionnelle.
(Harmattan Sénégal, 48.00 euros, 506 p.)
ISBN : 978-2-343-13272-3, ISBN EBOOK : 978-2-14-004933-0

LA FUSION DES SOCIÉTÉS COMMERCIALES EN DROIT INTERNE ET INTERNATIONAL
Contribution à la notion de «contrat-organisation»
Kalaani Adrian
La fusion est l'opération par laquelle une ou plusieurs sociétés transfèrent, par la suite de leur dissolution sans liquidation, leur patrimoine à une société établie ou nouvelle. Ce transfert est possible par la distribution de parts sociales aux associés de la société dissoute. Cette définition française et européenne souligne les effets principaux de la fusion en restant silencieuse sur sa nature juridique. Donc la fusion est un contrat-organisation qui entraîne une mise en commun du patrimoine et des membres de chacune des sociétés fusionnantes au sein d'une seule société préexistante ou nouvelle.
(Coll. Logiques Juridiques, 55.00 euros, 638 p.)
ISBN : 978-2-343-10971-8, ISBN EBOOK : 978-2-14-004827-2

LE PRAGMATISME JURIDIQUE
Barraud Boris
Le pragmatisme invite à se concentrer sur le mode de production des connaissances et sur les actions plutôt que sur les pensées. Le pragmatisme juridique, attaché à l'effectivité des normes, permettrait d'accepter et expliquer les modes de régulation originaux du XXIe siècle. L'enjeu est de permettre au droit scientifique d'accompagner l'évolution du droit pratique. Sont surtout concernées la gouvernance du cyberespace, la protection de l'environnement et la responsabilité sociale des entreprises. Affinant le visage du pragmatisme juridique, voici un outil ouvrant des pistes pour l'avenir de la recherche en droit.
(Coll. Bibliothèques de droit, 33.00 euros, 334 p.)
ISBN : 978-2-343-13206-8, ISBN EBOOK : 978-2-14-004920-0

Structures éditoriales du groupe L'Harmattan

L'Harmattan Italie
Via degli Artisti, 15
10124 Torino
harmattan.italia@gmail.com

L'Harmattan Hongrie
Kossuth l. u. 14-16.
1053 Budapest
harmattan@harmattan.hu

L'Harmattan Sénégal
10 VDN en face Mermoz
BP 45034 Dakar-Fann
senharmattan@gmail.com

L'Harmattan Cameroun
TSINGA/FECAFOOT
BP 11486 Yaoundé
inkoukam@gmail.com

L'Harmattan Burkina Faso
Achille Somé – tengnule@hotmail.fr

L'Harmattan Guinée
Almamya, rue KA 028 OKB Agency
BP 3470 Conakry
harmattanguinee@yahoo.fr

L'Harmattan RDC
185, avenue Nyangwe
Commune de Lingwala – Kinshasa
matangilamusadila@yahoo.fr

L'Harmattan Congo
67, boulevard Denis-Sassou-N'Guesso
BP 2874 Brazzaville
harmattan.congo@yahoo.fr

L'Harmattan Mali
Sirakoro-Meguetana V31
Bamako
syllaka@yahoo.fr

L'Harmattan Togo
Djidjole – Lomé
Maison Amela
face EPP BATOME
ddamela@aol.com

L'Harmattan Côte d'Ivoire
Résidence Karl – Cité des Arts
Abidjan-Cocody
03 BP 1588 Abidjan
espace_harmattan.ci@hotmail.fr

L'Harmattan Algérie
22, rue Moulay-Mohamed
31000 Oran
info2@harmattan-algerie.com

L'Harmattan Maroc
5, rue Ferrane-Kouicha, Talaâ-Elkbira
Chrableyine, Fès-Médine
30000 Fès
harmattan.maroc@gmail.com

Nos librairies en France

Librairie internationale
16, rue des Écoles – 75005 Paris
librairie.internationale@harmattan.fr
01 40 46 79 11
www.librairieharmattan.com

Lib. sciences humaines & histoire
21, rue des Écoles – 75005 Paris
librairie.sh@harmattan.fr
01 46 34 13 71
www.librairieharmattansh.com

Librairie l'Espace Harmattan
21 bis, rue des Écoles – 75005 Paris
librairie.espace@harmattan.fr
01 43 29 49 42

Lib. Méditerranée & Moyen-Orient
7, rue des Carmes – 75005 Paris
librairie.mediterranee@harmattan.fr
01 43 29 71 15

Librairie Le Lucernaire
53, rue Notre-Dame-des-Champs – 75006 Paris
librairie@lucernaire.fr
01 42 22 67 13

www.ingramcontent.com/pod-product-compliance
Lightning Source LLC
LaVergne TN
LVHW011145061026
849535LV00003B/612